2028년
HS 개정 해설

2028년 HS 개정 해설

2026년 3월 30일 초판 인쇄
2026년 4월 8일 초판 발행

지 은 이 | 김성채
발 행 인 | 오연관
발 행 처 | 삼일피더블유씨솔루션
등록번호 | 1995.6.26. 제3-633호
주　　소 | 서울특별시 용산구 한강대로 273 용산빌딩 4층
전　　화 | 02)3489-3100
팩　　스 | 02)3489-3141
가　　격 | 35,000원

ISBN 979-11-6784-536-8　　03320

2028년 HS 개정 해설

PwC관세법인 김성채 저

SAMIL | 삼일인포마인

글로벌 무역환경은 유례없는 속도로 변화하고 있습니다.

1988년 HS 협약이 공식 발효된 이래 HS 품목분류표는 신기술의 등장과 국제무역 패턴의 변화는 물론, 국제무역에서의 새로운 가치를 반영하기 위하여 꾸준히 개정되어 왔습니다. 1992년 제1차 개정 이후 1996년, 2002년, 2007년, 2012년, 2017년, 2022년을 거쳐 이제 그 8번째 개정판인 2028년 HS의 시행을 앞두고 있습니다.

긴 시간을 거쳐 HS 품목분류표는 단순한 관세부과와 통계 작성을 위한 도구를 넘어 글로벌 교역의 공용어이자 인류 공동의 가치를 실현하는 표준 플랫폼으로 진화해 왔습니다.

2028년 시행되는 제8차 HS 개정은 단순한 코드의 증감에 그치지 않습니다. 코로나 19 팬데믹이 남긴 공중보건의 교훈, 미래 모빌리티로의 전환, 인류 보편적 건강권 추구 그리고 순환경제 구현을 위한 국제사회의 의지가 227개의 소호(subheading) 확대라는 역대 최대 폭의 변화로 고스란히 투영되었습니다. 특히 대마(Hemp)의 산업적 가치 재조명과 마약 전구체에 대한 감시 강화는 HS가 단순한 통계 도구를 넘어 국제 협력의 표준 플랫폼으로 진화했음을 증명합니다.

　이 책은 이러한 격변의 시기에 수출입 실무자와 정책 입안자들이 개정의 배경을 정확히 이해하고 현장에 즉각 적용할 수 있도록 기획되었습니다. 주요 개정항목에 대한 WCO의 논의과정부터 국제기구들의 정책적 기여까지 가능한 한 상세히 정리하였습니다. 아무쪼록 저자의 이 작업이 품목분류 실무와 정책 입안에 약간의 통찰을 더하는 길잡이가 되길 바랍니다.

　이 책의 기획에 영감을 주신 PwC 관세법인의 이영모 대표, 책이 출간될 수 있도록 도움을 주신 삼일피더블유씨솔루션 관계자 여러분, 그리고 무엇보다 긴 시간 HS 품목분류를 함께 해 온 수많은 동료들에게 감사드립니다.

Contents

Chapter 3. 제5부~제14부

Chapter 4. 제15부~제21부

Chapter 5. **그 밖의 개정**

Part **3. 맺음말**

부록

HS 품목분류표의 개정

 통일상품명 및 부호체계에 관한 국제협약International Convention on the Harmonized Commodity Description and Coding System; HS Convention, 이하 "HS 협약"이라 한다.은 세계적으로 거래되는 모든 물품의 명칭과 분류 번호를 통일하기 위해 세계관세기구WCO가 제정한 국제 협약을 말한다. 1983년 6월 14일, 벨기에 브뤼셀에서 개최된 관세협력이사회CCC, 현 WCO 총회에서 채택되어 1987년, 26개국이 참여한 공식 서명식을 거쳐 1988년 1월 1일에 국제적으로 공식 발효되었다. 우리나라 또한 이 협약에 가입하여 국제 발효일과 동일한 1988년 1월 1일부터 HS 체계를 전면 시행하고 있다. 2026년 1월 현재 전 세계 163개국이 HS 협약 회원국으로 가입한 상태이다.

 이 협약은 전문과 본문 20개 조항 및 부속서Annex로 이루어져 있으며, HS 품목분류표 Nomenclature는 바로 이 협약의 부속서를 의미한다. 통상적으로 'Harmonized System' 또는 간단히 'HS'라 얘기할 때는 바로 이 협약 부속서를 말하며 이는 세계관세기구WCO가 개발한 다목적 국제 상품분류체계이다. HS 협약은 국제무역 물품의 원활한 통용과 통계의 일관성을 위해 통일된 바로 이 HS 품목분류표를 체약국이 자국 관세율표 등에 공통적으로 적용하도록 규정한 국제협약이다.

 HS의 유지 관리는 WCO의 최우선 과제 중 하나이다. 여기에는 HS에 대한 전 세계적으로 일관된 해석을 보장하는 조치와 기술발전 등에 따른 주기적인 업데이트가 포함된다. HS 품목분류표는 1988년 HS 협약 출범 이후 현재까지 총 7차례 개정되었다.[1] HS 협약부속서인 품목분류표 포함의 사용자인 각국의 정부, 관세 및 무역종사자 등의 요구나 기술의 발전 또는 국제무역패턴의 변화 등을 고려하여 협약의 개정이 바람직하다고 간주되는 경우에는 품목분류표를 개정할 수 있다.

---

[1] 2026년 1월 현재 개정안이 확정된 상태인 2028년 HS까지 포함하면 총 8차례 개정

HS 품목분류표가 개정되는 사유로는 기술의 발전에 따라 현행의 품목분류표로는 수용하기 어려운 신상품의 출현[2], 특정 물품군의 무역거래량의 증가 또는 감소에 따른 품목코드의 신설 또는 삭제[3] 등 조정필요성, 주요 국제기구 또는 특정 국제협약사무국의 요청에 따른 개정, 신상품 또는 신기술과 관련한 무역환경 변화를 반영하기 위한 개정 등을 들 수 있다.

2 세계관세기구(WCO) 조직체계와 HS 개정

관세협력이사회Customs Cooperation Council, CCC는 1950년 관세협력이사회 설립에 관한 협약 채택에 따라 1952년 정식으로 설립된 국제기구이다. 1995년 세계무역기구World Trade Organization, WTO의 출범에 즈음하여, 관세협력이사회란 명칭을 세계관세기구World Customs Organization, WCO로 변경하기로 1994년 6월 총회에서 결정하였으나, 협약이 개정되지 않아 공식명칭은 관세협력이사회를 유지하고 있으며, 1995년 1월 1일부터 Working name으로서 세계관세기구로 표시하고 있다. 지금은 일반적으로 CCC란 명칭보다는 WCO를 더 흔하게 사용하고 있다. WCO는 관세행정의 조화·간소화를 촉진하기 위하여 조직된 범세계적인 협력기구로서 각국의 통관절차·감시활동·관세평가·품목분류 등 기술적인 사항을 국제적인 협의를 통하여 표준화를 촉진하고 관세제도를 개선함으로써 세계무역의 원활화에 기여하고 있다.

WCO의 협의체는 이사회총회를 정점으로 아래 그림과 같이 관세 및 무역과 관련한 각종 기술위원회와 해당 기술위원회 산하의 여러 소위원회나 워킹그룹으로 이루어져 있다. HS 품목분류표의 개정을 포함한 HS 협약 전반에 관한 사항은 HS 위원회HS Committee에서 담당하고 있다.

---

2   HS 품목분류표는 기술의 발전 또는 무역환경의 변화에 따라 지금까지 존재하지 않았던 새로운 물품이 발명되더라도 기존의 품목분류표에 수용할 수 있도록 만들어져 있다. 따라서 신상품의 등장 자체가 반드시 품목분류표의 변경을 필요로 하는 것은 아니다.

3   WCO는 HS 품목분류표에 특게되어 있는 품목이라도 무역거래량이 미미하면 코드를 삭제하고, 반대로 무역거래량이 증가할 경우 새로운 코드를 신설하는데 통상 4단위 호heading의 경우 연간 국제거래량 1억불, 6단위 소호subheading의 경우 연간 국제거래량 5천만불을 기준으로 한다.

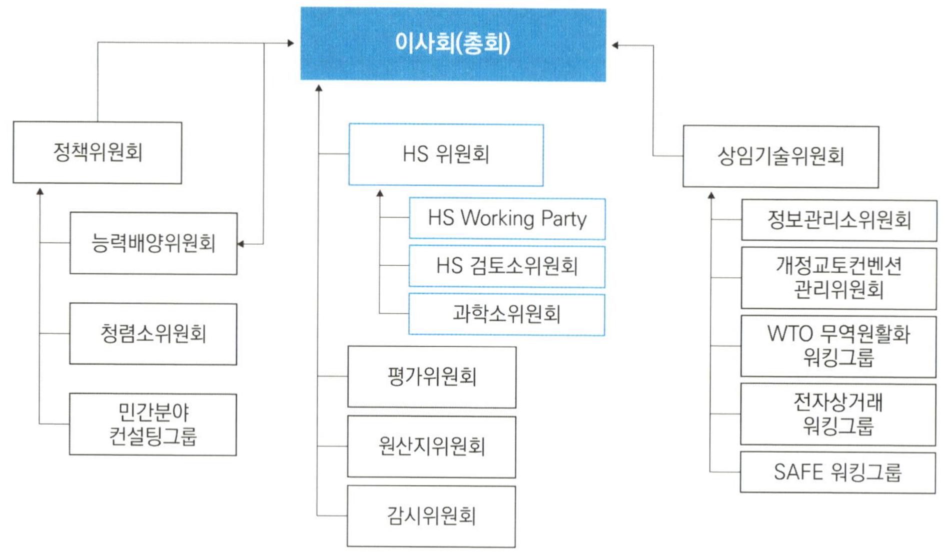

가. HS 위원회(HS Committee)

각국의 세관행정에서 수입물품에 대한 그 나라 고유의 관세율을 적용함에 있어서 가장 실질직인 문제는 바로 품목분류Classification의 문제이다. 수출입되는 각각의 상품을 HS 품목분류표상 어느 호heading나 소호subheading에 포함시킬 것인지를 결정하는 것이 바로 품목분류이고 이러한 품목분류의 결과에 따라 그 물품에 부가될 관세율, 그 물품의 원산지, 그리고 국내법 혹은 국제법에 규정된 여러 가지 제한사항의 적용 여부가 결정된다.

동일한 물품에 대하여 동일한 기준HS 품목분류표을 적용하여 이러한 품목분류 결정에 이르는 것이지만 그 물품을 이해하고 그 기준을 해석하는 방식은 사람마다 다를 수 있기 때문에 일부 물품에 대하여는 필연적으로 해석에 대한 의견 차이가 발생하게 된다. 그리고 그러한 해석의 차이는 그 물품에 적용되는 관세율의 차이 또는 그 물품의 원산지 판정의 차이로 이어진다. 그리고 그러한 해석의 차이는 여러 형태의 분쟁으로 나타나게 된다.

HS 협약의 가장 중요한 목적은 동일한 물품이 전 세계적으로 동일한 품목번호에 분류될 수 있도록 일관성을 확보하는 것이므로 이러한 분쟁 혹은 품목분류의 비일관성을 해결하기 위하여 WCO가 제공하는 국제적인 협의체가 바로 HS 위원회HS Committee이다. HS 위원회는 WCO의 정책표준국Policy and Standard Directorate 산하의 품목분류 및 세원과 Nomenclature and Revenue Sub-directorate에서 주관하며, 앞서 말한 바와 같이 WCO에서 제공하는 여러 기술위원회 중에서도 세관 행정에 가장 즉시적이고 직접적인 영향을 미치는 기술위원회로서 WCO에서 가장 활발하게 활동하고 있는 협의체이기도 하다.

HS 위원회는 HS 협약의 회원국Contracting Party 대표로 구성되며, 연 2회 정규회의를 개최한다. 중요한 결정은 만장일치가 이루어지지 않을 경우 표결에 따라 결정하며 표결시에는 회원국당 1표를 행사한다. 그러나 관세 또는 경제동맹예 : 유럽연합의 경우 전체 회원국을 대표하여 동맹에서 1표만 행사할 수 있다. HS 위원회는 의장 1인과 부의장 2인을 둘 수 있고, 회원국만이 아니라 옵저버로서 국제기구의 대표가 참석할 수도 있다. HS 협약 제6조

HS 위원회의 또 다른 임무는 기술발전과 무역패턴의 변화에 따른 HS 품목분류표 개정이다. 예를 들어, 제73차 HS 위원회'25.3월에서는 HS 제8476호 개정논의의 일환으로 소위 역자동판매기Reverse vending machine이라 불리는 재활용품 회수용 기기의 품목분류를 논의하였다. 이러한 기기는 통상적인 자동판매기가 현금또는 기타 지급수단을 기계에 투입하면 상품을 배출하는 것에 반해 상품수거용 재활용품을 투입하면 그 양에 따라 현금이나 쿠폰을 지급하는 기기이다. 이러한 기기를 제8476호의 맥락에서 자동판매기의 일종으로 볼 수 있을 것인가가 쟁점인 것이다. HS 위원회는 현행2022년 HS 기준으로 이 물품이 제8476호에 분류될 수 없으며, 제8479호로 분류토록 결정하였다. 그리고 이 결정은 HS 검토소위원회에서 제8476호 개정논의에 반영되었다.

HS 위원회는 연 2회매년 3월과 9월 개최되며, HS 위원회에서 결정 또는 채택된 사항, 즉 특정 물품의 품목분류 및 그에 따른 품목분류의견서Compendium of Classification Opinion 개정안, HS 품목분류표 및 HS 해설서 개정안 등은 총회의 승인을 거쳐 WCO의 공식적인 권고안Recommendation이 된다.

나. HS 워킹파티(Working Party)

HS 협약 제6조는 HS 위원회가 필요로 할 경우 소위원회나 Working Party를 두도록 규정하고 있다. 현재 HS Working Party는 HS 위원회 회기 직전pre-session에 개최되어 이전 회기에서 품목분류 결정된 물품에 대한 품목분류의견서Compendium of Classification Opinion 개정안을 작성하는 작업을 주로 담당하고 있다. Working Party에서 입안한 개정한 텍스트는 HS 위원회에서 논의 후 채택되어 총회로 상정된다.

다. HS 검토소위원회(Review Sub-Committee)

HS 협약 제7조 제1항(a)호는 HS 위원회의 임무 중 하나로 HS 품목분류표 개정amendment을 담당하도록 하였다. 그러나 HS 품목분류표 개정하기 위해서는 여러 가지 필요나 이유에 의하여 기존의 품목분류표에서 삭제하거나 변경할 부분, 그리고 신설할 부분을 고려하고 그러한 사유가 타당하고 개정방향이 합당한지를 검토하고 실제 개정하여야 할 문구를 정교하게 다듬어야 하는 매우 정밀하고 기술적인 작업이 필요하다. 이러한 작업을 HS 위원회에서 직접 처리하기는 시간과 기술적인 제약이 따를 수밖에 없다.

관세협력이사회는 HS 품목분류표의 개정 및 업데이트를 위한 입안drafting 작업을 담당할 수 있도록 HS 검토소위원회Review Sub-Committee를 설치하도록 하였다. HS 검토소위원회는 HS 협약 회원국의 대표로 구성되며, 필요에 따라 관련된 국제기구나 민간영역의 전문가가 참석하기도 한다. 검토소위원회는 협약 제7조 제1항의 규정에 따른 HS 품목분류표의 개정업무를 보다 체계적으로 수행하기 위하여 만들어진 것으로 개정 필요성, 개정 방향의 타당성 등을 검토하고 실제 개정을 위한 구체적이고 정교한 문안작업을 수행한다.

검토소위원회는 보통 HS 위원회 회기 사이에 보통 HS 위원회 종료 2개월 후 연 2회 개최되며, HS 품목분류표의 개정, HS 해설서의 개정 등을 검토하고 구체적인 문안에 대한 논의를 거쳐 개정안을 채택한다. HS 위원회와 달리 검토소위원회의 결정은 주로 다수결이 아닌 합의Consensus에 의하여 이루어지며, 합의된 결과를 HS 위원회에 보고한다. 검토소위원회에서 완전한 합의에 이르지 못하는 경우에는 합의에 이르지 못한 상태로 각각의 찬반의견과 그 입장을 정리하여 HS 위원회에 보고한다. HS 위원회는 검토소위원회의 논의결과를 토대로 HS 품목분류표나 해설서 개정안의 승인 여부를 결정하여 승인된 개정안을 이사회에 보고하며, 이사회의 승인을 거치게 되면 그 개정안은 이사회의 권고안Recommendation으로 최종 확정되어, 각 회원국에서 수용하게 된다.

검토소위원회는 개정안 논의과정에서 대상 물품의 정확한 품목분류나 대상 품목번호의 범위 확정을 위하여 HS 위원회의 도움을 받기도 하며, 기술적인 사항에 대하여는 과학소위원회의 도움을 받기도 한다. 예를 들어, 앞서 예시한 Reverse vending machine과 관련한 HS 개정논의 과정에서 현재 기준으로 이 물품이 어느 호에 분류되는지를 명확히 하기 위하여 HS 위원회의 논의과정을 거친 바 있다. 또한 국제마약통제위원회INCB의 요청에 따라 마약류 제조용 원료물질을 제29류 각 호에 특게시키는 방안을 논의하는 과정에서 관련 화합물의 구조 및 현행 기준에서의 품목분류 등 과학적 관점을 뒷받침할 수 있도록 과학소위원회의 검토를 거치기도 하였다.

검토소위원회는 연 2회매년 5월과 11월 개최된다. 그러나 HS 개정절차와 관련, HS 위원회 일정과 총회 일정을 고려하여 소위원회 개최가 필요없는 경우 5월 회기가 생략되어 연 1회만 개최하는 경우도 있다.

라. 과학소위원회(Scientific Sub-Committee)

과학소위원회는 HS 품목분류 및 품목분류표나 해설서 개정 등에 있어서 과학기술적 뒷받침이 필요한 사항을 검토하는 업무를 주로 수행하고 있다. 특히 HS 제1부부터 제5부까지의 생산품이나 제28류의 무기화합물, 제29류의 유기화합물, 제30류의 의료용품이나 그 밖의 화학공업 생산품은 대상 물품의 구조적·화학적 분석을 포함한 매우 전문적이고 기술적인 검토가 필요하다. 과학소위원회는 주로 이러한 물품에 대한 기술적인 관점을 제공함으로써 HS 위원회나 검토소위원회와 긴밀하게 협업한다.

과학소위원회는 주로 WCO 회원국의 관세분석기구우리나라의 중앙관세분석소가 여기에 해당한다의 대표로 구성된다. HS 위원회나 검토소위원회는 주로 의약품, 유기 또는 무기화합물 등 화학제품과 관련한 품목분류 안건이나 그 밖의 자연과학 분야의 쟁점을 검토하는 데 있어서 과학소위원회에 크게 의존하고 있다. 과학소위원회는 연 1회매년 1월 개최된다.

과학소위원회 또한 검토소위원회와 마찬가지로 대다수의 안건에서 다수결이 아닌 합의Consensus를 추진하며, 과학소위원회에서 완전한 합의에 이르지 못하는 경우에는 합의에 이르지 못한 상태로 각각의 찬반의견과 그 입장을 정리하여 관세협력이사회나 관련 기술위원회특히 HS 위원회에 보고한다.

3 HS 제7차 Review-Cycle과 팬데믹

HS 협약 제16조는 협약의 개정 절차에 관하여 규정하고 있다. HS 협약 개정안은 이사회의 승인을 거쳐 권고recommend되며, 이 권고안이 통지된 날로부터 6개월 이내에 회원국의 반대가 없는 경우에 수락된 것으로 간주된다. 이 절차를 거쳐 수락된 개정안의 발효시기에 대하여 협약 제16조 제4항은 다음과 같이 규정하고 있다.

[HS 협약 제16조]
4. 수락된 개정안은 다음 중 하나의 날짜에 모든 체약국에 대하여 효력을 발생한다.
  (a) 권고된 개정안이 4월 1일 전에 통지된 경우, 해당 통지일로부터 2년째 되는 해의 1월 1일
  (b) 권고된 개정안이 4월 1일 또는 그 이후에 통지된 경우, 해당 통지일로부터 3년째 되는 해의 1월 1일

이사회 개최는 보통 매년 6월 말에 이루어지므로 개정안은 대체로 이사회에서 통지한 후의 3차년도 1월 1일에 발효되게 된다. 개정안이 발표되기까지 통상 2년 6개월 정도의 유예기간이 있다는 뜻이다. 이 조항은 HS 개정안이 공포된 후 각 회원국이 국내법을 정비할

수 있도록 충분한 준비 기간을 보장하기 위한 규정이다.

HS 개정안이 실제 발효일보다 약 2년 6개월 전에 이사회의 승인을 거쳐야 한다는 것은 바꿔 말하면 HS 위원회와 검토소위원회는 실제 발효일보다 약 3년 앞서서 HS 개정안을 확정 및 채택해야 함을 의미한다. 그리고 각각의 개정안이 검토소위원회에서 논의되고 수정되는 기간을 감안하면 각 개정안은 실제 발효시기에 최소 5~6년, 길게는 7~8년 앞서 준비되어야 한다는 의미가 된다. 이를 WCO에서는 개정주기Review-Cycle라고 표현하고 있다.

품목분류표의 개정 주기에 대하여 협약에 규정된 바는 없으나 1988년 시행 이후 '92년과 '96년에 두 차례의 개정이 이루어졌고, 이후 2002년부터는 5년의 개정주기가 정착이 되어 오고 있다. 2002년, 2007년, 2012년, 2017년, 2022년까지 총 7차례 개정 2022년 HS까지의 Review-Cycle 진행경과를 아래 그림과 같다.

그림2 HS 발효 이후 현재까지 Review-Cycle 개관

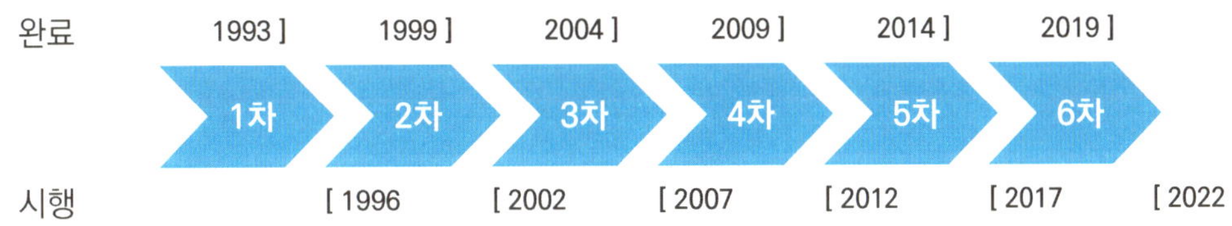

따라서 지금까지의 관행대로라면 차기 HS 개정안은 2027년에 발효되어야 할 것이다. 그러나 2019년 6월, 제7차 HS 개정안2022년 HS이 통지된 이후 제8차 HS 개정안당초 관행대로라면 2027년 HS 준비를 시작해야 할 즈음인 2020년 3월, 코로나19로 인한 팬데믹이 선언된 바 있다. 세계보건기구WHO가 '20.3.11일 공식적으로 팬데믹을 선언하였고, '23.5.5일에 이르러 '국제 공중보건 비상사태PHEIC' 해제를 발표하였다.

이 기간 중 소위 사회적 거리두기를 바탕으로 재택근무나 디지털 오피스, 비대면 온라인 회의 등이 새로운 표준으로 자리잡아 왔다. 대면 회의가 사실상 불가능해진 2020년부터 2022년까지 HS 위원회와 HS 검토소위원회는 취소되거나 온라인 회의로 진행되었다. 온

라인 회의의 경우 전 세계 모든 회원국이 동시에 접속 가능한 시간으로 한정해야 하는 문제와 대면 회의보다 상대적으로 느릴 수밖에 없는 진행속도의 문제 등으로 인해 안건에 대한 처리기간이 대폭 길어지게 되었고 결국 WCO는 개정안의 준비부족 문제로 제8차 개정안 발효시기를 2028년으로 미루기로 합의하였다.[4]

HS 제8차 개정판이하 "2028년 HS"라 함은 개정주기로는 일곱 번째[5]에 해당한다. 2028년 HS는 2025년 6월, 관세협력이사회CCC의 승인을 거쳐 확정되었고 각 회원국은 남은 기간 동안의 준비를 거쳐 자국의 형편에 따라 적절하게 국내 수용절차를 거치게 될 것이다. 우리나라 또한 2028년 HS 시행에 맞춘 관세법 별표 관세율표 개정안, 관세통계통합품목분류표재정경제부 고시 개정안 및 HS 해설서관세청 고시 개정안을 준비해야 한다.[6]

4 HS 품목분류표 개정 경과

1988년 HS 협약 출범 이후 현재까지 품목분류표 개정경과를 간단히 요약하면 다음 표와 같다.

4　제9차 개정판은 5년의 개정주기 관행에 맞추어 2033년에 발효될 것으로 보인다.

5　WCO는 이를 7th Review-cycle로 표현한다. 따라서 제7차 개정 주기라 표현한 것은 HS 2028 버전을 위한 개정과정을 지칭하는 말이다.

6　WCO에서는 각 회원국이 새로운 버전의 도입을 위한 준비과정을 충분히 거칠 수 있도록 2년 이상의 여유기간을 제공하고 있지만 각국의 역량이나 국내사정에 따라 도입이 1년 이상 늦어지는 경우도 있다.

구 분	개정개요	주요 개정품목	6단위 코드의 수
1차 개정 ('92.1.1.)	HS 제정 작업과정에서 도출된 미비점 반영 및 호의 용어를 보완·개정	– 소호의 통합 및 신설 – 호의 용어 등	5,019→5,018
2차 개정 ('96.1.1.)	신상품의 개발과 국제기구에서 요청한 마약원료물질 및 오존층 파괴물질 등을 특정 호(또는 소호)에 신설	– 영상전화기, 팩시밀리, 휴대용 컴퓨터 등 – 마약원료물질 및 오존층파괴물질 등	5,018→5,113
3차 개정 ('02.1.1.)	폐기물 및 CITES협약 대상품목을 특정 호(또는 소호)에 신설하였으며 HS의 통일적 적용을 위한 용어정의 등을 마련	– 보증된 참조물질 및 산업 폐기물 등 – 멸종위기에 처한 동·식물 – 소매포장 정의 등	5,113→5,224
4차 개정 ('07.1.1.)	국제기구에서 제시한 통제물질 및 IT산업의 급속한 발전으로 특정상품에 대한 호(또는 소호)를 신설하였으며 다양한 신상품의 개발로 인하여 종전의 용어정의 및 분류 기준을 보완	– 수은화합물, 농약원료, 청석면 등 유해물질 – 반도체 제조용 기기 – 유·무선 통신기기 등 – 신문용지, 합성섬유 및 재생섬유 등에 대한 용어	5,224→5,052
5차 개정 ('12.1.1.)	FAO(국제식량농업기구)의 요청에 따른 농수산물의 분류체계를 재편하는 한편, 신상품 및 국제무역상 중요한 품목을 반영	– 품목분류표상 제3류의 어류의 구분을 위한 학명 적용 – 제1~4부의 분류체계 개정 – 유기화합물의 분류체계 개정 – 바이오 디젤(제3826호)에 관한 규정 신설	5,052→5,205
6차 개정 ('17.1.1.)	WSC(세계반도체이사회)의 요청에 따라 집적회로의 범위를 확대하고, 어류의 학명을 다양하게 특게하는 한편, 신상품 및 국제무역상 중요품목의 반영	– 제3류에서 어류의 종명(학명) 확대 – 잔류성 유기오염물질 관련 소호 신설(스톡홀름 컨벤션 요청) – 말라리아 퇴치용 제품 관련 개정 – 복합부품(MCO) IC 개념 신설 및 제8542호 범위 확대 – 전기자동차와 관련한 제87류 각 호의 소호체계	5,205→5,387
7차 개정 ('22.1.1.)	전자담배, 스마트폰, 3D 프린터, 무인기 등 신상품을 위한 새로운 호·소호를 신설하고 바젤협약의 요청에 따라 산업폐기물(e-waste)의 특게	– 식용곤충을 제0410호에 포함 – 제2404호(전자담배 등) 신설 – 스마트폰(제8517.13호), 평판디스플레이 모듈(제8524호), 3D프린터(제8485호) 등의 호·소호 신설 – 제8549호(e-Waste) 신설 – 제8806호(무인기) 신설	5,387→5,612

역대 개정과정에서 6단위 코드 숫자의 증감폭이 가장 컸던 것은 2022년의 제7차 개정이지만 코드 수 증가와 관계없이 우리나라 산업의 입장에서 가장 중요하고 파급력이 컸던 개정은 반도체, 통신기기 등 IT 분야의 개정폭이 가장 컸던 2007년 개정이라고 할 수 있다. 아울러 2022년 HS 개정 때에도 스마트폰, 평판디스플레이모듈, 3D 프린터 등 IT와 관련한 변화가 큰 편이었다.

5 2028년 HS의 주요 개정 내용

표2 제8차 HS 개정(2028.1.1. 시행)의 주요 내용

개정 개요	주요 개정품목	코드의 수	
		4단위 (heading)	6단위 (subheading)
제3류 분류체계 개정	- 제0306호, 제0309호를 삭제하고 제0310호와 제0311호를 신설 - 갑각류(제0310호)의 6단위 소호 분류체계를 제3류 다른 호와 일치하도록 개정 - 다양한 종의 갑각류의 학명을 소호레벨에서 신설	1,228 → 1,229	5,612 → 5,839
농산물 분야의 개정	- 어린 옥수수 속대의 품목분류를 명확히 하기 위한 제0710호 및 제2005호의 개정 - 구아바, 블루베리, 리치, 용과 등 다양한 과실종의 학명을 소호 레벨에서 특게 - 덜 익은 대두의 품목분류를 명확히 하기 위한 제1201호의 용어 개정		
식이보조제를 위한 4단위 호 신설 (제2107호)	- 제2107호 및 관련 주를 신설하여 식이보조제의 정의, 제시형태 등 규정 - 제21류 조제식료품, 제29류 및 제30류 등의 의약품과의 구분기준 제시		
산업용 대마(hemp)의 활용도 증가를 반영한 품목분류표 개정	- 의료, 식용, 직물 분야 등 다양한 산업에 대마가 활용되는 현실을 감안한 제12류, 제11부 등 개정		
마약류 전구체 및 마약제조장비와 관련한 개정	- 펜타닐 및 펜타닐 유사체용 전구체를 소호 레벨에서 특게 - 마약 제조용의 실험실용 유리기구, 수공구 및 기계 등의 특게		

개정 개요	주요 개정품목	코드의 수	
		4단위 (heading)	6단위 (subheading)
COVID-19가 초래한 HS 개정	- 백신의 분류체계 개편을 위한 제3007호 신설 - 공중보건 및 긴급 의료용품과 관련한 개정		
플라스틱 제품의 국제간 이동 투명성 확보를 위한 개정	- 제39류 내에서 플라스틱 원재료별 소호의 세분류, 1회용(single-use) 물품에 대한 소호 특게 - 플라스틱 웨이스트의 분류체계 개편		
유리	- 오버플로우 융합 인상방식의 평판유리를 위한 호의 용어 개정(제7004호) - 램프가공한 유리 장식품 관련 개정 - 유리섬유의 웨이스트와 관련한 소호 체계 개정		
제16부의 개정	- 태양광 워터펌프, 휴대용 태양전지 램프 등을 위한 소호 신설 - 냉매 종류에 따른 냉장용 기기의 구분 - 역(reverse) 자동판매기를 제8476호에 포함 - 복합구조칩 집적회로의 정의 개정 - 로봇 청소기를 위한 소호신설(제8508호)		
미래 모빌리티와 관련한 개정	- 공기주입식 비행보트의 분류 명확화를 위한 제17부 주 개정 - e-Power 하이브리드 자동차 분류를 위한 제8703호 소호체계 개정 - 전기스쿠터 등을 위한 소호 신설 - 무인기(drone)의 원격조종 개념 정의를 위한 주 개정		
국제거래량이 미미한 물품의 품목코드 조정	- 아가리쿠스 속 버섯, 피마자, 치커리 뿌리 등의 소호 삭제 - 사진용 필름 및 영화용 필름의 소호 체계 간소화 - 모자 및 모체와 관련한 제65류 호 체계 간소화 - 음극선관 부분품의 소호 삭제		
그 밖의 개정	- 화학무기 원료의 전구체와 관련한 개정 - 유해화학물질, 폐기물, 고무 폐기물 등과 관련한 소호 체계 개정		

2028년 HS는 2022년 버전과 비교하여 호heading의 수가 1개 늘어난 한편, 소호 sub-heading의 수는 무려 227개가 늘어났다. 이는 HS 개정 역사에서 가장 큰 폭의 6단위 코드 확대이다. 코드 수의 증가도 클 뿐만 아니라 개정 대상도 HS 전 Section에 고르게 걸

쳐 있을 만큼 다양하고 변화가 많다.

2028년 HS에서 각 류별로 호와 소호의 변동 내역은 다음과 같다.

류 (Ch.)	호의 수(증감)		소호의 수(증감)		주요 내용
	HS 2022	HS 2028	HS 2022	HS 2028	
제3류	9	9	225	258(+33)	– 제0306호(갑각류)를 삭제하여 신설된 제0310호로 이동하는 한편, 갑각류 내 소호 체계의 맥락을 제3류의 다른 호와 일치하도록 개정 – 제0309호(어류의 가루 등)를 삭제하여 신설된 제0311호로 이동
제7류	14	14	73	72(-1)	– 결구상추와 아가리쿠스 속 버섯의 소호 삭제 – 어린 옥수수 속대 소호 신설
제8류	14	14	71	84(+13)	– 제0802호(견과류), 제0810호(그 밖의 과실), 제0811호(냉동과실), 제0813호(건조과실) 등에서 각종 과실의 학명을 소호 단위에서 신설
제12류	14	14	50	49(-1)	– 피마자, 치커리 뿌리 소호 삭제 – 대마 종사 소호 신설
제13류	2	2	11	12(+1)	– 소나무 올레오레진 소호 신설(제1301.30호)
제15류	21	21	53	55(+2)	– 대마씨유와 그 분획물의 소호 신설(제1515.4호)
제20류	9	9	52	53(+1)	– 어린 옥수수 속대 신설
제21류	6	7(+1)	16	19(+3)	– 프리믹스와 조제품 소호 신설 – 제2107호를 신설하여 식이보조제를 특게
제22류	9	9	24	30(+6)	– 밀크 대용물(식물성 원료 기반의 음료)을 위한 소호 신설(제2202호)
제23류	9	9	24	26(+2)	– 대마종자유로부터 나온 유박 소호 신설 – 항균제를 함유한 사료 소호 신설
제27류	16	16	43	44(+1)	– 제2710호의 웨이스트 오일의 소호 세분화
제28류	50	50	180	184(+4)	– 요드화물과 요드산염의 소호 세분화

류 (Ch.)	호의 수(증감)		소호의 수(증감)		주요 내용
	HS 2022	HS 2028	HS 2022	HS 2028	
제29류	42	42	410	423(+13)	– 화합물의 무역거래 동향 반영, 몬트리올의정서·화학무기금지협약 등과 관련한 유기화합물의 특게를 위한 소호 신설 – 마약류 제조용 전구물질의 소호 특게
제30류	6	8(+2)	45	84(+39)	– 제3007호를 신설하여 다양한 종류의 백신을 세분하여 특게 – 제3008호를 특게하여 동물용 의약품 특게
제37류	7	7	30	22(-8)	– 제3702호의 사진용 필름과 제3706호의 영화용 필름의 소호 체계 간소화
제39류	26	26	131	164(+34)	– 폴리에스테르 수지 소호 세분화 – 천연중합체 소호 세분화 – 플라스틱 웨이스트와 스크랩 소호 세분화 – 일회용 플라스틱 제품 관련 소호 신설 – 공중보건을 위한 제품 관련 소호 신설
제40류	17	17	80	83(+3)	– 재생고무 제품 소호 세분화 – 고무의 웨이스트와 스크랩 소호 세분화
제44류	21	21	128	153(+25)	– FAO의 요청에 따라 제44류 각 호에 특정 목제품 분류를 위한 소호 신설 – 제4407호 제재목, 제4412호 합판 등의 소호 세분화
제48류	22	22	101	102(+1)	– 얼굴보호용 마스크 소호 신설
제53류	10	10	23	25(+2)	– 대마의 토우, 대마사 소호 신설 – 코이어 사의 소호 삭제
제56류	9	9	30	38(+8)	– 제5601호에 면봉 소호 신설 – 대마 섬유의 로프 소호 신설 – 그물 종류를 재질에 따라 세분화
제63류	10	10	52	54(+2)	– 얼굴 보호용 마스크 소호 신설
제65류	6	4(-2)	8	8	– 제6501호, 제6502호, 제6507호를 삭제하여 신설된 제6508호로 통합 – 플라스틱제의 1회용 모자 소호 신설
제68류	15	15	50	51(+1)	– 대마를 응결하여 제조한 보드(board) 소호 신설

류 (Ch.)	호의 수(증감)		소호의 수(증감)		주요 내용
	HS 2022	HS 2028	HS 2022	HS 2028	
제70류	19	19	71	80(+9)	− 음극선관용 외피 소호 삭제 − 마약류 제조에 사용 가능한 실험실용 유리제 　품의 세분화 − 유리섬유의 웨이스트 소호 신설
제71류	18	18	55	59(+4)	− 가공하지 않은 금의 종류 세분화 − 귀금속 주화의 세분화
제73류	26	26	124	123(−1)	− 제7318호의 소호 분류체계 개편
제78류	4	4	8	7(−1)	− 납의 판, 쉬트 소호체계 간소화
제82류	15	15	64	66(+2)	− 알약(마약류) 제조용 공구 및 다이를 위한 소 　호 신설
제84류	86	86	538	549(+11)	− 수소불화탄소(HFC)를 냉매로 사용하는 냉 　장냉동기구를 위한 소호 신설 − 마약류 제조에 사용되는 기계, 장비의 소호 　신설(제8419호, 제8479호) − 역 자동판매기 소호 신설
제85류	48	48	296	298(+2)	− 로봇 청소기, 전동칫솔, 휴대용 태양광 램프 　등을 위한 소호 신설 − 음극선관의 부분품 소호 삭제(제8540호)
제87류	16	16	98	103(+5)	− 앰뷸런스 소호 신설, e-Power 하이브리드 　차량 소호 신설(제8703호) − 이동진료차 소호 신설(제8705호) − 전동스쿠터와 전기자전거 소호 신설
제90류	32	32	143	150(+7)	− 긴급 의료용 장비와 관련한 소호 신설 　(제9018호) − 오존치료기 등 소호 신설 − 적하계수기 소호 신설
제93류	7	7	18	21(+3)	− 제9304호(기타의 무기) 소호 분류체계 세분화
제95류	6	6	39	41(+2)	− 제9503호에 풍선 소호 신설 − 제9505호 크리스마스 축제용품 소호 삭제 − 제9507호에서 낚시용 망 소호 신설

　이 밖에도 2028년 HS 개정에는 호와 소호의 신설·삭제 없이 그 범위를 변경시키는 다양한 개정사항이 존재한다. 세부 개정 내용에 대하여는 제2편 이후에서 상세히 설명한다.

2028년
HS 개정

HS 개정과 국제기구

① HS 개정과 국제기구의 기여

HS는 단순히 관세부과와 무역통계만을 위한 도구가 아니라 내국세, 무역정책, 통제 물품 모니터링, 원산지 규정, 운송 통계, 가격 모니터링, 할당량 통제, 국민 계정 편찬, 경제 연구 및 분석 등 다양한 목적으로 널리 사용되는 다목적의 툴이라 할 수 있다. 또한 1988년 협약 출범 이후 꾸준한 개정을 이루어오면서 인류 공통의 가치를 수호하고 글로벌 교역 질서를 확립하는 '국제 협력의 표준 플랫폼'으로 진화하여 왔다.

HS 개정과정은 WCO가 주도하는 것이기는 하나 기술 발전의 수용을 넘어 수많은 국제기구와의 긴밀한 연대를 통해 완성된다. 이러한 협업을 통하여 멸종위기 동·식물의 보호, 글로벌 식량자원 관리, 오존층 보존 및 탄소중립, 유해 폐기물의 이동 차단, 마약류 전구체·화학무기원료·군사기술 물품 등의 정밀한 모니터링 등을 통하여 글로벌 안전망 강화라는 막중한 임무를 수행하기도 한다. 즉, 각 분야 전문 기구의 정책적 의지가 HS 코드라는 구체적인 규격으로 치환될 때, 비로소 국경 단계에서의 실효적인 통제와 국제 협약의 이행이 가능해지는 것이다.

1988년 이후 현재까지 HS 품목분류표 개정과정에서 여러 국제기구들의 HS 개정에 기여해 왔다. 이는 각 국제기구들이 그들의 설립취지에 부합하는 물품들의 국제거래를 관리하고 감독하는데 있어서 HS가 매우 유력한 도구임을 인식하였기 때문이지만 동시에 WCO가 범지구적인 대의를 수행하는데 있어 이들의 요구를 적극적으로 반영한 결과이기도 하다. 현재까지 HS 개정과정에 기여한 주요 국제기구들은 다음과 같다.

표1 HS 품목분류표 개정과 관련한 국제기구 또는 협약

국제기구(또는 협약)	설립목적	주요 관리대상 물품
세계무역기구 (WTO)	관세 및 비관세 장벽을 실질적으로 삭감하여 세계 무역을 증진	모든 국제거래 물품
세계보건기구 (WHO)	모든 인류가 가능한 최고의 건강 수준에 도달	INN 상품[7] 등 보건, 질병, 의료와 관련된 모든 물품
CITES	야생 동·식물의 국제 거래를 규제하여 이들의 생물다양성을 보존	멸종위기에 처한 야생 동·식물
화학무기금지협약 (Chemical Weapon Convention)	기존 화학무기와 생산 시설을 투명하게 공개하고 폐기하는 한편, 새로운 화학무기의 개발, 생산, 획득, 비축, 보유 및 이전을 금지	사린(Sarin), 소만(Soman), VX, 겨자 가스(Mustard Gas), 티오디글리콜(Thiodiglycol), 아미톤(Amiton), 포스겐(Phosgene), 시안화수소, 염화티오닐 등
식량농업기구 (FAO)	기아 퇴치와 식량안보 달성	주로 동·식물, 농림수산물, 농기계 등
몬트리올 의정서 (Montreal Protocol)	오존층 파괴 물질(ODS)의 생산 및 소비를 단계적으로 감축하고 궁극적으로 완전히 제거하여 지구의 오존층을 보호	염화불화탄소(CFC), 수소염화불화탄소(HCFC), 수소불화탄소(HFC), Halon, 메틸 브로마이드(농업용 살충제), 사염화탄소, 메틸 클로로포름, 냉동 및 냉장기기, 소화기 등
바젤 협약	유해 폐기물의 국가 간 이동 통제 및 안전한 처리	유해성 폐기물
로테르담 협약	유해화학물질/살충제 국제 거래 시 책임 공유 및 협력 증진	특정의 유해화학물질
스톡홀름 협약	잔류성 유기오염물질(POPs)로부터 건강과 환경 보호	다이옥신, DDT 등 독성·생물농축성·장거리 이동성을 가진 POPs
UN 환경계획 (UNEP)	환경 활동 조정 및 기구환경 관련 의제 논의의 핵심 기구	플라스틱 등 환경 관련 쟁점물품
국제마약단속국 (INCB)	유엔의 국제 마약 통제 협약 이행을 감시하는 독립적인 준사법 기구	모든 마약류 및 그 원료물질

7   INN International Nonproprietary Name 은 우리말로는 '국제 일반명' 또는 '국제 비독점적 명칭'이라고 표기함. INN 상품(INN

② 여전히 위험한 대마의 새로운 가치(Marijuana와 Hemp의 사이)

2020년 12월 2일, UN 산하 마약위원회CND는 세계보건기구WHO의 권고를 받아들여 대마를 마약 목록에서 재분류하는 역사적인 결정을 내렸다. 정확하게는 대마를 '마약 목록에서 완전히 제외'한 것이 아니라, '가장 위험한 마약 목록스케줄 IV'에서 삭제한 것이다. 최근의 의료용 칸나비디올CBD 효능 입증과 산업용 헴프Hemp 시장 성장 등의 의료적 가치를 인정한 것이다. 그러나 1961년 '마약에 관한 단일협약'에 따라 대마와 대마수지는 여전히 스케줄 I통제 대상에 등재되어 있다.

Product이란 특정 제약회사가 붙인 브랜드 이름상표명, 예: 타이레놀이 아닌, 세계보건기구WHO가 권고한 성분명예: 아세트아미노펜으로 불리는 의약품을 의미하며, 특정 기업이 독점할 수 없고 누구나 사용할 수 있는 공공의 명칭으로 국가나 언어에 상관없이 특정 의약품 성분을 명확하게 식별할 수 있도록 WHO에서 부여한 것임.

제64차 HS 검토소위원회는 UNCTAD UN 무역개발회의와 FIHO Federation of International Hemp Organization, 국제대마기구 연합의 요청에 따라 산업용의 대마 industrial hemp와 관련한 품목분류표 개정 논의를 시작하였다.

대마는 다용도 다목적의 작물로 수천년간 재배되어 왔다. 마리화나 Marijuana와 헴프 Hemp는 생물학적으로는 동일한 대마초 Cannabis sativa L. 식물군에 속하지만, 환각 성분 THC, tetrahydrocannabinol의 함량과 용도에 따라 법적·산업적으로 구분하고 있다.

상업적 대마의 글로벌 시장은 2022년 약 47억불 수준으로 추산되었으며, 2030년에 이르면 약 170억불에 이를 것으로 전망되고 있다. FIHO는 최근 급증하고 있는 대마의 상업적 활용에 따라 상업용의 대마를 HS 품목분류표에서 적절히 관리할 수 있게 만들기 위한 개정안을 제시하였다. FIHO는 단순히 대마의 상업적 가치만이 아니라 기후위기 시대의 친환경 농작물로서의 대마의 가치에도 주목하고 있으나 이 글에서는 그러한 상세한 내용은 언급하지 않을 것이다.

FIHO는 식물로서의 대마만이 아니라 대마씨, 대마씨유, 대마 섬유 등 HS 제2부부터 제13부까지에 이르는 광범위한 개정안을 제안하였고, 검토소위원회는 2차례 회기에 걸친 논의 끝에 개정안을 확정하였다.

표2 2028 HS 개정 신구대조표(산업용 대마)

현행(HS 2022)	개정(HS 2028)
〈신설〉	1207.80 – 대마[카나비스 사티바(Cannabis sativa)] 종자
〈신설〉	– 대마[카나비스 사티바(Cannabis sativa)]씨유와 그 분획물 1515.41 –– 조유 1515.49 –– 기타
23.06 – 오일 케이크와 그 밖의 고체 형태인 유박 [잘게 부순 것인지 또는 펠릿(pellet)	23.06 – 오일 케이크와 그 밖의 고체 형태인 유박 [잘게 부순 것인지 또는 펠릿(pellet)

현행(HS 2022)	개정(HS 2028)
모양인지에 상관없으며 제2304호나 제2305호의 것은 제외한 식물성·미생물성 지방이나 기름을 추출할 때 생기는 것으로 한정한다 (생략) 〈신설〉	모양인지에 상관없으며 제2304호나 제2305호의 것은 제외한 식물성·미생물성 지방이나 기름을 추출할 때 생기는 것으로 한정한다 (생략) 2306.70 – 대마[카나비스 사티바(Cannabis sativa)]씨에서 나온 것

제11부 주 제3호 가목 3)호
3. 가. 이 부에서 다음의 실……(생략)
  3) **대마사**와 아마사로서 다음의 것 (생략)
	3. 가. 이 부에서 다음의 실……(생략)
	  3) **대마[카나비스 사티바(Cannabis sativa)]사**와 아마사로서 다음의 것 (생략)

53.02 – 대마**(True hemp)**(생것이거나 가공은 하였으나 방적하지 않은 것으로 한정한다), 대마의 토우(tow)와 웨이스트(waste)[실의 웨이스트(waste)와 가닛스톡(garnetted stock)을 포함한다]	53.02 – 대마8**[hemp (Cannabis sativa L.)]**(생것이거나 가공은 하였으나 방적하지 않은 것으로 한정한다), 대마의 토우(tow)와 웨이스트(waste)[실의 웨이스트(waste)와 가닛스톡(garnetted stock)을 포함한다]
5302.10 – 생대마나 침지(沈漬)대마	5302.10 – 생대마나 침지(沈漬)대마
〈신설〉	5302.20 – 대마의 토우(tow)와 웨이스트(waste)
5302.90 – 기타	5302.90 – 기타
53.03 – 황마와 그 밖의 방직용 인피(靭皮)섬유[아마·대마**(true hemp)**·라미(ramie)는 제외하며, 생것이거나 가공은 하였으나 방적하지 않은 것으로 한정한다], 이들 섬유의 토우(tow)와 웨이스트(waste)[실의 웨이스트(waste)와 가닛스톡(garnetted stock)을 포함한다]	53.03 – 황마와 그 밖의 방직용 인피(靭皮)섬유[아마·대마**[hemp (Cannabis sativa L.)]**·라미(ramie)는 제외하며, 생것이거나 가공은 하였으나 방적하지 않은 것으로 한정한다], 이들 섬유의 토우(tow)와 웨이스트(waste)[실의 웨이스트(waste)와 가닛스톡(garnetted stock)을 포함한다]
53.08 – 그 밖의 식물성 섬유사와 종이실(paper yarn)	53.08 – 그 밖의 식물성 섬유사와 종이실(paper yarn)
5308.10 – 코이어(coir)사	〈삭제〉
5308.20 – 대마사**(True hemp yarn)**	5308.20 – 대마사**(Hemp (Cannabis sativa L.) yarn)**
5308.90– 기타	5308.90 – 기타

현행(HS 2022)	개정(HS 2028)
5311 – 그 밖의 식물성 방직용 섬유의 직물과 종이 실(paper yarn)의 직물	53.11 – 그 밖의 식물성 방직용 섬유의 직물과 종이 실(paper yarn)의 직물
〈신설〉	5311.10 – 대마[카나비스 사티바(Cannabis sativa)]의 것
〈신설〉	5311.90 – 기타
56.07 – 끈·배의 밧줄(cordage)·로프·케이블... ... (생략)	56.07 – 끈·배의 밧줄(cordage)·로프·케이블... ... (생략)
〈신설〉	5607.10 – 대마[카나비스 사티바(Cannabis sativa)] 섬유의 것
	5607.90 – 기타
68.08 – 패널·보드·타일·블록과 이와 유사한 물품[식물성섬유·짚·목재의 대팻밥·칩·파티클(particle)·톱밥이나 그 밖의 웨이스트(waste)를 시멘트·플라스터(plaster)나 그 밖의 광물성 결합재로 응결시킨 것으로 한정한다]	68.08 – 패널·보드·타일·블록과 이와 유사한 물품[식물성섬유·짚·목재의 대팻밥·칩·파티클(particle)·톱밥이나 그 밖의 웨이스트(waste)를 시멘트·플라스터(plaster)나 그 밖의 광물성 결합재로 응결시킨 것으로 한정한다]
〈신설〉	6808.10 – 대마[카나비스 사티바(Cannabis sativa)]의 것
	6808.90 – 기타

대마에 대한 UN의 제재가 완화되고 HS 품목분류표에서 상업용 대마에 대한 광범위한 용인이 있었다 해도 여전히 우리나라에서 대마는 『마약류 관리에 관한 법률』에 의해 엄격

---

8 FIHO는 상업용 대마를 시장에서 지칭함에 있어 'true hemp'라는 표현은 사용하지 않음을 지적하고 이를 'hemp'로 개정제안하였다. 국문 관세율표에서는 동일하게 '대마'로 쓸 수 있다. 다만, 현행의 HS 제5302호 영문용어에는 아래와 같이 학명Canabis sative L.이 언급되고 있으나 국문 관세율표에서는 이를 반영하지 않고 있으므로 관세율표 개정시 이 부분의 수정을 검토할 필요가 있다.

HS 2022	HS 2028
53.02 – **True hemp** Cannabis sativa L., raw or processed but not spun; tow and waste of **true hemp** including yarn waste and garnetted stock.	53.02 – **Hemp** Cannabis sativa L., raw or processed but not spun; tow and waste of **hemp**(Cannabis sativa L.) including yarn waste and garnetted stock.

히 규제되고 있음에 유의하여야 한다. 해당 법률 제2조에서 대마초와 그 수지樹脂, 이를 원료로 제조된 모든 제품칸나비디올CBD, 테트라히드로칸나비놀(THC) 등 성분 포함 및 동일한 화학적 합성품을 규제대상으로 하고 있으며, 제3조 및 제4조의 규정에 따라 허가받지 않은 대마의 재배, 소지, 소유, 수수, 운반, 보관 또는 사용하는 행위가 금지되고 있다.

3 불법은 여전히 성실하다[국제마약단속국(INCB)의 기나긴 싸움]

가. 이전 HS 개정경과에서 INCB의 역할

앞서 설명한 UN의 사례에서 대마를 고위험목록에서 제외한 일차적인 이유는 현 시대 대마의 경제적·상업적 가치를 어느 정도 인정하였기 때문이기는 하나 이것이 "대마는 이제 안전하다"는 선언은 아니다. 오히려 펜타닐, 엑스터시, 메탐페타민 등 대마보다 훨씬 위험하면서도 손쉽게 구할 수 있는 치명적인 마약이 넘쳐나는 시대에 국제마약통제의 우선순위를 더 치명적인 물질들로 이동하겠다는 전략적인 선언으로 해석하는 것이 타당할 것이다.

국제 마약 제조범들이 완제품마약류에 대한 엄격한 감시를 피하기 위해, 법적 규제가 상대적으로 느슨하거나 산업용으로도 널리 쓰이는 '원료물질전구체, Precursors'을 밀거래하는 것은 전 세계적인 마약 단속의 핵심 난제 중 하나이다. 가장 고전적이면서도 여전히 빈번하게 쓰이는 사례는 바로 메탐페타민필로폰의 핵심 원료인 에페드린Ephedrine이나 슈도에페드린이다. 이들은 일반 감기약의 성분으로도 쓰인다. 소규모 제조범들은 여러 약국을 돌며 감기약을 대량 구매Smurfing하는 방법을 쓰며, 대형 범죄조직은 규제가 약한 국가에서 산업용 대량 화물로 위장해 이들을 수입한 뒤 화학 공정을 거쳐 필로폰을 추출하기도 한다.

현재 글로벌 마약 시장에서 가장 심각한 사례로 보고되는 것은 펜타닐과 그 전구체이다. 멕시코 카르텔은 중국이나 인도 등지의 화학 회사로부터 펜타닐 완제품이 아닌, 제조에 필요한 NPP나 4-ANPP 같은 전구체를 수입하여 왔다.

UN 산하의 국제마약단속국INCB, International Narcotics Control Board은 마약 원료물질의 국제거래를 효율적으로 모니터링하기 위한 HS 개정에 꾸준히 기여해 왔다.

INCB의 제안에 따라 2017년 HS 개정시에는 제3003호와 제3004호에서 에페드린과 이들의 precursor가 함유된 약품을 소호 단위에 특게하도록 세분류 코드를 신설하였으며, 아울러 에페드린이 추출되는 원료물질로 인정되는 마황과 마황의 수액과 엑스를 특게하기 위하여 제1211호와 제1302호 내에 관련 6단위 소호를 신설하였다.

이어 2022년 HS에서는 펜타닐과 펜타닐의 유도체 및 염, 그리고 펜타닐의 전구물질인 NPP나 4-ANPP를 특게하기 위하여 제2933호와 제2934호의 소호 체계를 개편하였다. 아울러 메탐페타민의 염 등 마황으로부터 유래된 각종 알칼로이드의 염의 명확한 품목분류를 위하여 제2939호의 일부 소호를 정비하였다.

나. 2028년 HS와 INCB

1) 마약류 제조용 전구체와 전전구체의 확대

국제사회와 HS 품목분류표의 노력 못지않게 불법 또한 성실하다. 펜타닐 등 마약원료물질인 각종 전구체에 대한 단속과 규제가 강화되자 마약조직은 마약단속 당국의 목록에 없는 전-전구체Pre-precursors 상태로 거래한 뒤, 비밀 실험실에서 펜타닐 등 완성 마약으로 합성하는 시도를 확대하고 있다.

2028년 HS 개정과정에서 INCB는 불법 마약 제조용 원료물질, 특히 펜타닐 제조용 전구체와 전전구체의 관리 강화를 위하여 이전의 HS 개정안을 능가하는 큰 폭의 개정안을 제안하였다. 몇 가지 예를 들면 다음과 같다.

* N-페닐-4-피페리딘아민4-AP : 최근 국제 마약 차단 분야에서 가장 주목받는 펜타닐 Fentanyl의 핵심 전구체 중 하나로 펜타닐 및 다수의 펜타닐 유사체 합성에서 출발 물질이자 중간 전구체이다. 4-AP는 ANPP의 직접적인 전구체[9]로서 그 자체로 마약은 아니지만, 매우 간단한 화학 공정아실화 등만 거치면 펜타닐이나 그 유사체analogs로 전환될 수 있다.

그림 3 N-페닐-4-피페리딘아민4-AP 화학구조

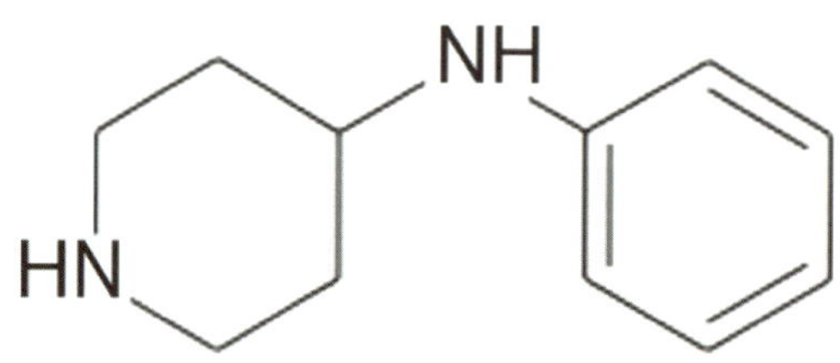

---

9   한 단계의 화학 반응만으로 해당 물질여기서는 ANPP을 바로 만들어낼 수 있는 직전 단계의 원료를 뜻함

* 터트-부틸 4-페닐아미노피페리딘-1-카복실레이트 : 펜타닐 합성의 직전 단계 원료인
  ANPP의 전전구체

그림4 **터트-부틸 4-**페닐아미노**피페리딘 -1-카복실레이트**

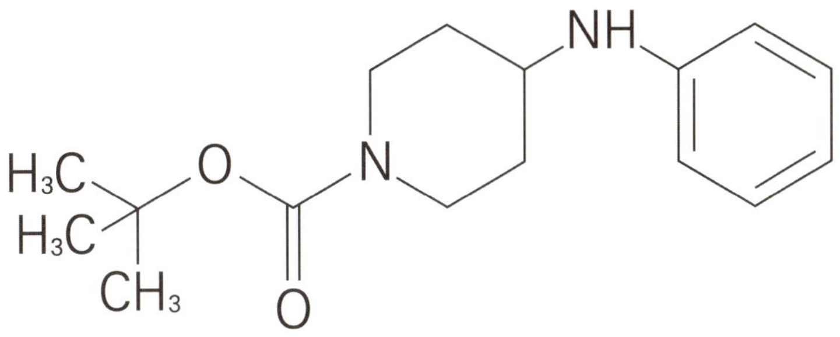

* 노르펜타닐 : 펜타닐 제조를 위한 중간단계의 전구체

그림5 **노르펜타닐**

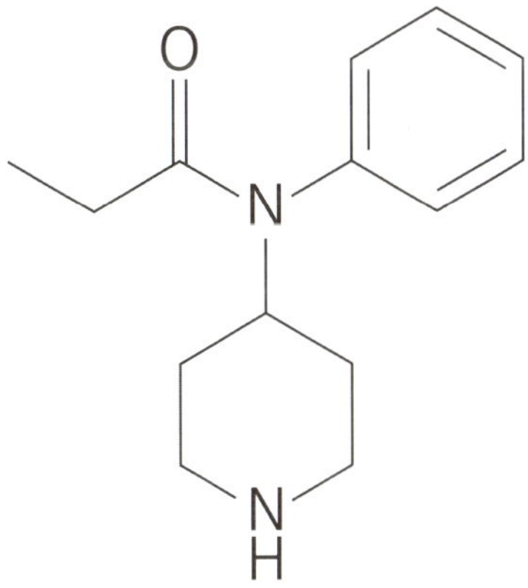

* 메틸 알파-페닐아세토아세테이트MAPA : 여러 암페타민 및 메트암페타민 전구체들, 즉
  P-2-P, APAAN, *APAA를 대체할 수 있는 화학 물질

그림 6 메틸 알파-페닐아세토아세테이트MAPA

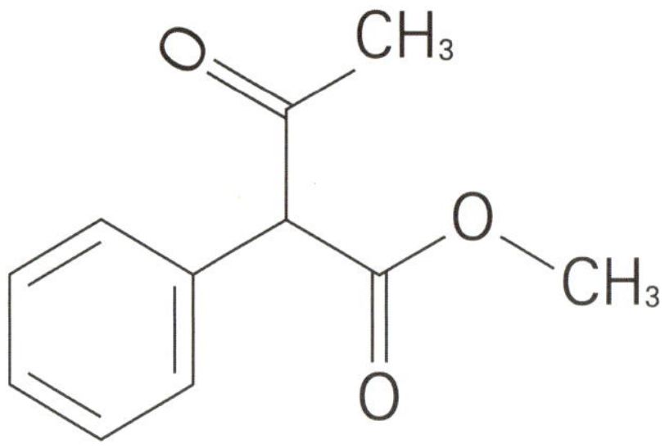

* 3,4-MDP-2-P 메틸 글리시데이트 : 3,4-MDP-2-P의 직접적인 전구체이며, MDMA 엑스터시 및 그 관련 물질들의 전-전구체

그림 7 3,4-MDP-2-P 메틸 글리시데이트

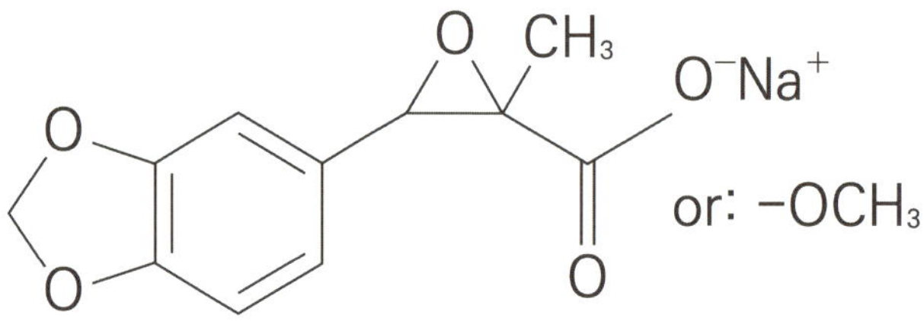

* 3,4-MDP-2-P 메틸 글리시드산 : 3,4-MDP-2-P의 직접적인 전구체이며, MDMA 및 그 관련 물질들의 전-전구체

그림 8 3,4-MDP-2-P 메틸 글리시드산

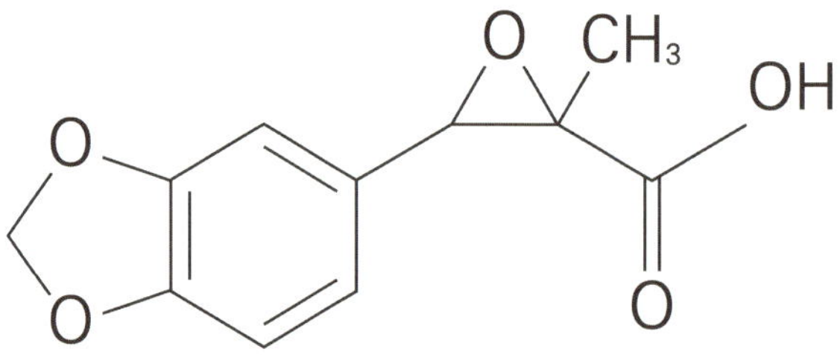

* 알파-페닐아세토아세타미드APAA : P-2-P 합성의 중간 전구체이며, 결과적으로 암페타민 또는 메트암페타민필로폰의 중간 전구체

그림 9 알파-페닐아세토아세타미드APAA

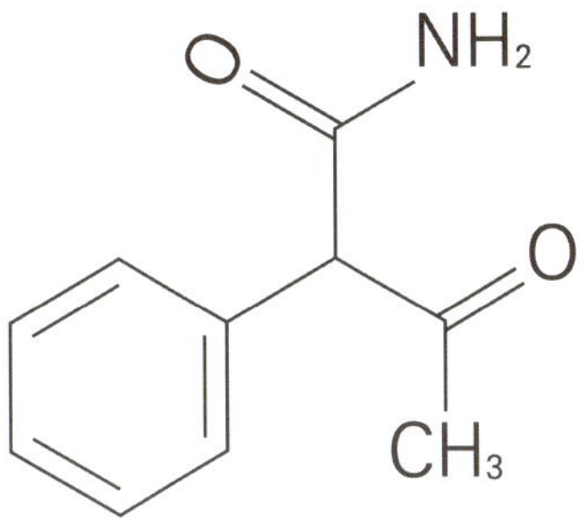

2) 마약류 제조를 위한 실험실용 장비 등

앞서 설명한 전구체와 전전구체는 불법 마약 제조에 은밀하게 사용되는 핵심 통제물질이기는 하나 이러한 물질만으로 불법마약을 완성할 수 있는 것은 아니며 비밀 실험실 등에서 1차적인 화학반응 및 분별·정제 등의 과정을 거쳐야만 마약 제조가 가능하다. 여기에는 열처리, 화학반응, 알약 제조 등에 필요한 다양한 설비와 장치를 필요로 한다.

'22.5월, INCB는 제60차 검토소위원회에 마약류 제조에 사용되는 각종 설비와 장치, 예를 들어 알약이나 캡슐의 성형 및 충전기, 실험실용·약제용 유리기구반응기, 플라스크 등, 가열 맨틀heating mantles 등 광범위한 품목에 대한 HS 품목분류표 개정을 요청하였다. 이들은 여러 화학, 제약 및 관련 산업에서 일반적인 합법적 용도로도 사용되는 물품들이다. 따라서 이러한 물품들은 이미 제70류, 제82류, 제84류 또는 제85류의 적절한 호에 별 쟁점 없이 분류 가능하며, 합법적인 산업용도로 사용되는 것과 마약류 제조에 사용되는 것을 구분하는 것도 쉽지는 않다. 그럼에도 불구하고 INCB는 용량, 상세기능 등에 주목하여 일반적인 용도보다는 마약류 사용에 더 적합한 관련 물품을 목록화하고 이를 HS 품목분류표에

반영하도록 제안하였다. 이러한 물품의 몇 가지 예시는 아래와 같다.

* 반응플라스크Reaction flask : 주로 유리로 만든 플라스크로 전구체와 촉매, 용매를 넣고 열이나 압력을 가해 화학 반응을 일으키기 위한 용도로 사용한다. 일반적인 플라스크보다 벽면이 두껍고 견고하며, 입구가 여러 개인 다구Multi-neck 형태2구, 3구 등가 많다. 이로 인해 온도계, 냉각기, 교반기 등을 동시에 꽂기 용이하다. 마약 제조 시 4-AP나 P-2-P 같은 전구체를 펜타닐이나 메트암페타민으로 전환하는 합성Synthesis 공정 그 자체가 일어나는 핵심 장치이다.

* 분별깔때기Separatory funnel : 위는 넓고 아래로 갈수록 좁아지는 원추형Cone 또는 배 모양Pear-shaped의 유리 용기로 상단에는 마개가 있고, 하단에는 액체의 흐름을 조절하는 콕Stopcock, 벨브이 달려 있다. 서로 섞이지 않는 두 액체예: 물과 유기용매를 넣고 흔든 뒤 층이 나뉘면, 하단의 콕을 열어 밀도가 높은 아래층 액체만 정확히 빼내는 장치로 마약 원료전구체에서 불순물을 제거하거나, 특정 용매를 이용해 마약 성분만을 뽑아내는 액체-액체 추출Extraction 과정의 필수장비이다.

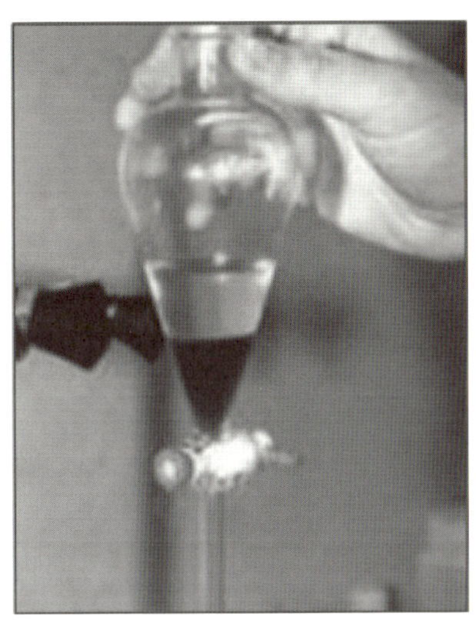

* 환류냉각기Reflux condenser : 액상의 원료를 장시간 가열하는 공정에서 용매의 증발을 막아 반응 조건을 안정적으로 유지하는 한편, 혼합물의 성분을 분리하기 위한 증류 과정에서 증기를 응축하여 다시 액체로 만드는 데 사용되는 장비이다. 휘발성이 강하고 유독한 물질이 발생하는 마약 제조공정에서 증기가 외부로 유출되는 것을 방지하여 실험 환경을 안전하게 유지하고 원료의 손실을 방지하는 목적으로 사용된다.

그림 12 환류냉각기

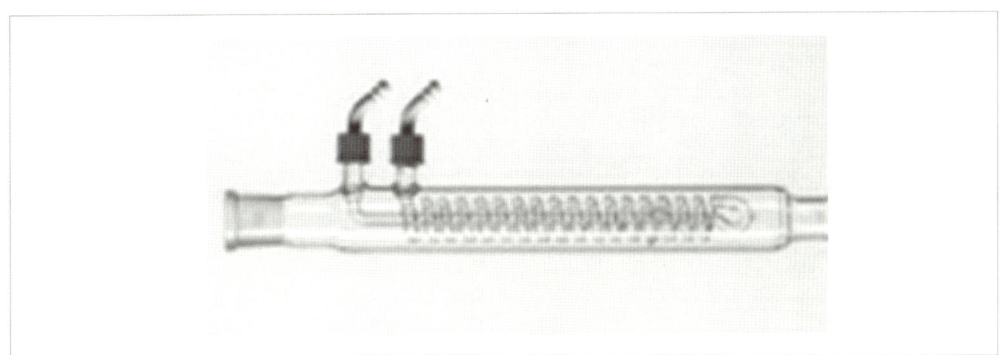

* 가열장치Heating mantle, Heating belt, Heating drum : 마약 제조시 화학반응 공정에서 정밀하고 균일한 가열을 제공하는 데 사용된다. 플라스크와 같은 용기의 전체를 고르게 감싸서 균일한 열을 장시간 제어하기 위한 장치로 마약 제조시 냉각기로 올라가는 증기가 중간 통로에서 식어 응축되는 것을 방지하거나, 점도가 높은 전구체 액체가 관 내에서 굳지 않고 잘 흐르도록 온도를 유지하는 역할을 한다. 제어대상의 용량이나 용기형태 등에 따라 가열 맨틀, 가열 벨트와 가열 드럼 등을 상황에 맞게 사용한다.

그림 13 **가열 맨틀**

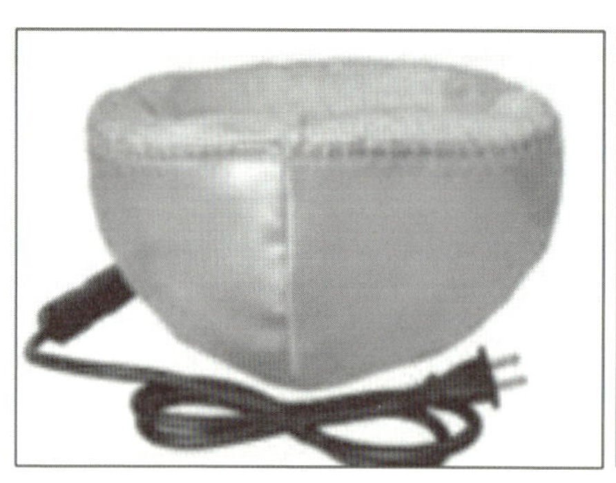

그림 14 **가열 벨트**왼쪽**와 가열 드럼**

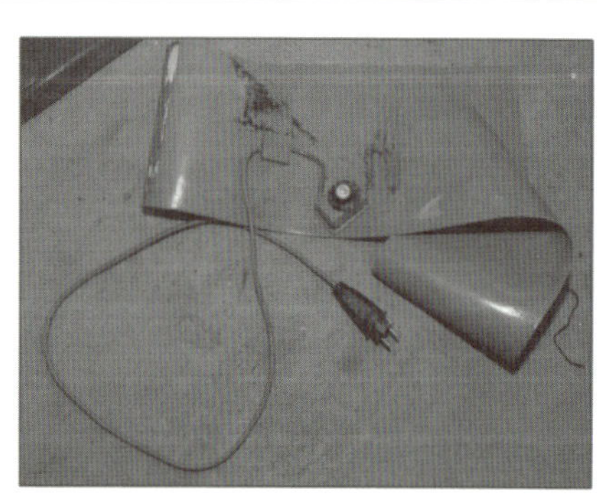

* 뱅마리Bain-marie : 전구체나 마약 성분을 포함한 용액을 직접 가열하지 않고, 물이나 기름이 담긴 용기를 통해 열을 전달하는 '중탕Water/Oil Bath 방식'의 가열장치이다. 마

약 제조에 쓰이는 많은 용매에테르, 아세톤 등는 휘발성과 인화성이 매우 강하므로 직접 가열 시 발생할 수 있는 화재나 폭발 위험을 최소화하기 위해 중탕 방식을 사용한다. 합성된 마약 용액에서 용매를 날려 보내고 순수한 마약 결정을 얻는 마지막 정제 단계에서 주로 사용된다.

 Bain-marie(항온유조, 항온수조)

* 회전 증발 농축기Rotary Evaporator : 용액에서 용매를 증발시켜 특정 물질을 농축하거나 분리하는 데 사용된다. 보통 진공 펌프와 연결하여 플라스크의 내부 압력을 낮춰 사용함으로써 열에 민감한 물질마약의 손상을 최소화하면서 용매를 제거할 수 있게 해준다.

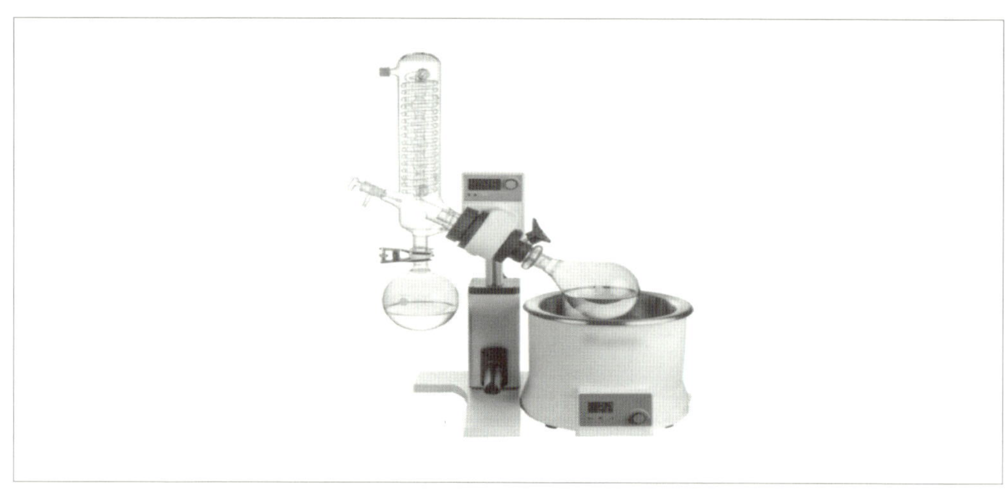

* 알약tablet 또는 캡슐 제조기 : 불법 마약 제조 공정에서 최종적으로 합성된 마약 가루를 최종 소비자가 복용하기 쉬운 알약Tablet이나 캡슐Capsule 형태로 만드는 제형화Formulation 과정이 필요하다. 실제 대부분은 마약은 이런 형태로 거래되기 때문이다. 단계의 핵심 장비 타정기Tableting Machine와 충전기Filling/Encapsulating Machine는 합성된 마약 가루를 최종 소비자가 복용하기 쉬운 정제 형태로 압축성형하거나 캡슐Capsule에 가루를 충전시키는 기능을 한다. 정제성형용 프레스는 수공구 타입이나 기계식 타입이 있으며 알약의 모양에 따라 각기 다른 형상을 갖춘 호환성의 다이die가 함께 사용되기도 한다.

HS 검토소위원회와 과학소위원회는 약 2년간의 논의와 기술적인 검토를 거쳐 관련 개정안을 확정하였다.

표3 2028 HS 개정 신구대조표 마약제조원료 및 장비 – feat. INCB

현행(HS 2022)	개정(HS 2028)
2918.30 – 알데히드·케톤관능기의 카르복시산(그 밖의 산소관능을 가지지 않은 것으로 한정한다), 이들의 무수물(無水物)·할로겐화물·과산화물·과산화산, 이들의 유도체	– 알데히드·케톤관능기의 카르복시산(그 밖의 산소관능을 가지지 않은 것으로 한정한다), 이들의 무수물(無水物)·할로겐화물·과산화물·과산화산, 이들의 유도체 2918.31 –– 3-옥소-2-페닐부탄산 메틸[알파-페닐아세토아세트산 메틸(MAPA)] 2918.39 –– 기타
〈신설〉	2918.92 –– 2-메틸-3-페닐옥시란-2-카르복실산(P-2-P 메틸 글리시드산) 및 그 염과 유도체
〈신설〉	2924.26 –– 3-옥소-2-페닐부탄아미드[알파-페닐아세토아세트아미드(APAA)]
〈신설〉	2932.97 –– 3-(1,3-벤조디옥솔-5-일)-2-메틸 옥시란-2-카르복실산(3,4-MDP-2-P-메틸 글리시드산) 및 그 염과 에스테르

현행(HS 2022)	개정(HS 2028)
- 붙지 않은 피리딘고리(수소를 첨가하였는지에 상관없다) 구조를 가지는 화합물 (생략) 2933.34 -- 그 밖의 펜타닐과 그 유도체 2933.35 -- 3-퀴뉴클리디놀 2933.36 -- **4-아닐리노-엔-펜에틸피페리딘 (ANPP)**	- 붙지 않은 피리딘고리(수소를 첨가하였는지에 상관없다) 구조를 가지는 화합물 (생략) 2933.34 -- 그 밖의 펜타닐과 그 유도체 및 **그들의 염** 2933.35 -- 3-퀴뉴클리디놀 2933.36 -- **4-아닐리노-N-페네틸피페리딘[N-페닐-1-(2-페닐에틸)피페리딘-4-아민, (ANPP)]·N-페네틸-4-피페리돈(NPP)·N-페닐-4-피페리딘아민(4-AP)·터트-부틸 4-(페닐아미노)피페리딘-1-카복실레이트[터트-부틸 4-아닐리노피페리딘-1-카복실레이트·1-boc-4-AP]·노르펜타닐 (N-페닐-N-(4-피페리딜)프로피온아미드)·피페리딘-4-온 (4-피페리돈) 및 터트-부틸 4-옥소피페리딘-1-카복실레이트 (1-boc-4-피페리돈), 그들의 염**
2933.37 -- 엔-펜에틸-4-피페리돈(NPP) 2933.39 -- 기타	〈삭제〉 2933.39 -- 기타
2934.92 -- 그 밖의 펜타닐과 그 유도체	2934.92 -- 그 밖의 펜타닐과 그 유도체, 그들의 염
〈신설〉	- 실험실용 또는 제약용 물품(눈금 또는 교정 여부에 상관없다) 3926.51 -- 분별 깔때기 3926.59 -- 기타
70.17 - 실험실용·위생용·약제용 유리제품(눈금이 있는지에 상관없다)	70.17 - 실험실용·위생용·약제용 유리제품(눈금이 있는지에 상관없다)
7017.10 - 석영유리 또는 용융실리카로 만든 것	- 석영유리 또는 용융실리카로 만든 것 7017.11 -- 냉각기 및 환류냉각기 7017.12 -- 용량 15리터 이상의 반응 플라스크 7017.13 -- 분별 깔때기 7017.19 -- 기타
7017.20 - 선팽창계수가 섭씨 0도에서 300도의 범위 내에서 1켈빈온도당 백만분의 5 이하인 그 밖의 유리로 만든 것	- 선팽창계수가 섭씨 0도에서 300도의 범위 내에서 1켈빈온도당 백만분의 5 이하인 그 밖의 유리로 만든 것 7017.21 -- 냉각기 및 환류냉각기 7017.22 -- 용량 15리터 이상의 반응 플라스크 7017.23 -- 분별 깔때기 7017.29 -- 기타

현행(HS 2022)	개정(HS 2028)
7017.90 - 기타	- 기타 7017.91 -- 냉각기 및 환류냉각기 7017.92 -- 용량 15리터 이상의 반응 플라스크 7017.93 -- 분별 깔때기 7017.99 -- 기타

82.05 - 수공구...... (생략)
 	
    - 그 밖의 수공구(유리 가공용 다이아몬드 공구를 포함한다)
8205.51 -- 가정용 공구
〈신설〉
 	
8205.59 -- 기타
(생략)
	82.05 - 수공구...... (생략)
	
	    - 그 밖의 수공구(유리 가공용 다이아몬드 공구를 포함한다)
	〈삭제〉
	8205.52 -- 휴대용 수동 정제(tablet) 압축기 및 캡슐 충전기[의약품, 건강 보조 식품 또는 과자류 생산에 사용되는 종류의 것으로 한정한다]
	8205.53 -- 가정용 공구(소호 제8205.52호의 것을 제외한다)
	8205.59 -- 기타
	(생략)

8207.30 - 프레싱(pressing)용·스탬핑(stamping)용·펀칭(punching)용 공구	- 프레싱(pressing)용·스탬핑(stamping)용·펀칭(punching)용 공구 8207.31 -- 다이(die)와 펀치(punch) [정제(tablet) 압축기에 사용되는 종류의 것에 한한다] 8207.39 -- 기타
8419.40 - 증류기나 정류기	- 증류기나 정류기 8419.41 -- 회전증발농축기 8419.49 -- 기타
- 그 밖의 기기 8419.81 -- 뜨거운 음료 제조용이나 음식물의 조리용이나 가열용 〈신설〉 8419.89 -- 기타	- 그 밖의 기기 〈삭제〉 8419.82 -- 가열맨틀·드럼히터와 용기가열용 히팅벨트 8419.83 -- 전기식 항온수조 또는 항온유조 8419.88 -- 기타, 뜨거운 음료 제조용이나 음식물의 조리용이나 가열용 8419.89 -- 기타
84.22 - 접시세척기, 병이나 그 밖의 용기의 세정용이나 건조용 기계, 병·깡통·상자·**자루**·그 밖의 용기의 충전용·봉함용·실링(sealing)용·레이블 부착용 기계, 병·단지·통과 이와 유사한 용기의 캡슐 부착(capsuling)용 기	84.22 - 접시세척기, 병이나 그 밖의 용기의 세정용이나 건조용 기계, 병·깡통·상자·**자루·경질캡슐(섭취용인지 여부에 상관없다)**·그 밖의 용기의 충전용·봉함용·실링(sealing)용·레이블 부착용 기계, **연질캡슐 성형 및 충전기**,

현행(HS 2022)	개정(HS 2028)
계, 그 밖의 포장기계(열수축 포장기계를 포함한다), 음료용 탄산가스 주입기 (생략) 8422.30 – 병·깡통·상자·자루·그 밖의 용기의 충전용·봉함용·실링(sealing)용·레이블 부착용 기계, 병·단지·통과 이와 유사한 용기의 캡슐 부착(capsuling)용 기계, 음료용 탄산가스 주입기	병·단지·통과 이와 유사한 용기의 캡슐 부착(capsuling)용 기계, 그 밖의 포장기계(열수축 포장기계를 포함한다), 음료용 탄산가스 주입기 (생략) – 병·깡통·상자·자루·경질캡슐(섭취용인지 여부에 상관없다)·그 밖의 용기의 충전용·봉함용·실링(sealing)용·레이블 부착용 기계, 연질캡슐 성형 및 충전기, 병·단지·통과 이와 유사한 용기의 캡슐 부착(capsuling)용 기계, 음료용 탄산가스 주입기 8422.31 -- 경질캡슐 충전용 기기와 연질캡슐 성형 및 충전기(의약품, 건강 보조 식품 또는 과자류 생산에 사용되는 종류의 것으로 한정한다) 8422.39 -- 기타
(생략)	(생략)
〈신설〉	8479.84 -- 정제(tablet) 압축기([의약품, 건강보조 식품 또는 과자 생산에 사용되는 종류의 것으로 한정한다]
8479.90 – 부분품	– 부분품 8479.91 -- 다이(die)와 펀치(punch)[정제(tablet) 압축기에 사용되는 종류의 것에 한한다] 8479.99 -- 기타

4 유해화학물질 및 폐기물의 통제(바젤·로테르담·스톡홀름 협약)

19세기 후반 유기합성 화학의 비약적인 발달은 농업 생산성의 혁명을 가져왔다. 하버-보슈법을 통한 질소 비료의 양산은 인류를 기아의 공포로부터 해방시키며 '인류를 먹여살린 과학'으로 불리기도 했다. 1939년 발견된 DDT와 같은 유기염소계 살충제는 말라리아 등 전염병으로부터 수백만 명의 생명을 구한 '기적의 화합물'로 칭송받았다. 이 시기 화학 농약과 비료는 근대 농업 성장의 핵심 동력이자 인류 번영의 상징이었다.

하지만 이러한 화학제품의 무분별한 사용은 예상치 못한 부작용을 야기했다. 1962년 레이첼 카슨은 『침묵의 봄』이라는 저서를 통하여 화학물질이 생태계에 잔류하며 먹이사슬을 통해 인간에게 되돌아온다는 충격적인 사실을 공론화했다. 이후 DDT를 비롯한 초기 화합물들의 잔류 독성, 생물 농축성, 발암성 등이 과학적으로 증명되면서, 인류는 화학의 편리함 뒤에 숨겨진 치명적인 유해성을 직시하게 되었다.

유해성이 드러난 물질들은 국가별 규제를 넘어 국제적 관리 체계로 편입되었다. 유해 폐기물의 이동을 통제하는 바젤협약1989, 유해화학물질 거래 시 정보 공유를 의무화한 로테르담 협약1998, 그리고 DDT 등 잔류성 유기오염물질의 퇴출을 선언한 스톡홀름 협약2001은 그 전환점이 되었다.

세 협약 모두 유해 물질과 폐기물로 인한 인류 건강 위협 및 환경 파괴 방지를 궁극적인 목적으로 하는 다자간 협정이며 화학물질의 생산스톡홀름부터 거래로테르담, 최종 폐기바젤에 이르는 전 생애주기Life-cycle를 상호 보완적으로 관리한다. 2000년대 후반부터 세 협약은 운영 효율성을 높이기 위해 '시너지 프로세스Synergies Process'를 도입하여 공동 관리 체계를 구축했다. 그에 따라 현재 스위스 제네바에 단일화된 통합사무국을 두어 행정 비용을 절감하고 정책의 일관성을 유지한다.

최근 여러 차례의 HS 개정과정에서 이들 협약은 HS 제6부 및 제7부의 여러 호에 유해화학물질, 잔류성 유기오염 물질, 산업쓰레기와 관련한 개정안을 제안해 왔으며, 특히 2022년 HS에서 바젤협약측의 요청에 따라 제8549호를 신설하여 '전기·전자 웨이스트waste와 스크랩scrap'을 통합하여 분류하도록 한 것은 이 분야 HS의 가장 중요한 개정이라 할 수 있다.

2028년 HS 개정 주기에 바젤협약측은 폴리염화바이페닐[Polychlorinated biphenylPCB]과 폴리염화테르페닐[Polychlorinated terphenylPCT]이 함유된 일정 수준 이상 함유된 폐유를 6단위 레벨에서 특게하기 위한 개정안을 제출하였다. 이들 물질은 열에 매우 강하고 전기 전도성이 낮으며, 알칼리와 산에 대한 저항력이 높은 특성으로 인해 1920년대부터 1980년대까지 변압기나 콘덴서의 절연유냉각제, 가소제, 윤활유, 난연제, 페인트 및 접착제의 첨가물 등으로 사용되어 왔다. 그러나 지방에 잘 녹는 성질이 있어 체내에 들어오면 배출되지 않고 축적되며, 먹이사슬을 통해 상위 포식자에게 고농도로 쌓이며, 인체 내 축적시 피부 질환, 간 손상, 면역 기능 저하를 일으키며, 암을 유발할 수 있는 인체 발암 물질1군로 분류되어 현재는 바젤협약과 스톡홀름 협약에 따라 산업계에서 퇴출된 상태이다.

아울러 로테르담협약측은 매우 적은 양으로도 사람을 사망에 이르게 할 수 있는 극독물로 인체 흡입시 구토, 호흡 곤란, 근육 경련 등을 유발하거나 내분비계 교란환경호르몬, 생식독성, 시력 손상 등의 가능성이 있으며, 꿀벌이나 조류에 위험한 것으로 알려진 터보푸스terbofus, 카보퓨란carbofuran, 트리클로르폰trichlorfon 등 살충제·살선충제 종류를 특게하기 위한 소호 체계 개정안을 제안하였으며 건축단열재 등으로 사용하는 브롬계 난연제의 일종인 헥사브로모사이클로도데칸Hexabromocyclododecanes, HBCD/HBCDD을 소호 단위에서 특게하는 개정안을 제안하였다. 또한 조리용 팬, 음식물 포장지 등의 코팅용으로 사용되는 1급 발암물질인 과불화옥탄산perfluorooctanoic acid, PFOA을 6단위 소호에 특게하는 방안도 포함하였다.

이들 화합물은 대부분 환경잔류성도 높아 로테르담 협약만이 아니라 스톡홀름 협약에서도 금지목록에 올라있는 잔류성 유기독성물질에도 해당한다.

현행(HS 2022)	개정(HS 2028)
– 웨이스트 오일(waste oil) 2710.91 -- 폴리염소화 비페닐(PCBs), 폴리염소화 테르페닐(PCTs)이나 폴리브롬화 비페닐(PBBs)을 함유 하는 것 〈신설〉 〈신설〉 2710.99 -- 기타	– 웨이스트 오일(waste oil) 〈삭제〉 2710.92 -- 폴리염소화 비페닐(PCBs)을 킬로그램(kg)당 50밀리그램(mg) 이상 함유하는 것 2710.93 -- 기타, 폴리염소화 테르페닐(PCTs)이나 폴리브롬화 비페닐(PBBs)을 함유하는 것(동시에 폴리염소화 비페닐(PCBs)을 킬로그램(kg)당 50밀리그램(mg) 미만 함유한 것을 포함한다) 2710.99 -- 기타
제29류 소호주 제3호 〈신설〉	3. 소호 제2930.81호 및 제2930.82호는 알디카브(ISO), 캡타폴(ISO), 메타미도포스(ISO), 포레이트(ISO)와 터부포스(ISO)만을 포함한다.
– 포화지환식·불포화지환식·시클로테르펜탄화수소의 할로겐화유도체 2903.81 -- 1,2,3,4,5,6-헥사클로로시클로헥산 [HCH(ISO)][린데인(ISO, INN)을 포함한다] 2903.82 -- 앨드린(ISO), 클로르덴(ISO), 헵타클로르(ISO) 2903.83 -- 미렉스(ISO) 〈신설〉 2903.89 -- 기디	– 포화지환식·불포화지환식·시클로테르펜탄화수소의 할로겐화유도체 2903.81 -- 1,2,3,4,5,6-헥사클로로시클로헥산 [HCH(ISO)][린데인(ISO, INN)을 포함한다] 2903.82 -- 앨드린(ISO), 클로르덴(ISO), 헵타클로르(ISO) 2903.83 -- 미렉스(ISO) 2903.84 -- 헥사브로모시클로도데칸(HBCDs) 2903.89 -- 기타
2909.30 – 방향족(芳香族)에테르와 이들의 할로겐화유도체·술폰화유도체·니트로화유도체·니트로소화유도체	– 방향족(芳香族)에테르와 이들의 할로겐화유도체·술폰화유도체·니트로화유도체·니트로소화유도체 2909.31 -- 데카브로모디페닐 에테르 2909.39 -- 기타
29.15 – 포화비환식모노카르복시산과 이들의 무수물(無水物)·할로겐화물·과산화물·과산화산, 이들의 할로겐화유도체·술폰화유도체·니트로화유도체·니트로소화유도체 (생략) 2915.90 – 기타	29.15 – 포화비환식모노카르복시산과 이들의 무수물(無水物)·할로겐화물·과산화물·과산화산, 이들의 할로겐화유도체·술폰화유도체·니트로화유도체·니트로소화유도체 (생략) – 기타 2915.91 -- 과불화옥탄산과 그 염 2915.99 -- 기타

현행(HS 2022)	개정(HS 2028)
2930.80 - 알디카브(ISO), 캡타폴(ISO) 및 메타미도포스(ISO)	- 이 류 소호주 제3호에 게기된 화합물 2930.81 -- 알디카브(ISO), 캡타폴(ISO), 메타미도포스(ISO) 2930.82 -- 포레이트(ISO)와 터부포스(ISO)

제38류 소호주 제1호

1. 소호 제3808.52호와 제3808.59호는 다음을 하나 이상 함유하는 제3808호의 물품만을 포함한다. 알라클로르(ISO), 알디카브(ISO), 앨드린(ISO), 아진포스-메틸(ISO), 비나파크릴(ISO), 캄페클로(ISO)(톡사핀), 캡타폴(ISO), 카보퓨란(ISO), 클로단(ISO), 클로디메폼(ISO), 클로로벤질레이트(ISO), 디·디·티(ISO)[클로로페노탄(INN), 1,1,1-트리클로로-2,2-비스(파라-클로로페닐)에탄], 디엘드린(ISO, INN), 4,6-디니트로-오르토-크레졸[DNOC(ISO)]이나 그 염, 디노셉(ISO)과 그 염이나 에스테르, 엔도설판(ISO), 에틸렌디브로마이드(ISO)(1,2-디브로모에탄), 이염화에틸렌(ISO)(1,2-디클로로에탄), 플루오로아세트아미드(ISO), 헵타클로르(ISO), 헥사클로로벤젠(ISO), 1,2,3,4,5,6-헥사클로로시클로헥산[HCH(ISO)][린데인(ISO, INN)을 포함하는 것], 수은화합물, 메타미도포스(ISO), 모노크로토포스(ISO), 옥시란(산화에틸렌), 파라티온(ISO), 파라티온-메틸(ISO)(메틸-파라티온), 펜타클로로페놀(ISO)과 그 염이나 에스테르, 과불화옥탄 술폰산과 그 염, 과불화옥탄 술폰아미드, 과불화옥탄술포닐 플루오라이드, **포스파미돈(ISO)**, 2,4,5-티(ISO) (2,4,5-트리클로로페녹시아세트산)와 그 염이나 에스테르, 트리부틸틴 화합물, 트리클로르폰(ISO). | 1. 소호 제3808.52호와 제3808.59호는 **다음 화합물을**[10] 하나 이상 함유하는 제3808호의 물품만을 포함한다. 알라클로르(ISO), 알디카브(ISO), 앨드린(ISO), 아진포스-메틸(ISO), 비나파크릴(ISO), 캄페클로(ISO)(톡사핀), 캡타폴(ISO), 카보퓨란(ISO), 클로단(ISO), 클로디메폼(ISO), 클로로벤질레이트(ISO), 디·디·티(ISO)[클로로페노탄(INN), 1,1,1-트리클로로-2,2-비스(파라-클로로페닐)에탄], 디엘드린(ISO, INN), 4,6-디니트로-오르토-크레졸[DNOC(ISO)]이나 그 염, 디노셉(ISO)과 그 염이나 에스테르, 엔도설판(ISO), 에틸렌디브로마이드(ISO)(1,2-디브로모에탄), 이염화에틸렌(ISO)(1,2-디클로로에탄), 플루오로아세트아미드(ISO), 헵타클로르(ISO), 헥사클로로벤젠(ISO), 1,2,3,4,5,6-헥사클로로시클로헥산[HCH(ISO)][린데인(ISO, INN)을 포함하는 것], 수은화합물, 메타미도포스(ISO), 모노크로토포스(ISO), 옥시란(산화에틸렌), 파라티온(ISO), 파라티온-메틸(ISO)(메틸-파라티온), 펜타클로로페놀(ISO)과 그 염이나 에스테르, 과불화옥탄 술폰산과 그 염, 과불화옥탄 술폰아미드, 과불화옥탄술포닐 플루오라이드, **포레이트(ISO), 포스파미돈(ISO), 터부포스(ISO)**, 2,4,5-티(ISO)(2,4,5-트리클로로페녹시아세트산)와 그 염이나 에스테르, 트리부틸틴 화합물, 트리클로르폰(ISO). |

제38류 소호주 제3호

3. 소호 제3824.81호부터 제3824.89호까지는 다음의 물질을 하나 이상 함유하는 혼합물과 조제품만을 포함한다. 옥시란(산화에틸렌), 폴리브롬화 비페닐(PBBs), 폴리염소화 비페닐(PCBs), 폴리염소화 테르페닐(PCTs), 트리스(2,3-디브로모프로필) 포스페이트, 앨드린(ISO), 캄페클로(ISO)(톡사핀), 클로단(ISO), 클로르데콘(ISO), 디디티[DDT(ISO)][클로로페노탄(INN), 1,1,1-트리클로로-2,2-비스(파라-클로로페닐)에탄], 디엘드린(ISO, INN), 엔도설판(ISO), 엔드린(ISO), 헵타클로르(ISO), 미렉스(ISO), 1,2,3,4,5,6-헥사클로	3. 소호 제3824.81호부터 제3824.89호까지는 다음의 물질을 하나 이상 함유하는 혼합물과 조제품만을 포함한다. 옥시란(산화에틸렌), 폴리브롬화 비페닐(PBBs), 폴리염소화 비페닐(PCBs), 폴리염소화 테르페닐(PCTs), 트리스(2,3-디브로모프로필) 포스페이트, 앨드린(ISO), 캄페클로(ISO)(톡사핀), 클로단(ISO), 클로르데콘(ISO), 디디티[DDT(ISO)][클로로페노탄(INN), 1,1,1-트리클로로-2,2-비스(파라-클로로페닐)에탄], 디엘드린(ISO, INN), 엔도설판(ISO), 엔드린(ISO), 헵타클로르(ISO), 미렉스(ISO), 1,2,3,4,5,6-헥사클로

현행(HS 2022)	개정(HS 2028)
로시클로헥산[HCH(ISO)][린데인(ISO, INN)을 포함하는 것], 펜타클로로벤젠(ISO), 헥사클로로벤젠(ISO), **과불화옥탄 술폰산, 그 염**, 과불화옥탄 술폰아미드, **과불화옥탄술포닐 플루오라이드**, 테트라·펜타·헥사·**헵타·옥타브로모디페닐** 에테르, 짧은사슬 염화파라핀	로시클로헥산[HCH(ISO)][린데인(ISO, INN)을 포함하는 것], 펜타클로로벤젠(ISO), 헥사클로로벤젠(ISO), **과불화옥탄 술폰산과 그 염**, 과불화옥탄 술폰아미드, **과불화옥탄술포닐 플루오라이드, 과불화옥탄산 및 그 염**, 테트라·펜타·헥사·**헵타·옥타·데카브로모디페닐** 에테르, **헥사브로모사이클로도데칸(HBCDs)**, 짧은사슬 염화파라핀
3824.87 -- 과불화옥탄 **술폰산과 그 염**, 과불화옥탄 술폰아미드, 또는 **과불화옥탄술포닐 플루오라이드를** 함유한 것 3824.88 -- 테트라-, 펜타-, 헥사-, **헵타- 또는 옥타브로모디페닐 에테르를 함유**한 것	3824.87 -- 과불화옥탄 **술폰산과 그 염[11]**, 과불화옥탄 술폰아미드, **과불화옥탄술포닐 플루오라이드, 또는 과불화 옥탄산과 그 염을** 함유한 것 3824.88 -- 테트라-, 펜타-, 헥사-, **헵타-, 옥타- 또는 데카브로모디페닐 에테르나 헥사브로모사이클로도데칸(HBCDs) 을 함유**한 것

5 제3915호(플라스틱 웨이스트)와 제4004호(고무 웨이스트)의 소호체계 개정(바젤 협약)

플라스틱과 고무는 분해되는 데 수백 년이 걸리는 고분자 화합물로, 자연환경에서 거의 사라지지 않는다. 플라스틱은 재질에 따라 20년에서 최대 500년 이상 잔류하며, 미생물에 의해 완전히 분해되지 않고 햇빛자외선 등에 의해 점점 작게 쪼개지는 광분해 과정을 거쳐 미세플라스틱으로 남게 된다. 가황 공정을 거친 고무는 열과 마찰에 매우 강해 자연 분해 속도가 매우 느리며, 매립 시에도 부피를 크게 차지하고 장기간 토양에 잔류한다.

플라스틱이나 고무의 '고분자Polymer 그 자체'만을 놓고 본다면, 화학적 활성이 낮아 잔류성 유기오염물질POPs이나 일반적인 유해 화합물보다 직접적인 생물학적 독성은 낮다고

---

10 현행 HS에서는 '다음 물질following substances'이라고 표현하나 개정안에서는 '다음 화합물following compounds'이라고 표현하고 있다. 국문 관세율표는 단순히 '다음을'이라고 규정. 국문 관세율표에서 이 부분을 굳이 개정하지 않아도 뜻의 차이는 없어 보인다.

11 영문개정안에서는 현행의 'sulphonic acid, its salt'를 'sulphonic acid and its salt'로 바꿔 표현하고 있으나 국문상으로는 차이가 없으므로 역시 국문 관세율표의 이 부분을 굳이 개정할 필요는 없어 보인다.

볼 수 있다.

그러나 이들 제품 제조 시 첨가된 화학물질과 외부에서 흡착한 오염물질로 인해 유해성을 띠게 된다. 플라스틱 제조시 첨가되는 난연제, 가소제 등은 호르몬 체계를 교란하는 내분비계 장애 물질로 작용하며, 잘게 부서진 미세플라스틱은 넓은 표면적을 이용해 주변의 잔류성 유기오염물질POPs이나 중금속을 흡착하여 생물 체내로 운반하는 '트로이 목마' 역할을 한다.

고무 타이어나 가황고무 제품 제조시 사용되는 아연Zn, 납Pb 같은 중금속과 가황 촉진제가 포함되어 있어, 마모되거나 폐기될 때 토양과 지하수를 오염시킨다.

바젤협약은 2019년 제14차 당사국 총회에서 플라스틱 폐기물을 통제 대상에 포함하는 개정안을 채택하였으며, 이는 2021년 1월 1일부터 전 세계적으로 발효되었다. 고무 또한 이와 유사하게 취급하여 바젤협약 부속서 VIII의 유해폐기물 목록에 특정 플라스틱 및 고무 폐기물이 등재되어 있다.

바젤협약 측은 제60차 HS 검토소위원회에 제3915호플라스틱 폐기물에 대한 소호체계 개정안을, 제61차 회기에 제4004호고무의 폐기물에 대한 소호체계 개정안을 제안하였다. 검토소위원회는 약 2년간의 논의를 거쳐 이 분야의 개정안을 확정하였다.

현행(HS 2022)	개정(HS 2028)
제39류 주 소호주 1. 이 류의 각 호에 해당하는 중합체[공중합체(共重合體)를 포함한다]와 화학적으로 변성한 중합체는 다음 각 목에 따라서 분류한다. 　가. 동일 계열에서 "기타"로 표기된 소호가 있는 경우 ...... (생략) ※ 혼합중합체는 동일 비율의 동일한 단량체 단위로 만들어진 중합체가 속하는 소호로 분류한다.	1. 이 류의 각 호에 해당하는 중합체[공중합체(共重合體)를 포함한다]와 화학적으로 변성한 중합체는 다음 각 목에 따라서 분류한다. 　가. 동일 계열에서 "기타"로 표기된 소호가 있는 경우 ...... (생략) ※ 혼합중합체는 동일 비율의 동일한 단량체 단위로 만들어진 중합체가 속하는 소호로 분류한다. <u>그러나 제3915호 내의 소호 분류에 있어서는 물리적으로 분리 가능한 서로 다른 폴리머의 혼합 폐기물은 소호 제3915.40호, 제3915.69호, 제3915.91호 또는 제3915.99호 중 적용 가능한 소호에만 분류될 수 있다.</u>
〈신설〉	2. 소호 제3915.40호는 첨가제 또는 오염물질로 존재하든 관계없이, 해당 물품이 유해한 특성을 나타내는 한도 내에서 다음의 물질 중 하나 이상을 함유하는 제39.15호의 물품만을 포함한다. 금속 카르보닐, 베릴륨 및 그 화합물, 6가 크롬 화합물, 구리 화합물, 아연 화합물, 비소 및 그 화합물, 셀레늄 및 그 화합물, 카드뮴 및 그 화합물, 안티몬 및 그 화합물, 텔루륨 및 그 화합물, 수은 및 그 화합물, 탈륨 및 그 화합물, 납 및 그 화합물, 불화칼슘을 제외한 무기 불소 화합물, 무기 시안화물, 산성 용액 또는 고체 형태의 산, 염기성 용액 또는 고체 형태의 염기, 석면 (분진 및 섬유), 유기 인 화합물, 유기 시안화물, 클로로페놀을 포함한 페놀 및 그 화합물, 에테르, 유기 용제, 폴리염화 디벤조푸란의 모든 동족체, 폴리염화 디벤조-p-다이옥신 또는 유기 할로겐 화합물의 모든 동족체. 이 소호로 분류되기 위해서는 해당 물품이 다음의 유해 특성 중 하나 이상을 나타내야 한다. 폭발성, 인화성(액체 또는 고체), 자연 발화성, 물과 접촉 시 인화성 가스 발생성, 산화성, 유기 과산화물 함유, 극도의 독성, 감염성, 부식성, 공기 또는 물과 접촉 시 유독 가스 방출성, 독성(지연성 또는 만성), 생태 독성, 또는 폐기 후 상기 특성 중 하나를 갖는 다른 물질을 생성할 수 있는 능력.

현행(HS 2022)	개정(HS 2028)
2. 소호 제3920.43호에서 "가소제"에는 2차 가소제를 포함한다.	**3.** 소호 제3920.43호에서 "가소제"에는 2차 가소제를 포함한다.
39.15 – 플라스틱의 웨이스트(waste)·페어링(paring)·스크랩(scrap)	39.15 – 플라스틱의 웨이스트(waste)·페어링(paring)·스크랩(scrap)
3915.10 – 에틸렌의 중합체의 것 3915.20 – 스티렌의 중합체의 것 3915.30 – 염화비닐의 중합체의 것 3915.90 – 그 밖의 플라스틱의 것	3915.40 – 이 류 소호주 제2호에 게기된 물품 – 기타 (단일 비할로겐화 폴리머로만 구성되어 있고, 오염 및 기타 유형의 폐기물이 거의 없는 것으로 한정한다) 3915.51 -- 에틸렌중합체의 것 3915.52 -- 프로필렌중합체의 것 3915.53 -- 스티렌중합체의 것 3915.54 -- 아크릴로니트릴-부타디엔-스타이렌(ABS) 공중합체 3915.55 -- 폴리(에틸렌 테레프탈레이트) 3915.56 -- 폴리카보네이트 3915.57 -- 폴리에테른 3915.58 -- 유레아-포름알데히드 수지, 페놀-포름알데히드 수지, 멜라민-포름알데히드 수지, 에폭시 수지, 알키드 수지 3915.59 -- 기타 – 기타[할로겐화 폴리머(할로겐화 폴리머와 비할로겐화폴리머로 구성된 혼합물을 포함한다)를 함유하는 것] 3915.61 -- 염화비닐 중합체만으로 구성된 것 3915.62 -- 다음의 불소화 폴리머 중 단 하나로만 구성된 제조 폐기물 (오염 및 기타 유형의 폐기물이 거의 없는 것). 퍼플루오로에틸렌-프로필렌 공중합체, 테트라플루오로에틸렌-(퍼플루오로알킬 비닐 에테르) 공중합체, 테트라플루오로에틸렌-(퍼플루오로메틸 비닐 에테르) 공중합체, 폴리(비닐 플루오라이드), 폴리(비닐리덴 플루오라이드) 3915.69 -- 기타 – 기타 3915.91 -- 다음 폴리머 중 두 가지 이상으로만 구성된 혼합물(오염 및 기타 유형의 폐기물이 거의 없는 것으로 한정한다). 폴리

현행(HS 2022)	개정(HS 2028)
	에틸렌; 폴리프로필렌, 폴리(에틸렌 테레프탈레이트)
	3915.99 -- 기타
제40류 주 1.~5. (생략) 〈신설〉	6. 제40.03호에서 "회수된 고무 분말 및 알갱이"란 제40.04호의 물품에서 회수되었으며 고무 재료로서 직접 사용하기에 적합한 분말 및 알갱이를 의미한다. 이들은 세척, 알갱이화(과립화), 또는 분쇄와 같은 기계적 공정을 통하여 얻어진 것으로 방직용 섬유, 금속 또는 기타 오염 물질이 대부분 제거되어 유동성이 좋고 균질화되었고 균일한 고무 분말 또는 알갱이다.
6. **제4004호에서 "고무의 웨이스트(waste)·페어링(paring)·스크랩(scrap)"이란 고무의 제조나 가공 공정에서 발생하는 것과 절단·마모나 그 밖의 이유로 명백히 고무제품으로서는 사용할 수 없는 것을 말한다.**	7. **제4004호에서 "고무의 웨이스트(waste)·페어링(parings)·스크랩(scrap)"이란 고무 및 고무 제품의 제조 또는 가공에서 발생한 것으로 절단·마모·결함 또는 기타 이유로 인해 그 자체로는 명백히 사용할 수 없는 것(절단되지는 않았으나 재생할 수 없거나 달리 재사용할 수 없는 공기 타이어를 포함한다)을 말한다.**
7.~9. (생략) 〈신설〉	**8.~10.** (생략) 11. 제40.12호에서, "재생(retreaded) 또는 중고 고무 공기 타이어"라는 표현은 이 류의 소호주 제1호에 규정된 폐 공기 타이어를 포함하지 않는다.
제40류 소호주 〈신설〉	소호주 1. 소호 제4004.10호는 원래의 형태를 유지하고 있지만, 마모·결함 또는 기타 이유로 인해 타이어로 사용하거나 재생하기에 부적합한 공기 타이어를 포함한다. 이러한 타이어는 일반적으로 묶음 형태로 제시된다. 그러나 이 타이어들이 조각으로 절단된 경우(예: 파쇄·절단·분쇄 또는 이와 유사한 공정을 거친 경우), 이들은 이 소호에서 제외된다.(소호 제4004.90호)
4003 – 재생고무[일차제품(primary form)·판·시트(sheet)·스트립 모양으로 한정한다]	4003 – 재생고무[일차제품(primary form)·판·시트(sheet)·스트립 모양으로 한정한다], **이 류의 주 제6호에 규정된 회수된 고무 분말과 알갱이**
〈신설〉	4003.10 – 재생고무[일차제품(primary form)·판·시트(sheet)·스트립 모양으로 한정

현행(HS 2022)	개정(HS 2028)
	한다]
	4003.20 – 제4004호의 폐 공기타이어로부터 회수된 고무 분말과 알갱이
	4003.90 – 기타
4004 – 고무의 웨이스트(waste)·페어링(paring)·스크랩(scrap)[경질(硬質)고무인 것은 제외한다]과 이들의 가루와 알갱이	40.04 – 고무의 웨이스트(waste)·페어링(paring)·스크랩(scrap)[경질(硬質)고무인 것은 제외한다]과 이들의 가루와 알갱이[제4003호의 것은 제외한다]
〈신설〉	4004.10 – 이 류 소호주 제1호에 규정된 폐 공기타이어
	4004.90 – 기타

6 화학무기제조용 전구체(화학무기금지협약)

화학무기금지협약은 대상 물질의 유해성과 전용 가능성에 따라 특정 화학물질을 세 가지 목록으로 관리한다.

* 1종 Schedule 1 : 신경작용제 타분, 사린 등와 같이 화학무기로 직접 사용되는 고위험 물질
* 2종 Schedule 2 : 화학무기 제조의 중간 원료 전구체로 쓰일 수 있는 독성 물질
* 3종 Schedule 3 : 대량 생산되는 일반 산업용 화학물질이나 화학무기 원료로 전용될 위험이 있는 물질이다.

화학무기금지기구 OPCW[12]는 제60차 HS 검토소위원회에 위의 Schedule 2에 있는 화학물질 중 최근 들어 국제거래량이 많아진 아래 3종의 물질과 관련한 HS 개정안을 제출하였다.

12 Organization for the Prohibition of Chemical Weapon

표6 최근 국제거래량이 증가한 화학무기 원료

화합물명 (Cas No.)	화학구조	위험성	HS Code (2022 HS)
N,N-디메틸포스포르아미드산 디클로라이드 (677-43-0)		화학무기 중 신경작용제인 타분(Tabun)을 합성하는 데 사용되는 주요 원료	2929.90
부틸 메틸포스피네이트 (6172-80-1)		V-계열(V-agents) 신경작용제를 합성하는 데 핵심적인 전구체로 사용	2931.49
비스(1-메틸메닐) 메틸포스포네이트 (1020119-28-1)		V-계열(V-agents) 신경작용제를 합성하는 데 전용될 수 있는 잠재적 위험	2931.49

소호 제2931.4호에는 '비할로겐화 유기인 유도체'가 분류되며, OPCW 측에서 제안한 2종의 물품[Butyl methylphosphinate와 Bis1-methylpentyl methylphosphonate]은 2022년 HS 기준으로 소호 제2931.49호에 분류된다. 현재의 분류체계 내에서 이들 물품을 6단위 소호에 특게하려면 소호 제2931.4호 내에 새로운 6단위 소호를 추가해야 하는데, 문제는 2022년 HS에서 이미 소호 제2931.41호부터 제2931.48호까지를 모두 사용하고 있다는 것이다.

HS 검토소위원회는 소호 제2931.4호비할로겐화 유기인 유도체를 두 종류로 나누어 비환식acyclic과 환식cyclic으로 구분하고, OPCW가 제안한 두 가지 화합물은 '비할로겐화 비환식 유기인 화합물'로 소호 제2931.6호를 신설하여 포함시키는 개정안을 확정하였다.

현행(HS 2022)	개정(HS 2028)
29.29 - 그 밖의 질소관능화합물	29.29 - 그 밖의 질소관능화합물
2929.10 - 이소시아네이트 2929.90 - 기타	2929.10 - 이소시아네이트 　　　　　 - 기타 2929.91 -- N,N-디메틸포스포르아미드산 디클로라이드 2929.99 -- 기타
29.31 - 그 밖의 유기-무기화합물	29.31 - 그 밖의 유기-무기화합물
2931.10 - 테트라메칠납, 테트라에칠납	2931.10 - 테트라메칠납, 테트라에칠납
2931.20 - 트리부틸틴 화합물	2931.20 - 트리부틸틴 화합물
- 비할로겐화 유기인 유도체 2931.41 -- 디메틸 메틸포스포네이트 2931.42 -- 디메틸 프로필포스포네이트 2931.43 -- 디에틸 에틸포스포네이트 2931.44 -- 메틸포스폰산 2931.45 -- 메틸포스폰산과 (아미노이미노메틸) 　　　　　　 우레아의 염(1 : 1) 2931.46 -- 2,4,6-트리프로필-1,3,5,2,4,6- 　　　　　　 트리옥사트리포스피난-2,4,6- 　　　　　　 트리옥사이드 2931.47 -- (5-에틸-2-메틸-2-옥시도-1,3,2- 　　　　　　 디옥사포스피난-5-일)메틸 메틸 메틸 　　　　　　 포스포네이트 2931.48 -- 3,9-디메틸-2,4,8,10-테트라옥사- 　　　　　　 3,9-디포스파스피로[5.5] 　　　　　　 운데칸 3,9-디옥사이드 2931.49 -- 기타	- 비할로겐화 비환식 유기인 화합물 2931.61 -- 디메틸 메틸포스포네이트 2931.62 -- 디메틸 프로필포스포네이트 2931.63 -- 디에틸 에틸포스포네이트 2931.64 -- 비스(1-메틸메닐) 메틸포스포네이트 2931.65 -- 메틸포스폰산 2931.66 -- 메틸포스폰산과 (아미노이미노메틸) 　　　　　　 우레아의 염(1 : 1) 2931.67 -- 부틸 메틸포스피네이트 2931.69 -- 기타 　　　　　 - 비할로겐화 환식 유기인 화합물 2931.71 -- 2,4,6-트리프로필-1,3,5,2,4,6- 　　　　　　 트리옥사트리포스피난-2,4,6-트리옥 　　　　　　 사이드 2931.72 -- (5-에틸-2-메틸-2-옥시도-1,3,2- 　　　　　　 디옥사포스피난-5-일)메틸 메틸 메틸 　　　　　　 포스포네이트 2931.73 -- 3,9-디메틸-2,4,8,10-테트라옥사 　　　　　　 -3,9-디포스파스피로[5.5] 운데칸 3,9 　　　　　　 -디옥사이드 2931.79 -- 기타
- 할로겐화 유기인 유도체 2931.51 -- 메틸포스포닉 디클로라이드 2931.52 -- 프로필포스포닉 디클로라이드 2931.53 -- 오-(3-클로로프로필) 오-[4-니트로 　　　　　　 -3-(트리플루오로메틸)페닐] 　　　　　　 메틸포스포노티오네이트 2931.54 -- 트리클로르폰(ISO) 2931.59 -- 기타	- 할로겐화 유기인 화합물 2931.81 -- 메틸포스포닉 디클로라이드 2931.82 -- 프로필포스포닉 디클로라이드

현행(HS 2022)	개정(HS 2028)
2931.90 – 기타	2931.83 -- 오-(3-클로로프로필) 오-[4-니트로 -3-(트리플루오로메틸)페닐] 메틸포스 포노티오네이트 2931.84 -- 트리클로르폰(ISO) 2931.89 -- 기타 2931.90 – 기타

7 COVID-19가 초래한 HS 개정

팬데믹으로 인하여 HS 개정주기가 늘어진 것 이외에도 COVID-19는 2028년 HS 개정에 많은 영향을 미쳤다. 2020년 발생한 COVID-19 팬데믹은 전 세계 공중보건 위기를 초래했을 뿐만 아니라, 백신 및 마스크와 같은 필수 의료 물품의 국제 교역량을 폭발적으로 증가시켰다. 그러나 이러한 급격한 교역 흐름의 변화 속에서 현행 국제통합상품분류체계 HS의 한계가 명확히 드러났다. 그리고 2028년 HS 개정주기에 이러한 논의가 반영되었다.

세계무역기구WTO와 세계보건기구WCO는 회원국들이 공중보건 성과를 개선하는 것은 물론 무역정책이 공중보건 목표와 더욱 일관성을 유지할 수 있도록 하기 위한 관련 분야 개정안을 제출하였다.

인류가 함께 대항해야 할 공중보건 위기 시대에 이러한 물품을 HS의 호 또는 소호 레벨에서 특게함으로써 비상시 통관절차를 신속하게 할 수 있으며, 각국의 정책 입안자들이 발병 가능성이 높은 질병에 대처하기 위한 관세 및 기타 무역 관련 조치를 선택할 때 더 넓은 선택지를 가질 수 있다. 또한 보다 정밀한 무역통계를 확보함으로써 질병의 유형에 따른 관련 물품 무역 흐름을 모니터링하고 글로벌 의료시장의 역학을 이해하는 데 활용될 수 있을 것이다.

가. 백신의 분류체계 개편 및 호 신설

COVID-19 팬데믹과의 긴 싸움은 백신의 국제 교역량을 급격히 증가시켰다. 그 과정에서 현재 HS에서 백신의 분류체계가 특정 백신의 국제무역 흐름과 무역정책을 평가하기에는 세분화 정도가 불충분하다는 점이 부각되었다. 이러한 한계를 고려하여 세계보건기구 WHO는 백신 분류 개정안을 제출하였다.

2022년 HS에서 백신은 제3002호에 분류된다. 소호 제3002.41호에는 인체의약용 백신이, 제3004.42호에는 동물의약용 백신이 분류된다. 제3002호 전체로는 백신만이 아니라 사람의 혈액, 각종의 면역용 물질과 미생물 배양체 등이 분류되므로 제3002호 내에서 소호를 재구성하는 것으로는 기본적인 관리가 필요한 모든 백신에 대하여 독자적인 소호를 부여하는 것은 불가능하다. 세계보건기구는 백신 분류를 위한 새로운 호를 신설하는 개정안을 제안하였다.

백신의 상세분류는 가장 일반적으로는 그 백신이 방어하기 위한 질병을 기준으로 할 수 있겠으나 기술적, 생물학적 특성 및 원리에 따라서 분류하는 것도 가능하다. 세계보건기구는 처리대상 질병과 백신의 발전단계를 중심으로 세분류하는 백신 분류체계를 제안하였고, HS 검토소위원회는 약 2년간의 논의를 거쳐 개정안을 확정하였다.

표8 2028 HS 개정 신구대조표 백신

현행(HS 2022)	개정(HS 2028)
21.02 – 효모(활성이거나 불활성인 것), 그 밖의 단세포 미생물(죽은 것으로 한정하며, **제3002호의 백신**은 제외한다)과 조제한 베이킹 파우더(baking powder)	21.02 – 효모(활성이거나 불활성인 것), 그 밖의 단세포 미생물(죽은 것으로 한정하며, **제3007호와 제3008호의 백신**은 제외한다)과 조제한 베이킹 파우더(baking powder)
30.02 – 사람의 피, 치료용·예방용·진단용으로 조제한 동물의 피, 면역혈청·그 밖의 혈액 분획물과 면역물품(생물공학적 방법에 따라 변성되거나 얻어진 것인지에 상관없다), **백신·독소**·미생물 배양체(효모는 제외한다)와 이	30.02 – 사람의 피, 치료용·예방용·진단용으로 조제한 동물의 피, 면역혈청·그 밖의 혈액 분획물과 면역물품(생물공학적 방법에 따라 변성되거나 얻어진 것인지에 상관없다), **독소**·미생물 배양체(효모는 제외한다)와 이와 유

현행(HS 2022)	개정(HS 2028)
와 유사한 물품, 세포 배양체(변성된 것인지에 상관없다)	사한 물품, 세포 배양체(변성된 것인지에 상관없다)
– **백신·독소**·미생물 배양체(효모는 제외한다)와 이와 유사한 물품 3002.41　-- 백신(인체의약용으로 한정한다) 3002.42　-- 백신(동물의약용으로 한정한다) 3002.49　-- 기타	3002.40　**독소**·미생물 배양체(효모는 제외한다)와 이와 유사한 물품
30.03 – 의약품(두 가지 이상의 성분을 혼합한 치료용이나 예방용의 것으로서 **제3002호·제3005호·제3006호**의 물품, 일정한 투여량으로 한 것, 소매용 모양이나 포장을 한 것은 제외한다)	30.03 – 의약품(두 가지 이상의 성분을 혼합한 치료용이나 예방용의 것으로서 **제3002호·제3005호·제3006호·제3007호·제3008호**의 물품, 일정한 투여량으로 한 것, 소매용 모양이나 포장을 한 것은 제외한다)
30.04 – 의약품[혼합한 것인지에 상관없으며 **치료용이나 예방용**의 것으로서 일정한 투여량으로 한 것(피부 투여의 형식을 취한 것을 포함한다)과 소매용 모양이나 포장을 한 것으로 한정하며, **제3002호·제3005호·제3006호의 물품은 제외**한다]	30.04 – 의약품[혼합한 것인지에 상관없으며 **치료용이나 예방용(이 류의 주 제4호에서 정의한 의약 영양제품을 포함한다)**의 것으로서 일정한 투여량으로 한 것(피부 투여의 형식을 취한 것을 포함한다)과 소매용 모양이나 포장을 한 것으로 한정하며, **제3002호·제3005호·제3006호·제3007호·제3008호의 물품은 제외**한다]

〈신설〉	30.07 – 백신(인체의약용으로 한정한다)
	
	  – 홍역·풍진·수두·대상포진 및 볼거리 백신 (서로 조합된 것인지 여부와 상관없다)
	3007.11　-- 홍역
	3007.12　-- 홍역–풍진 복합
	3007.13　-- 수두
	3007.14　-- 대상포진
	3007.15　-- 홍역–볼거리–풍진 복합 및 홍역–볼거리–풍진–수두 복합
	3007.19　-- 기타 (소호 제3007.11호부터 제3007.19호까지의 두 가지 이상의 백신을 조합한 것을 포함한다)
	
	  – 소아마비·디프테리아·파상풍·백일해·간염 및 헤모필루스 인플루엔자 B형 (Hib) 백신 (서로 조합된 것인지 여부와 상관없다)
	3007.21　-- 소아마비
	3007.22　-- 디프테리아와 파상풍 조합
	3007.23　-- 디프테리아·파상풍·백일해(DTP) 조합

현행(HS 2022)	개정(HS 2028)
	3007.24 -- A형 간염
	3007.25 -- B형 간염
	3007.26 -- 헤모필루스 인플루엔자 B형(Hib)
	3007.27 -- 디프테리아·파상품·백일해(DTP) 백신에 B형 간염 및 헤모필루스 인플루엔자 B형 (Hib) 백신이 조합된 것(5가 백신) 또는 B형 간염·헤모필루스 인플루엔자 B형 (Hib) 및 불활성화 소아마비 백신(IPV)이 조합된 것(6가 백신)
	3007.29 -- 기타 (소호 제3007.21호부터 제3007.29호까지의 두 가지 이상의 백신을 조합한 것을 포함한다)
	− 결핵·폐렴구균·로타바이러스 및 인유두종바이러스 백신(조합하지 않은 것으로 한정한다)
	3007.31 -- 바실러스 칼메트 게랭(BCG)형 결핵 백신
	3007.32 -- 그 밖의 결핵 백신
	3007.33 -- 폐렴구균 백신
	3007.34 -- 로타바이러스(RV) 백신
	3007.35 -- 인유두종 바이러스(HPV) 백신
	− 뇌수막염·장티푸스·콜레라·뎅기열·광견병 및 말라리아 백신(조합하지 않은 것으로 한정한다)
	3007.41 -- 뇌수막염(단가백신)
	3007.42 -- 뇌수막염(다가백신)
	3007.43 -- 장티푸스 백신
	3007.44 -- 콜레라 백신
	3007.45 -- 뎅기열 백신
	3007.46 -- 광견병 백신
	3007.47 -- 말라리아 백신
	− 인플루엔자, 호흡기세포융합바이러스 (RSV) 및 코로나바이러스 백신(서로 조합된 것인지 여부와 상관없다)
	3007.51 -- 인플루엔자(단가백신)
	3007.52 -- 인플루엔자(다가백신)
	3007.53 -- 호흡기세포융합바이러스(RSV) 백신
	3007.54 -- 코로나바이러스 백신

현행(HS 2022)	개정(HS 2028)
	3007.59 –– 소호 제3007.51호부터 제3007.29 호까지의 두 가지 이상의 백신을 조합한 것
	– 황열병, 천연두, 엠폭스, 에볼라, 뇌염, 치쿤구니야열 및 연쇄구균 백신(조합하지 않은 것으로 한정한다)
	3007.61 –– 황열병 백신
	3007.62 –– 천연두 백신과 엠폭스 백신
	3007.63 –– 에볼라 백신
	3007.64 –– 뇌염 백신
	3007.65 –– 치쿤구니야 백신
	3007.66 –– 연쇄구균 백신
	3007.90 – 기타
〈신설〉	30.08 – 그 밖의 백신
	3008.10 – 동물의약품용 백신
	3008.90 – 기타

나. 공중보건 및 긴급 의료용품과 관련한 개정

1) WTO 시장접근 위원회(마스크, 안면보호대 등)

세계무역기구WTO의 시장접근위원회Committee on Market Access, CMA는 상품 무역에 관한 관세 및 비관세 장벽을 감독하고 관리하기 위해 설립된 기구이다. 각국의 관세율, 수입 규제, 비관세 장벽 등에 관한 정보를 수집·공유함으로써 무역환경의 예측 가능성을 높이기 위하여 운영 중이며, 회원국들이 협상을 통해 합의한 관세 양허Concessions와 비관세 조치들이 실제로 잘 이행되고 있는지 확인하여 원활한 국제무역을 지원한다.

제70차 HS 위원회'22.9월에서 WTO 시장접근위원회는 팬데믹 기간 중 시장접근위원회의 논의에서 시발된 HS 개정 문제를 발의하였다. 시장 접근위원회는 안면 마스크나 안면보호대 같은 전 세계적 코로나19 대응에 필수적인 물품이 HS 품목분류표에 명확히 드러나지 않고 각국의 국내 소호분류 체계에서도 일관되게 적용되지 않아 이들 제품에 대한 무역 데이터가 표준화되지 않았으며, 이로 인하여 코로나19 대응 필수품목의 글로벌 무역 흐름을 분석하는 것이 매우 어렵다는 것을 지적하였다. 즉, 이러한 물품이 전 세계적으로 일관되게 분류될 수 있도록 적어도 HS 6단위 소호 레벨에서 이들 물품을 특게해야 한다는 의견을 제시하였다.

2) 검토소위원회에서의 외연 확대

WTO 시장접근위원회는 이에 대한 문제 제기는 하였으나 구체적인 개정안은 마련하지 않음에 따라 HS 검토소위원회는 이 문제와 관련, 안면 마스크 종류에 대하여 WCO 사무국이 준비한 자체 개정안을 토대로 검토를 시작하였다.

WTO 시장접근위원회의 최초 문제 제기에서 안면 마스크나 안면 보호대 정도만 언급하였으나, HS 위원회 논의과정에서 각 회원국은 전염병의 급속한 확산 방지, 국제적 긴급 의료구호 차원에서는 보다 다양한 종류의 물품도 고려해야 함을 지적하였다. 이에 WCO 사무국은 세계보건기구WHO와의 협의를 통하여 긴급 의료차원에서 HS 개정에 포함시킬만한 물품에 대하여 검토하였다. 예를 들면, 다음과 같은 것들이 있다.

* 시신 보관용 백body bag : 죽은 사람의 유해를 보관, 운반 및 처리하기 위해 특별히 설계된 것으로 일반적으로 PVC나 폴리에틸렌과 같은 튼튼하고 비흡수성 플라스틱 재질로 만들어져 전염성 병원체에 노출되었을 수 있는 사람의 유해를 안전하고 위생적으로 처리할 수 있도록 하여 전염병의 확산을 방지하는 데 중요한 역할을 한다.

* 맥박산소측정기Pulse oximeter : 동맥혈 내 헤모글로빈의 산소포화도를 측정하는 의료기기로 센서를 신체 부위예: 손가락, 발가락 또는 귓볼에 부착했을 때 발생하는 빛의 차등 흡수 원리를 이용하여 산소포화도를 결정한다. 환자의 산소포화도 수준을 신속하게 평가하고 호흡 상태에 대한 중요한 정보를 제공하는 데 사용된다.

* 다매개변수 환자 감시 장치Multiparametric patient monitoring device : 환자의 여러 가지

활력 징후vital signs와 생리학적 매개변수를 동시에 지속적으로 관찰하는 모니터링 스테이션으로 심박수, 혈압, 호흡수, 산소포화도, 체온 및 심전도ECG 수치 등 다양한 매개변수를 측정한다.

* 기도삽관 키트Intubation kit : 환자의 입이나 코를 통해 관을 삽입하여 기도 폐쇄를 관리하거나 호흡 부전을 치료하기 위한 도구모음이다. 이 키트에는 일반적으로 성대를 관찰할 수 있는 후두경, 다양한 크기의 기도내관, 삽입 시 관에 강성을 부여하는 스타일렛stylets 등 시술에 필요한 도구와 소모품이 포함된다.

* 의료용 흡인기Medical suction pump : 음압을 이용하여 환자의 기도나 기타 체강으로부터 유체나 이물질을 제거하는 장치로 심정지, 익사, 질식과 같은 응급 상황에서 기도 폐쇄물을 신속히 제거하고 정상적인 호흡을 회복시키기 위해 흔히 사용된다.

* 전자식 적하 계수기Electronic drop counters : 액체 방울의 수를 매우 정밀하고 정확하게 측정하는 장치로 환자에게 정확한 양의 약물이 투여되도록 함으로써 투약 오류 및 부작용의 위험을 줄이는 데 도움을 준다.

검토소위원회는 이러한 긴급 의료용 기기를 6단위 소호에 특게하는 방안에 대하여 심층 연구하였고, 그 밖에도 긴급 환자의 후송이나 진료에 필수적인 앰뷸런스나 이동진료차를 위하여 제8703호와 제8705호에 관련 소호를 신설하는 방안을 함께 검토하였다.

이 분류의 2028년 HS 개정 내용은 다음과 같다.

현행(HS 2022)	개정(HS 2028)
〈신설〉	– 공기 중 비말 확산 방지를 위해 사용되는 종류의 보호용 안면 가리개, 시신용 가방 3926.61　-- 공기 중 비말 확산 방지를 위해 사용되는 종류의 보호용 안면 가리개 3926.62　-- 시신용 가방
〈신설〉	4818.60　- 얼굴보호용 마스크
제11부 주 제1호 1. 이 부에서 다음 각 목의 것은 제외한다. 　가. ~ 더. (생략) 〈신설〉 　**러. ~ 서**. (생략)	1. 이 부에서 다음 각 목의 것은 제외한다. 　가. ~ 더. (생략) 　러. 제9020호의 보호용 마스크와 가스마스크 　**머. ~ 어**. (생략)
제63류 소호주 제2호 〈신설〉	2. 소호 제6307.31호에서 "보호 마스크"라 함은 사용자의 얼굴에 밀착되도록 설계되고 공기 중 입자를 걸러내는 보호 용품으로 해당 물품에 대한 규정된 표준에 따라 제조되고 인증된 여과 성능 수준을 갖춘 것으로 한정한다.
〈신설〉	– 얼굴 보호 마스크 6307.31　-- 이 류 소호주 제2호에 규정된 보호 마스크 6307.39　-- 기타
8703.10　– 설상(雪上) 주행용 차량, 골프용차와 이와 유사한 차량	– 설상(雪上) 주행용 차량, 골프용차와 이와 유사한 차량, 앰뷸런스 8703.11　-- 설상(雪上) 주행용 차량, 골프용차와 이와 유사한 차량 8703.12　-- 앰뷸런스
〈신설〉	8705.50　- 내과용·외과용·치과용·수의과용 이동진료차(방사선 검사나 의료 실험실 유닛을 포함한다)
제90류 주 제1호 마목 및 사목 1. 이 류에서 다음 각 목의 것은 제외한다. 　마. 제7007호·제7008호·제7011호·제7014호·제7015호·제7017호의 물품 　사. 제8413호의 계기를 갖춘 **펌프**……(생략)	1. 이 류에서 다음 각 목의 것은 제외한다. 　마. 제7007호·제7008호·제7011호·제7014호·제7015호의 물품이나 제7017호의 위생용 유리제품, 제7017호의 실험실용·의약용 유리제품 또는 이와 유사한 플라스틱 제품(제39류) 　사. 제8413호의 계기를 갖춘 **정량펌프**……(생략)
90.18　– 내과용·외과용·치과용·수의과용 기기[신티그래픽(scintigraphic)식 진단기기·그 밖의 전기식 의료기기와 시력 검사기기를 포함한다]	90.18　– 내과용·외과용·치과용·수의과용 기기[신티그래픽(scintigraphic)식 진단기기·**기도 삽관키트**·그 밖의 전기식 의료기기와 시력 검사기기를 포함한다]

현행(HS 2022)	개정(HS 2028)
〈신설〉	9018.15 -- 맥박 산소측정기 9018.16 -- 기타, 여러 매개변수의 지속적인 모니터링을 위한 것
9018.90 - 그 밖의 기기	- 그 밖의 기기(기도 삽관키트를 포함한다) 9018.91 -- 기도삽관용 기기(키트 형태로 된 것인지에 상관없다) 9018.92 -- 흡인기 9018.99 -- 기타
90.19 - 기계요법용 기기, 마사지용 기기, 심리학적 적성검사용 기기, **오존 흡입기·산소 흡입기·에어로졸 치료기**·인공 호흡기나 그 밖의 치료용 호흡기기	90.19 - 기계요법용 기기, 마사지용 기기, 심리학적 적성검사용 기기, **오존 치료기·에어로졸 치료기·산소치료기**·인공 호흡기나 그 밖의 치료용 호흡기기
9019.20 - 오존 흡입기·산소 흡입기·에어로졸 치료기·인공 호흡기나 그 밖의 치료용 호흡기기	- **오존 치료기·에어로졸 치료기·산소치료기**·인공 호흡기나 그 밖의 치료용 호흡기기 9019.21 -- 오존치료기 또는 에어로졸치료기 9019.22 -- 산소치료기·인공 호흡기나 그 밖의 치료용 호흡기기오존치료기 또는 에어로졸치료기
9020.00 - 그 밖의 호흡용 기기와 가스마스크(기계적인 부분품과 교환용 필터를 모두 갖추지 않은 보호용 마스크는 제외한다)	90.20 - 그 밖의 호흡용 기기·가스마스크 및 교환용 필터와 기계적인 부분품을 갖춘 보호용 마스크[단순한 호기(呼氣)용 밸브만을 갖춘 것은 제외한다]
〈신설〉	9020.10 - 가스마스크와 보호용 마스크 9020.90 - 기타
9028.20 - 액체용 계기	- 액체용 계기 9028.21 -- 적하(滴下) 계수기 9028.99 -- 기타

　이러한 상황은 국제 공통의 다목적 품목분류표로서 HS가 지녀야 할 역할과 그 기능적 보완의 필요성을 시사한다. 급변하는 글로벌 보건 환경과 무역패턴을 정확히 반영하기 위해서는 HS 체계의 유연성과 정교함이 필수적이다. 따라서 세계보건기구WHO와 세계무역기구WTO 등이 추진하는 품목분류 개정 논의는 단순한 통계적 목적을 넘어, 향후 발생할 수 있는 글로벌 위기 상황에서 필수 의료 자원의 원활한 공급망 관리와 효율적인 관세 정책 실행을 위한 제도적 기반으로서 중대한 의미를 갖는다.

🔢 국제기구의 요청에 따른 그 밖의 개정

앞서 언급한 것처럼 지금까지 HS 개정과정에서 범지구적 환경 및 사회안전 보호를 위한 여러 국제기구의 요청이 새로운 품목분류표에 반영되어 왔다. 그 중 하나는 몬트리올 의정서의 국제적인 이행을 관리하는 오존 사무국Ozone Secretariat이다. 오존 사무국의 요청에 따라 핵심적인 오존층 파괴물질인 염화불화탄소CFC와 각종 냉매refrigerant와 관련된 여러 차례의 HS 개정이 있었다. 2028년 HS 개정주기에 오존사무국으로부터의 별도의 제안은 없었으나 냉매와 관련한 HS 개정은 여전히 이어졌다.

최근 4~5차례 개정 주기에서 가장 크게 기여한 곳은 국제식량농업기구FAO이며, FAO는 이번 개정 주기에도 HS 여러 분야에 걸친 개정안을 제출하였다. 그 밖에도 태양에너지와 풍력에너지 등 재생가능한 에너지 사용의 확대를 위한 국제재생에너지기구IRENA도 최근의 HS 개정에 기여한 바 있으며, 2028년 HS 개정에서 약간의 개정안을 제안하였다.

이 기구들과 연관된 2028년 HS 개정 내용에 대하여는 이후의 장에서 설명할 것이다.

Chapter 2

제1부 ~ 제4부

 제3류 분류체계 개편

가. 제3류의 주요 개정경과

HS 제3류에는 살아있는지 여부를 불문하고 모든 어류·갑각류·연체동물 및 기타 수생무척추동물이 분류되며, 이들을 절단·세단細斷·분쇄한 것까지 포함된다.

1988년 HS 협약 출범 이후 제3류는 별다른 변화가 없는 편이었으나 HS 제5차 개정판 2012년 HS부터는 매 개정시마다 제3류에 큰 변경이 가해지고 있다. 제3류의 개정에 가장 크게 영향을 미친 것은 국제연합의 식량농업기구FAO, Food and Agriculture Organization이다.

FAO는 1970년대 초의 세계 식량위기 이후 세계 각국의 식량 생산 및 식량 안보에 관한 정보를 제공하기 위한 "식량 및 농업에 대한 지구정보 및 조기경보시스템GIEWS: Global Information and Early Warning System on Food and Agriculture"을 개발하여 운영하고 있다. GIEWS의 목적은 각국의 정책 담당자와 분석가들에게 식량의 수급에 대한 정확하고 유용한 최신정보를 제공함으로써 발생가능한 식량 위기로부터 대응방안을 마련하고 세계적인 피해를 최소화할 수 있도록 조기에 경고하는 것이다. GIEWS는 그 국제적인 식량 생산·수

급과 거래, 이동 등에 관한 정보를 다루는 만큼 FAO의 시장무역국Market and Trade Division/EST 에서 운영하고 있다.

FAO는 GIEWS의 효율적인 운영을 위하여 국제적 레벨에서의 식량자원 교역 데이터 수집을 위한 기본 품목분류표로서 HS를 택했으며, 제5차 개정주기부터 HS 품목분류표주로 제1부 내지 제4부의 식량자원 관련 품목의 개정에 적극적으로 참여하여 오고 있다. 특히 제3류에 있어서는 FAO의 역할로 인해 기존 품목코드의 변경·보완 차원이 아닌 재편re-organization 수준의 막대한 변경이 이루어졌다.

표1 2012년 HS 개정에 따른 어류, 갑각류, 연체동물 등의 분류

구분			분류 가능한 호(heading)		비고
			2007년 HS	2012년 HS	
어류	산 것		0301	0301	
	신선 또는 냉장한 것		0302	0302	
	냉동한 것		0303	0303	
	어육 및 필레트		0304	0304	
	건조, 염장, 훈제한 것		0305	0305	소호의 용어 개정
	식용가능한 설육		0511		
수생 무척추동물	갑각류	산 것, 신선, 냉장, 냉동한 것	0306	0306	호의 용어 개정
		훈제한 것	1605		
	연체동물	산 것, 신선, 냉장, 냉동한 것	0307	0307	호의 용어 개정
		훈제한 것	1605		
	기타 (강장동물 등)	산 것, 신선, 냉장, 냉동한 것	0307	0308	호의 용어 개정
		훈제한 것	1605		

2012년 HS에서는 제3류에 0308호가 신설되는 한편 제3류 내에서만 83개의 소호가 새로 추가되었으며, 이는 2012년 HS 전체 소호수 증가분의 절반이 넘는다. 아울러 제3류 일부 호의 범위가 확대되어 식용가능한 설육이나 훈제한 갑각류 등이 제3류에 포함될 수 있도록 호와 소호의 용어도 일부 개정되었다.

2017년 HS에서는 이전 버전만큼의 큰 개정은 아나 제3류의 소호 개수가 일부 증가하고 각 소호에 분류되는 어종을 좀 더 구체적으로 명시하는 정도의 개정이 있었다.

2022년 HS에서는 제3류의 각 호와 소호의 용어가 일부 정리되고 제0309호를 신설하여 어류, 갑각류, 연체동물, 그 밖의 수생무척추 동물의 가루와 펠렛을 모두 이 호에 포함시키도록 하였다.

표2 2022년 HS 개정에 따른 어류, 갑각류, 연체동물 등의 분류

2017년 HS			2022년 HS		
제0301호	어류 (Fish)	① 살아 있는 것(관상용, 이식용, 식용)	제0301호	어류 (Fish)	① 살아 있는 것(관상용, 이식용, 식용)
제0302호		② 신선, 냉장한 것	제0302호		② 신선, 냉장한 것
제0303호		③ 냉동한 것	제0303호		③ 냉동한 것
제0304호		④ 필렛(Fillet)	제0304호		④ 필렛(Fillet)
제0305호		⑤ 건조, 염(수)장, 훈제 **⑥ 분말, 거친 가루, 펠렛 (식용)**[13]	제0305호		⑤ 건조, 염(수)장, 훈제
제0306호	갑각류(①~⑥)		제0306호	갑각류(①~⑤)	
제0307호	연체동물(①~⑥)		제0307호	연체동물(①~⑤)	
제0308호	그 밖의 수생무척추동물(①~⑥)		제0308호	그 밖의 수생무척추동물(①~⑤)	
			제0309호	어류, 갑각류, 연체동물, 수생무척추동물의 분말, 거친 가루, 펠렛(식용)[14]	

---

13 식용에 부적합한 것은 제2301호에 분류
14 식용에 부적합한 것은 제2301호에 분류

나. 제3류의 주요 개정(2028년 HS)

1) 분류학적 명칭(Taxonomic Name)을 반영한 소호 용어 조정 등

2012년 HS에서 제3류의 분류체계가 대폭 개정될 당시 제3류 내 각 호와 소호의 용어를 정의하는데 있어 FAO의 ASFIS Aquatic Sciences and Fisheries Information System, 해양수산정보시스템 목록이 기준이 되었다. ASFIS 목록은 전 세계에서 포획되거나 양식되는 수산물의 생산량 데이터를 수집할 때, 국가 간 통계 관리의 오류나 불일치를 방지하기 위한 표준 참조 시스템이다. ASFIS 목록에는 약 13,700여종 2025년 현재의 수산물에 대하여 자체 분류코드, 학명 Scientific name, 영어 명칭, 분류학적 과명 Family name, 최초 명명자 과학자 이름 등이 제공되어 있다. 예를 들어, 한국에서 평삼치로 불리는 어종은 영어로는 Korean seerfish로 불리며 학명은 스콤베로모루스 코레아누스 Scomberomorus koreanus로 명명되어 있다.

현재 제3류 각 호 및 소호는 대체로 ASFIS 목록을 준용하여 해당 어종의 영어명칭과 학명을 병기하고 있다. 학명 표기는 전 세계 표기원칙에 따라 속 Genus명과 종 Species명의 두 단어로 구성하여 이탤릭체로 표기하되 속 Genus명의 첫 글자는 대문자로 쓰고 있다.

이번 개정과정에서 미국은 명태 Alaska pollock의 학명을 현재의 테라그라 찰코그라마 Theragra chacogramma에서 ASFIS 목록상의 명칭인 가두스 찰코그라무스 Gadus chalcogrammus로 개정할 것을 제안하였다.

한편 EU는 흔히 메콩강 메기로도 알려진 동남아시아 민물메기 Striped catfish, 학명 판가시아노돈 히포프탈무스 Pangasianodon hypophthalmus가 분류학적 기준으로는 현재 HS 제3류에서 메기 catfish를 구분하는 판가시우스 Pangasius속의 어종과는 다름을 지적하고 품목분류 불일치를 피하기 위한 관련 소호의 개정을 제안하였다. 아울러 EU는 가오리·홍어의 지느러미 Ray and skate fin를 특게하는 한편, 학명을 적절히 수정할 것을 제안하였다.

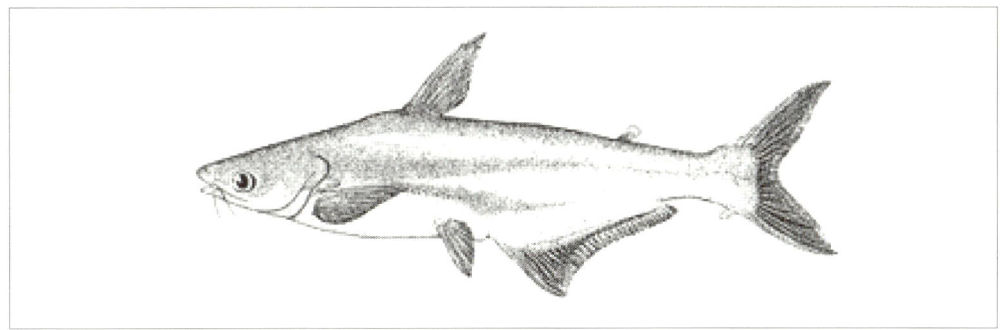

HS 검토소위원회는 일부 수정을 거쳐 이들 제안을 수용하였고 그에 따라 제0302호부터 제0305호의 일부 소호가 신설 또는 개정되었다.

2) 가공도에 따른 소호의 배열 및 갑각류·연체동물의 분류체계 개정

제3류에서 어류의 분류체계를 살펴보면 살아있는 것제0301호, 신선 또는 냉장한 것제0302호, 냉동한 것제0303호과 절단 또는 추가 가공한 것제0304호 또는 제0305호의 순서대로 호가 배열되어 있다. 제0307호연체동물와 제0308호수생무척추동물 내에서 소호 분류시에도 이러한 순서는 지켜지고 있다. 동일한 원료로부터 생산된 것이라도 가공단계가 낮은 것이 순서상 앞에 배열되도록 하는 것은 HS 품목분류표 전체에서 일관되게 지켜지고 있는 원칙 중 하나이다.

그러나 제0306호갑각류에 있어서는 이 순서가 지켜지지 않고 냉동한 것소호 제0306.1호이 살아있는 것소호 제0306.3호보다 순서상 앞 소호에 위치하고 있다. '21.11월, 제59차 HS 검토소위원회에서 노르웨이는 이에 대하여 제0306호의 소호 분류순서를 HS 품목분류표의 일반적 원칙에 맞도록 재배열하기 위한 개정안을 제안하였다. 아울러 노르웨이는 제0307호와 제0308호에서도 살아 있는 것과 신선·냉장한 것을 각기 다른 소호에 구분하여 분류하도록 하는 개정안을 함께 제시하였다. 노르웨이의 제안은 단순한 기존 소호의 재배열에 그치지 않고 이들 호 내에 킹크랩과 대게 등 특정 갑각류 종들에 대한 여러 소호들을 신설하는 것까지 포함되었다.

이와 별도로 아르헨티나는 제0306호에 냉수성 새우의 일종은 아르헨티나 붉은 새우를 제0306호의 소호 단위에서 특게할 것을 제안하였으며, 그 외에도 검토소위원회 논의과정에서 가재류crayfish 또는 crawfish를 소호 레벨에서 특게하는 내용까지 검토되었다.

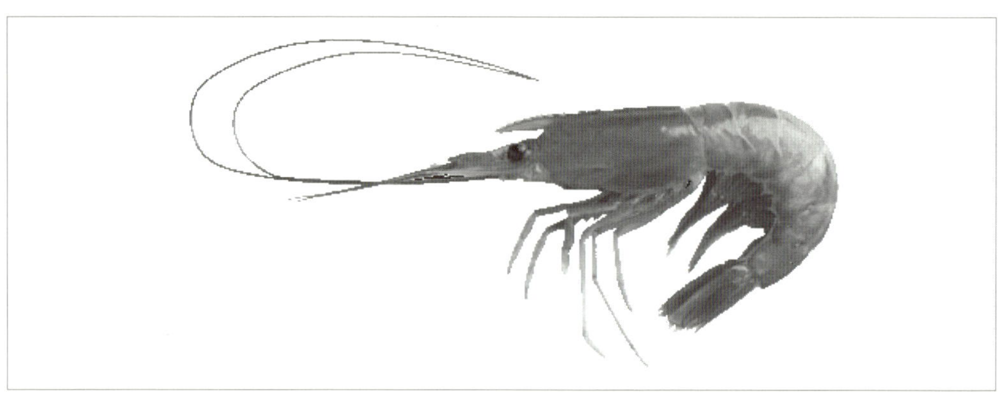

HS 검토소위원회는 제0306호부터 제0308호에 다양한 종을 특게하기 위한 새로운 소호를 신설하는 방안에 대체로 동의하였다. 다만 제0306호의 경우 기존 소호분류체계에서 이미 사용 중이던 코드를 피하여 새로운 코드를 신설하기에는 사용 가능한 코드의 수가 충분치 않다고 판단되어, 제0306호를 삭제하고 제0310호를 신설하여 갑각류의 세분류 체계를 제0310호 내에서 재편성하기로 하였다. 이렇게 되면 살아있거나 신선·냉장·냉동한 갑각류는 제0310호에 분류되는 반면, 이를 가공한 갑각류의 가루와 펠렛은 그보다 앞선 호인 제0309호에 포함되어, 품목분류표상 일반적인 호 배열 원칙에 어긋나게 되는 문제가 생기므로 차제에 제0309호를 삭제하고 제0311호를 신설하도록 추가적인 개정이 이루어졌다.

이에 따라 2028년 HS에서 제3류의 전반적이 분류체계는 표 3과 같이 바뀌게 되었다.

2022년 HS			2028년 HS		
제0301호	어류 (Fish)	① 살아 있는 것(관상용, 이식용, 식용)	제0301호	어류 (Fish)	① 살아 있는 것(관상용, 이식용, 식용)
제0302호		② 신선, 냉장한 것	제0302호		② 신선, 냉장한 것
제0303호		③ 냉동한 것	제0303호		③ 냉동한 것
제0304호		④ 필렛(Fillet)	제0304호		④ 필렛(Fillet)
제0305호		⑤ 건조, 염(수)장, 훈제	제0305호		⑤ 건조, 염(수)장, 훈제
제0306호	갑각류(①~⑤)				
제0307호	연체동물(①~⑤)		제0307호	연체동물(①~⑤)	
제0308호	그 밖의 수생무척추동물(①~⑤)		제0308호	그 밖의 수생무척추동물(①~⑤)	
제0309호	어류, 갑각류, 연체동물, 수생무척추동물의 분말, 거친 가루, 펠렛(식용)[15]				
			제0310호	갑각류(①~⑤)	
			제0311호	어류, 갑각류, 연체동물, 수생무척추동물의 분말, 거친 가루, 펠렛(식용)	

　이 개정에 따라 제3류 내에서 갑각류의 가공정도에 따른 소호배열 문제는 해결된 것으로 보인다. 다만, 제3류 내에서 개정된 호의 순서를 보면, 어류, 연체동물, 수생무척추동물, 갑각류의 순서로 배열되게 되는데, 이는 제3류 표제의 순서어류, 갑각류, 연체동물, 수생무척추동물의 순서와 달라지는 문제점이 새로 생기게 되었다. 2033년 HS 또는 그 이후의 HS 개정 주기에 이 문제를 지적하는 회원국이 나올 수도 있다.

표4　2028 HS 개정 신구대조표제3류

현행(HS 2022)	개정(HS 2028)
제1류 주 제1호 가목 가. 제0301호·**제0306호**·제0307호·제0308호의 어류·갑각류·연체동물과 그 밖의 수생(水生) 무척추동물	가. 제0301호·제0307호·제0308호·**제0310호**의 어류·갑각류·연체동물과 그 밖의 수생(水生) 무척추동물

15　식용에 부적합한 것은 제2301호에 분류

현행(HS 2022)	개정(HS 2028)
제3류 주 제3호 3. **제0305호부터 제0308호까지**에는 식용에 적합한 **고운 가루, 거친 가루**와 펠릿(pellet)은 포함하지 않는다**(제0309호).**	3. **제0301호·제0307호·제0308호·제0310호**에는 식용에 적합한 **고운 가루, 거친 가루, 가루**와 펠릿(pellet)은 포함하지 않는다**(제0311호).**
0302.51 -- 대구[가두스 모르화(Gadus morhua)·가두스 오각(Gadus ogac)·가두스 마크로세팔루스(Gadus macrocephalus)]	0302.51 -- 대구[가두스 모르화(Gadus morhua)·가두스 오각(Gadus ogac)·가두스 마크로세팔루스(Gadus macrocephalus)]. **다만 명태[가두스 찰코그라무스(Gadus chalcogrammus)]를 제외한다.**
0302.55 -- 명태[테라그라 찰코그라마(Theragra chalcogramma)]	0302.55 -- 명태**[가두스 찰코그라무스(Gadus chalcogrammus)]**
0302.7 – 틸라피아[오레오크로미스(Oreochromis)속], **메기[판가시우스(Pangasius)속·실루러스(Silurus)속**·클라리아스(Clarias)속·익타루러스(Ictalurus)속], 잉어[사이프리너스(Cyprinus)속... (생략)	0302.7 – 틸라피아[오레오크로미스(Oreochromis)속], **메기[판가시우스(Pangasius)속·판가시아노돈 히포프탈무스(Pangasianodon hypophthalmus)·실루러스(Silurus)속**·클라리아스(Clarias)속·익타루러스(Ictalurus)속], 잉어[사이프리너스(Cyprinus)속... (생략)
0302.72 -- 메기**[판가시우스(Pangasius)속·실루러스(Silurus)속**·클라리아스(Clarias)속·익타루러스(Ictalurus)속]	0302.72 -- 메기**[판가시우스(Pangasius)속·판가시아노돈 히포프탈무스(Pangasianodon hypophthalmus)·실루러스(Silurus)속**·클라리아스(Clarias)속·익타루러스(Ictalurus)속]
– 그 밖의 어류. 다만, 제0302.91호부터 제0302.99호까지의 식용 어류 설육(屑肉)은 제외한다. 0302.81 -- 곱상어와 그 밖의 상어 0302.82 -- 가오리와 홍어[라지대(Rajidae)과] 0302.83 -- 이빨고기[디소스티쿠스(Dissostichus)속] 0302.84 -- 농어[디센트라르쿠스(Dicentrarchus)속] 0302.85 -- 돔[스파리대(Sparidae)과] 〈신설〉 〈신설〉 0302.89 – 기타	– 그 밖의 어류. 다만, 제0302.91호부터 제0302.99호까지의 식용 어류 설육(屑肉)은 제외한다. 0302.81 -- 곱상어와 그 밖의 상어 〈삭제〉 0302.83 -- 이빨고기[디소스티쿠스(Dissostichus)속] 0302.84 -- 농어[디센트라르쿠스(Dicentrarchus)속] 0302.85 -- 돔[스파리대(Sparidae)과] 0302.86 -- 가오리와 홍어[바토이데아(Batoidea)상목]. 다만 지느러미를 제외한다. 0302.87 -- 가오리와 홍어[바토이데아(Batoidea)상목]의 지느러미 0302.89 -- 기타
0303.2 – 틸라피아[오레오크로미스(Oreochromis)속], **메기[판가시우스(Pangasius)속·실루러스(Silurus)속**·클라리아스(Clarias)속·익타루러스(Ictalurus)속], 잉어[사이프리	0303.2 – 틸라피아[오레오크로미스(Oreochromis)속], **메기[판가시우스(Pangasius)속·판가시아노돈 히포프탈무스(Pangasianodon hypophthalmus)·실루러스(Silurus)속·**

현행(HS 2022)	개정(HS 2028)
너스(Cyprinus)속... (생략)	클라리아스(Clarias)속·익타루러스(Ictalurus)속], 잉어[사이프리너스(Cyprinus)속... (생략)
0303.24 -- 메기**[판가시우스(Pangasius)속·실루러스(Silurus)속**·클라리아스(Clarias)속·익타루러스(Ictalurus)속]	0303.24 -- 메기**[판가시우스(Pangasius)속·판가시아노돈 히포프탈무스(Pangasianodon hypophthalmus)·실루러스(Silurus)속**·클라리아스(Clarias)속·익타루러스(Ictalurus)속]
0303.63 -- 대구[가두스 모르화(Gadus morhua)·가두스 오각(Gadus ogac)·가두스 마크로세팔루스(Gadus macrocephalus)]	0303.63 -- 대구[가두스 모르화(Gadus morhua)·가두스 오각(Gadus ogac)·가두스 마크로세팔루스(Gadus macrocephalus)]. **다만 명태[가두스 찰코그라무스(Gadus chalcogrammus)]를 제외한다.**
0303.67 -- 명태**[테라그라 찰코그라마(Theragra chalcogramma)]**	0303.67 -- 명태**[가두스 찰코그라무스(Gadus chalcogrammus)]**
– 그 밖의 어류. 다만, 제0303.91호부터 제0303.99호까지의 식용 어류 설육(屑肉)은 제외한다. 0303.81 -- 곱상어와 그 밖의 상어 0303.82 -- 가오리와 홍어[라지대(Rajidae)과] 0303.83 -- 이빨고기[디소스티쿠스(Dissostichus)속] 0303.84 -- 농어[디센트라르쿠스(Dicentrarchus)속] 〈신설〉 〈신설〉 0303.89 -- 기타	– 그 밖의 어류. 다만, 제0302.91호부터 제0302.99호까지의 식용 어류 설육(屑肉)은 제외한다. 0303.81 -- 곱상어와 그 밖의 상어 〈삭제〉 0303.83 -- 이빨고기[디소스티쿠스(Dissostichus)속] 0303.84 -- 농어[디센트라르쿠스(Dicentrarchus)속] 0303.86 -- 가오리와 홍어[바토이데아(Batoidea)상목], 다만 지느러미를 제외한다. 0303.87 -- 가오리와 홍어[바토이데아(Batoidea)상목]의 지느러미 0303.89 -- 기타
0304.3 – 틸라피아[오레오크로미스(Oreochromis)속], **메기[판가시우스(Pangasius)속·실루러스(Silurus)속**·클라리아스(Clarias)속·익타루러스(Ictalurus)속], 잉어(생략)......의 신선하거나 냉장한 필레(fillet)	0304.3 – 틸라피아[오레오크로미스(Oreochromis)속], **메기[판가시우스(Pangasius)속·판가시아노돈 히포프탈무스(Pangasianodon hypophthalmus)·실루러스(Silurus)속**·클라리아스(Clarias)속·익타루러스(Ictalurus)속], 잉어(생략)......의 신선하거나 냉장한 필레(fillet)
0304.32 -- 메기**[판가시우스(Pangasius)속·실루러스(Silurus)속**·클라리아스(Clarias)속·익타루러스(Ictalurus)속]	0304.32 -- 메기**[판가시우스(Pangasius)속·판가시아노돈 히포프탈무스(Pangasianodon hypophthalmus)·실루러스(Silurus)속**·클라리아스(Clarias)속·익타루러스(Ictalurus)속]

현행(HS 2022)	개정(HS 2028)
0304.48 -- 가오리와 홍어**[라지대(Rajidae)과]**	0304.48 -- 가오리와 홍어**[바토이데아(Batoidea) 상목]**
0304.51 -- 틸라피애[오레오크로미스(Oreochromis)속], **메기[판가시우스(Pangasius)속·실루러스(Silurus)속**·클라리아스(Clarias)속·익타루러스(Ictalurus)속], 잉어[사이프리너스(Cyprinus)속... (생략)	0304.51 -- 틸라피애[오레오크로미스(Oreochromis)속], **메기[판가시우스(Pangasius)속·판가시아노돈 히포프탈무스(Pangasianodon hypophthalmus)·실루러스(Silurus)속**·클라리아스(Clarias)속·익타루러스(Ictalurus)속], 잉어[사이프리너스(Cyprinus)속... (생략)
0304.57 -- 가오리와 홍어**[라지대(Rajidae)과]**	0304.57 -- 가오리와 홍어**[바토이데아(Batoidea) 상목]**
0304.6 - 틸라피애[오레오크로미스(Oreochromis)속], **메기[판가시우스(Pangasius)속·실루러스(Silurus)속**·클라리아스(Clarias)속·익타루러스(Ictalurus)속], 잉어(생략)......의 냉동한 필레(fillet)	0304.6 - 틸라피애[오레오크로미스(Oreochromis)속], **메기[판가시우스(Pangasius)속·판가시아노돈 히포프탈무스(Pangasianodon hypophthalmus)·실루러스(Silurus)속**·클라리아스(Clarias)속·익타루러스(Ictalurus)속], 잉어(생략)......의 냉동한 필레(fillet)
0304.62 -- 메기**[판가시우스(Pangasius)속·실루러스(Silurus)속**·클라리아스(Clarias)속·익타루러스(Ictalurus)속]	0304.62 -- 메기**[판가시우스(Pangasius)속·판가시아노돈 히포프탈무스(Pangasianodon hypophthalmus)·실루러스(Silurus)속**·클라리아스(Clarias)속·익타루러스(Ictalurus)속]
0304.71 -- 대구[가두스 모르화(Gadus morhua)·가두스 오각(Gadus ogac)·가두스 마크로세팔루스(Gadus macrocephalus)]	0304.71 -- 대구[가두스 모르화(Gadus morhua)·가두스 오각(Gadus ogac)·가두스 마크로세팔루스(Gadus macrocephalus)]. **다만 명태[가두스 찰코그라무스(Gadus chalcogrammus)]를 제외한다.**
0304.75 -- 명태**[테라그라 찰코그라마(Theragra chalcogramma)]**	0304.75 -- 명태**[가두스 찰코그라무스(Gadus chalcogrammus)]**
0304.88 -- 곱상어, 그 밖의 상어, 가오리와 홍어**[라지대(Rajidae)과]**	0304.88 -- 곱상어, 그 밖의 상어, 가오리와 홍어**[바토이데아(Batoidea)상목]**
0304.93 -- 틸라피애[오레오크로미스(Oreochromis)속], **메기[판가시우스(Pangasius)속·실루러스(Silurus)속·**클라리아스(Clarias)속·익타루러스(Ictalurus)속], 잉어[사이프리너스(Cyprinus)속... (생략)	0304.93 -- 틸라피애[오레오크로미스(Oreochromis)속], **메기[판가시우스(Pangasius)속·판가시아노돈 히포프탈무스(Pangasianodon hypophthalmus)·실루러스(Silurus)속·**클라리아스(Clarias)속·익타루러스

현행(HS 2022)	개정(HS 2028)
	(Ictalurus)속], 잉어[사이프리너스 (Cyprinus)속... (생략)
0304.94 -- 명태**[테라그라 찰코그라마(Theragra chalcogramma)]**	0304.94 -- **명태[가두스 찰코그라무스(Gadus chalcogrammus)]**
0304.95 -- 브레그마세로티대(Bregmacerotidae) 과(중략) ... 무라에놀레피디대 (Muraenolepididae)과의 어류**[명태 (테라그라 찰코그라마(Theragra chalcogramma))는 제외**한다]	0304.95 -- 브레그마세로티대(Bregmacerotidae) 과(중략) ... 무라에놀레피디대 (Muraenolepididae)과의 어류**[명태 (가두스 찰코그라무스(Gadus chalcogrammus))는 제외**한다]
0304.97 -- 가오리와 홍어**[라지대(Rajidae)과]**	0304.97 -- 가오리와 홍어**[바토이데아(Batoidea) 상목]**
0305.31 -- 틸라피아[오레오크로미스 (Oreochromis)속], **메기[판가시우스 (Pangasius)속·실루러스(Silurus)속·** 클라리아스(Clarias)속·익타루러스(Ic talurus)속], 잉어[사이프리너스(Cypri nus)속... (생략)	0305.31 -- 틸라피아[오레오크로미스 (Oreochromis)속], **메기[판가시우스 (Pangasius)속·판가시아노돈 히포프 탈무스(Pangasianodon hypophthalmus)·실루러스(Silurus) 속**·클라리아스(Clarias)속·익타루러스 (Ictalurus)속], 잉어[사이프리너스(Cy- prinus)속... (생략)
0305.32 -- 브레그마세로티대(Bregmacerotidae) 과(중략) ... 무라에놀레피디대 (Muraenolepididae)과의 어류**[명태(테 라그라 찰코그라마(Theragra chalcog- ramma))는 제외**한다]	0305.32 -- 브레그마세로티대(Bregmacerotidae) 과(중략) ... 무라에놀레피디대 (Muraenolepididae)과의 어류**[명태 (가두스 찰코그라무스(Gadus chalcogrammus))는 제외**한다]
0305.33 -- 명태**[테라그라 찰코그라마(Theragra chalcogramma)]**	0305.33 -- 명태**[가두스 찰코그라무스(Gadus chalcogrammus)]**
0305.44 -- 틸라피아[오레오크로미스(Oreochromis) 속], **메기[판가시우스(Pangasius)속· 실루러스(Silurus)속**·클라리아스 (Clarias)속·익타루러스(Ictalurus) 속], 잉어[사이프리너스(Cyprinus)속 ... (생략)	0305.44 -- 틸라피아[오레오크로미스(Oreochromis) 속], **메기[판가시우스(Pangasius)속· 판가시아노돈 히포프탈무스 (Pangasianodon hypophthalmus) ·실루러스(Silurus)속**·클라리아스 (Clarias)속·익타루러스(Ictalurus) 속], 잉어[사이프리너스(Cyprinus)속 ... (생략)
0305.51 -- 대구[가두스 모르화(Gadus morhua)· 가두스 오각(Gadus ogac)·가두스 마크 로세팔루스(Gadus macrocephalus)]	0305.51 -- 대구[가두스 모르화(Gadus morhua)· 가두스 오각(Gadus ogac)·가두스 마크 로세팔루스(Gadus macrocephalus)]. **다만 명태[가두스 찰코그라무스(Gadus chalcogrammus)]를 제외한다.**

현행(HS 2022)	개정(HS 2028)
0305.52 -- 틸라피애[오레오크로미스(Oreochromis)속], **메기[판가시우스(Pangasius)속·실루러스(Silurus)속**·클라리아스(Clarias)속·익타루러스(Ictalurus)속], 잉어[사이프리너스(Cyprinus)속 ... (생략)	0305.52 -- 틸라피애[오레오크로미스(Oreochromis)속], **메기[판가시우스(Pangasius)속·판가시아노돈 히포프탈무스(Pangasianodon hypophthalmus)·실루러스(Silurus)속**·클라리아스(Clarias)속·익타루러스(Ictalurus)속], 잉어[사이프리너스(Cyprinus)속 ... (생략)
0305.53 -- 브레그마세로티대(Bregmacerotidae)과(중략) ... 무라에놀레피디대(Muraenolepididae)과의 어류**[명태(테라그라 찰코그라마(Theragra chalcogramma))는 제외**한다]	0305.53 -- 브레그마세로티대(Bregmacerotidae)과(중략) ... 무라에놀레피디대(Muraenolepididae)과의 어류**[명태(가두스 찰코그라무스(Gadus chalcogrammus))는 제외**한다]
0305.55 -- 명태**[테라그라 찰코그라마(Theragra chalcogramma)]**	0305.55 -- 명태**[가두스 찰코그라무스(Gadus chalcogrammus)]**
– 건조하지도 훈제하지도 않은 염장한 어류, 염수장한 어류[식용 어류 설육(屑肉)은 제외한다] 0305.61 -- 청어[클루페아 하렌구스(Clupea harengus)·클루페아 팔라시(Clupea pallasii)] 0305.62 -- 대구[가두스 모르화(Gadus morhua)·가두스 오각(Gadus ogac)·가두스 마크로세팔루스(Gadus macrocephalus)] 0305.63 -- 멸치[엔그라울리스(Engraulis)속] 0305.64 -- 틸라피애[오레오크로미스(Oreochromis)속], **메기[판가시우스(Pangasius)속·실루러스(Silurus)속**·클라리아스(Clarias)속·익타루러스(Ictalurus)속], 잉어(생략)	– 건조하지도 훈제하지도 않은 염장한 어류, 염수장한 어류[식용 어류 설육(屑肉)은 제외한다] 0305.61 -- 청어[클루페아 하렌구스(Clupea harengus)·클루페아 팔라시(Clupea pallasii)] 0305.62 -- 대구[가두스 모르화(Gadus morhua)·가두스 오각(Gadus ogac)·가두스 마크로세팔루스(Gadus macrocephalus)]. **다만 명태[가두스 찰코그라무스(Gadus chalcogrammus)]를 제외한다.** 0305.63 -- 멸치[엔그라울리스(Engraulis)속] 0305.64 -- 틸라피애[오레오크로미스(Oreochromis)속], **메기[판가시우스(Pangasius)속·판가시아노돈 히포프탈무스(Pangasianodon hypophthalmus)·실루러스(Silurus)속**·클라리아스(Clarias)속·익타루러스(Ictalurus)속], 잉어(생략)
〈신설〉	0305.65 -- 명태**[가두스 찰코그라무스(Gadus chalcogrammus)]**
〈신설〉	0305.66 -- 가오리와 홍어[바토이데아(Batoidea)상목]. 다만 지느러미를 제외한다.
〈신설〉	0305.67 -- 가오리와 홍어[바토이데아(Batoidea)상목]의 지느러미
0305.69 -- 기타	0305.69 -- 기타

현행(HS 2022)	개정(HS 2028)
03.06. - 갑각류(껍데기가 붙어 있는 것인지에 상관 없으며... (생략)	〈삭제〉
- 굴 0307.11 -- 살아 있는 것, 신선한 것, 냉장한 것 0307.12 -- 냉동한 것 〈신설〉 〈신설〉 〈신설〉 0307.19 -- 기타	- 굴 〈삭제〉 〈삭제〉 0307.13 -- 살아 있는 것 0307.14 -- 신선 또는 냉장한 것 0307.15 -- 냉동한 것 0307.19 -- 기타
- 가리비와 그 밖의 펙티니대(Pectinidae) 과의 연체동물 0307.21 -- 살아 있는 것, 신선한 것, 냉장한 것 0307.22 -- 냉동한 것 〈신설〉 〈신설〉 〈신설〉 0307.29 -- 기타	- 가리비와 그 밖의 펙티니대(Pectinidae) 과의 연체동물 〈삭제〉 〈삭제〉 0307.23 -- 살아 있는 것 0307.24 -- 신선 또는 냉장한 것 0307.25 -- 냉동한 것 0307.29 -- 기타
- 홍합[미틸루스(Mytilus)속·페르나 (Perna)속] 0307.31 -- 살아 있는 것, 신선한 것, 냉장한 것 0307.32 -- 냉동한 것 〈신설〉 〈신설〉 〈신설〉 0307.39 -- 기타	- 홍합[미틸루스(Mytilus)속·페르나 (Perna)속] 〈삭제〉 〈삭제〉 0307.33 -- 살아 있는 것 0307.34 -- 신선 또는 냉장한 것 0307.35 -- 냉동한 것 0307.39 -- 기타
- 해삼[스티코푸스 자포니쿠스(Stichopus japonicus), 홀로투로이대(Holothuioidea)] 0308.11 -- 살아 있는 것, 신선한 것, 냉장한 것 0308.12 -- 냉동한 것 〈신설〉 〈신설〉 〈신설〉 0308.19 -- 기타	- 해삼[스티코푸스 자포니쿠스(Stichopus japonicus), 홀로투로이대(Holothuioidea)] 〈삭제〉 〈삭제〉 0308.13 -- 살아 있는 것 0308.14 -- 신선 또는 냉장한 것 0308.15 -- 냉동한 것 0308.19 -- 기타
- 성게[스트론길로센트로투스 (Strongylocentrotus)속·파라센트로 투스 리비두스(Paracentrotus lividus)· 록세치누스 알버스(Loxechinus albus)· 에치치누스 에스쿨렌투스 (Echichinus esculentus)] 0308.21 -- 살아 있는 것, 신선한 것, 냉장한 것	- 성게[스트론길로센트로투스 (Strongylocentrotus)속·파라센트로 투스 리비두스(Paracentrotus lividus)· 록세치누스 알버스(Loxechinus albus)· 에치치누스 에스쿨렌투스 (Echichinus esculentus)] 〈삭제〉

현행(HS 2022)	개정(HS 2028)
0308.22 -- 냉동한 것 〈신설〉 〈신설〉 〈신설〉 0308.29 -- 기타	〈삭제〉 0308.23 -- 살아 있는 것 0308.24 -- 신선 또는 냉장한 것 0308.25 -- 냉동한 것 0308.29 -- 기타
03.09 - 어류·갑각류·연체동물과 그 밖의 수생무척추동물의 고운 가루·거친 가루와 펠릿(pellet)(식용에 적합한 것으로 한정한다) 0309.10 - 어류의 것 0309.90 - 기타	〈삭제〉
〈신설〉	03.10 - 갑각류(껍데기가 붙어 있는 것인지에 상관없으며 살아 있는 것과 신선한 것·냉장한 것·냉동한 것·건조한 것·염장이나 염수장한 것), 훈제한 갑각류(껍데기가 붙어 있는 것인지 또는 훈제 전이나 훈제과정 중에 조리한 것인지에 상관없다), 껍데기가 붙어 있는 상태로 물에 찌거나 삶은 갑각류(냉장한 것·냉동한 것·건조한 것·염장이나 염수장한 것인지에 상관없다) - 살아있는 바닷가재와 게 0310.11 -- 팔리누루스(Palinurus)속·파누리루스(Panulirus)속·자수스(Jasus)속의 닭새우와 그 밖의 바닷가재 0310.12 -- 바닷가재[호마루스(Homarus)속] 0310.13 -- 노르웨이 바닷가재[네프로프스 노르베지쿠스(Nephrops norvegicus)] 0310.14 -- 그 밖의 바닷가재 0310.15 -- 레드 킹크랩[파랄리토데스 캄차카티쿠스(Paralithodes camtschaticus)] 0310.16 -- 그 밖의 킹크랩[파랄리토데스(Paralithodes)속] 0310.17 -- 스노우 크랩[키오노케테스(Chionoecetes)속] 0310.19 -- 그 밖의 게 - 그 밖의 살아있는 것 0310.21 -- 가재[파라스타키대(Parastacidae) 과·캄바리대(Cambaridae)과·아스타키대(Astacidae)과]

현행(HS 2022)	개정(HS 2028)
	0310.22 -- 냉수성(冷水性) 새우류[판달러스 (Pandalus)속·크란곤 크란곤(Crangon crangon)] 0310.28 -- 그 밖의 새우류 0310.29 -- 기타 - 신선 또는 냉장한 바닷가재와 게 0310.31 -- 팔리누루스(Palinurus)속·파누리루스 (Panulirus)속·자수스(Jasus)속의 닭 새우와 그 밖의 바닷가재 0310.32 -- 바닷가재[호마루스(Homarus)속] 0310.33 -- 노르웨이 바닷가재[네프로프스 노르베 지쿠스(Nephrops norvegicus)] 0310.34 -- 그 밖의 바닷가재 0310.35 -- 레드 킹크랩[파랄리토데스 캄차카티쿠 스(Paralithodes camtschaticus)] 0310.36 -- 그 밖의 킹크랩[파랄리토데스 (Paralithodes)속] 0310.37 -- 스노우 크랩[키오노케테스 (Chionoecetes)속] 0310.39 -- 그 밖의 게 - 그 밖의 신선 또는 냉장한 것 0310.41 -- 가재[파라스타키대(Parastacidae)과· 캄바리대(Cambaridae)과·아스타키 대(Astacidae)과] 0310.42 -- 냉수성(冷水性) 새우류[판달러스 (Pandalus)속·크란곤 크란곤(Crangon crangon)] 0310.48 -- 그 밖의 새우류 0310.49 -- 기타 - 냉동한 바닷가재와 게 0310.51 -- 팔리누루스(Palinurus)속·파누리루스 (Panulirus)속·자수스(Jasus)속의 닭 새우와 그 밖의 바닷가재 0310.52 -- 바닷가재[호마루스(Homarus)속] 0310.53 -- 노르웨이 바닷가재[네프로프스 노르베 지쿠스(Nephrops norvegicus)] 0310.54 -- 그 밖의 바닷가재 0310.55 -- 레드 킹크랩[파랄리토데스 캄차카티쿠 스(Paralithodes camtschaticus)] 0310.56 -- 그 밖의 킹크랩[파랄리토데스

현행(HS 2022)	개정(HS 2028)
	(Paralithodes)속]
	0310.57　-- 스노우 크랩[키오노케테스 (Chionoecetes)속]
	0310.59　-- 그 밖의 게
	- 그 밖의 냉동한 것
	0310.61　-- 가재[파라스타키대(Parastacidae)과· 캄바리대(Cambaridae)과·아스타키대(Astacidae)과]
	0310.62　-- 아르헨티나 붉은 새우[플레오티쿠스 뮬레리(Pleoticus muelleri)]
	0310.63　-- 냉수성(冷水性) 새우류[판달러스(Pandalus)속·크란곤　크란곤(Crangon crangon)]
	0310.68　-- 그 밖의 새우류
	0310.69　-- 기타
	- 기타
	0310.91　--　팔리누루스(Palinurus)속·파누리루스(Panulirus)속·자수스(Jasus)속의 닭새우와 그 밖의 바닷가재
	0310.92　-- 바닷가재[호마루스(Homarus)속]
	0310.93　-- 노르웨이 바닷가재[네프로프스 노르베지쿠스(Nephrops norvegicus)]
	0310.94　-- 게
	0310.95　-- 새우류
	0310.99　-- 기타
〈신설〉	03.11 - 어류·갑각류·연체동물과 그 밖의 수생무척추동물의 고운 가루·거친 가루·가루와 펠릿(pellet)(식용에 적합한 것으로 한정한다)
	0311.10 - 어류의 것
	0311.90 - 기타

2 곤충 가루의 품목분류

2022년 HS에서 가장 혁신적인 개정 중 하나는 식용의 곤충을 제0410호에 특게하는 것이라고 할 수 있다.

식용 곤충은 UN 식량농업기구FAO에서 미래 식량 자원으로 주목한 이래, 고단백, 친환경적 생산 등의 장점으로 전 세계적으로 시장이 확대되고 있다. 인구 증가와 환경 오염으로 인한 미래 식량난에 대비하여 식용 곤충은 중요한 대체 단백질로 자리매김할 잠재력이 크며 소나 돼지 같은 가축에 비해 사육 공간이 적고, 사육 기간이 짧으며, 온실가스 배출량이 적어 환경적 이점이 뛰어나기 때문이다. 전 세계 곤충 단백질 시장 규모는 지속적인 성장이 예상되며, 2029년까지 8억 달러 이상의 규모로 성장할 것으로 전망되기도 한다.

2022년 HS에서는 제0410호와 소호 제0410.10호에 식용 곤충을 특게하면서 식용에 부적합한 죽은 곤충은 제0511호에 분류하도록 아래와 같이 관련 주를 정비하였다.

[제4류 주 제5호]
5. 이 류에서 다음 각 목의 것은 제외한다.
  가. 식용에 적합하지 않은 죽은 곤충(제0511호) (생략)

2022년 HS 개정안 통지 후 관련 HS 해설서를 준비하는 과정에서 곤충의 가루로서 식용에 적합하지 않은 것은 어느 호에 분류해야 할지 검토하였다. 일견 제4류 주 제5호에서 식용에 부적합한 죽은 곤충을 제0511호에 분류토록 규정하였으므로 식용에 부적합한 곤충의 가루 또한 제0511호에 분류해야 할 것처럼 보인다. 그러나 제5류 주 제5호는 곤충의 가루 중 비식용의 것을 의도한·것이 아니라 그 종의 특성상 식용에 적합하지 않은 곤충의 사체를 의도한 것이라 할 수 있다.

또한 제2301호에서 식용에 적합하지 않은 고기, 어육, 설육 등의 가루를 분류토록 하고 있어 HS 품목분류표의 전체적인 맥락과 의도로 보자면 식용에 부적합한 곤충의 가루는 제 2301호에 분류하는 것이 보다 적절해 보이기도 한다.

검토소위원회는 식용에 부적합한 곤충의 가루가 제0511호가 아닌 제2301호에 분류됨을 명확히 하기 위하여 관련 주의 규정과 호의 내용을 정비하고 이를 2028년 HS에 반영하기로 하였다.

표5 **2028 HS 개정 신구대조표** 식용에 부적합한 곤충의 가루

현행(HS 2022)	개정(HS 2028)
제4류 주 제5호 가목 5. 이 류에서 다음 각 목의 것은 제외한다. 　가. 식용에 적합하지 않은 죽은 곤충(제0511호)	5. 이 류에서 다음 각 목의 것은 제외한다. 　가. 죽은 곤충으로 종의 특성상 또는 그 상태의 문제로 인해 식용에 적합하지 않은 것(제0511호), 식용에 적합하지 않은 곤충의 고운 가루·거친 가루·가루와 펠릿(pellet)(제2301호)
23.01 － 육·설육(屑肉)·어류·갑각류·연체동물이나 그 밖의 수생(水生) 무척추동물의 **고운 가루·거친 가루·펠릿(pellet)**(식용에 적합하지 않은 것으로 한정한다)과 수지박	23.01 － 육·설육(屑肉)·**곤충**·어류·갑각류·연체동물이나 그 밖의 수생(水生) 무척추동물의 **고운 가루·거친 가루·가루·펠릿(pellet)**(식용에 적합하지 않은 것으로 한정한다)과 수지박
2301.10 － 육이나 설육(屑肉)의 고운 가루·거친 가루·펠릿(pellet)과 수지박	〈삭제〉
2301.20 － 어류·갑각류·연체동물이나 그 밖의 수생(水生) 무척추동물의 고운 가루·거친 가루·펠릿(pellet)	〈삭제〉
〈신설〉	2301.30 － 육·설육(屑肉)·곤충의 고운 가루·거친 가루·가루·펠릿(pellet)과 수지박
〈신설〉	2301.40 － 어류·갑각류·연체동물이나 그 밖의 수생(水生) 무척추동물의 고운 가루·거친 가루·가루·펠릿(pellet)

3 덜 익은 대두(풋콩)

HS 제12류에는 채유採油에 적합한 종자와 과실이 분류되며, 대표적인 채유용 종자인 대두Soya bean는 제1201호에 분류된다. 대두의 채유는 일반적으로 완전히 익어 건조된 상태의 대두를 사용하여 진행한다. 콩이 완전히 익으면서 지방 성분이 축적되어 기름 함량이

약 18~20%에 달하게 되며, 건조한 대두를 탈피 후 잘게 부순 뒤에 압착하여 기름을 짜내거나 유기용매로 추출하는 방식으로 기름을 생산한다.

풋콩 상태에서는 채유는 효율성과 품질 문제로 인해 거의 이루어지지 않는다. 대두가 완전히 익어 딱딱해지기 전, 꼬투리가 푸른 상태에서 수확한 풋콩은 흔히 에다마메edamame로도 불리며 꼬투리째 소금물에 삶거나 쪄서 먹는 방식이 가장 일반적이며 장기 보관이 용이하도록 익힌 후 급속 냉동한 자숙 풋콩 형태로 대량 거래된다.

제71차'23.3월와 제72차 HS 위원회는 간식용으로 사용되는 냉동대두 2종① 꼬투리를 벗긴 낱알상의 대두를 냉동한 것과 ② 꼬투리째 냉동한 것의 품목분류에 대하여 검토하였다. 쟁점물품은 해동 후 조미하여 조제식료품을 제조하거나 음식재료로 사용되도록 의도한 것이다. 이는 제7류에 분류되는 채두류의 일반적인 소비방식과 유사하다. 그리고 덜 익은 대두의 지방 함유량은 성장 단계에 따라 다르겠으나 통상 완숙된 대두의 1/3 수준에 불과하다. 이러한 맥락에서 본다면 풋콩은 제12류에 분류되는 채유용의 종자와는 성격이 다소 다르므로 제7류에 분류하고자 하는 의견이 있을 수 있다.

그러나 제1201호 호의 용어는 채유용 여부에 대한 언급 없이 "대두부수었는지에 상관없다"라고만 규정하고 있다. 통칙 제1호의 맥락에서 본다면 제1201호의 용어에는 어떠한 다른 해석이나 제한의 근거는 없이 모든 형태의 대두를 포함한다고 보아야 한다. HS 위원회는 투표결과 이들 두 가지 물품을 모두 제1201호에 분류하였다.

이 결정에도 불구하고 일본은 제63차 HS 검토소위원회'23.11월에서 풋콩을 제1201호에서 제외하여 제0708호에 분류토록 하는 개정안을 제출하였다. 앞서 말한 것과 같이 풋콩의 일반적인 소비형태가 제0708호의 채두류와 비슷하다는 점을 반영하기 위한 것이다.

검토소위원회는 대체로 일본의 제안에 동의하였다. 다만 풋콩의 용어에 대하여는 일본어인 에다마메edamame를 사용하는 것보다는 일반적인 표현인 덜 익은 대두immature soya bean로 표현하도록 개정안을 다소 수정하였다.

표6 2028 HS 개정 신구대조표_{풋콩}

현행(HS 2022)	개정(HS 2028)
제7류 주 제2호 〈신설〉	2. 제0708호에는 덜 익은 대두를 포함한다.
12.01 – 대두(부수었는지에 상관없다)	12.01 – 대두(익지 않은 것을 제외하며, 부수었는지에 상관없다)

4 어린 옥수수 속대(baby corn cob)

제1005호에는 스위트콘을 제외한 옥수수가 분류된다. "자메이스 변종 사카라타Zea mays var. saccharata"인 스위트콘은 속대cob가 있는지에 상관없이 제0709호에 분류된다. 스위트콘은 옥수수의 여러 변종 중 하나로, 일반 옥수수가 성숙하면서 당분을 전분으로 저장하는 것과 달리, 스위트콘은 당분이 전분으로 빨리 변하지 않고 알갱이 속에 남는다는 특징이 있다. 냉동한 스위트콘은 제0710호소호 제0710.40호, 식초나 초산 이외의 방법으로 조제하거나 보존처리한 스위트콘은 제2005호소호 제2005.80호에 분류한다.

덜 자란 스위트콘은 '영콘Young Corn' 또는 '베이비 콘Baby Corn'이라는 명칭으로 널리 식용으로 사용되는데 일반 옥수수와 달리 속대심지가 연해서 심지까지 통째로 먹을 수 있다.

스위트콘만이 아니라 사실상 거의 모든 종류의 옥수수가 아주 어린 시기에 수확하면 베이비 콘으로 사용될 수 있다. 옥수수는 성숙하면서 알갱이에 설탕^{당분}이나 전분이 쌓이게 된다. 하지만 베이비 콘은 당분이나 전분이 축적되기 전인 미성숙 상태에서 수확하기 때문에, 원래 품종이 무엇인지에 상관없이 맛의 차이가 크지 않다고 알려져 있다.

제65차 HS 위원회'20.3월에서는 어린 옥수수 속대의 품목분류와 관련, 덜 자란 스위트콘에서 채취된 것과 그 밖의 다른 옥수수에서 채취된 것을 구별해야 하는지 여부를 쟁점으로 논의하였다. HS 위원회는 투표를 거쳐 스위트콘으로부터 만들어진 어린 옥수수 속대와 다른 종의 옥수수로부터 유래된 속대를 구별하여야 한다고 결정하였다. 즉, 냉동한 어린 옥수수 속대의 경우 스위트콘의 어린 속대는 제0710.40호에 분류하고, 곡물용 옥수수의 어린 속대는 제0710.80호에 각각 구분하여 분류하며, 제2005호에서도 이들을 각기 다른 소호에 분류하기로 결정하였다.

이 결정은 제0710호와 제2005호 내의 소호의 용어를 엄격하게 적용한 결과이나 어린 옥수수 속대는 그 성상이나 용도에 있어서 스위트콘의 것이나 곡물용 옥수수의 것을 구분하기 어렵다는 점에서 불필요한 품목분류상 어려움을 초래할 소지가 있다.

HS 검토소위원회는 이에 따라 제60차 회기'22.5월부터 제62차 회기'23.5월까지의 논의를 거쳐 어린 옥수수 속대를 스위트콘의 것인지 곡물용 옥수수의 것인지에 상관없이 동일한 소호에 분류할 수 있도록 하는 개정안을 확정하였다.

표7　2028 HS 개정 신구대조표 어린 옥수수 속대

현행(HS 2022)	개정(HS 2028)
제7류 주 제2호(개정 후 제3호) 2. 제0709호·제0710호·제0711호·제0712호의 "채소"에는 식용 버섯, 송로(松露), 올리브, 케이퍼(caper), 호박류, 가지, 스위트콘[자메이스 변종 사카라타(Zea mays var. saccharata)], 고추류[캡시컴(Capsicum)속]의 열매나 피멘타(Pimenta)속의 열매......(중략) ......이 포함된다.	3. 제0709호·제0710호·제0711호·제0712호의 "채소"에는 식용 버섯, 송로(松露), 올리브, 케이퍼(caper), 호박류, 가지, 스위트콘[자메이스 변종 사카라타(Zea mays var. saccharata)], **자메이스(Zea mays) 종의 어린 옥수수 속대,** 고추류[캡시컴(Capsicum)속]의 열매나 피멘타(Pimenta)속의 열매......(중략) ......이 포함된다.

현행(HS 2022)	개정(HS 2028)
0710.40 - 스위트콘	- 어린 옥수수 속대, 스위트콘 0710.41 -- 어린 옥수수 속대 0710.49 -- 스위트콘
제10류 주 제2호 2. 제1005호에서는 **스위트콘은 제외**한다(제7류).	2. 제1005호에서는 **스위트콘[자메이스 변종 사카라타 (Zea mays var. saccharata)]과 자메이스 (Zea mays) 종의 어린 옥수수 속대는 제외**한다 (제7류).
2005.80 - 스위트콘[자메이스 변종 사카라타(Zea mays var. saccharata)]	- 자메이스(Zea mays)종의 어린 옥수수 속대, 스위트콘[자메이스 변종 사카라타 (Zea mays var. saccharata)] 2005.81 -- 어린 옥수수 속대 2005.89 -- 기타

5 차(茶)의 품목분류체계 개정(제0902호)

제0902호에는 이 호에는 식물학상 차속[genus Thea Camellia]에 속하는 식물로부터 얻는 여러 가지의 차茶를 분류하며 차나무의 꽃·봉오리와 잔유물이 포함된다. 그러나 시장에서 널리 차茶로 불리는 물품이라 하더라도 식물학상 차속 genus Thea에 해당되지 않는 식물에서 제조한 것 다양한 침출차 종류은 제외한다.

우리나라 관세율표에서 제0902호의 모든 소호에 포함되는 물품은 기본관세율 40%가 책정되어 있다. 그러나 『세계무역기구협정 등에 의한 양허관세 규정』에 따라 수입추천을 받지 못한 녹차 비발효차에는 513%의 양허관세가 우선 적용되므로 기본관세율은 사실상 큰 의미가 없다.

제61차 검토소위원회'22.11월에서 중국은 제0902호의 각 소호의 용어 개정을 제안하였다.

제0902호의 소호는 크게 녹차 비발효차, 소호 제0902.10호와 제0902.20호와 홍차 및 부분발효차 소호 제0902.30호와 제0902.40호로 나뉜다. 제0902호 소호체계를 보면 사실상 비발효차를 녹차와 동일한 범위로 보고 있으며, 발효차를 홍차black tea와 동일한 범위로 보고 있다고 해석할 수 있다.

중국은 개정제안을 통하여 녹차와 비발효차가 사실상 동의어라는 것은 인정하면서도 발효차와 부분발효차는 홍차와 우롱차만이 아니라 좀 더 다양한 종류의 물품을 포함한다는 사실을 지적하였다.

표8 중국 측이 제시한 차의 분류

유형	명칭	가공기술	ISO 표준
비발효차	녹차 (green tea)	주로 가열, 효소 불활성화 그리고 일반적으로 이루어지는 압착(rolling) 또는 분쇄(comminution) 과정으로 구성되며, 그 후에 건조 과정으로 이어짐	ISO 11287:2011, part 3.1
발효차	홍차 (black tea)	홍차는 완전히 발효된 차임. 제조 과정은 찻잎 시들게 하기, 압착, 발효 및 건조로 이루어짐. 찻잎을 시들게 한다는 것은 상대적으로 긴 시간 동안 찻잎을 펴 넣어 그 안의 수분을 소산시킨 후, 내부에서 일어나는 효소 작용의 활성도를 높이는 것을 의미함.	ISO 3720:2011, part 3.1
	흑차 (dark tea)	흑차 또한 완전히 발효된 차임. 홍차와 비교하면, 흑차는 발효 과정에서 찻잎을 한데 쌓아두는데, 이 기간 동안 습도를 유지하고 미생물이 번식할 수 있도록 물을 여러 차례 뿌려줌.	없음
부분발효차	우롱차 (oolong tea)	제조 과정은 홍차와 유사하지만, 일부분만 발효(반발효)된 상태임. 찻잎의 가장자리는 산화되는 반면, 중심부는 녹색을 유지함.	없음
	백차 (white tea)	약발효차. 백차는 모든 차 종류 중에서 가공을 가장 적게 거치는 차임. 원료가 수확되면 차를 공기가 자유롭게 통과하는 형태의 설비 위에 펼쳐 놓아 서서히 건조시킴. 효소 불활성화(증기 또는 덖음), 압착 또는 분쇄(절단) 과정을 거치지 않음. 찻잎은 햇빛 아래나 실내, 혹은 두 방법을 병행하여 단일 가공 단계에서 단순히 시들고 건조됨. 건조 속도를 높이기 위해 인공적으로 가열된 공기를 사용하는 경우가 늘어나고 있음.	ISO/TR 12591:2013 part 2.1
	황차 (yellow tea)	약발효차. 제조 과정은 찻잎 가열, 압착, 민황(sweltering), 건조로 구성됨. 민황 단계에서 찻잎을 단단히 덮어두면 잎이 노란색으로 변함.	없음

HS 검토소위원회는 논의과정을 거쳐 아래와 같이 제0902호 개정안을 확정하였다.

표 9 2028 HS 개정 신구대조표 제0902호

현행(HS 2022)	개정(HS 2028)
09.02 – 차류(맛과 향을 첨가했는지에 상관없다)	09.02 – 차류(맛과 향을 첨가했는지에 상관없다)
0902.10 – 녹차(발효하지 않은 것으로서 내용물의 무게가 3킬로그램 이하로 내용물에 직접 접하여 포장된 것으로 한정한다)	0902.10 – 비발효차(녹차). 단, 내용물의 무게가 3킬로그램 이하로 내용물에 직접 접하여 포장된 것으로 한정한다.
0902.20 – 그 밖의 녹차(발효하지 않은 것으로 한정한다)	0902.20 – 그 밖의 비발효차(녹차)
0902.30 – 홍차(발효차)와 부분 발효차(내용물의 무게가 3킬로그램 이하로 내용물에 직접 접하여 포장된 것으로 한정한다)	0902.30 – 발효차(홍차·흑차)와 부분 발효차(백차·황차·우롱차). 단, 내용물의 무게가 3킬로그램 이하로 내용물에 직접 접하여 포장된 것으로 한정한다.
0902.40 – 그 밖의 홍차(발효차)와 그 밖의 부분 발효차	0902.40 – 그 밖의 발효차(홍차·흑차)와 부분 발효차(백차·황차·우롱차)

제0902호 각 소호 용어 개정으로 인한 소호 간 물품이동은 없어 보인다. 앞서 말한 것처럼 우리나라의 관세율 체계에서는 발효여부에 따른 세율 차이가 크기 때문에 발효여부에 대한 명백한 기준 마련이 더 중요한 문제라 할 수 있다.

검토소위원회는 제66차 회기 '25.11월에서 제0902호의 해설서에 발효의 정의에 관한 설명을 삽입하는 문제를 논의하고 있다. 이와 관련한 해설서 개정안은 '27년 3월의 HS 위원회 제79차 회기 이전에 채택될 것으로 보인다.

6 그 밖의 제2부 물품의 개정

제2부에는 그 밖에도 회원국 등의 요청에 따라 특정 종의 식물을 특게하기 위하여 제2부 내에 여러 소호를 신설 또는 세분하였다.

FAO의 요청에 따라 제0804호와 제0810호에는 다양한 열대과일을 소호 단위에서 특게

하는 한편, 소호 제1301.30호를 신설하여 소나무[피너스Pinus속의 것]로부터 얻어진 올레오레진을 특게하였다. 또한 미국의 요청으로 제0810호, 제0811호와 제0813호의 소호 단위에서 블루베리[바키니움 아속 시아노코쿠스Vaccinium sect. Cyanococcus]를 특게하였다.

그림4 소호 제0810.9호의 6단위 레벨에 특게되는 과실 왼쪽부터 리치, 용안, 용과, 석류, 패션프루트

국문 관세율표 제1209호에는 '파종용의 종자·과실·포자'가 분류된다. 그러나 HS 품목분류표 원문 영문에서는 이를 'Seeds, fruits and spores, of a kind used for sowing'이라고 표현한다. 직역하자면 '파종용' 보다는 '일반적으로 파종을 위하여 사용하는 종류의 것'에 더 가깝다. 후자의 의미로 해석을 한다면 통상 파종을 위해 사용하는 종류의 것이긴 하나 반드시 파종을 위해서만 사용하지는 않는 것 또는 종자 자체의 결함이나 다른 이유로 파종용으로 사용될 수 없는 것도 포함될 수 있다는 해석의 여지를 낳게 된다. 이에 제1209호 해설서는 "이 호에는 이미 발아할 수 없게 된 물품도 분류한다"라고 명시하고 있다. 2028년 HS에서는 제1209호에 분류되는 종류의 품종이지만 발아germination할 수 없는 종자에 대한 품목분류 불일치 소지를 제거하기 위하여 제12류 주 제3호와 제209호의 용어를 개정하였다.

표10 2028 HS 개정 신구대조표 그 밖의 제2부 물품

현행(HS 2022)	개정(HS 2028)
- 기타	- 기타
0802.91　-- 잣(껍데기를 벗기지 않은 것)	0802.91　-- 잣(껍데기를 벗기지 않은 것)
0802.92　-- 잣(껍데기를 벗긴 것)	0802.92　-- 잣(껍데기를 벗긴 것)
〈신설〉	0802.98　-- 기타(껍데기를 벗기지 않은 것)
0802.99　-- 기타	0802.99　-- 기타

현행(HS 2022)	개정(HS 2028)
0804.50 – 구아바(guava)·망고(mango)· 망고스틴(mangosteen)	– 구아바(guava)·망고(mango)· 망고스틴(mangosteen) 0804.51 -- 구아바 0804.52 -- 신선한 망고 0804.53 -- 건조한 망고 0804.54 -- 망고스틴
0810.40 – **크랜베리(cranberry)·빌베리(bilberry) 와 그 밖의 박시니엄(Vaccinium) 속의 과실**	**– 블루베리[바키니움 아속 시아노코쿠스 (Vaccinium sect. Cyanococcus)]· 크랜베리·빌베리[바키니움 미르틸루스 (Vaccinium myrtillus L.)]와 그 밖의 바키니움(Vaccinium) 속의 과실** 0810.41 -- 블루베리[바키니움 아속 시아노코쿠스 (Vaccinium sect. Cyanococcus)] 0810.49 -- 기타
0810.90 – 기타	– 기타 0810.91 -- 리치(Lychee) 0810.92 -- 용안(Longan) 0810.93 -- 용과(Dragon fruit) 0810.94 -- 석류(Pomegranate) 0810.95 -- 패션 프루트(Passion fruit) 0810.99 -- 기타
〈신설〉	– 블루베리[바키니움 아속 시아노코쿠스 (Vaccinium sect. Cyanococcus)]· 크랜베리·빌베리[바키니움 미르틸루스 (Vaccinium myrtillus L.)]와 그 밖의 바키니움(Vaccinium) 속의 과실 0811.31 -- 블루베리[바키니움 아속 시아노코쿠스 (Vaccinium sect. Cyanococcus)] 0811.39 -- 기타
0813.40 – 그 밖의 과실	– 그 밖의 과실 0813.41 -- 블루베리[바키니움 아속 시아노코쿠스 (Vaccinium sect. Cyanococcus)] 0813.49 -- 기타
제12류 주 제3호 3. 제1209호에 해당하는 사탕무의 종자, 풀이나 그 밖의 목초의 종자, 관상용 화초의 종자, 채소의 종 자, 삼림수의 종자, 과수목의 종자, 베치(vetches) 의 종자[비시아 파바(Vicia faba)종의 것은 제외한 다], 루핀(lupine)의 종자는 파종용 종자로 본다. (생략)	3. 제1209호에 해당하는 사탕무의 종자, 풀이나 그 밖의 목초의 종자, 관상용 화초의 종자, 채소의 종 자, 삼림수의 종자, 과수목의 종자, 베치(vetches) 의 종자[비시아 파바(Vicia faba)종의 것은 제외한 다], 루핀(lupine)의 종자는 **이들이 더 이상 발아할 수 없는 상태의 것이라도** 파종용 종자로 본다. (생략)

현행(HS 2022)	개정(HS 2028)
12.09 – 파종용 종자·과실·포자(胞子)	12.09 – 파종용 종자**(이 류 주 제3호에 명시된 것을 포함한다)**·과실·포자(胞子)
13.01 – 락(lac), 천연 검·수지·검 수지·올레오레진(oleoresin)[예: 발삼(balsam)]	13.01 – 락(lac), 천연 검·수지·검 수지·올레오레진(oleoresin)[예: 발삼(balsam)]
1301.20 – 아라비아 검 〈신설〉	1301.20 – 아라비아 검 1301.30 – 소나무[피너스(Pinus) 속의 것]의 올레오레진
1301.90 – 기타	1301.90 – 기타

7 설탕으로 보존처리한 채소와 과실의 품목분류

HS 제20류에는 일반적으로 제7류나 제8류에 속한 채소와 과실을 제7류·제8류·제11류에서 규정한 것 이외의 방법으로 조제하거나 보존처리한 물품이 분류된다. 뿐만 아니라 제12류의 채유용 종자나 그 밖의 식물을 비슷한 방법으로 가공한 경우에도 제20류에 포함될 가능성이 높다.

HS 제2006호에는 "설탕으로 보존처리한 채소·과실·견과류·과피와 식물의 그 밖의 부분"이 분류된다. 제2006호 호의 용어는 설탕으로 보존처리한 것에 대하여 구체적으로 '드레인한drained 것', '설탕을 입힌 것glacé'이나 '설탕에 절인 것crystallised'으로 구분하며 해설서는 이러한 가공에 대하여 아래와 같이 설명하고 있다.

* 드레인한 것drained : 공기 중에서 노출시켜도 결정화되지 않는 시럽을 사용하여 조제한 것으로 시럽이 건조된 후에도 감촉이 끈적끈적한 형태로 남는다.

* 설탕을 입힌 것glacé : 드레인한 과실 등을 자당蔗糖 시럽에 침지하여 얻는데 건조하면 얇고 광택있는 피막이 생긴다.

* 설탕에 절인 것crystallised : 자당蔗糖 시럽을 침투시켜 얻는데, 건조하면 전체나 표면에 당의 결정이 생긴다.

제2008호에는 "그 밖의 방법으로 조제하거나 보존처리한 과실·견과류와 그 밖의 식용에 적합한 식물의 부분"이 분류되며 "설탕이나 그 밖의 감미료나 주정을 첨가"한 것도 포함된다. 제7류, 제8류와 제20류의 맥락에서 설탕으로 보존처리 또는 조제한 채소나 과실은 드레인한 것drained, 설탕을 입힌 것glacé과 설탕에 절인 것crystallised 이외의 방식으로 조제하거나 보존처리한 것은 제2008호에 분류되는 것으로 정리할 수 있다. 대표적인 것이 제23차 WCO HS 위원회'99.5월에서 설탕시럽에 담가 삼투탈수한 후 건조한 과실을 제2008호에 분류한 것이다.[16]

제60차 HS 검토소위원회에서 EU는 제2006호와 제2008호에서 설탕으로 조제 또는 보존처리한 채소 및 과실과 관련한 호의 용어 개정을 제안하였다. EU는 제2006호에서 의미하는 "설탕으로 보존처리한 것"과 제2008호에 분류되는 "삼투탈수방식으로 보존처리한 것"의 구분이 어렵다는 점을 지적하였다. 이들 호의 해설서에서는 이 부분에 대하여 아래와 같이 설명하고 있다.

표 11 설탕으로 보존처리하는 방식에 대한 HS 해설서의 설명

구분	해설서 내용	EU의 검토의견
제2006호 해설서	처음에는 채소·과실 등을 끓는 물로 처리(재료를 부드럽게 하여 설탕의 침투를 용이하게 함)하고, 다음에는 설탕이 충분히 침투되도록 반복적으로 끓는점까지 가열하여 점차적으로 설탕농도가 증가된 당 시럽에 저장하여 조제한다.	원료를 먼저 전처리(연화, 절단 등)한 후, 단계별로 당도가 높아지는 일련의 시럽 속에 넣어 차례대로 가열하고 함침 과정이 끝나면 남은 시럽은 따라내어 제거됨.
제2008호 해설서	"삼투 탈수"란 과실 조각을 농축한 설탕 시럽에 장시간 담가 과실의 수분과 자연당(natural sugar) 대부분을 시럽의 설탕으로 대체하는 방식을 말한다. 삼투 탈수 후 수분 함량을 더 줄이기 위해 열풍 건조(air-dried)하기도 한다.	제23차 HS 위원회가 2008호로 분류한 물품들도 당 시럽에 노출되기 전에도 전처리(절단, 데치기 등)가 가능함. 다시 말해, 원료를 먼저 전처리(데치기를 통한 연화, 절단 등)한 후, 단 한 번의 당 시럽 공정에 담근 후 함침 과정이 끝나면 남은 시럽은 따라내어 제거됨.

---

16 1999.5월의 제23차 WCO HS 위원회는 큐브나 슬라이스상으로 절단하여 설탕에 담가 삼투탈수한 후 건조한 파인애플제2008.20호과 파파야제2008.99호를 제2008호에 분류하였다.

EU의 견해로는 제2006호 해설서에서 말하는 설탕으로 보존처리한 과실의 조제공정이나 제23차 HS 위원회에서 제2008호로 결정한 두 가지 과실의 조제공정이 사실상 차이가 없어 보인다는 것이다.[17]

앞서 언급한 제23차 HS 위원회에서 설탕으로 삼투탈수한 과실의 품목분류를 논의할 때, 최초의 쟁점은 이들 물품이 제08류의 건조한 과실에 해당하는지 제20류의 조제 또는 보존처리한 과실에 해당하는지 여부였다. 건조dry와 탈수dehydrate는 수분을 제거한다는 측면에서 어느 정도 동의어로 인정될 만큼 혼동의 소지가 큰 부분이기 때문이다.

제23차 HS 위원회에서의 1차 투표결과 15대 10으로 위원회는 이들 물품이 제20류의 조제 또는 보존처리한 과실에 해당한다고 결정하였다. 그리고 제20류 내에서의 4단위 호 분류는 별다른 이견없이 만장일치로 제2008호로 결정되었다.[18]

이에 따라 EU는 시럽으로 삼투탈수된 과실의 품목분류를 제2008호에서 제2006호로 변경하는 것을 골자로 하는 호의 용어 개정안을 제안하였다. 검토소위원회는 설탕으로 저장처리한 것과 설탕시럽으로 삼투탈수한 것이 기술적으로 구분가능한지, 현실적인 구분의 실익이 있는지 심도 있게 검토하였고, 이 과정에서 FAO는 두 가지 물품을 같은 호에 분류하도록 HS를 개정하는 방향에 동의하였다.

검토소위원회는 약 2년간의 논의를 거쳐 개정안을 확정하였다.

17　제23차 HS 위원회에서 이들 물품을 논의할 때, 최초의 쟁점은 이들 물품이 제08류의 건조한 과실에 해당하는지 제20류의 조제 또는 보존처리한 과실에 해당하는지 여부였으며 1차 투표결과 위원회는 이들 물품이 제20류의 조제 또는 보존처리한 과실에 해당한다고 결정하였다. 그리고 제20류 내에서의 소호 분류는 별다른 이견없이 만장일치로 제2008호로 결정되었다.

18　NC0106, 「AMENDMENTS TO THE COMPENDIUM OF CLASSIFICATION OPINIONS ARISING FROM THE CLASSIFICATION OF TROPICAL FRUIT IN HEADING 20.08」, 제24차 WCO HS 위원회

현행(HS 2022)	개정(HS 2028)
제20류 주 (생략) 〈신설〉	5. 제2006호에는 드레인한(drained) 것, 설탕을 입힌 것, 설탕에 절이거나 삼투압 방식으로 탈수한 것으로서 시럽에 담근 상태로 제시되는 것은 제외한다.
20.06 – 설탕으로 보존처리한 채소·과실·견과류·과피와 식물의 그 밖의 부분[드레인한(drained) 것, **설탕을 입히거나 설탕에 절인 것**]	20.06 – 설탕으로 보존처리한 채소·과실·견과류·과피와 식물의 그 밖의 부분[드레인한(drained) 것, **설탕을 입힌 것, 설탕에 절이거나 삼투탈수된 것**]

2028년 HS에서는 설탕시럽으로 삼투탈수된 과실과 채소 및 식물의 부분 등은 제2006호에 포함된다. 따라서 현재 WCO의 품목분류의견서 Compendium of Classification Opinion 제2008호에 수록된 두 가지 물품은 제2006호로 옮겨져야 할 것이다. 그리고 이에 따른 제2006호와 제2008호의 해설서 부분도 개정절차를 거쳐야 할 것이다. 다만, '드레인한 drained 것, 설탕을 입힌 것, 설탕에 절이거나 삼투탈수된 것'이라도 시럽에 담가진 상태로 제시되는 것은 여전히 제2008호에 남는다는 것에 유의하여야 한다.

8 식이보조제(dietary supplement)란 무엇인가?(제2107호의 신설)

가. 건강식품과 의약품의 차이

WCO HS 위원회에서 현재까지 가장 많은 품목분류 쟁점이 되었던 호 중 하나는 제3004호의 의약품이라고 할 수 있다. 제3004호에는 "치료용이나 예방용 for therapeutic or prophylactic use 의 것으로서 일정한 투여량으로 하였거나 소매용 모양이나 포장을 한 의약품"이 분류된다.

　그렇다면 치료용이나 예방용으로 인정되는 의약품의 범위는 어디까지인가? 특정한 증상_{열, 감기 등}에 대응하기 위하여, 혹은 특정의 진단상의 지표_{혈압, 혈당, 콜레스테롤}를 개선하기 위하여, 또는 일반적인 건강증진을 위하여 복용하는 제품들은 의약품에 해당하는 것인가? 일반적으로 시장에서 흔하게 거래되고 소비되는 이러한 성격의 특정한 개별 물품들이 과연 제3004호의 의약품에 해당하는 것인지 여부가 HS 위원회에서 꾸준히 논의되어왔다. 예를 들면 다음과 같은 물품들이다.

표 13 HS 위원회에서 품목분류 결정된 물품 예시

형상	물품설명
	① **기침 및 인후염 정제.** 당류(43.5%), 감초 추출물(13.5%), 기타 식품 성분(예: 전분 및 셀룰로오스)(17.6%), 미네랄(예: 탄산칼슘 및 활석)(10.4%), 향신료(예: 멘톨, 페퍼민트 오일, 아니스 오일, 유칼립투스 오일, 크레오소트 및 캡사이신)로 구성. 소매판매용 포장
	② **정제형태의 씹는 니코틴 껌.** 이온 교환 수지에 결합된 2mg 또는 4mg의 니코틴, 글리세롤, 합성 고분자, 탄산나트륨, 탄산수소나트륨, 소르비톨, 그리고 특히 담배 연기 맛을 재현하기 위한 향료를 함유. 금연을 희망하는 사람들이 사용하는 제품
	③ **기침 시럽.** 알코올 도수가 1.8%(용량 기준)인 수용액 형태로 100ml(130g) 용기에 제시. 꿀, 식물 팅크제, 포도당 시럽, 전화당 시럽, 체리 향, 장미 오일, 안식향산니트륨 및 정제수로 구성
	④ **고농축 오메가-3.** 원료인 멸치유를 탈산, 에틸 에스테르화, 증류, 여과, 탈색 및 탈취의 제조 공정을 거쳐 생산한 생산된 고농축 오메가-3 지방산인 EPA 및 DHA의 에틸 에스테르(ethyl esters)로 구성된 제품. 산화 방지제(토코페롤) 첨가

　일반적으로 의약품이라 하면 특정한 질병을 대상으로 하여야 하며, 그 질병을 효과적으로 치료 또는 예방하는 활성성분이 들어 있어야 한다. 또 일반적으로 적절한 복용량_{예를 들}

어 '성인기준 1일 3회, 1회 일정 복용' 등에 대한 안내나 지침이 설명되어 있어야 한다. HS 위원회는 대체로 이러한 기준을 바탕으로 위 네 가지 물품 모두 제3004호의 의약품에는 해당하지 않는 것으로 보았다.

위 ①번과 ③번 물품의 경우 감기라는 질병을 대상으로 한 것으로 볼 수 있으나 내용물의 성분과 함량이 치료나 예방의 용도에 적합한 정도로는 보지 않은 것이다. HS 위원회는 ①번 물품을 제1704호의 설탕과자sugar confectionary로, ③번 물품을 제2106호따로 분류되지 않은 조제식료품로 분류하였다.

②번 물품의 경우 금연을 희망하는 흡연자가 흡연욕구를 억제 또는 대체하기 위하여 사용하는 물품이다. 이 물품의 의약품인지 여부는 흡연이 질병인지, 그리고 물품에 포함된 니코틴 성분이 흡연이라는 질병의 치료에 유효한 성분인지가 판단의 근거가 될 것이다. HS 위원회는 이 물품을 제2106호로 분류하였다. 츄잉껌이라는 형태로 보았을 때, 물품에 일정 수준 이상의 설탕이 함유되었다면 제1704호에 분류되었을 가능성도 있다. 그리고 2022년 HS 개정에 따라 이 물품은 제2404호니코틴을 함유한 물품로 재분류되었다.

④번 물품의 경우 특정한 질병을 치료하는 것이 아니라 일반적인 건강 증진을 위해 사용되는 물품이다. 나머지 물품에 비해 제3004호와의 유사성이 가장 멀다고 볼 수 있으며, HS 위원회는 이 물품을 제2106호에 분류하였다.

제3004호의 의약품을 제외하고, 통상 건강식품, 건강기능식품 또는 영양제라 불리는 물품은 그 성분이나 성상에 따라 제15류, 제1704호, 제18류, 제20류, 제2102호 또는 제22류의 해당하는 호에 분류되거나 이들 호에 명백히 포함되지 않는 경우 대체로 제2106호에 분류된다.

제2106호 해설서는 이러한 물품에 대하여 식이보조제라는 이름으로 설명하고 있다.

(16) 식이보조제(food supplement 또는 dietrary supplement)로 부르는 조제품 : 보통의 식단에 대한
보충제로서, 음식 안에 함유하는 하나 이상의 비타민·무기물·아미노산·농축물·추출물·분리물(isolate)
이나 이들과 비슷한 물질, 또는 그러한 물질들의 합성물로 구성되거나 기본재료로 한 조제품이다. 이
러한 제품들은 감미제·색소·향미제·방향성(芳香性) 물질·캐리어(carrier)·충전제·안정제(stabilizer)
나 다른 기술적 보조제를 함유하는지에 상관없이 여기에 포함된다. 이러한 제품들은 종종 포장에 이들
이 일반적인 건강이나 안녕을 유지하게 한다거나, 운동선수의 성과를 증진시킨다거나, 영양 결핍을 예
방한다거나, 또는 영양분이 최적 수준 미달일 때 교정한다는 취지를 표시한다.

2017년 5월, 제52차 HS 검토소위원회에서 EU는 새로운 호 제2107호를 신설하여 '일정
투여량으로 된 식이보조제 Food supplement, put up in measured doses'를 별도로 분류하자는 제
안을 하였으며 이후 정식 안건으로 채택되어 본격적인 논의가 시작되었다.

나. 제2107호의 신설

2028년 HS에서 가장 중요한 개정사항을 꼽으라면 바로 제2107호의 신설이라 할 수 있
다. 앞서 말한 것과 같이 식이보조제는 HS 제4부와 제30류의 여러 호에 걸쳐 다양한 범주
의 물품과 관련이 높기 때문이다. 또한 건강에 대한 관심과 더불어 전 세계적으로 어마어
마한 규모로 거래되는 물품군을 위한 새로운 호를 신설하였다는 데에도 의미가 있다고 할
수 있다.

2017년 5월, EU의 제안에 따라 시작된 논의는 새로운 호의 범위는 물론 연관된 호와의
구분기준을 정하는 기술적인 어려움으로 인해 HS 검토소위원회에서 장기간의 연구와 검
토과정을 거치게 된다. WCO에서의 논의과정을 약술하면 다음과 같다.

1) 제53차 HS 검토소위원회('17.12월)

EU는 제2107호를 신설하여 일정한 복용량으로 된 식이보조제를 분류하는 한편, 제4부
와 제21류에 관련주를 신설하여 식이보조제의 정의를 제공하는 한편, 우선분류 원칙을 규

정하는 방안을 제안하였다.

검토소위원회는 대체로 EU의 제안에 동의하면서도 신설된 제2107호의 물품과 관련 호 제2106호와 제3004호와의 구분은 여전히 어려운 문제이므로 신중한 접근을 희망하였다. 특히 기술적인 쟁점에 대한 과학소위원회 검토 필요성도 대두되었다.

2) 제33차 과학소위원회('18.1월)

과학소위원회는 식이보조제의 정의와 범위, 식이보조제의 성분과 효과에 대한 국제적 표준 여부, 식이보조제와 의약품과의 구분 문제, 식이보조제와 그 밖의 조제식료품의 구분 문제 등에 대한 기술적인 의견을 교환하였다.

3) 제54차 HS 검토소위원회('18.6월)

2022년 HS 개정안은 2108년 이내에 검토소위원회에서 완료되어야 하는 바, 현실적으로 식이보조제의 정의 문제나 다른 호와의 경계선, WHO 같은 국제기구와의 협의 등 검토할 부분들이 광범위하여 2022년 개정 주기에 맞춰 개정하기는 시기상 어렵다는 부분에 회원국들이 동감하면서, 검토소위원회는 그 다음 주기인 2028년 HS 개정을 목표로 논의를 지속하기로 결정하였다.

4) 제58차 HS 검토소위원회('21.1월)

식이보조제의 범위와 관련하여 FAO와 WCO 사무국의 입장과 같이 비타민과 미네랄을 기반으로 한 제품으로만 한정하자는 견해도 존재하였다. 그러나 일반적으로 건강을 유지하기 위한 영양소는 비타민과 미네랄뿐만 아니라 아미노산이나 불포화 지방산 등 다양한 식이보조제가 있으니 실제 무역거래를 반영하여 제2107호의 개정범위가 좀 더 넓어지도록 하는 방향으로 대체적인 의견이 모아졌다.

그럼에도 불구하고 액상 형태의 식이보조제도 포함해야 하는지 여부, 강화fortified 식음료, 제약pharmaceutical 영양제, 의료용 식음료의 개정까지 필요한지 여부 등에 대한 회원국들의 입장이 갈리는 부분을 확인하였다.

5) 제59차 HS 검토소위원회('21.11월)

식이보조제 업계에서 만드는 식이보조제 프리믹스가 향후 지금처럼 제2106호에 분류할지 아니면 제2107호에 분류할지 논의하자는 의견이 있었으며 이 쟁점은 국가 간 이견이 있어 정리되지 못하였다. 또한, 제2106호 해설서에 있는 식이보조제 관련 내용 전체가 제2107호 해설서로 이동해야 하는지 일부는 제2106호에 남아야 하는지에 대한 문제 제기도 완결되지 못했다.

식이보조제에 제약품 영양제를 포함하는게 적절한지에 대한 쟁점 또한 다양한 의견을 확인하는 선에서 그쳤으며, '일정한 투여량으로 된 것'이라는 표현은 벌크상태 물품이 제2107호에 포함되는지에 대한 질문으로 이어졌으나 명확히 결론에 이르지는 못했다.

6) 제60차 HS 검토소위원회('22.5월)

식이보조제가 '보통의 식단을 보충하기 위한 것'인지 아니면 '보통의 식단의 일부'를 의미하는지에 대한 쟁점이 논의되었으며, 식이보조제 용도로 만든 소량의 액상형 제품을 강화음료로 보아 제22류로 분류할지 또는 제2107호로 분류할지 고민해야 할 여지가 있다는 점도 지적되었다.

개정안 중 여러 국가의 다양한 의견으로 합의점을 찾지 못한 부분은 결국 HSC에 상정하여 HSC의 결정에 따라 확정하기로 하였다.

7) 제61차 HS 검토소위원회('22.11월)

식이보조제의 제품포장에 건강을 유지한다는 문구 등의 안내표시 문제에 대하여 논의하였으며, 벌크 상태의 식이보조제도 제2107호에 포함시키는 방향으로 논의가 발전되었다.

8) 제62차 HS 검토소위원회('23.6월)

다양한 논의를 거쳐 일정한 투여량으로 된 것이나 벌크상태의 소매용 포장 형태도 제2107호에 포함하기로 합의하였다.

9) 제63차 HS 검토소위원회('23.11월)

식이보조제는 우선 분류규정_{제4부에 관련 주 신설}에 대한 대략적인 방향에 합의하였으며, 제15류의 오일 베이스의 식이보조제를 제2107호에 제외하여 제15류에 포함시킬 것인지의 문제에 대하여 논의하였다.

10) 제64차 HS 검토소위원회('24.5월)

그간의 논의 경과를 종합하여 제4부 주 제2호, 제21류 주 제4호와 제5호 신설, 제2107호의 용어 및 체계 등에 모든 개정안에 대한 최종 검토 의견을 제시하였으나 검토소위원회에서 전 부분에 대한 합의는 이르지 못하였으므로 합의되지 않은 부분은 차기 HS 위원회에서 최종 확정하기로 하였다.

11) 제74차 HS 위원회('24.9월)

HS 위원회는 검토소위원회에서 합의에 이르지 못하고 복수의 옵션으로 상정한 개정안에 대하여 논의를 거쳐 최종 확정하였다.

2028년 HS 최종 개정 내용은 다음과 같다.

현행(HS 2022)	개정(HS 2028)
제4부 주 제2호 〈신설〉	2. 제21류 주 제5호에 언급된 일정한 투여량으로 포장된 식이보조제의 품목분류와 관련하여 제2107호는 제30류 해당 호를 제외한 품목분류표상 다른 모든 호에 우선한다.
제18류 주 제1호 나목 1. 이 류에서 다음의 것은 제외한다.(생략) 　나. 제0403호·제1901호·제1902호·제1904호·제1905호·제2105호·제2202호·제2208호·제3003호·제3004호의 조제품	나. 제0403호·제1901호·제1902호·제1904호·제1905호·제2105호·**제2107호**·제2202호·제2208호·제3003호·제3004호의 조제품
제21류 주 제1호 라목 1. 이 류에서 다음 각 목의 것은 제외한다. (생략) 　라. 제0904호부터 제0910호까지의 향신료와 그 밖의 물품	라. 제0904호부터 제0910호까지의 향신료와 그 밖의 물품. 다만 이 류 제4호 가목에선 언급한 것은 제외한다.
제21류 주 제4호 신설 〈신설〉	4. 제2107호에서 식이보조제라 함은 정상적인 식단을 보충하기 위한 다음의 물품만을 포함한다. 　가. 이 류의 주 제5호에서 정의한 일정한 투여량으로 포장된 식이보조제(소매용으로 포장된 것인지의 여부를 불문한다) 　나. 소매용으로 포장되었으나 이 류의 주 제5호에서 정의된 일정한 투여량으로 포장되지는 않은 식이보조제 조제품. 이러한 조제품은 최소 두 가지 물질로 구성되어야 하며 일반적으로 식품에서 발견되는 한 가지 이상의 비타민, 미네랄, 아미노산, 농축물, 추출물, 분리물 또는 이와 유사한 물질이나 이러한 물질을 합성한 것을 기반으로 한다. 포장 또는 동봉된 사용자지침서에는 다음과 같은 내용이 기재되어야 한다. 　1) 그 안에 함유된 유효성분들의 농도 　2) 복용량 　3) 복용방법 　포장에는 이들 제품이 일반적인 건강이나 안녕을 유지하게 한다거나, 운동선수의 성과를 증진시킨다거나, 영양 결핍을 예방한다거나, 또는 영

현행(HS 2022)	개정(HS 2028)
	양분이 최적 수준 미달일 때 교정한다는 취지를 표시할 수 있다. 이 주 나목에서 언급한 식이보조제조제품에는 다음의 것을 포함하지 않는다. 가) 정상적인 식단의 일부로 섭취되거나 정상적인 식단의 일부인 식품 또는 음료의 성분으로 사용되도록 의도되었지만, 영양소나 기타 물질이 첨가된 강화 식품 또는 강화 음료. 나) 제0404호의 물품 다) 식물 또는 식물의 일부나 그 혼합물로 구성된 제품으로 우려내기 위한 것(예를 들어, 제0813호, 제9류, 제1211호, 제1212호 또는 제2106호) 라) 제13류의 물품 마) 제15류의 물품 바) 설탕과자(제1704호, 제1806호 또는 제2106호) 사) 제2101호 또는 제2102호의 물품 아) 제22류의 음료 자) 제6부의 물품
제21류 주 제5호 신설 〈신설〉	5. 제2107호에서 일정한 투여량이란 1회 복용을 위해 의도된 캡슐, 알약, 정제, 앰풀 및 봉지를 말한다.
〈신설〉	21.07 – 이 류 주 제5호에 따른 측정된 복용량으로 된 식이보조제, 소매용 포장으로 된 그 밖의 식이보조제(다른 호에 게기되거나 포함되지 않은 것으로 한정한다) 2107.10 – 이 류 주 제5호에 따른 측정된 복용량으로 된 것 2107.90 – 기타
제30류 주 제1호 가목 1. 이 류에서 다음 각 목의 것은 제외한다. 　가. 식품이나 음료(예: 식이요법용 식품·당뇨병용 식품·강화식품·**식이보조제(food supplements)**·강장음료·광천수)(제4부). 다만, 정맥 투여용 영양제는 제외한다.[19]	1. 이 류에서 다음 각 목의 것은 제외한다. 　가. 식품이나 음료(예: 식이요법용 식품·당뇨병용 식품·강화식품·**식이보조제(dietary supplements)**·강장음료·광천수)(제4부). 다만, 정맥 투여용 영양제는 제외한다.

19 2022년 HS에서 'food supplement'를 'dietary supplement'로 변경하였으나 국문 관세율표에서는 어차피 모두 식이보조제로 번역가능하여 국문 관세율표 개정 필요성은 크지 않음.

다. 제2107호의 범위

HS 검토소위원회는 긴 논의를 거쳐 제2107호 신설안을 확정하였고, 호의 용어^{식이보조제}는 'food supplement'가 아닌 'dietary supplement'로 결정하였다. HS 품목분류표에서 제2107호 신설과 직접적으로 관련된 부분은 제4부 주 제2호 신설, 제18류 주 제1호 나목, 제21류 주 제4호 및 제5호 신설과 제30류 주 제1호 가목 등이다.

제4부 주 제2호는 제2107호에 분류되는 식이보조제는 품목분류표의 다른 호에 우선함을 규정한다. 그리고 제21류 주 제4호는 제2107호에 분류되는 식이보조제의 정의를 제공한다. 호의 용어에 따르면 제2107호에 분류되는 물품은 최소한 '일정한 투여량'으로 된 것과 소매용 포장으로 된 것, 둘 중의 하나 이상의 요건을 충족해야 한다.

'일정한 투여량'으로 되었다는 것은 1회 복용을 위해 의도된 캡슐, 알약, 정제, 앰풀 및 봉지 형태로 된 것을 말한다. 그 이외의 것, 예를 들어 벌크용기에 담긴 가루, 액상 또는 페이스트상의 조제품이라면 소매용 포장으로 되어 있어야 한다.

위의 내용을 종합한다면 신설되는 제2107호의 범위에 대한 두 가지 쟁점이 정리될 수 있다.

첫째는 제4부 주 제2호의 우선 분류규정에 따라 그 구성성분이나 제조공정상으로는 2022년 HS 기준으로는 제1부 내지 제4부의 다른 호에 분류될 수도 있는 물품이 제21류 주 제4호에서 정의한 식이보조제의 요건을 충족한다면 2028년 HS에서는 제2107호로 분류될 수 있다는 점이다. HS 위원회와 검토소위원회에서 각 회원국은 이 문제를 인식하였으나 새로운 호의 범위를 명확히 정의하지는 못하였다.

둘째는 2022년 HS에서 제2106호에 분류 가능한 모든 식이보조제가 신설 예정인 제2107호로 이동하는 것은 아니라는 뜻이다. 예를 들어 식이보조제 또는 강화식품을 생산하기 위한 원료로 사용하기 위하여 여러 가지 영양성분이나 물질을 사전에 조합한 프리믹스나 혼합물의 경우 그 구성성분 측면에서는 식이보조제와 유사할 수 있다. 그러나 이러한 대량 생산용 원료는 소매용 포장 형태가 아닌 경우가 일반적이므로 제2107호의 용어에서 규정한 요건을 충족하지 못한다.

따라서 2028년 HS 시행 이후 일정 기간 동안 제2107호의 범위 해석에 따른 여러 가지 품목분류 분쟁이 발생할 가능성이 높다. 이 점에 대한 국내외 품목분류 전문가들의 심도있는 연구분석이 필요하다고 본다.

그 밖에 제2107호와 직접적인 연관은 없으나, 강화식품 원료나 의약 영양제품 등에 대한 개정 논의는 제2107호의 범위를 명확히 하는 것과도 관련이 있다.

⑨ 식량강화(Food fortification)와 의약영양제품(Pharmaceutical nutritional product)

2028년 HS에서 제2107호의 신설은 단순히 그간 제2106호에 분류되던 물품 중 일부인 식이보조제를 새로운 호로 이동한 것만을 의미하지는 않는다. 우선 제2106호에서 신설되는 제2107호로 이동하여야 할 물품의 범위를 명확히 설명해야 한다. 그러기 위해서는 제2107호에 분류하고자 하는 식이보조제의 정의를 되도록 구체적으로 설계할 필요가 있다.

식이보조제가 다른 조제식료품과 구분되는 지점은 특정한 효능이나 효과를 목표로 한 영양적 측면이라 할 수 있다. 또한 그간 식이보조제의 품목분류 때 항상 쟁점이 되어왔던 제30류의 의약품과의 구분기준을 어떻게 정의할 것인지 검토할 필요도 있다.

제2107호 개정논의와는 별도로 제63차 검토소위원회에서 스위스는 세계 영양 개선 연합GAIN, Global Alliance for Improved Nutrition과의 협력을 통하여 강화식품Fortfied food의 생산에 사용되는 특정 상품과 관련한 HS 개정안을 제출하였다.

세계 영양 개선 연합GAIN은 영양실조로 인한 범지구적 문제를 해결하기 위해 영양가 있고 안전한 식품에 대한 접근성을 높이고, 식품 시스템을 개선함으로써 모든 인류가 사람이 건강한 식단을 누릴 수 있도록 하는 것을 핵심 목표로 설립된 국제 비영리 기구이다.[20] GAIN은 각국 정부, NGO 및 국제기구와 연계하여 건강한 식단이 모두에게 더 쉽게 접근, 구매 가능, 바람직하도록 식품 시스템 전반을 개선하는 정책·기술 지원을 제공한다.

강화식품Fortified food이란 원래의 자연식품에는 거의 없거나 가공 과정에서 감소한 영양소를 의도적으로 첨가하여 영양 결핍을 예방하고 건강을 증진하기 위한 식품을 말한다. 주로 비타민비타민 A, B군, C, D 등, 미네랄철, 요드, 칼슘, 아연 등과 같은 미량영양소를 첨가함으로써 일반적인 식사를 통해 영양섭취를 개선함으로써 특정 집단의 영양 결핍 예방하고 취약계

---

20 https://www.gainhealth.org/about/who-we-are/vision-and-mission

층의 건강보호를 목적으로 한다.

완성된 강화식품 자체는 그 성상과 기능 및 용도에 따라 제2106호의 조제식료품이나 제2107호의 식이보조제로 분류될 가능성이 높다. 스위스와 GAIN은 이러한 강화식품 제조에 주로 사용되는 원료 또는 제품과 관련한 HS 개정을 제안한 것이다.

논의결과 검토소위원회는 소호 제2106.20호를 신설하여 강화식품 원료로 사용되는 프리믹스를 분류하도록 개정하였고 이와 동시에 제21류 소호주를 신설하여 이 호의 범위를 명확히 규정하였다. 아울러 강화식품 제조의 주된 미량영양소인 요드와 비타민을 중심으로 제28류와 제29류의 일부 소호를 신설하였다.

한편 강화식품과는 별도로, 제2107호 개정논의 과정, 특히 식이보조제의 정의를 규정하는 논의과정에서 필연적으로 제3004호의 의약품과 식이보조제의 구분기준에 관한 문제가 대두되었다. 예를 들면 검토소위원회에서 다음과 같은 질문이 제기되었다.

* 식이보조제와 관련한 국제적인 표준이 존재하는가? (특히, 구성성분 및 효능 측면에서)

* 식이보조제와 치료 및 예방효과가 있는 의약품의 구분기준은 무엇인가?

* WHO의 관점에서 '영양'이라는 용어의 정의는 무엇인가?

이러한 논의과정에서 식이보조제의 정의가 어느 정도 만들어져갈 무렵 검토소위원회는 제2107호의 식이보조제와의 구분을 위해 제30류에 의약영양제품이나 의료용 식품 및 음료에 관한 개정 필요성이 있는지에 대하여 논의를 확대해 나갔다. 특히, 그 판매형태나 사용목적 등이 제2107호이 식이보조제와 유사하나, 의약효과적인 측면에서 단순한 건강증진이나 영양관리 수준을 넘어서서 특정의 질병에 유효한 의약적 성분이 일반적으로 일상의 건강유지를 위한 정도를 초과하여 함유된 제품은 제30류에 포함된다는 것을 명확히 하기 위한 개정이 필요하다는 공감대가 형성되었다. 이에 따라 제3004호의 소호 레벨에 의약영양제품과 관련한 소호를 신설하고 제30류 주를 신설하여 의약영양제품의 정의를 규정하기로 하였다.

제2107호 신설 논의과정에서 파생된 강화식품 원료와 의약영양제품과 관련한 2028년 HS 개정 내용은 다음과 같다.

표 15 **2028 HS 개정 신구대조표** 강화식품 원료 및 의약영양제품

현행(HS 2022)	개정(HS 2028)
제21류 주 제1호 아목 1. 이 류에서 다음 각 목의 것은 제외한다. (생략) 〈신설〉	아. 제3004호의 의약 영양제품
제21류 소호주 신설 〈신설〉	소호주 1. 소호 제2106.20호는 활성 물질로서 천연 또는 합성 형태의 하나 이상의 비타민, 미네랄, 아미노산, 지방산, 추출물 또는 분리물로 구성되거나 이를 기반으로 하며, 강화식품 및 음료 또는 식이 보충제의 생산에 사용되는 종류의 조제품인 프리믹스와 혼합물만을 포함한다. 이러한 조제품은 감미료, 착색제, 향미료, 향기를 내는 물질, 담체, 충전제, 안정제 또는 기타 기술 보조제를 함유할 수 있다. 이 소호에는 다음의 것을 제외한다. 가. 강화식품. 즉, 영양소나 기타 물질이 첨가되었지만 정상적인 식단의 일부로 섭취되거나 정상적인 식단의 일부인 식품의 일부로 소비되도록 의도된 식품. 이러한 식품이 추가 가공(예를 들어, 조리 또는 액체에 용해)을 필요로 하는 경우에도 그러하다. 나. 소매용으로 포장된 조제품
〈신설〉	2106.20 – 이 류 소호주 1에 언급된 프리믹스와 조제품. 다만 소호 제2106.10호의 것은 제외한다.
2827.60 – 요드화합물과 산화요드화물	– 요드화합물과 산화요드화물 2827.61 -- 요드화 칼륨 2827.61 -- 요드화 나트륨 2827.69 -- 기타

현행(HS 2022)	개정(HS 2028)
28.29 – 염소산염과 과염소산염, 브롬산염과 과브롬산염, 요드산염과 과요드산염 (생략) 2829.90 – 기타	28.29 – 염소산염과 과염소산염, 브롬산염과 과브롬산염, 요드산염과 과요드산염 (생략) – 기타 2829.91 -- 요드산 칼륨 2829.91 -- 요드산 나트륨 2829.99 -- 기타
29.36 – 프로비타민과 비타민(천연의 것과 이와 동일한 구조를 가지는 합성의 것으로 한정하며, 천연의 프로비타민 농축물과 비타민 농축물을 포함한다), 이들의 유도체로서 주로 비타민으로 사용하는 것과 이들의 상호 혼합물(용매에 용해하였는지에 상관없다) – 비타민과 이들의 유도체(혼합하지 않은 것으로 한정한다) 2936.21 -- 비타민 A와 이들의 유도체 2936.22 -- 비타민 B1과 이들의 유도체 2936.23 -- 비타민 B2와 이들의 유도체 2936.24 -- 디-판토텐산이나 디엘-판토텐산(비타민 B5)과 이들의 유도체 2936.25 -- 비타민 B6와 이들의 유도체 2936.26 -- 비타민 B12와 이들의 유도체 2936.27 -- 비타민 C와 이들의 유도체 2936.28 -- 비타민 E와 이들의 유도체 2936.29 -- 그 밖의 비타민과 이들의 유도체 2936.90 – 기타(천연의 프로비타민 농축물과 비타민 농축물을 포함한다)	29.36 – 프로비타민과 비타민(천연의 것과 이와 동일한 구조를 가지는 합성의 것으로 한정하며, 천연의 프로비타민 농축물과 비타민 농축물을 포함한다), 이들의 유도체로서 주로 비타민으로 사용하는 것과 이들의 상호 혼합물(용매에 용해하였는지에 상관없다) – 비타민 A와 그들의 유도체(혼합하지 않은 것으로 한정한다) 2936.11 -- 비타민 A 팔미테이트와 비타민 A 아세테이트 2936.19 -- 기타 – 그 밖의 비타민과 이들의 유도체(혼합하지 않은 것으로 한정한다) 2936.22 -- 비타민 B1과 이들의 유도체 2936.23 -- 비타민 B2와 이들의 유도체 2936.24 -- 디-판토텐산이나 디엘-판토텐산(비타민 B5)과 이들의 유도체 2936.25 -- 비타민 B6와 이들의 유도체 2936.26 -- 비타민 B12와 이들의 유도체 2936.27 -- 비타민 C와 이들의 유도체 2936.28 -- 비타민 E와 이들의 유도체 2936.29 -- 그 밖의 비타민과 이들의 유도체 – 기타(천연의 농축물을 포함한다) 2936.91 -- 비타민 A 팔미테이트·티아민 질산염·리보플라빈(INN)·니코틴아미드(INN)·피리독신 염산염 및 엽산 (INN)으로 구성된 혼합물 2936.92 -- 비타민 A 팔미테이트와 비타민 D3의 혼합물 2936.99 -- 기타

현행(HS 2022)	개정(HS 2028)
제30류 주 제4호 〈신설〉	4. 제30.04호에서 의약 영양제품이란 표현은 특정 질병, 장애 또는 의학적 상태의 치료를 위해 특별히 제조된 비타민, 미네랄, 필수 아미노산 및 지방산을 함유하는 조제품에 적용된다. (예: 악성 빈혈 치료용 비타민 B12 주사제, 안구건조증 치료용 비타민 A 조제품). 이러한 조제품은 라벨, 포장 또는 동봉된 사용자 지침서에 다음 사항을 명시하고 있다. (a) 해당 제품이 사용되는 특정 질병, 질환 또는 그 증상 (b) 함유된 활성 성분 및 그 성분의 농도 (c) 복용량 (d) 투여방식 비타민, 미네랄, 필수 아미노산 또는 지방산을 기반으로 하는 조제품의 경우, 라벨에 표시된 권장 일일 복용량(dose) 당 해당 물질의 수준은 일반적인 건강 또는 웰빙을 유지하기 위한 권장 일일 허용량보다 현저히 높아야 한다.
3004.50 - 기타(제2936호의 비타민이나 그 밖의 물품을 함유한 것으로 한정한다)	〈삭제〉
〈신설〉	- 기타, 이 류 주 제4호에서 정의한 의약 영양제품 3004.71 -- 비타민 또는 제2936호의 다른 제품을 함유한 것 3004.79 -- 기타

⑩ 우유 대용품 식물성 음료(FAO의 요청)

현재 전 세계 식물성 음료 시장은 건강, 환경, 가치 소비 트렌드에 힘입어 우유의 강력한 대안으로 자리 잡으며 지속적으로 성장하고 있다.

Global Market Insights에 따르면 식물성 음료 시장은 2024년 기준으로 연 210억 달러 규모이며 연 평균 6.6%의 증가세를 기록하여 2034년에는 약 410억불 규모로 성장할 것으로 예상하고 있다.[21]

---

21 출처 https://www.gminsights.com/industry-analysis/plant-milk-market

유당 불내증 환자가 증가하고, 유제품 알레르기 및 콜레스테롤에 대한 우려가 커지면서 식물성 음료가 필수적인 대안으로 태동되었으며, 이후 환경 보호를 위해 탄소 배출량이 적은 식물성 원료를 선택하는 가치 소비 등 새로운 성장동력을 바탕으로 향후 시장 규모 확대는 계속될 것으로 보인다.

한국인에게 가장 친숙한 식물성 밀크는 두유일 것이고, 그 외에도 아몬드, 귀리, 쌀, 코코넛 등을 원료로 한 다양한 식물성 음료들이 출시되어 선택의 폭이 넓어지고 있다.

식량농업기구FAO는 '22.11월 제61차 HS 검토소위원회에 이러한 식물성 우유plant based milk substitute와 관련한 제2202호 개정안을 제안하였다. 기본적으로는 소호 제2202.92호를 신설하여 식용의 '비동물성 음료beverage on non-animal origin for food purposes'를 이 소호에 분류하는 개정안을 제출하였다. FAO는 이 소호에는 아몬드 밀크, 음료용 코코넛 밀크, 귀리 밀크, 두유 및 기타 곡물, 채소 및 견과류로부터 유래된 음료가 분류될 수 있다고 설명하였다.

검토소위원회는 FAO의 개정방향에 동의하며 구체적인 용어표현과 추가적인 상세분류 여부에 관하여 논의하였다. 검토소위원회는 대체로 소호 제2202.9호에 새로운 6단위

two-dash 소호를 신설하는 것보다는 소호 제2022.2호를 신설하고 이를 추가로 세분하여 분류되는 물품을 좀 더 구체적으로 특게하는 방안을 선호하였다. 또한 코코넛 밀크의 경우, 음료용으로 바로 소비되는 형태의 코코넛 밀크와 아시아에서 주로 사용되는 요리 베이스인 코코넛 밀크는 구분되어야 함을 인식하였다.

 2028 HS 개정 신구대조표 우유 대용품 식물성 음료

현행(HS 2022)	개정(HS 2028)
제22류 주 제1호 나목 1. 이 류에서 다음 각 목의 것은 제외한다. 　가. 조리용으로 조제된...... (생략) 〈신설〉	1. 이 류에서 다음 각 목의 것은 제외한다. 　가. 조리용으로 조제된...... (생략) 　나. 조리용으로 조제된 코코넛 밀크(제2106호)
제22류 소호주 〈신설〉	1. 소호 제2202.21호부터 제2202.29호까지는 식물성 원료(채두류, 곡물, 견과류 및 씨앗 포함)와 물을 재료로 한 추출물로 만든 액체 형태의 식물성 음료(일반적으로 베이지색 또는 흰색)만을 포함한다. 이러한 음료는 용해되어 분해된 식물성 물질의 현탁액 또는 에멀션으로 구성되며, 설탕이나 기타 감미료를 첨가하였거나 착향하였는지 여부를 불문한다. 이 소호에는 다음 각 목의 물품을 포함하지 않는다. 　가. 제8류·제9류·제1211호나 제1212호의 식물이나 식물의 부분 또는 제2106호에 해당하는 이들의 혼합물을 우려낸 것을 기반으로 한 음료 　나. 제0901호·제0902호 및 제0903호의 커피·차·마태나 제2101호의 물품을 기반으로 한 음료 　나. 비알콜성 발효음료 　라. 제2009호의 물품을 기반으로 한 그 밖의 비알콜성 음료 　마. 식물추출물로 향을 낸 물(소호 제2202.10호)
1. 소호 제2204.10호에서 "발포성(發泡性) 포도주"란...... (생략)	2. 소호 제2204.10호에서 "발포성(發泡性) 포도주"란...... (생략)
〈신설〉	－ 이 류 소호주 1에서 언급한 식물성 원료 기반의 음료 2202.21　－－ 대두 기반의 것 2202.22　－－ 귀리 기반의 것 2202.23　－－ 쌀 기반의 것 2202.24　－－ 아몬드 기반의 것 2202.25　－－ 코코넛 기반의 것 2202.29　－－ 기타

2028년 HS에서 신설되는 소호 제2202.2호의 물품은 2022년 HS 기준으로는 소호 제2202.99호로부터 이동한다. 우리나라의 세율체계로는 『세계무역기구협정 등에 의한 양허관세 규정』 별표 1의 가에서 규정한 26.2%의 양허관세가 부과되는 물품이다. 또한 실무적인 관점에서 본다면 소호 제2202.2호에 분류되는 데에는 문제가 없으나 각 6단위 소호에서 언급한 두 가지 이상의 원료를 함유한 제품에 대한 통칙 제3호 적용의 문제가 향후 품목분류에서 쟁점이 될 수 있을 것이다.

11 항균제를 함유한 비수의학적 의료용 사료의 품목분류

HS 제2309호에는 동물 사육용의 사료 조제품이 분류된다. 반면 동물 질병의 치료 및 예방을 위한 의약품은 제3003호나 제3004호에 분류된다. 제2309호이 사료에는 동물의 에너지 생산이나 신체 발육을 위하여 필요한 탄수화물, 단백질, 미네랄 등의 주성분 이외에도 소화를 증진시키고 건강유지를 확실하게 하는 다소의 첨가제가 포함된 것도 허용된다. 제2309호 해설서에서 이를 다음과 같이 언급하고 있다.

[제2309호 해설서]

(C) 위의 (A)와 (B)에서 설명한 완전사료나 보완사료의 제조용 조제품

이들 조제품[시장에서 "프리믹스(premix)"로 칭하는 것]은 보통 여러 종의 물질(때로는 첨가제라고 부른다)로 구성된 복합물질을 말하며, 그 물질의 성질과 비율은 동물사육 목적에 따라 다르다. 이들 물질은 다음과 같은 세 개의 형태가 있다.

(1) 소화를 증진시키고 나아가서는 동물이 사료를 잘 이용하고 건강유지를 확실하게 하는 물질들로서 이들은 비타민(vitamin)·프로비타민(provitamin)·아미노산(amino-acid)·**항생물질(antibiotic)·콕시디움병 치료제(coccidiostat)**·미량원소(trace element)·유화제(emulsifier)·향미제(香味劑 : flavouring)·식욕증진제(appetiser) 등이다. (생략)

WCO HS 위원회는 제72차, 제73차 및 제74차 회의에서 EU의 요청에 따라 제2309호의 해설서 개정안을 검토하였다. 논의 과정에서 항생제나 콕시디움병 치료제coccidiostats를 포함하는 '프리믹스premix'와 제30류에 분류되는 의약품을 구분하는 명확한 기준이 부족하다는 문제점이 제기되었다.

WCO 사무국은 세계보건기구WHO, 유엔식량농업기구FAO 및 세계동물보건기구World Organization for Animal Health, WOAH와 접촉하여 의료용 사료medicated feed와 동물용 의약품의 정의 등 구체적인 정보 입수를 추진하였고, 세계동물보건기구WOAH는 이러한 관점에서 주목할 만한 논리를 제공하였다.

WOAH는 농도와 관계없이 하나 이상의 동물용 의약품이 포함된 모든 사료는 의료용 사료로 간주되어야 한다는 입장을 제시했다. 그러면서도 일부 의료용 사료나 프리믹스에 포함된 동물용 의약품특히 콕시디움병 치료제나 항생제를 포함한 항균제의 양이 예방 및 치료 범위 미만인 경우가 있으며, 이러한 사용은 수의학적 관점에서는 의약용으로 보기 부족하다는 점도 인정했다.

WOAH의 입장으로는 동물의 질병 치료나 예방에 직접 관여하는 것이 수의학적 접근이므로 의료용 또는 비의료용 사료를 판단함에 있어 '수의학적 용도로 인정할 만한 기준의 충족여부'가 중요하며 수의학적 용도의 정의를 벗어난 사료 또는 프리믹스는 이 기준을 충족하지 못한다고 보았다.

항균제와 관련하여 WOAH 국제 표준은 수의학적 용도감염병의 치료, 통제 및 적절한 경우 예방에 한정됨와 비수의학적 용도를 명확히 구분하고 있다. WOAH는 동물에 대한 성장 촉진용 항균제 투여는 비수의학적 용도이며, 이는 사료 효율 향상을 주목적으로 장내 미생물군을 조절하기 위해 항균제를 치료 미달 용량subtherapeutic dosages으로 사용하는 것을 의미한다고 설명했다.

결론적으로 WOAH는 HS 품목분류표에 성장 촉진과 같은 비수의학적 용도로 사용될 가

능성이 있는 의료용 사료 및 프리믹스를 식별할 수 있는 명확한 카테고리를 만들 것을 제
안하였다.

검토소위원회는 이에 따라 아래와 같은 개정안에 합의하였다.

표 17   **2028 HS 개정 신구대조표** 의료용 사료를 위한 소호 신설

현행(HS 2022)	개정(HS 2028)
23.09 – 사료용 조제품	23.09 – 사료용 조제품
2309.10 – 개나 고양이용 사료**(소매용으로 한정한다)**	2309.10 – 개나 고양이용 사료**(소매용으로서 항균제를 함유하지 않은 것으로 한정한다)**
〈신설〉	2309.20 – 기타, 비수의학적 의료용도의 항균제를 함유한 것
2309.90 – 기타	2309.90 – 기타

　WOAH의 의견을 종합하자면 수의학적 의료 용도veterinary medical sse란 감염성 질환을
치료, 통제 또는 예방하기 위해 동물에게 항균제를 투여하는 것을 말하며 비수의학적 의료
용도non-veterinaty medical use란 동물의 장내 미생물 환경 개선으로 체중 증가율이나 사료
효율을 높일 목적 등으로 항균제를 사용하는 것이 포함된다고 할 수 있다.

　이러한 관점에서 2028년 HS에서는 소호 제2309.20호를 신설하여 제3003호나 제
3004호의 동물용 의약품에 해당하지 않는 의료용 사료를 특게하였으나, 관련 소호주는 신
설하지 않았다. 이 소호의 범위에 대하여는 제2309호 해설서에서 충분히 설명이 되어야
할 것으로 본다.

가. 니코틴 대용품이란 무엇인가? (2022년 HS 개정과 제2404호 신설)

1) 전자담배의 발전과 품목분류

전자담배 기기는 2003년 현대적인 형태의 액상형 모델이 처음 발명된 이후, 사용자 편의성과 맛의 재현력을 높이는 방향으로 급격히 발전해 왔다. 초창기 전자담배는 액상의 화합물을 함유한 카트리지, 아토마이저가열기, 배터리가 결합된 일체형 또는 3-piece 구조의 전자담배였다. 이후 기술 발전에 따라 배터리 용량이 커지고 가열방식이 표준화되는 한편 교체 및 탈착 가능한 방식의 액상 카트리지 탱크를 사용하는 방식으로 진화하기도 하였다.

WCO HS 위원회는 화학적으로 조제한 담배대용품인 전자담배용 용액과 이 용액을 실제로 기화시켜서 흡입할 수 있는 담배 모양의 전기기기전자담배의 품목분류를 검토하여, 전자담배 기기는 제8543호에'10.9월, 제46차 HS 위원회, 그리고 전자담배용 용액은 제3824호에'11.3월, 제47차 HS 위원회 각각 분류하였다.

그림 6 **전자담배기기**왼쪽, 제8543호, **용액 및 카트리지**제3824호 – WCO HS 위원회

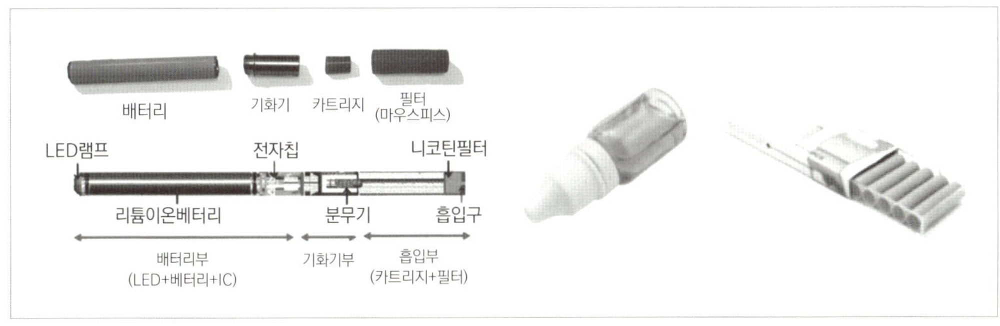

그리고 제59차 HS 위원회'17.3월에서 EHTP Electrically Heated Tobacco Product라는 신종 궐련卷煙형 담배제품의 품목분류에 대한 논의를 시작하였다. 이 물품은 전통적인 궐련담배와 유사하지만 길이는 더 짧은 원통 형상길이 45mm, 지름 7.3mm의 담배 제품으로 실제 담배tobacco 재료를 재구성하여 만든 시트상cast-leaf 재료로 100% 제조된다. 이 궐련 모양의 담배 제품은 보통의 담배처럼 불을 붙여 피우는 방식이 아니라 전용의 전기기기에 장착해서 가열하는 방식으로 피우는 것이다.

 궐련형 전자담배EHTP, 왼쪽와 가열장치

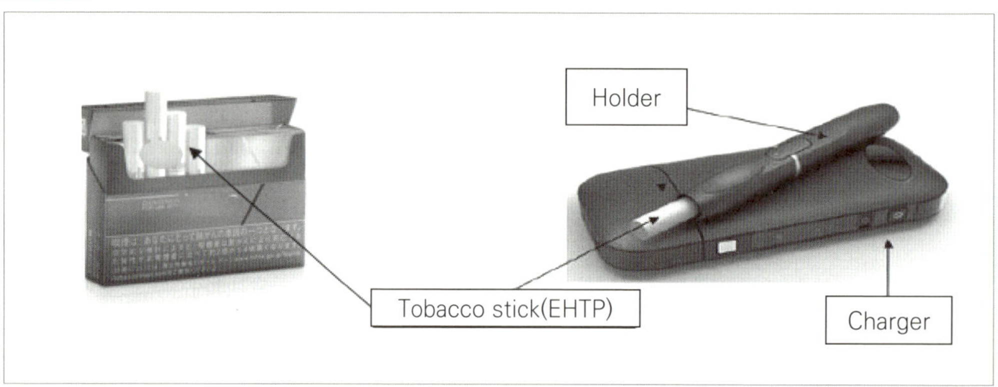

이 담배는 이전까지 전자담배라고 불렸던 "용액이 함유된 카트리지"형 제품과는 달리 내부에 100% 담뱃잎 재료재구성한 담배로 제조한 코어core 부분tobacco plug라고 표현이 있고, 코어에서 나온 연기를 용이하게 흡수할 수 있도록 튜브나 필터 구조가 함께 이루어져 있다. 그리고 이 담배는 전통적인 담배처럼 불을 붙여 태워서 연기를 내는 방식이 아니라 전용의 기기 안에 담배를 넣고 전기적으로 가열하여 니코틴이 포함된 증기를 발생시킨다. 담배의 필터 부분을 입에 물고 흡입하는 방식으로 피우는 것은 동일하다.

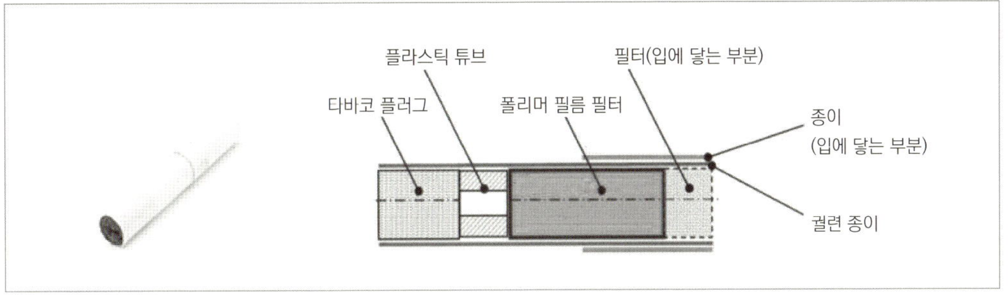

HS 위원회'17.10월는 네 차례의 검토 및 재검토를 거쳐 궐련형 전자담배를 2017년 HS 기준으로 제2403호에 분류되는 것으로 최종 결정하였다.

2) 2022년 HS 개정(제2404호 신설)

이 물품의 품목분류 논의와 별개로 HS 위원회는 이들 새로운 형태의 담배와 니코틴 제품을 제24류에 분류할 수 있도록 제2404호를 신설하는 품목분류표 개정안을 확정하였다. 이 호에는 EHTP와 전자담배용 용액뿐만 아니라 흡연자의 금연을 보조하기 위한 조제품정제, 씹는 껌, 피부투여 방식의 패치 등까지 분류하게 되었다. 2022년 HS에서 신설된 제2404호의 용어는 아래와 같다.

24.04 – 담배·재구성한 담배·니코틴이나 담배 대용물·니코틴 대용물을 함유한 물품(연소시키지 않고 흡입하도록 만들어진 것으로 한정한다), 니코틴을 함유한 그 밖의 물품으로 인체 내에 니코틴을 흡수시키도록 만들어진 것
    – 연소시키지 않고 흡입하도록 만들어진 물품
2404.11 –– 담배나 재구성한 담배를 함유한 것
2404.12 –– 기타(니코틴을 함유한 것으로 한정한다)
2404.19 –– 기타
    – 기타
2404.91 –– 경구(經口)용
2404.92 –– 피부 투여용
2404.99 –– 기타

제2404호의 용어를 해체하면 이 호에 분류되는 물품은 다음 종류로 구분할 수 있다.

2022년 HS 개정안 통지 후, 제67차'21. 3월와 제68차'21. 9월 WCO HS 위원회에서는 제2404호에서 언급한 용어의 정의를 명확히 함으로써 이 호와 이 호에 포함되는 각 소호의 범위를 보다 분명히 정의하기 위해 HS 2022가 시행되기에 앞서 여러 가지 담배제품에 대한 종합적인 품목분류 검토 안건을 논의한 바 있다. 그 결과는 정리하자면 다음과 같다.

우선, 담배나 재구성한 담배 또는 담배 대용물로서 전통적인 연초와 마찬가지로 연소시켜서 흡연하는 방식의 것은 제2402호나 제2403호에 분류된다.

이러한 재료로 만들어진 제품이나 불에 태우지 않고 그 연기_{또는} 기화된 입자를 흡입하도록 만들어진 것, 다시 말해서 전자담배 형태로 흡연하는 것들 중 위의 ①-i, ①-ii에 해당하는 물품은 소호 제2404.11호에 분류한다.

①-iii에 해당하는 물품은 전자담배 형태의 기화기를 사용하여 흡연하는 것들 중 담배나 재구성한 담배를 함유하지 않고 니코틴만을 함유한 것, 특히 니코틴을 함유한 액상의 화학 조제품이 대부분이며, 이들은 소호 제2404.12호에 분류된다. HS 위원회는 전자담배 모양의 기화기를 사용하는 것이 아니라, 액상의 니코틴액을 에어로졸 형태로 분무시켜 흡입하기 위한 물품도 여기에 포함되는 것으로 결정했다.

그리고 HS 위원회는 다음의 물품을 소호 제2404.19호에 분류하는 것이 타당하다고 검토하였다.

3) 니코틴 대용품이란 무엇인가?

위 물품은 담배나 재구성한 담배를 함유하지 않았으므로 소호 제2404.11호에 분류할 수 없다. 또한 니코틴을 함유하지 않았으므로 소호 제2404.12호에도 분류할 수 없다. 따라서 이를 잔여 호인 소호 제2404.19호에 분류한 것은 일견 타당해 보인다.

그러나 "연소하지 않고 흡입하도록 만들어진 것으로 담배도, 재구성한 담배도 니코틴도 함유하지 않은 물품"이 제2404호에 포함될 수 있는지에 대한 근본적인 질문에 대한 답변이 필요하다.

이 물품은 앞서 언급한 ①-v 그룹에 포함된다고 볼 수 있는 것인가? 이 질문은 "에센셜 오일과 글리세린이 니코틴 대용품이라고 할 수 있는 것인가?"라는 질문과도 동일하다.

2022년 HS 개정시 제2404호 신설의 의도는 이러한 물품까지 이 호에 포함시키기 위한 것이었음은 명백해 보인다. 그러나 호의 용어는 이 물품과 명확히 일치한다고 보기 어렵다. 엄밀히 말하면 이 물품은 '니코틴이 함유되지 않은' 물품이지, '니코틴 대용물이 함유된' 물품은 아닌 것이다.

나. 제2404호의 용어 개정(2028년 HS)

2022년 HS 개정안 통지 후 2022년 HS 해설서 개정논의 과정[22]에서 검토소위원회에서 미국과 캐나다는 제2404호 호의 용어에서 규정한 '니코틴 대용물'에 대한 정의 또는 설명을 제공하거나 니코틴이 함유되지 않은 nicotine-free 물품이 제2404호에 분류된다는 것을 명확히 하기 위한 차원의 개정보완이 필요함을 지적하고 관련 해설서 개정안을 제안하였다.

논의 과정이 길어지면서 검토소위원회는 이 문제를 2022년 개정 주기에서 해설서 개정 정도로는 논쟁의 소지를 완벽하게 제거하는데 한계가 있음을 인식하게 되었고, 이는 자연스럽게 2028년 HS 개정논의로 이어졌다.

제2404호의 용어 및 범위와 관련한 2028년 HS 개정 내용은 다음과 같다.

표 19 **2028 HS 개정 신구대조표** 제2404호

현행(HS 2022)	개정(HS 2028)
제24류 주 제1호 1. 이 류에서 의약용 궐련은 제외한다(제30류).	1. 이 류에서 제30류의 의약품(이러한 의약품을 함유한 에어로졸 기기를 포함한다)은 제외한다. 그러나 금연을 위하여 니코틴을 함유한 제품이나 그러한 제품을 함유한 기기는 이 류에 분류된다.
제24류 주 제3호 3. 제2404호에서 "연소시키지 않고 흡입"한다는 것은 가열장치나 다른 수단을 통해 연소 없이 흡입하는 것을 의미한다.	3. 제2404호에서 "연소시키지 않고 흡입하도록 만들어진 물품"이란 분무화되는 물품이 연소되지는 않으며 에어로졸이 마우스피스를 통하여 흡입되는 것을 말한다.
24.04 – 담배·재구성한 담배·니코틴이나 담배 대용물·니코틴 대용물을 함유한 물품(연소시키지 않고 흡입하도록 만들어진 것으로 한정한다), 니코틴을 함유한 그 밖의 물품으로 인체 내에 니코틴을 흡수시키도록 만들어진 것	24.04 – 연소시키지 않고 흡입하도록 만들어진 제품(담배·재구성한 담배·니코틴을 함유했는지 여부를 불문한다), 니코틴을 함유한 그 밖의 물품으로 인체 내에 니코틴을 흡수시키도록 만들어진 것

---

22 앞서 설명한 HS 협약 제16조 규정과 총회 일정으로 인하여 2022년 HS 개정안은 2019년 6월의 WCO 총회에서 승인되어 통지되어야 한다. 그러나 HS 품목분류표의 개정에 따른 연관해설서 개정은 개정안 시행 직전의 총회에서도 승인가능하다. 또한 HS 개정주기와 상관없이 해설서를 수시 개정하는 것도 가능하다.

호의 용어 개정에 따라 제2404호에 분류되는 물품은 다음과 같이 구분할 수 있다.

[제2404호의 용어에서 규정한 물품(2028년 HS)]
① 연소시키지 않고 흡입하도록 만들어진 것
　 i. 담배, 재구성한 담배 또는 니코틴을 함유한 것
　 ii. 기타
② 그 밖의 것(니코틴을 함유하여 니코틴을 인체 내부에 흡수시키기 위한 물품)

　제2404호의 용어 개정은 호의 용어에서 해석이 다소 모호할 수 있는 부분을 명확히 하기 위한 것으로 실제적인 호의 범위 변경이나 다른 호로부터의 물품이동은 없다.

Chapter 3

제5부 ~ 제14부

① 제2505호의 규사와 석영사(silica sand and quartz sand)

HS 제2505호에는 천연모래가 분류되며, 소호 제2505.10호에는 규사silica sand and quartz sand가 분류되며, 그 밖의 천연모래는 소호 제2505.90호에 분류한다. 제2505호 해설서에서는 이 호에 분류되는 물품을 해설하면서 "(1) 건축·유기공업·금속세척 등에 사용하는 규사silica sand와 석영사quartz sand"를 예시하고 있으나 그 밖에는 규사와 석영사에 대한 구체적인 언급이나 구분기준은 제공하고 있지 않다.

일반적인 의미에서 말하자면 두 용어가 혼용되기도 하지만 규사는 산업 전반에서 쓰이는 '이산화규소SiO_2 함량이 높은 모래'를 포괄하는 명칭이고, 석영사는 그중에서도 '순도가 매우 높고 결정질이 뚜렷한 고급 원료'를 의미하는 것으로 구분할 수 있다. 우리나라 관세율표에서는 silica sand와 quartz sand를 구분하지 않고 '규사'라는 단어로 통용하고 있다.

제7차 개정주기에는 튀니지의 요청에 따라 규사와 관련한 제2505호의 규사에 대하여 이산화규소 함량을 구체적으로 규정하는 소호 개정안을 검토하였다. 이 과정에서 검토소위원회는 제2505호의 소호 숫자를 늘려 규사의 품질에 따라 이산화규소 함량을 90% 이상 함유한 것과 95% 이상 함유한 것을 세분화하는 개정안을 검토하였으나, HS 위원회에서

최종적으로 6단위two-dash 소호 단위에서는 세분하지 않고 5단위 레벨에서 통합하는 다음
과 같은 개정안을 채택하였다.

현행(HS 2022)	개정(HS 2028)
25.05 – 천연 모래(착색된 것인지에 상관없으며 제26류의 금속을 함유하는 모래는 제외한다) 2505.10 – 규사 〈신설〉 2505.90 – 기타	25.05 – 천연 모래(착색된 것인지에 상관없으며 제26류의 금속을 함유하는 모래는 제외한다) 〈삭제〉 2505.20 – 규사(이산화규소 함유량이 전 중량의 90%를 초과하는 것으로 한정한다) 2505.90 – 기타

　이 개정은 제2505호와 다른 호 사이의 물품 이동을 수반하지 않는 매우 간단한 개정이
긴 하나, 이 기회에 국내 관세율표 용어를 영문에 맞추어 소호 제2505.20호의 용어를 '규사
와 석영사'로 개정하는 방안을 검토할 필요도 있다고 본다.

2 인슐린 유사체(analogue)의 품목분류

　제61차 검토소위원회에서 중국은 제2937호와 제3003호 및 제3004호에서 인슐린 유
사체를 인슐린과 동일한 6단위 소호에 포함시키도록 하는 개정안을 제안하였다. 제2937
호 해설서는 유사체에 대하여 다음과 같이 설명하고 있다.

[제2937호 해설서]
유사체(analogue)라는 말은 모체 합성물과 유사한 구조적 관계를 가지는 화학물질을 말하지만 유도체로
간주하지는 않는다. 그것은 천연 합성물과 구조적인 유사성을 가지는 합성물들을 포함하지만 다른 물질들
에 의해 대체된 구조 안에는 하나나 그 이상의 원자를 가진다.

　화합물에서 아날로그Analogue란 화학적 구조가 다른 화합물과 매우 흡사하지만, 특정 원
자나 원자단작용기이 다른 것으로 교체된 화합물을 의미한다. 기본 골격은 유지하면서 수소

원자가 메틸기로 바뀌거나, 특정 원소가 주기율표상의 같은 족 원소예: 불소를 염소로 교체로 바뀐 경우 등이 해당한다. 반면 유도체derivative는 특정 기본 화합물로부터 화학 반응치환, 결합 등을 통해 유도된 화합물을 의미한다.

인슐린 아날로그는 유전공학 기술을 이용해 천연 인슐린의 아미노산 배열을 살짝 바꾼 것이다. 이 미세한 변화를 통해 몸속에서 흡수되는 속도나 작용 시간을 인위적으로 조절할 수 있다. 제2937호, 제3003호 및 제3004호의 특정 소호들은 인슐린이나 그 염은 같은 6단위 소호에 특게하여 포함시키고 있으나 인슐린 아날로그를 포함하지 않는다. 따라서 인슐린과 인슐린 아날로그는 서로 다른 소호에 분류될 수밖에 없다.

인슐린의 구조적 유사체structural analogues는 인슐린 중합체이거나, 아미노산 서열을 교체하여 만든 재조합 산물이거나 서열 내에 아미노산을 삽입하여 만든 재조합 산물이다. 이러한 인슐린 구조 유사체들은 발현 시간을 앞당기거나 효과를 지속시키는 등 일반 인슐린보다 더 나은 효능을 가지고 있으며, 이러한 인슐린 구조 유사체들은 이미 인슐린 시장에서 주도적인 제품으로서 일반 인슐린을 대체해 왔다. 세계보건기구WHO가 발표한 보고서에 따르면, 2018년 기준 OECD 국가의 인슐린 시장에서 인슐린 구조 유사체의 점유율은 80% 이상을 차지하고 있다.

중국은 이러한 시장의 현실을 지적하고 인슐린 및 인슐린 아날로그와 관련한 소호 용어 개정을 제안하였고, 검토소위원회는 중국의 제안을 지지하였다.

표2 2028 HS 개정 신구대조표인슐린 아날로그

현행(HS 2022)		개정(HS 2028)	
	– 폴리펩타이드 호르몬, 프로테인 호르몬, 글리코프로테인 호르몬, 이들의 유도체와 이와 유사한 구조를 가지는 것		– 폴리펩타이드 호르몬, 프로테인 호르몬, 글리코프로테인 호르몬, 이들의 유도체와 이와 유사한 구조를 가지는 것
2937.11	-- 소마토트로핀, 그 유도체와 이와 유사한 구조를 가지는 것	2937.11	-- 소마토트로핀, 그 유도체와 이와 유사한 구조를 가지는 것
2937.12	-- 인슐린과 그 염	〈삭제〉	

현행(HS 2022)	개정(HS 2028)
〈신설〉 2937.19 -- 기타	2937.13 -- 인슐린, 그 염과 이와 유사한 구조를 가 지는 것 2937.19 -- 기타

- 기타(제2937호의 호르몬이나 그 밖의
     물품을 함유한 것으로 한정한다)
3003.31 -- 인슐린을 함유한 것
〈신설〉
 	
3003.39 -- 기타
	- 기타(제2937호의 호르몬이나 그 밖의
	     물품을 함유한 것으로 한정한다)
	〈삭제〉
	3003.32 -- 인슐린·인슐린의 유도체 또는 이와 유
	사한 구조를 가진 것을 함유한 것
	3003.39 -- 기타

- 기타(제2937호의 호르몬이나 그 밖의
     물품을 함유한 것으로 한정한다)
3004.31 -- 인슐린을 함유한 것
3004.32 -- 코르티코스테로이드(corticosteroid)
호르몬을 함유한 것과 이들의 유도체나
그와 유사한 구조를 가지는 것
〈신설〉
 	
3004.39 -- 기타
	- 기타(제2937호의 호르몬이나 그 밖의
	     물품을 함유한 것으로 한정한다)
	〈삭제〉
	3004.32 -- 코르티코스테로이드(corticosteroid)
	호르몬을 함유한 것과 이들의 유도체나
	그와 유사한 구조를 가지는 것
	3004.33 -- 인슐린·인슐린의 유도체 또는 이와 유
	사한 구조를 가진 것을 함유한 것
	3004.39 -- 기타

3 그 밖의 제6부 물품의 개정

HS 제6부에 해당하는 화학공업이나 연관공업 생산품에는 화학무기금지협약, 바젤협약·로테르담 협약·스톡홀름협약, 세계보건기구, 국제마약단속국 등의 활동과 관련된 물품이 다수 존재한다. 앞서 설명한 HS 개정을 제외하고도 제6부에는 다음과 같은 몇 가지 크고 작은 개정이 이루어졌다.

1) 메타돈(methadone) 이성질체의 품목분류

소호 제2922.3호에는 아미노-알데히드·아미노-케톤과 아미노-퀴논과 이들의 염이 분류되며, 소호 제2922.31호에는 메타돈INN과 그 염이 포함된다. 메타돈Methadone은 강력한 효과를 가진 합성 마약성 진통제로 중증 통증 완화와 마약 중독 치료라는 두 가지 주요 목적으로 사용되고 있다. 제38차 과학소위원회'23.1월는 팬데믹 기간 중 작성된 세계보건기구WHO의 요청에 따라 팬데믹 기간 중 작성된 새로운 INNInternational Nonproprietary Name 제품들에 품목분류를 검토하였고, 이중 메타돈의 이성질체인 에스메타돈esmethadone 의 품목분류에 대한 회원국의 입장이 다름을 확인하였다. 이후 HS위원회에서는 메타돈의 이성질체도 메타돈과 같은 소호에 분류할 수 있도록 하는 개정안을 채택하였다.

2) 식물성 알칼로이드의 품목분류

제2939호에는 알칼로이드 및 이들의 염·에테르·에스테르·그 밖의 유도체가 분류되며, 소호 제2939.1호부터 제2939.6호까지에는 아편, 기나cinchona, 카페인, 마황, 테오피린· 아미노피린, 맥각rye ergot의 알칼로이드와 이들의 염 등이 분류되며, 소호 제2939.7호와 제2939.80호가 이 호의 잔여 소호 역할을 한다. 소호 제2939.7호에는 그 밖의 것으로서 식물로부터 유래한 것이 분류되며, 제2939.80호에는 식물로부터 유래한 것을 제외한 나머지 것들이 분류된다.

알칼로이드의 경우 대부분 식물로부터 유래하는 것이나 식물 외에도 곰팡이, 곤충, 동물, 해양생물 등 그 밖의 자연물에서 생성된 다양한 알칼로이드가 발견되다보니 유래에 따른 구분이 이들 소호 간의 분류상 불일치를 발생시킬 소지가 있다. HS 위원회는 환각제의 일 종인 에트립타민etryptamine의 품목분류를 검토하는 과정에서 이 문제를 인식하고 제2939 호의 잔여 소호 체계를 재정리하는 개정안을 채택하였다.

3) 진단용 시약과 진단키트의 품목분류 문제

2017년 HS 기준으로 감염병 등의 체외 진단용 테스트 키트는 1) 면역반응에 기초한 진 단키트는 제3002호에예를 들어 소호 제3002.11호의 말라리아 진단키트, 2) DNA를 증폭시키는 실시 간 중합효소 연쇄반응RT-PCR. : Real time polymerase chain reaction에 기초한 진단키트는 제 3822호에 각각 분류된다.

2022년 HS 개정을 통하여 의료용의 진단키트를 그 검사원리나 특성에 따라 다른 호에 분류하는 것이 아니라 제3822호에 통합하여 분류할 수 있게 되었다. 이에 따라 제30류 주제1호는 제3822호의 진단용 시약을 제30류에서 제외토록 규정하였다.

2017년 HS	2022년 HS
제30류 주1 1. 이 류에서 다음 각 목의 것은 제외한다. 　가~아. (생략) 〈신설〉	가~아. (생략) 자. 제3822호의 진단용 시약
38.22 – 뒤편을 보강한 진단용·실험실용 시약과 조제된 진단용·실험실용 시약(뒤편을 보강한 것인지에 상관없으며 제3002호·제3006호의 물품은 제외한다), 보증된 참조물질	38.22 – 뒤편을 보강한 진단용·실험실용 시약과 조제된 진단용·실험실용 시약(뒤편을 보강한 것인지, 키트상태로 포장된 것인지에 상관없으며 제3006호의 물품은 제외한다), 보증된 참조물질 　– 뒤편을 보강한 진단용·실험실용 시약과 조제된 진단용·실험실용 시약(뒤편을 보강한 것인지, 키트상태로 포장된 것인지에 상관없다) 3822.11 –– 말라리아용 3822.12 –– 지카와 그 밖에 Aedes 속의 모기로부터 전염되는 질병용 3822.13 –– 혈액형 분류용 3822.19 –– 기타 3822.90 – 기타

위 개정인으로 보면 일견, 2022년 이전에는 제3002호에 분류되던 진단용 시약도 제3822호로 이동하는 것으로 해석될 수 있다. 반면, 제3822호 호의 용어에는 모든 형태의 진단용 시약을 포함하는 것이 아니라 뒤편을 보강한 것이나 조제된 진단용 시약만 분류되는 것으로 해석할 여지도 있다. 그렇다면 뒤편을 보강한 것이나 조제된 형태가 아닌 진단용 시약은 어디로 분류할 것인가? 제3002호 및 제3006호 해설서에는 다음과 같은 설명이 남아있다.

제30류 주 제4호와 제3002호 및 제3006호 해설서의 맥락에서 본다면 제3822호에는 체외진단키트 형상의 뒷면을 보강하였거나 조제된 진단용 시약이 분류되며, 진단용 시약 자체는 그 성분이나 검사원리, 특성 등에 따라 적절한 호에 분류되어야 한다.

제73차 HS 위원회'24.3월에서 벨라루스는 진단용 시약에 대한 품목분류 혼동을 방지하기 위하여 관련 해설서 개정안을 제안하였다. HS 위원회는 검토를 거쳐 벨라루스의 제안을 일부 수정하여 해설서 개정안을 채택하는 한편, 제3822호에 분류되는 종류의 진단용 시약의 형태를 보다 분명히 하기 위하여 이후 제30류 주 제1호 자목 개정안도 채택하였다.

4) 스킨 워시 겸용 샴푸(2 in 1)의 품목분류

제33류에는 조제향료와 화장품 및 세정용품cosmetic and toilet preparation[23]이 분류된다. 제33류 주 제1호 나목은 "비누나 제3401호의 그 밖의 물품"은 제33류에서 제외토록 하고 있다.

반면 제34류에는 비누와 유기계면활성제가 분류된다. 특히 제3401호에는 비누와 유기계면활성제는 물론 계면활성제가 포함된 액상의 피부세정용 물품도 포함된다. 제34류 주 제1호 다목은 "비누나 그 밖의 유기계면활성제를 함유하는 것으로서 샴푸·치약·면도용 크

---

23 국문 관세율표는 toilet preparation을 '화장용품'이라 번역하고 있다.

림과 폼foam·목욕용 조제품제3305호·제3306호·제3307호"을 제외하도록 규정하고 있다.

제68차 HS 위원회'21.9월는 500ml 내외의 소매용 용기에 포장된 유기 계면활성제가 함유되었으며, 두발용 샴푸로도, 피부세정용 바디워시로도 사용 가능한 세정용 제품 3종에 대하여 품목분류를 검토하였고 세 가지 물품 모두 제34류 주 제1호 다목을 적용하여 제3305호에 분류하였다.

제60차 HS 검토소위원회에서 우즈베키스탄은 이 결정을 명확히 하기 위한 제34류 주 개정안을 제출하였고, 검토소위원회는 일부 수정을 거쳐 개정안에 합의하였다.

표4 2028 HS 개정 신구대조표그 밖의 제6부 물품

현행(HS 2022)	개정(HS 2028)
2922.31 -- 암페프라몬(INN)·메타돈(INN)·노르메타돈(INN)과 **이들의 염**	2922.31 -- 암페프라몬(INN)·메타돈(INN)·노르메타돈(INN)과 **이들의 입체 이성질체, 이들의 염**
29.39 – 알칼로이드(천연의 것과 이와 동일한 구조를 가지는 합성의 것으로 한정한다), 이들의 염·에테르·에스테르·그 밖의 유도체 (생략) 　　　– 기타(식물성의 것에 한정한다) 2939.72 -- 코카인·엑고닌, 이들의 염·에스테르·그 밖의 유도체 2939.79 -- 기타 2939.80 – 기타	29.39 – 알칼로이드(천연의 것과 이와 동일한 구조를 가지는 합성의 것으로 한정한다), 이들의 염·에테르·에스테르·그 밖의 유도체 (생략) 　　　– 기타 2939.91 -- 코카인·엑고닌, 이들의 염·에스테르·그 밖의 유도체 2939.99 -- 기타
제30류 주 제1호 자목 1. 이 류에서 다음 각 목의 것은 제외한다. 　자. **제3822호의 진단용 시약**	1. 이 류에서 다음 각 목의 것은 제외한다. 　자. **조제하였거나 뒤편을 보강한 진단용 시약[도구모음 형태로 된 것인지에 상관없다](제3822호)**
– 기타(제2937호의 호르몬이나 그 밖의 물품을 함유한 것으로 한정한다) 3004.31 -- 인슐린을 함유한 것 3004.32 -- 코르티코스테로이드(corticosteroid) 호르몬을 함유한 것과 이들의 유도체나 그와 유사한 구조를 가지는 것	– 기타(제2937호의 호르몬이나 그 밖의 물품을 함유한 것으로 한정한다) 〈삭제〉 3004.32 -- 코르티코스테로이드(corticosteroid) 호르몬을 함유한 것과 이들의 유도체나 그와 유사한 구조를 가지는 것

현행(HS 2022)	개정(HS 2028)
〈신설〉 3004.39 -- 기타	3004.33 -- 인슐린·인슐린의 유도체 또는 이와 유사한 구조를 가진 것을 함유한 것 3004.39 -- 기타
제34류 주 제1호 다목 1. 이 류에서 다음 각 목의 것은 제외한다. 다. 비누나 그 밖의 유기계면활성제를 함유하는 것으로서 샴푸·치약·면도용 크림과 폼(foam)·목욕용 조제품(제3305호·제3306호·제3307호)	1. 이 류에서 다음 각 목의 것은 제외한다. 다. 비누나 그 밖의 유기계면활성제를 함유하는 것으로서 샴푸·치약·면도용 크림과 폼(foam)·목욕용 제품[피부세척용 또는 비누로도 사용되는지 여부와 상관없다(제3305호·제3306호·제3307호)]

4 플라스틱 제품의 국제간 이동 투명성 확보를 위한 개정(WTO DPP의 요청)

앞서 제1장에서 바젤협약 사무국의 요청에 따른 HS 제3915호플라스틱의 웨이스트, 페어링 및 스크랩의 소호 세분류 체계 개편에 대하여 설명하였다. 제2편 I.5장 참조 바젤협약 측은 폐기물의 국가간 이동을 효율적으로 모니터링하기 위한 차원에서 플라스틱 폐기물의 구성재료에 따라 제3915호를 상세분류한 것이다. 그러나 플라스틱이라는 재료의 성격상 폐기물이 아닌 일반 제품의 형태로 거래되었다 하더라도 짧은 사용기간이 지나면 폐기물로 처리되기 쉬우며 일회용품의 경우 그 주기가 훨씬 짧아지기도 한다. 다시 말하면 플라스틱으로 인한 전 지구적 환경오염에 효과적으로 대응하려면 제3915호 물품의 국제간 이동만을 중심으로 모니터링할 것이 아니라 플라스틱의 전 생애주기를 포괄적으로 관리하는 것이 보다 효과적일 수 있다.

세계무역기구WTO의 DDPDialogue on Plastics Pollution and Environmentally Sustainable Plastics Trade는 WTO 회원국들이 주도하는 협의체로, 플라스틱 오염을 줄이고 환경적으로 지속가능한 플라스틱 무역으로 전환하기 위해 협력하는 이니셔티브이다. 이는 국제 표준 강화, 대체재 개발, 기술 협력 등을 통해 플라스틱 순환 경제 구축을 목표로 하며, 궁극적으로는 WTO의 장관급 회의에서 플라스틱 오염 문제 해결을 위한 무역 규범 마련에 기여한다.[24]

24 출처 https://www.wto.org/english/tratop_e/ppesp_e/ppesp_e.htm

'23.9월, 제72차 HS 위원회에서 WTO의 DDP 측은 다양한 플라스틱 제품과 관련한 HS 개정안을 제출하였다. WCO는 DDP의 제안에 대하여 Plastic Recycler Europe[PRE25], Forum on Trade, Environment & SDGs[TESS26] 등의 자문을 구하는 한편, 검토소위원회에서 심층 연구를 계속하였다.

DDP의 제안은 제39류 내에서 플라스틱 원재료별 소호의 세분류, 1회용single-use 물품에 대한 소호 특게 등을 제안하는 한편, 단순히 제39류에만 한정하지 않고 제39류의 플라스틱용기를 사용하는 주스제20류, 음료수제22류, 제39류 플라스틱 재료를 기반으로 한 제11부 및 제19부 물품에까지 개정폭을 확대하였다.

검토소위원회는 약 2년간의 논의를 거쳐 검토와 수정을 거쳐 개정안을 확정하였다. 검토소위원회 및 HS 위원회 논의를 거치면서 최종 채택된 개정안에는 제20류와 제22류의 개정내용은 삭제되었다.

표5　2028 HS 개정 신구대조표 플라스틱 제품

현행(HS 2022)	개정(HS 2028)
제39류 주 제3호 신설 〈신설〉	3. 제39류에서 일회용(single-use)이란 보통 한 번 사용한 후 폐기되거나 재활용되며, 반복 또는 장기간 사용을 위한 것이 아닌 종류의 물품을 의미한다.
39.07 - 폴리아세탈수지·그 밖의 폴리에테르와 에폭시수지, 폴리카보네이트·알키드수지·폴리아릴에스테르와 그 밖의 폴리에스테르[일차제품(primary form)으로 한정한다] 　(생략) 　　- 그 밖의 폴리에스테르 3907.91　-- 불포화의 것 〈신설〉 〈신설〉	39.07 - 폴리아세탈수지·그 밖의 폴리에테르와 에폭시수지, 폴리카보네이트·알키드수지·폴리아릴에스테르와 그 밖의 폴리에스테르[일차제품(primary form)으로 한정한다] 　(생략) 　　- 그 밖의 폴리에스테르 3907.91　-- 불포화의 것 3907.92　-- 폴리(부틸렌 숙시네이트)(PBS) 3907.93　-- 폴리(부틸렌 테레프탈레이트)(PBT)

25　유럽 내 플라스틱 재활용 산업을 대표하는 벨기에 브뤼셀 기반의 비영리 협회임.
26　무역정책이 글로벌 환경 위기에 대응하고 유엔의 지속가능발전목표SDGs 달성을 가속화 할 수 있도록 지원하는 제네바 기반의 국제 협력 플랫폼

현행(HS 2022)	개정(HS 2028)
〈신설〉 〈신설〉 3907.99 -- 기타	3907.94 -- 폴리(부틸렌 아디페이트-코-테레프탈 레이트)(PBAT) 3907.95 -- 폴리(에틸렌 푸란-2,5-디카복실레이 트)(PEF) 3907.99 -- 기타
39.13 - 천연중합체(예: 알긴산)와 변성한 천연중합 체...... (생략)	39.13 - 천연중합체(예: 알긴산)와 변성한 천연중합 체...... (생략)
3913.10 - 알긴산과 그 염·에스테르 〈신설〉 3913.90 - 기타	3913.10 - 알긴산과 그 염·에스테르 　　　　　 - 폴리(하이드록시알카노에이트)(PHAs) 3913.21 -- 폴리(3-하이드록시부티레이트-코-3- 하이드록시발레레이트) (PHBV) 3913.29 -- 기타 3913.90 - 기타
39.17 - 플라스틱의 관·파이프......(생략) 　　　　　 - 경질(硬質)의 관·파이프·호스 3917.21 -- 에틸렌의 중합체로 만든 것 3917.22 -- 프로필렌의 중합체로 만든 것 3917.23 -- 염화비닐의 중합체로 만든 것 3917.29 -- 그 밖의 플라스틱으로 만든 것 　　　　　 - 그 밖의 관·파이프·호스 3917.31 -- 연질(軟質)의 관·파이프·호스[파열압 (破裂壓)이 27.6메가파스칼 이상으로 한정한다] 3917.32 -- 기타(연결구가 없는 것으로 한정하며, 그 밖의 재료로 보강되거나 결합되지 않은 것으로 한정한다) 3917.33 -- 기타(연결구가 있는 것으로 한정하며, 그 밖의 재료로 보강되거나 결합되지 않은 것으로 한정한다)	39.17 - 플라스틱의 관·파이프......(생략) 　　　　　 - 경질(硬質)의 관·파이프·호스 3917.24 -- 일회용 음료수 빨대 3917.25 -- 기타, 에틸렌의 중합체로 만든 것 3917.26 -- 기타, 프로필렌의 중합체로 만든 것 3917.27 -- 기타, 염화비닐의 중합체로 만든 것 3917.29 -- Other 　　　　　 - 그 밖의 관·파이프·호스 3917.34 -- 일회용 음료수 빨대 3917.35 -- 기타(연결구가 없고, 그 밖의 재료로 보강 되거나 결합되지 않은 것으로 한정한다)

현행(HS 2022)	개정(HS 2028)
	3917.36　-- 기타(연결구가 있고, 그 밖의 재료로 보강되거나 결합되지 않은 것으로 한정한다)
3917.39　-- 기타	3917.39　-- 기타
3917.40　- 연결구류	3917.40　- 연결구류
39.18　- 플라스틱으로 만든 바닥깔개(접착성이 있는지에 상관없으며 롤이나 타일 모양으로 한정한다), 이 류의 주 **제9호**의 플라스틱으로 만든 벽 피복재나 천장 피복재	39.18　- 플라스틱으로 만든 바닥깔개(접착성이 있는지에 상관없으며 롤이나 타일 모양으로 한정한다), 이 류의 주 **제10호**의 플라스틱으로 만든 벽 피복재나 천장 피복재
39.23　- 플라스틱으로 만든 물품운반·포장 용기, 플라스틱으로 만든 뚜껑·마개·캡과 이와 유사한 물품	39.23　- 플라스틱으로 만든 물품운반·포장 용기, 플라스틱으로 만든 뚜껑·마개·캡과 이와 유사한 물품
3923.10　- 상자·케이스·바구니와 이와 유사한 물품	- 상자·케이스·바구니와 이와 유사한 물품 3923.11　-- 일회용[팽창(셀룰러) 폴리스티렌의 것으로 한정한다] 3923.12　-- 일회용(기타 플라스틱으로 만든 것) 3923.19　-- 기타
- 포장대[콘(cone)을 포함한다] 3923.21　-- 에틸렌 중합체로 만든 것	- 포장대[콘(cone)을 포함한다] 3923.22　-- 일회용(에틸렌중합체로 만든 것으로 한정한다) 3923.23　-- 일회용(기타 플라스틱으로 만든 것) 3923.24　-- 기타(에틸렌중합체로 만든 것으로 한정한다)
3923.29　-- 그 밖의 플라스틱으로 만든 것	3923.29　-- 기타
3923.30　- 카보이(carboy)·병·플라스크(flask)와 이와 유사한 물품	- 카보이(carboy)·병·플라스크(flask)와 이와 유사한 물품 3923.31　-- 일회용 2923.39　-- 기타
3923.40　- 스풀(spool)·콥(cop)·보빈(bobbin)과 이와 유사한 물품	3923.40　- 스풀(spool)·콥(cop)·보빈(bobbin)과 이와 유사한 물품
3923.50　- 뚜껑·마개·캡과 이와 유사한 물품	- 뚜껑·마개·캡과 이와 유사한 물품 3923.51　-- 일회용 3923.59　-- 기타
3923.90　- 기타	- 기타

현행(HS 2022)	개정(HS 2028)
	3923.91 -- 일회용 3923.99 -- 기타
39.24 - 플라스틱으로 만든 식탁용품·주방용품·그 밖의 가정용품·위생용품·화장용품	39.24 - 플라스틱으로 만든 식탁용품·주방용품·그 밖의 가정용품·위생용품·화장용품
3924.10 - 식탁용품과 주방용품	- 일회용의 식탁용품과 주방용품 3924.21 -- 스티렌중합체로 만든 것 3924.22 -- 염화비닐중합체로 만든 것 3924.29 -- 기타 플라스틱으로 만든 것 3924.30 - 그 밖의 식탁용품과 주방용품
3924.90 - 기타	3924.90 - 기타
39.26 - 플라스틱으로 만든 그 밖의 제품과 제3901호부터 제3914호까지의 그 밖의 재료로 만든 제품	39.26 - 플라스틱으로 만든 그 밖의 제품과 제3901호부터 제3914호까지의 그 밖의 재료로 만든 제품
3926.10 - 사무용품이나 학용품	3926.10 - 사무용품이나 학용품
3926.20 - 의류와 의류 부속품(장갑, 벙어리장갑을 포함한다)	- 의류와 의류 부속품(장갑, 벙어리장갑을 포함한다) 3926.21 -- 일회용 장갑과 벙어리장갑 3926.29 -- 기타
5305.00 - 코코넛·아바카(마닐라마)·라미(ramie)와 그 밖의...... (생략)	53.05 - 코코넛·아바카(마닐라마)·라미(ramie)와 그 밖의...... (생략)
〈신설〉	5305.10 - 생것 또는 가공하였으나 방적은 하지 않은 것 5305.90 - 기타
- 워딩(wadding)과 워딩(wadding)의 그 밖의 제품 5601.21 -- 면으로 만든 것 5601.22 -- 인조섬유로 만든 것 〈신설〉	- 워딩(wadding)과 워딩(wadding)의 그 밖의 제품 〈삭제〉 5601.23 -- 플라스틱 막대가 달린 면봉 5601.24 -- 기타, 면으로 만든 것 5601.25 -- 인조섬유로 만든 것
5601.29 -- 기타	5601.29 -- 기타
56.08 - 매듭이 있는 그물감......(생략)	56.08 - 매듭이 있는 그물감......(생략)
- 인조섬유로 만든 것	〈삭제〉

현행(HS 2022)	개정(HS 2028)
5608.11 -- 제품으로 된 어망 5608.19 -- 기타	

	- 매듭이 있는 그물감[끈·배의 밧줄(cordage)·
	     로프로 만든 것으로 한정한다]
	5608.21 -- 합성섬유로 만든 것
	5608.22 -- 인조섬유로 만든 것
	5608.29 -- 기타
	
	    - 어망
	5608.31 -- 합성 방직용섬유로 만든 것
	5608.32 -- 인조 방직용섬유로 만든 것
	5608.39 -- 기타
	
	    - 그 밖의 그물
	5608.41 -- 합성 방직용섬유로 만든 것
	5608.42 -- 인조 방직용섬유로 만든 것
	5608.49 -- 기타

5608.90 - 기타	〈삭제〉
제65류 주 제2호 신설 〈신설〉	2. 제65류에서 "일회용"이라 함은 제39류 주 제3호에 서 정의한 바에 따른다.

65.06 - 그 밖의 모자(안을 댄 것인지 또는 장식한 것
      인지에 상관없다)
 	
6506.10 - 안전모자
 	
    - 기타
6506.91 -- 고무나 플라스틱으로 만든 것
〈신설〉
 	
6506.99 -- 그 밖의 재료로 만든 것
	65.06 - 그 밖의 모자(안을 댄 것인지 또는 장식한 것
	      인지에 상관없다)
	
	6506.10 - 안전모자
	
	    - 기타
	〈삭제〉
	6506.92 -- 고무로 만든 것
	6506.93 -- 일회용, 플라스틱으로 만든 것
	6506.94 -- 기타, 플라스틱으로 만든 것
	6506.99 -- 그 밖의 재료로 만든 것

95.03 - 세발자전거·스쿠터·페달 자동차와 이와 유
      사한 바퀴가 달린 완구......(생략)
〈신설〉
	95.03 - 세발자전거·스쿠터·페달 자동차와 이와 유
	      사한 바퀴가 달린 완구......(생략)
	9503.10 - 풍선
	9503.90 - 기타

95.07 - 낚싯대·낚싯바늘과 그 밖의 낚시용구, 낚시
      용 망·포충망(捕蟲網)과 이와 유사한 **망**, 조
      류 유인용구(제9208호나 제9705호의 것은
      제외한다)와 이와 유사한 수렵용구
	95.07 - 낚싯대·낚싯바늘과 그 밖의 낚시용구, 낚시
	      용 망·포충망(捕蟲網)과 이와 유사한 **물품**,
	      조류 유인용구(제9208호나 제9705호의 것
	      은 제외한다)와 이와 유사한 수렵용구

현행(HS 2022)	개정(HS 2028)
〈신설〉	– 낚시용 망·포충망(捕蟲網)과 이와 유사한 물품, 9507.41 –– 인조섬유로 만든 것 9507.49 –– 기타

5 제44류 목재 및 목제품의 개정

가. FAO의 요청

그간의 HS 개정과정에서 식량농업기구FAO의 요청에 따라 가장 큰 폭으로 변화한 부분은 제3류와 제44류이다. 2012년 HS와 2017년 HS 개정과정을 거치면서 제3류 각 호의 소호 분류체계가 복잡해지고 6단위 코드 수가 확대되는 한편, 전 세계적으로 일관된 품목분류 및 통계관리를 위하여 소호의 용어에 각 어종의 학명을 병기하는 등 중요한 개정이 있었으며, FAO는 이 과정에서 학문적인 근거를 제공하였다.

FAO는 제44류의 개정과정에도 깊이 관여했다. 2017년 HS와 2022년 HS 개정과정을 거치면서 열대산 수목에 해당하는 종의 범위를 대폭 확대하였고, 그 리스트를 상세히 정의하였다. 그 밖에 제44류 각 호에서 목재를 재료가 되는 수종의 종류와 목재의 규격에 따라 소호 분류체계를 상세히 하였고, 특히 6단위 소호 레벨에서 침엽수의 수종별로 세분류하였다. 또한 44류만이 아니라 94류에도 대나무와 등나무 재료를 사용하는 물품에 대해 소호 레벨에서 특게하기도 하였다.

제44류의 개정과정에서는 FAO만이 아니라 국제열대목재지구International Tropical Timber Organization, ITTO[27], 산림 부문 통계 사무국 간 실무 그룹Inter-Secretariat Working Group on

---

27 열대림 자원의 보전과 지속 가능한 경영SFM, 그리고 이를 통해 생산된 열대 목재의 법적이고 투명한 국제무역을 촉진하기 위해 설립된 정부 간 국제기구

Forest Sector Statistics, IWG[28], 국제대나무등나무기구International Bamboo and Rattan Organization, INBAR[29] 등 산림 및 목재자원과 관련한 국제기구 등이 참여하여 관련 분야의 기술적인 배경을 지원하였다.

FAO가 제시한 통계에 따르면 산림제품Forest product의 연간 국제거래량이 2000년 1,540억불 수준에서 2020년 기준으로는 2,400억불로 증가하였다. 이에 따라 FAO는 열대산 수종과 비열대산 활엽수 수종에 특히 초점을 맞추어 수종 범위를 확대하는 것을 골자로 하는 개정안 몇 가지를 제7차 개정 주기에 제안하였다. 지속적이고 상세한 모니터링은 목재 임산물의 시장 투명성을 강화하고 보장하며 이러한 투명성을 바탕으로 보다 개선된 무역 규제가 필요할 수 있는 잠재적 과잉 착취 수종을 탐지하고 이를 예방하고자 하는 것이 제44류 개정안의 주된 목표이다. 또한 부수적으로 목재 원자재 및 제품 수급 균형, 지속 가능한 수확 수준, 에너지 수지, 탄소 흡수원/배출량을 추정하는 데도 유용할 것으로 FAO는 판단하고 있다.

가장 먼저 FAO는 제4401호에 유칼립투스 나무로 만든 우드칩wood chip을 특게하기 위한 소호를 신설할 것을 제안하였다. 유칼립투스 칩의 국제거래량은 2021년 기준으로 EU, 영국, 칠레와 태국 등의 무역통계를 합친 금액이 4억 7,600만 달러 정도로 추산되었다. EU의 관세통계통합품목분류표Combined Nomenclature를 비롯하여 칠레, 태국, 콩고 등에서 국내 소호에 이미 이 물품을 특게하고 있는 것으로 니디났디.

아울러 FAO는 제4403호원목, 제4404호쪼개진 나무, 제4406호철도용 또는 궤도용 받침목, 제4407호제재목, 제4412호합판 등 적층목재, 제4415호목재로 만든 상자 등, 제4416호목재로 만든 통 등 등의 소호 분류체계에서 활엽수를 열대수목과 기타로 구분하고 특정 활엽수종을 특게하기 위한 소호 신설도 제안하였다.

---

28 전 세계 산림 통계의 수집하는 네 개의 주요 국제기구[FAO, ITTO, Eurostat 유럽연합 통계청, UNECE 유엔 유럽 경제 위원회]로 구성되어 산림제품의 통계수집과 배포를 효율화하기 위해 설립된 국제 협의체
29 대나무와 등나무 자원을 활용하여 환경적으로 지속 가능한 발전과 농촌 지역의 생계 개선을 목표로 하는 정부간 국제기구

나. 대나무로 만든 셀룰러 패널의 분류

제69차 HS 위원회'22.3월는 대나무로 만든 셀룰러 패널의 품목분류를 검토한 바 있다.

제4418호에는 목재로 만든 건축용품이나 건축용 건구와 목공품 등이 분류되며, 소호 제4418.9호에는 창문과 창틀, 문·문틀·문지방, 기둥과 들보, 콘크리트 구조물 작업용 거푸집널, 지붕을 이는 판자, 조립된 마루판용 패널, 구조용 공학목재집성재, I-beam 등를 제외한 나머지 물품이 분류되며, 소호 제4418.91호에는 대나무로 만든 것이, 소호 제4418.92호에는 셀룰러 우드 패널Cellular wood panel이 분류된다.

제4418호 해설서는 셀룰러 우드 패널에 대하여 다음과 같이 해설하고 있다.

[제4418호 해설서]
이 호에는 또한 제4412호의 해설에 기술된 블록보드(block board)와 배튼보드(batten board)와 외모가 다소 비슷하지만 심을 이루고 있는 배튼(batten)이나 윗가지(lath)가 서로 간격을 두고 평행이나 격자창 모양으로 놓여 있는 셀룰러 우드 패널(cellular wood panel)을 포함한다. 특정 경우의 패널(panel)은 가장자리만이 내부프레임(internal frame)을 가지고 있어서 외부표면 시트(sheet)를 서로 분리하는 수가 있다. 이 경우에 갈라진 틈은 방음재료나 내열재료[예: 코르크(cork)·글라스 울(glass wool)·목재펄프·석면]로 충전할 수도 있다. 외부표면 시트(sheet)는 원목·파티클보드(particle board)이나 이와 유사한 보드·섬유판(fibreboard)·합판으로 되어 있는 것도 있으며 그 패널(panel)(제4412호의 것과 비슷한)은 비금속으로 표면을 이루고 있는 경우도 있다. 이러한 종류의 패널은 비교적 가볍고 강도가 높으며 격벽용·문용과 때로는 가구 제조용에 사용한다.

HS 위원회는 대나무로 만든 셀룰러 패널을 소호 제4418.91호에 분류할지, 아니면 제4418.92호에 분류할지 검토하였고, 투표결과 이 물품을 제4418.91호에 분류하였다. 그리고 이 분류를 명확히 하기 위하여 제4418.92호 소호 해설서에 이 소호에는 대나무로 만든 셀룰러 우드 패널은 포함되지 않는다는 내용을 삽입하였다.

이와 관련, WCO 사무국은 이 분류결정을 명확히 하기 위한 제4418호 개정안을 제안하였고 검토소위원회의 수정을 거쳐 확정되었다.

현행(HS 2022)	개정(HS 2028)
－ 칩이나 삭편(削片) 모양인 목재 4401.21　-- 침엽수류 4401.22　-- 활엽수류 〈신설〉	－ 칩이나 삭편(削片) 모양인 목재 4401.21　-- 침엽수류 〈삭제〉 4401.23　-- 유칼립투스[유칼립투스(Eucalyptus) 속] 4401.29　-- 기타
44.03 － 원목[껍질·변재(邊材)를 벗긴 것인지 또는 거칠게 각을 뜬 것인지에 상관없다] (생략) 　　　－ 기타(침엽수류로 한정한다) (생략) 4403.25　-- 기타(횡단면의 최소치수가 15센티미터 이상인 것으로 한정한다) 4403.26　-- 기타 〈신설〉	44.03 － 원목[껍질·변재(邊材)를 벗긴 것인지 또는 거칠게 각을 뜬 것인지에 상관없다] (생략) 　　　－ 기타(침엽수류로 한정한다) (생략) 〈삭제〉 4403.27　-- 낙엽송[라릭스(Larix) 속] 4403.28　-- 기타(횡단면의 최소치수가 15센티미터 이상인 것으로 한정한다) 4403.29　-- 기타
－ 기타(열대산 목재로 한정한다) 4403.41　-- 다크레드메란티(Dark Red Meranti)·라이트레드메란티(Light Red Meranti)·메란티바카우(Meranti Bakau) 4403.42　-- 티크(Teak) 〈신설〉 4403.49　-- 기타	－ 기타(열대산 목재로 한정한다) 4403.41　-- 다크레드메란티(Dark Red Meranti)·라이트레드메란티(Light Red Meranti)·메란티바카우(Meranti Bakau) 4403.42　-- 티크(Teak) 4403.43　-- 멀바우(Merbau) 4403.44　-- 오쿠메(Okoumé) 4403.45　-- 탈리(Tali) 4403.46　-- 오칸(Okan) 4403.47　-- 듀씨에(Doussié) 4403.49　-- 기타
〈신설〉	－ 기타, 호두나무[유글란스(Juglans)속]·단풍나무[아케르(Acer)속]·물푸레나무[프락시누스(Faxinus)속] 4403.81　-- 호두나무[유글란스(Juglans)속] 4403.82　-- 단풍나무[아케르(Acer)속] 4403.83　-- 물푸레나무[프락시누스(Faxinus)속]
44.04 － 후프우드(hoopwood), 쪼갠 말뚝...(생략) 4404.10 － 침엽수류 4404.20 － 활엽수류	44.04 － 후프우드(hoopwood), 쪼갠 말뚝...(생략) 4404.10 － 침엽수류 　　　－ 활엽수류

현행(HS 2022)	개정(HS 2028)
	4404.21 ―― 열대산 목재 4404.29 ―― 기타
44.06 – 철도용 또는 궤도용 받침목(크로스타이) 　　　　　– 주약처리(impregnated)하지 않은 것 4406.11 ―― 침엽수류 4406.12 ―― 활엽수류 〈신설〉 　　　　　– 기타 4406.91 ―― 침엽수류 4406.92 ―― 활엽수류 〈신설〉	44.06 – 철도용 또는 궤도용 받침목(크로스타이) 　　　　　– 주약처리(impregnated)하지 않은 것 4406.11 ―― 침엽수류 〈삭제〉 4406.13 ―― 열대산 목재 4406.19 ―― 기타 　　　　　– 기타 4406.91 ―― 침엽수류 〈삭제〉 4406.93 ―― 열대산 목재 4406.99 ―― 기타
44.07 – 제재목[길이의 방향으로 쪼갠 것······ (삭제) 　　　　　– 침엽수류 (생략) 〈신설〉 4407.19 – 기타 　　　　　– 열대산의 목재의 것 4407.21 ―― 마호가니(Mahogany) 　　　　　　[스웨테니아(Swietenia)속] 4407.22 ―― 비롤라(Virola)·임부아(Imbua)·발사 　　　　　　(Balsa) 4407.23 ―― 티크(Teak) 4407.25 ―― 다크레드메란티(Dark Red Meranti)· 　　　　　　라이트레드메란티(Light Red Meranti)· 　　　　　　메란티바카우(Meranti Bakau) 4407.26 ―― 화이트라왕(White Lauan)·화이트메 　　　　　　란티(White Meranti)·화이트세라(White 　　　　　　Seraya)·옐로메란티(Yellow Meranti)· 　　　　　　아란(Alan) 4407.27 ―― 사펠리(Sapelli) 4407.28 ―― 이로코(Iroko) 4407.29 ―― 기타	44.07 – 제재목[길이의 방향으로 쪼갠 것······ (삭제) 　　　　　– 침엽수류 (생략) 〈신설〉 4407.15 ―― 서부 붉은 삼나무[투야 플리타카(Thuja 　　　　　　plicata)]의 것 4407.16 ―― 더글라스 전나무[프세우도츠가 멘지에 　　　　　　시(Pseudotsuga menziesii)] 4407.19 ―― 기타 〈삭제〉

현행(HS 2022)	개정(HS 2028)
〈신설〉	- 열대산 목재[마호가니(Mahogany)·비롤라(Virola)·임부아(Imbua)·발사(Balsa)·티크(Teak)·헤베아(Hevea)·다크레드메란티(Dark Red Meranti)·라이트레드메란티(Light Red Meranti)·메란티바카우(Meranti Bakau)·화이트메란티(White Meranti)·화이트세라야(White Seraya)·옐로메란티(Yellow Meranti)·아란(Alan)·사팰리(Sapelli)·이로코(Iroko)·멀바우(Merbau)로 한정한다] 4407.31　-- 마호가니(Mahogany 4407.22　-- 비롤라(Virola)·임부아(Imbua)·발사(Balsa) 4407.23　-- 티크(Teak) 4407.34　-- 헤베아(Hevea) 4407.35　-- 다크레드메란티(Dark Red Meranti)·라이트레드메란티(Light Red Meranti)·메란티바카우(Meranti Bakau) 4407.36　-- 화이트메란티(White Meranti)·화이트세라야(White Seraya)·옐로메란티(Yellow Meranti)·아란(Alan) 4407.37　-- 사팰리(Sapelli) 4407.38　-- 이로코(Iroko) 4407.39　-- 멀바우(Merbau)
〈신설〉	- 기타(열대산 목재로 한정한다) 4407.41　-- 이페(Ipé) 4407.42　-- 탈리(Tali) 4407.43　-- 오칸(Okan) 4407.44　-- 듀씨에(Doussié) 4407.49　-- 기타
- 기타 (생략)	- 기타 (생략)

44.12 - 합판·베니어패널과 이와 유사한 적층 목재 (생략)
    - 그 밖의 합판...... (생략)
4412.31　-- 적어도 한쪽 외면의 플라이(ply)가 열대산 목재인 것
4412.33　-- 기타[적어도 한쪽 외면의 플라이(ply)가 오리나무......(생략)
4412.34　-- 기타[적어도...... (생략)
	44.12 - 합판·베니어패널과 이와 유사한 적층 목재 (생략)
	    - 그 밖의 합판...... (생략)
	4412.31　-- 적어도 한쪽 외면의 플라이(ply)가 열대산 목재인 것
	4412.33　-- 기타[적어도 한쪽 외면의 플라이(ply)가 오리나무......(생략)
	4412.34　-- 기타[적어도...... (생략)

현행(HS 2022)	개정(HS 2028)
〈신설〉	4412.35 -- 기타[적어도 한쪽 외면의 플라이가 자작나무(부텔라(Betula)속)인 것으로 한정한다] 4412.36 -- 기타[적어도 한쪽 외면의 플라이가 포플러와 아스펜(포풀러스(Populus)속)인 것으로 한정한다] 4412.37 -- 기타[적어도 한쪽 외면의 플라이가 오리나무(알누스(Alnus)속)·물푸레나무(프락시누스(Faxinus)속)·너도밤나무(파구스(Fagus)속)·밤나무(카스타네아(Castanea)속·유칼립투스(유칼립투스(Eucalyptus)속·히코리(카리아(Carya)속·마로니에(아에스쿨루스(Aesculus)속·피나무(틸라(Tilia)속·단풍나무(아케르(Acer)속·참나무(퀘르쿠스(Quercus)속·플라타너스(플라타너스(Platanus)속·로비니아(로비니아(Robinia)속·튤립우드(리리오덴드론(Liriodendron)속 또는 호두나무(유글란스(Juglans)속)인 것으로 한정한다] 4412.38 -- 기타[적어도 한쪽 외면의 플라이가 활엽수 목재인 것으로 한정한다] 4412.39 -- 기타[양쪽 외면의 플라이(ply)가 침엽수 목재인 것으로 한정한다]
4412.39 -- 기타[양쪽 외면의 플라이(ply)가 침엽수 목재인 것으로 한정한다]	
44.15 - 목재로 만든 케이스·상자·크레이트(crate)·드럼……(생략)	44.15 - 목재로 만든 케이스·상자·크레이트(crate)·드럼……(생략)
4415.10 - 케이스·상자·크레이트(crate)·드럼과 이와 유사한 포장용기, 케이블드럼	4415.10 - 케이스·상자·크레이트(crate)·드럼과 이와 유사한 포장용기, 케이블드럼
4415.20 - 팰릿(pallet), 박스팰릿(box pallet), 그 밖의 깔판류, 목재로 만든 팰릿칼러(pallet collar)	- 팰릿(pallet)·박스팰릿(box pallet)· 그 밖의 깔판류, 목재로 만든 팰릿칼러(pallet collar) 4415.21 -- 팰릿(pallet) 4415.29 -- 기타
4416.00 - 목재로 만든 통…… (생략)	44.16 - 목재로 만든 통…… (생략)
〈신설〉	4416.10 - 통나무[퀘르쿠스(Quercus)속]의 것 4416.90 - 기타

현행(HS 2022)	개정(HS 2028)
4418.92 -- 셀룰러우드패널	4418.92 -- 셀룰러우드패널(대나무로 만든 것은 제외한다)

6 제70류의 개정

가. Overflow Fusion Glass의 품목분류

HS 제70류 분류체계를 살펴보면, 유리 제조공정에서 발생하는 것 또는 재활용 및 용융유리 제조용 원료로 사용하기 위한 파유리 또는 유리 웨이스트가 제7001호에, 용융유리를 바탕으로 제조한 기본 형상의 유리 자재 중 구ball, 봉rod, 관tube 형상의 유리는 제7002호에, 평판sheet 모양 유리는 제7003호부터 제7005호까지에 포함된다.

평판 모양 유리는 그 제조방법에 따라 분류되는 호가 달라지는데, 제7003호에는 주조방식, 압연rolling 방식으로 만들어진 평판 유리가 포함되며, 제7004호에는 인상법drawing과 취입법blowing으로 만들어진 것이 분류되고, 플로팅floating 방식으로 만들어진 유리는 제7005호에 분류된다. 제7003호의 유리와 제7004호의 유리에 표면 연마공정을 거친 경우 제7005호에 분류된다.

제7003호부터 제7005호까지 포함되는 유리는 용융로에서 만들어진 용융유리부터 시작된다는 공통점이 있다. 용융유리를 만들기 위한 주재료로 재활용을 위한 파유리나 규사가 사용되며, 보조원료로 융제나 석회석, 알루미나 등이 투입되어 노furnace에서 가열되어 용융된다.

인상법이란 용융된 고온의 유리물을 수직 또는 수평으로 직접 잡아당겨draw 평판 유리를 만드는 방식을 말하며 취입법이란 입으로 불거나 기계로 공기를 불어넣어 원통형 유리를 만든 후, 이를 펼쳐서 평판으로 만드는 방식이다. 제7004호 해설서에서는 이러한 방법이나 비기계식의 취입법은 현대에는 거의 사용하지 않는다고 설명하고 있다.

해설서에서도 언급하고 있는 취입법만이 아니라 전통적 방식의 인상법이나 압연 또는 주조 방식으로 생산되는 평판 유리는 현재 기준으로는 미미한 수준으로 보이며 건축용, 자동차용 등으로 사용되는 범용성 유리는 Floating 방식으로 대부분 제조되며, 평판디스플레이용 유리나 반도체 기판용 초박막 유리 등 고품질의 평판 유리를 주로 Overflowing fusion Fusion drawing이라고도 한다 방식으로 제조된다.

Floating 유리는 용융된 유리물을 주석tin이 담긴 풀pool 위에 띄워서float 제조한다. 먼저 규사, 소다회, 석회석, 파유리재활용 유리 등을 정밀하게 배합한 원료를 고온의 용해로에서 녹여 액체상태로 만든다. 이후 녹은 유리를 약 1,000°C 상태의 용융 주석조Tin Bath 위에 흘려보낸다. 유리가 주석보다 가벼워 위에 뜨면서 평평한 띠Ribbon 모양을 형성하게 되고 이후 고온 상태의 유리가 서서히 모양을 잡으면서 서냉로Lehr로 옮겨져 온도를 서서히 낮춘다. 이 과정은 유리 내부의 응력을 제거하여 깨짐을 방지하고 강도를 확보하는 핵심 단계이다. 이후 검사와 절단 과정을 거쳐 평판유리로 완성된다.

그림1 Floating 유리 제조공정

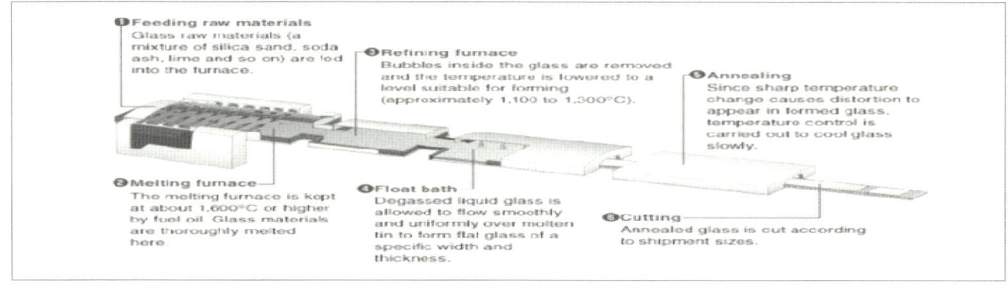

Overflow fusion 공법은 용융된 유리가 V자형 통을 넘쳐흐른 뒤 하단에서 공중 합쳐지는 방식으로 제조된다. 성형 과정에서 유리의 유효 면이 기계에 닿지 않고 중력과 정밀한 인장 제어에 의해 자연스럽게 당겨지며 내려오기 때문에, 별도의 연마 과정 없이도 극도로 매끄럽고 일정한 두께의 유리를 얻을 수 있다. 먼저 규사, 알루미나 등 엄격하게 선별된 고순도 원료를 용해로에서 녹인 후 청징Fining 단계를 거치며 유리 액체 내부의 미세한 기포와 불순물을 제거한다. 정화된 용융유리는 '아이소파이프Isopipe'라고 불리는 V자 형태의 특수 내화물 통으로 흘러 들어간다. 유리 액체가 아이소파이프 상단의 홈에 가득 차면, 양 옆의 가장자리를 타고 밖으로 넘쳐흐르게overflow 되고 아이소파이프의 양쪽 면을 타고 내려오던 두 개의 유리 흐름이 V자형의 맨 밑부분Root에서 다시 하나로 합쳐진다fusion. 하나로 합쳐진 유리 액체 띠Sheet는 중력과 하단의 정밀 롤러에 의해 아래로 일정하게 잡아당겨진다Drawing. 유리가 아래로 이동하며 서서히 식는 과정에서 유리 내부의 응력을 제거하는 어닐링서냉 공정을 거치며, 충분히 굳은 유리는 원하는 크기로 정밀하게 절단되어 평판유리로 완성된다.

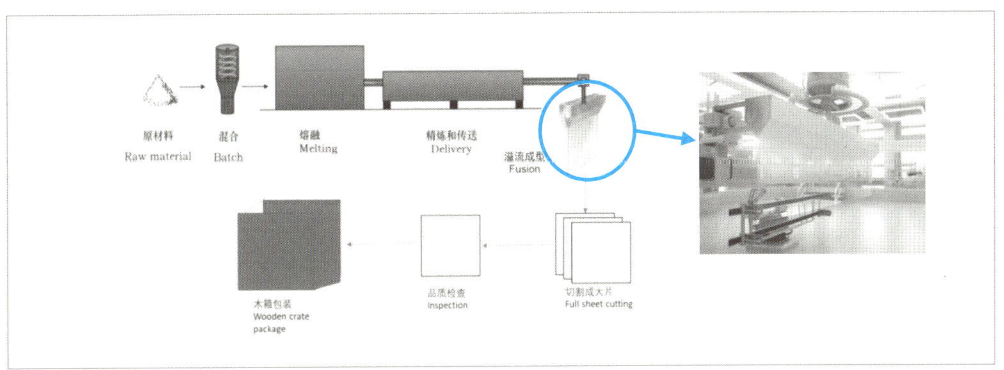

Overflow fusion 유리를 제7004호에서 말한 인상법drawing으로 제조한 평판유리로 볼 수 있을 것인가? 엄밀하게 말하면 제7004호에서 말하는 전통적인 인상법과는 다르나 최종 제조단계에서 중력과 정밀한 제어에 의하여 인장引張된다. 즉, 평판 모양을 성형하는데

있어서 인장력이 작용한다는 측면에서는 유사하다고 할 수 있다. Overfolw fusion 방식은 유리의 표면이 기계 장치와 닿지 않고 공기 중에서 굳기 때문에 극도로 깨끗한 표면을 얻게 되므로 별도의 표면연마공정을 거치지 않는다. 따라서 이 물품을 제7005호에는 분류할 수 없다.

제64차 HS 위원회'19.9월는 Overflow fusion 유리의 품목분류를 논의하면서 통칙 제4호를 적용하여 제7004호에 분류하는 것으로 결정하였다. 제59차 HS 검토소위원회'21.11월에서 WCO 사무국은 이 결정을 보다 명확히 하기 위한 개정안을 제출하였고 검토소위원회는 논의를 거쳐 제7004호의 용어 개정안에 합의하였다.

나. 입으로 불어서 성형한 유리제 작은 조각상(statuette)의 분류

HS 품목분류표에는 'statuette'라는 용어가 5번 등장한다. 제3926호그 밖의 플라스틱 제품, 제4420호목제의 작은 조각상 등, 제6913호도자제의 작은 조각상과 장식품, 제7018호유리제의 작은 조각상, 장식용품 등, 제8306호비금속제의 작은 조각상과 장식품 등의 호나 소호의 용어에 'statuette'라는 표현이 등장한다.

'Statuette'를 국문 관세율표에서는 일관되게 '작은 조각상'이라고 표현하고 있다. Statueette는 statue에 '작은 것'을 뜻하는 접미사 '-ette'라 붙은 것으로 statue가 일반적인 의미의 조상彫像이나 동상을 뜻하는 것에 비해 statuette는 실물보다 훨씬 작아 책상이나 선반에 올려둘 수 있는 정도의 크기를 가진 모든 인물상이나 동물상을 일컫는 포괄적인 용어로 사용된다.

제7018호에는 유리로 만든 여러 가지 세공품 종류가 분류되며, 유리제의 작은 조각상statuette도 호의 용어에서 언급하고 있다.

HS 품목분류표(영어원문)	국문관세율표(관세법 별표)
statuettes and other ornaments of **lamp-worked** glass, other than imitation jewellery	작은 조각상과 **램프 가공한** 그 밖의 장식용 유리제품 (모조 신변장식용품은 제외한다)

먼저 국문 관세율표의 표현상 문제점을 살펴보자. "작은 조각상과 램프가공한 그 밖의 장식용 유리제품"이라는 표현으로 보자면 '그 밖의 장식용 유리제품'은 '램프가공'으로 만든 것을 분류하지만, '작은 조각상'은 램프가공 여부와 무관하게 모든 조각상이 포함된다는 의미로 읽힐 수 있다. 그러나 영문상으로 본다면 조각상statuette과 그 밖의 장식용 제품other ornaments 모두 램프가공되어야 한다는 의미로 해석가능하다. 국문 관세율표상 이 부분은 "램프가공유리로 만든 작은 조각상과 그 밖의 장식용품"으로 번역하는 것이 더 원문에 가까워 보인다.

'램프가공lamp-workd'이란 고정된 토치torch나 램프의 불꽃으로 유리봉이나 유리관 상태의 원재료를 녹여 가열된 상태에서 변형해 가면서 세밀한 형상을 만드는 기법을 말한다.

그림3 램프가공 방식으로 만든 유리제품의 예시

A lampworked multicoloured striped glass vase.

A lampworked yellow glass vase with applied glass duck.

A blue + whith spirit glass with elephant stem, and etched design on the cup.

반면, 제7018호 해설서는 이 호에 분류되는 작은 조각상에 대하여 다음과 같이 해설하고 있다.

(G) 유리로 만든 작은 조각상과 그 밖의 장식품(모조 신변장식용품은 제외한다) : **페이스트 모양의 유리를 취관(吹管)가공하여 제조**한다. 이러한 물품은 선반 위에 놓아지도록 설계되었으며(동물·식물·작은 조각상 등) 일반적으로 투명유리(납 크리스탈·스트라스 등)나 "에나멜(enamel)"유리로 제조한다. (Statuettes and other ornaments (other than imitation jewellery) **obtained by working glass in the pasty state with a blow-pipe.** These articles are designed for placing on shelves (animals, plants, statuettes, etc.). They are generally made of clear glass (lead crystal, strass, etc.) or "enamel" glass.)

해설서에서는 취관blow-pipe 가공이란 가열되어 말랑말랑해진 페이스트상의 유리를 파이프를 이용하여 입으로 또는 기계로 바람을 불어넣으면서 제품을 만드는 방법을 말한다. 보통 병·용기 또는 속이 비어 있는 제품을 만들 때 사용하는 가공방식이다.

두 가지 모두 가열 후 말랑말랑한 상태의 가소성可塑性, Plasticity 있는 유리를 변형하여 만든다는 공통점은 있으나 제7108호의 용어에서 말하는 램프가공방식과 해설서에서 말하는 취관방식은 전혀 다른 제조방법이다.

그림 4 램프가공(왼쪽) 방식과 취관 방식으로 유리제품을 제조하는 모습

HS 위원회는 제70차 회기'22.9월에서 제7108호 해설서의 불문과 영문 버전의 불일치 문제를 검토하는 과정에서 그보다 더 큰 문제인 호의 용어와 해설서의 범위 차이를 발견하였다. 제61차 HS 검토소위원회'22.11월은 이 문제의 해결방안에 대한 논의를 시작하였으며, 이 논의는 제7018호의 범위에서 그치는 것이 아니라 제7013호에서 언급한 유리제의 '실내 장식용품glassware of a kind used for indoor decoration'과 '조각상 및 기타 장식용품statuette and other ornament'의 구분 문제로까지 확대되었다.

검토소위원회는 4차례 회기 동안의 긴 토론을 거쳐 제7013호와 제7018호의 용어까지 개정하기로 합의하였다.

다. 유리섬유의 웨이스트와 스트랩

제62차 HS 검토소위원회에서 EU는 제7019호에 유리섬유의 웨이스트와 스크랩을 포함시키는 개정안을 제출하였다.

EU는 유리섬유에서 발생하는 웨이스트가 통상 매립되거나 폐기물 적치장에 버려진다는 점에 주목해 왔다. 매립과 적치 모두 환경 문제를 야기하는 한편, 이러한 폐기물을 처리하기 위한 더 나은 방법을 찾기 위해 막대한 투자가 이루어지고 있다. EU는 이러한 물품에 고유한 HS 코드를 부여하여 명확히 식별할 수 있도록 함으로써 더욱 용이하게 재활용도를 높이고 순환경제circular economy에 기여할 것으로 기대하고 있다.

EU의 개정안을 수용할지 여부를 판단함에 있어서 가장 근본적인 문제는 유리섬유의 웨이스트와 제7001호에 분류되는 유리의 웨이스트, 페어링 및 스크랩을 구분할 수 있는지일 것이다. 검토소위원회는 논의결과 유리섬유의 웨이스트와 제7001호에 분류되는 웨이스트와의 구분이 실무적인 관점에서 어렵지 않다고 판단하여 개정안에 합의하였다.

위 쟁점들과 관련한 2028년 HS 개정 내용은 다음과 같다.

현행(HS 2022)	개정(HS 2028)
제70류 주 제4호 4. 제7019호에서 "글라스울(glass wool)"이란 다음 각 목의 것을 말하며, 그 외의 광물성 울은 제6806호로 분류한다. 가. 실리카의 함유량이 전 중량의 100분의 60 이상인 광물성 울 나. 실리카의 함유량이 전 중량의 100분의 60 미만인 것으로서 산화알칼리(산화칼륨이나 산화나트륨)의 함유량이 전 중량의 100분의 5를 초과하는 광물성 울이나 산화붕소의 함유량이 전 중량의 100분의 2를 초과하는 광물성 울	4. 제7019호에서 가. "글라스울(glass wool)이란 다음 각 호의 것을 말한다. 1) 실리카의 함유량이 전 중량의 100분의 60 이상인 광물성 울 2) 실리카의 함유량이 전 중량의 100분의 60 미만인 것으로서 산화알칼리(산화칼륨이나 산화나트륨)의 함유량이 전 중량의 100분의 5를 초과하는 광물성 울이나 산화붕소의 함유량이 전 중량의 100분의 2를 초과하는 광물성 울 나. "유리섬유 및 이 호 기타 물품의 웨이스트와 스크랩(waste and scrap)"이라는 표현은 유리섬유나 제70.19호의 기타 물품을 제조하는 과정에서 발생하는 웨이스트와 스크랩뿐만 아니라, 절단, 마모 또는 기타 이유로 인해 그 상태로는 명백히 사용할 수 없게 된 이 호의 유리섬유 제품을 의미한다.
70.04 – **인상법(引上法)과** 취입법(吹入法)으로 제조한 유리[시트(sheet) 모양으로 한정하고, 흡수층·반사층·무반사층인지에 상관없으며 그 밖의 방법으로 가공하지 않은 것으로 한정한다]	70.04 – **인상법(引上法)[오버플로우 융합(overflow fusion) 방식을 포함한다]과** 취입법(吹入法)으로 제조한 유리[시트(sheet) 모양으로 한정하고, 흡수층·반사층·무반사층인지에 상관없으며 그 밖의 방법으로 가공하지 않은 것으로 한정한다]
70.13 – 유리제품(식탁용·주방용·화장실용·사무용·실내장식용이나 이와 유사한 용도로 한정하며, 제7010호나 제7018호의 것은 제외한다)	70.13 – 유리제의 식탁용품·주방용품·화장실용품·사무용품·실내장식용품이나 이와 유사한 물품(**작은 조각상과 장식용 유리제품을 포함하며**, 제7010호나 제7018호의 것은 제외한다)
70.18 – 유리로 만든 비드(bead)·모조 진주·모조 귀석과 반귀석·이와 유사한 유리 세공품·모조 신변장식용품을 제외한 유리제품, 인체용을 제외한 유리 안구, **작은 조각상과 램프 가공한(lamp-worked) 그 밖의 장식용 유리제품(모조 신변장식용품은 제외한다)**, 지름이 1밀리미터 이하인 유리로 만든 마이크로스피어(microsphere)	70.18 – 유리로 만든 비드(bead)·모조 진주·모조 귀석과 반귀석·이와 유사한 유리 세공품·모조 신변장식용품을 제외한 유리제품, 인체용을 제외한 유리 안구, 지름이 1밀리미터 이하인 유리로 만든 마이크로스피어(microsphere)

현행(HS 2022)	개정(HS 2028)
70.19 – 유리섬유[글라스 울(glass wool)을 포함한다]와 이들의 제품(예: 실·로빙(roving)·직물)	70.19 – 유리섬유[글라스 울(glass wool)을 포함한다]와 이들의 제품(예: 실·로빙(roving)·직물), 웨이스트와 스크랩(유리섬유 및 이 호 기타 물품의 것)
7019.90 – 기타	– 기타 7019.91 -- 웨이스트와 스크랩(유리섬유 및 이 호 기타 물품의 것) 7019.99 -- 기타

7 제71류의 개정

HS 제71류의 표제에 따르면 이 류에는 "천연진주·양식진주·귀석·반귀석·귀금속·귀금속을 입힌 금속과 이들의 제품, 모조 신변장식용품, 주화" 등이 분류된다. HS에서 류Chapter의 표제는 법적인 품목분류의 근거가 되는 것은 아니나 제71류의 표제는 이 류에 분류되는 다섯 가지 그룹의 물품을 적시하고 있다.

제71류 해설서 총설은 이 류에 분류되는 다섯 가지 범주의 물품에 대해 간략히 설명하고 있다.

첫 번째 그룹은 진주와 귀석precious stone 종류이다. 여기에는 양식진주와 천연진주, 다이아몬드·루비·사파이어 등의 보석, 공업적으로 합성한 보석류, 그리고 보석의 가루 등이며 이들은 제7101호부터 제7105호까지에 해당한다.

두 번째 그룹은 백금·금·은 등의 귀금속과 이들의 웨이스트와 스크랩이 분류된다. 비금속卑金屬에 귀금속을 입힌 것이나 비금속과 금속의 합금으로 금속의 함량이 2% 이상인 것도 이 그룹에 포함된다. 이들은 제7106호부터 제7112호까지에 해당한다. 첫 번째 그룹과 두 번째 그룹에는 제품으로 만들지 않은 원물이나 반가공품 또는 가루 형태만을 포함한다.

세 번째 그룹은 첫 번째와 두 번째 그룹의 물품을 제품으로 만든 것이다. 제품으로 만든 것이란 공업용·실험용의 기구나 부품 또는 도구, 세공품, 신변장식용품 등을 말한다. 이들은 제7113호부터 제7116호에 해당한다.

네 번째 그룹은 제7117호의 모조신변장식용품이다. 제7117호에는 원칙적으로 첫 번째 그룹이나 두 번째 그룹의 재료로 만들어진 것은 제외된다. 즉, 비금속, 유리, 플라스틱, 목재, 석재 등의 재료로 제7113호귀금속제의 신변장식용품 및 제7116호진주와 귀석으로 만든 신변장식용품 등의 물품과 유사한 물품을 만든 경우 이 호에 분류된다.

마지막 그룹은 제7118호의 주화coin이다. 이 주화는 두 번째 그룹의 귀금속으로 만든 것이나 비금속으로 만든 것을 모두 포함한다.

2028년 HS에서는 제71류에 과거 개정에 비해 비교적 큰 폭의 개정이 이루어졌다.

그림 5 제71류의 소호 분류체계

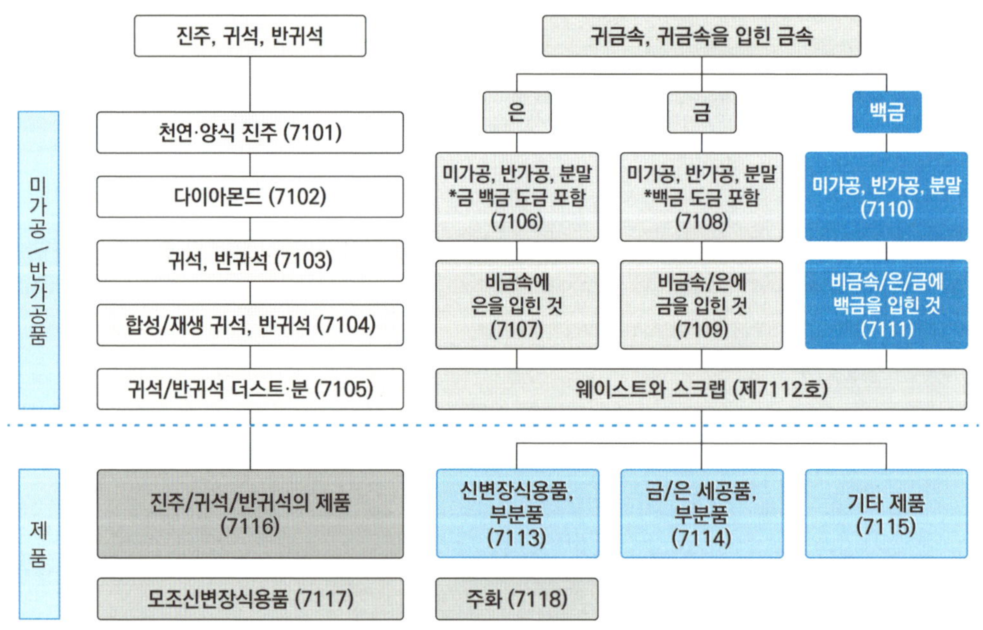

가. 제71류 주 제2호 가목의 각주(footnote) 삭제

앞서 설명한 것과 같이 제7117호에는 귀석, 귀금속이나 귀금속을 입힌 금속 등의 재료로 만들어진 것은 제외된다. 다만, 제71류 주 제11호에는 이에 대하여 약간의 단서를 두고 있다.

11. 제7117호에서 "모조신변장식용품"이란 주 제9호 가목의 신변장식용품으로서 천연진주·양식진주나 귀석·반귀석을 사용하지 않은 것과 귀금속이나 귀금속을 입힌 금속을 사용하지 않은 것(**귀금속을** 도금하거나 **미미한 구성물로 사용한 경우는 제외**한다)을 말한다.

즉, 원칙적으로는 귀금속이나 귀금속을 입힌 금속을 재료로 사용한 것 신변장식용품은 제7117호에서 제외되나 이를 미미한 구성물minor constituents로 사용한 것은 제7117호의 모조imitation 신변장식용품으로 인정한다는 의미이다. 반면, 귀석이나 반귀석을 미미한 구성물로 사용하는 경우에 대하여는 따로 규정하고 있지 않다. 또한 미미한 구성물에 대한 구분기준예를 들면 함량 등이나 예시는 들고 있지 않다.

제11류 주 제11호의 규정에 따르면 "귀금속을 미미한 구성물로 사용한 신변장식용품"은 제7117호에 포함하도록 규정한 반면, "귀석이나 반귀석을 미미한 구성물로 사용한 신변장식용품"에 대하여는 별다른 언급이 없으므로 이 호에 포함되지 않고 제7116호에 분류하게 될 가능성이 높다.

EU는 이 규정이 제7116호의 범주를 의도치 않게 확대시킨다고 보고 제62차 HS 검토소위원회에 "귀석이나 반귀석을 미미한 구성물로 사용한 신변장식용품"도 제7117호에 분류할 수 있도록 제11류 주 제2호와 제11호 개정안을 제안하였다.

제7116호 및 제7117호와 관련한 EU의 개정안은 검토소위원회의 지지를 받지 못했다. 다만 논의과정에서 제71류 주 제2호 가목의 텍스트가 다른 주에서 일반적으로 표현하는 방식과 다르다는 점이 지적되었고 검토소위원회는 논의를 거쳐 제71류 주 제2호 가목의 개정안에 합의하였다. 그러나 이 개정을 통하여 제71류 특정 호의 범위가 변경되거나 물품 이동이 발생하는 것은 아니다.

나. 가공하지 않은 금(Unwroght gold)의 다양한 모습 - 금값 상승 시대의 이면①

HS 제7108호에는 가공하지 않았거나, 반가공한 모양 또는 가루 모양인 금이 분류된다. 소호 제7108.12호에는 가루 모양을 제외한 가공하지 않은 형상의 금이 분류된다. 여기에는 광산이나 수로에서 채굴되어 한 번도 제련된 적이 없는 채굴 금mined gold, 화폐용 등급 수준으로 제련되었으나 가공하지 않은 금, 그리고 제71류 주 제5호의 조건을 충족하며 금의 함유량이 전 중량의 100분의 2 이상인 가공하지 않은 형태의 금 합금이 모두 포함되어 있다.

제58차 HS 검토소위원회'21.1월에서 스위스는 제7108호 개정안을 제출하였다. 스위스는 소호 제7108.12호의 연간 세계 무역규모가 1,000억 달러를 상회하고 있음에도 별다른 상세구분이 안 되어 있어 앞서 예시한 각 제품군에 대한 유의미한 통계를 산출하는 것이 불가능함을 지적하였다.

따라서 스위스는 금 공급망의 투명성과 추적성을 개선할 수 있도록 상업적으로 거래되는 금의 유형을 HS 품목분류표 상에서 더 명확히 구분할 수 있도록 개정안을 제출한 것이다. 검토소위원회는 논의결과 스위스의 제안을 대체로 수용하여 제7108호의 소호 분류체계를 개편하는 한편, 이와 연계된 제71류의 주를 개정하고 필요한 소호주를 신설하는 등의 개정안에 합의하였다.

다. 백금촉매와 관련한 개정

HS 제7115호에는 대개 귀금속으로 만든 공업용·실험실용 제품, 부분품, 기구 등이 분류되며, 소호 제7115.10호에는 백금촉매가 분류된다. 소호의 용어에서는 와이어클로스wire cloth나 그릴 모양인 백금촉매로 한정하고 있다. 즉, 백금의 와이어를 경사와 위사로 직조한 형태의 물품이 이 소호에 해당한다고 볼 수 있다.

제62차 HS 검토소위원회에서 EU는 소호 제7115.10호의 개정안을 제출하였다. EU는 소호 제7115.10호의 용어가 HS 도입 이래로 한 번도 개정되지 않아 현재의 기술 수준을 반영하지 못함을 지적하였다.

EU의 조사에 따르면 최근 몇 년 동안 새로운 유형의 촉매가 개발되었으며, 주로 원형 또는 직사각형의 네트nets 또는 네팅 웹netting webs 형태를 띠고 있으며 이들은 백금또는 백금을 2% 이상 함유한 비금속의 거즈gauze 재료로 만들어진다. 또한 최근의 기술발전에 따라 직조가 아닌 편물로 만들어진 촉매의 비중이 높아지고 있다. 소호 제7115.10호의 용어를 엄격하게 적용하면 이러한 물품은 현재 기준으로는 소호 제7115.90호로 분류되어야 한다. 이에 따라 EU는 새로운 형태의 백금촉매도 소호 제7115.10호에 포함될 수 있도록 소호 용어 개정을 제안하였다.

검토소위원회는 3차례 회기에 걸친 논의를 거쳐 개정안에 합의하였다.

라. 법정통화로 사용되는 동전과 무역통계 - 금값 상승 시대의 이면②

HS 제7118호에는 주화coin가 분류되며, 소호 제7118.10호에는 '법정통화가 아닌 주화 금화 제외'가, 소호 제7118.90호에는 '그 밖의 주화'가 분류된다. 금화gold coin로서 법정통화가 아닌 것과 법정통화인 것 모두 소호 제7118.90호에 분류되어야 한다. 은화에 대하여는 별다른 언급이 없으므로 법정통화인 은화는 소호 제7118.90호에, 법정통화가 아닌 은화는 소호 제7118.10호에 분류될 것이다.

UN 통계국UNSD은 제62차 검토소위원회에 법정통화인 주화금화와 은화의 취급에 관한 문제를 제기하였다. 유엔 통계국은 전 세계 회원국을 대상으로 한 무역통계 표준지침인 국제

상품무역통계IMTS, International Merchandise Trade Statistics를 제정하여 운영하고 있으며 이를 바탕으로 전 세계 각국의 무역통계를 수집하기도 한다.

IMTS의 통계기준 중 하나는 HS 품목분류표에서 법정통화인 은행권이나 동전, 화폐용 금, 유가증권 등은 통계수집대상에서 제외하는 것이다. 국제상품무역통계의 기본 원칙은 국가의 물적 자원Material Resources의 총량을 증가시키거나 감소시키는 모든 물품의 이동을 기록하는 것이기 때문이다. 은행권이나 유가증권은 그 자체로 사용되거나 소비되는 물건이 아니라, 가치를 저장하거나 지불을 보증하는 금융적 증서에 불과하다. 따라서 이들이 국경을 넘는다고 해서 해당 국가의 실물 자원철강, 곡물, 기계 등이 직접적으로 늘거나 줄어드는 것으로 보지 않는다. 또한 이들 지급수단을 수출입 통계에 포함하면, 상품을 수출하고 그 대가로 현금을 받는 거래가 '상품 수출'과 '현금 수입'이라는 두 가지 상품 거래로 이중 계산되어 통계가 왜곡될 수 있다는 문제점도 있다.

이 기준에 따라 실무적으로 UN의 무역통계 데이터베이스인 Comtrade에서는 소호 제7108.20호화폐용 금와 제7118.90기타 주화호의 품목을 통계에서 제외하고 있다.

그러나 UN 통계국 내에서는 HS 제7118호의 특정 금화 및 은화의 실제 사용 방식에 대해 의문이 꾸준히 제기되어왔다. 구체적으로, 일부 금·은화는 법적 관점에서는 여전히 법정 화폐로 유통 중이지만, 액면가보다 함유된 귀금속의 가격에 기반한 가치가 더 높을 수 있다. 특정 국가에서 상징적인 의미로 이들을 액면가에 해당하는 법정통화로 지정하고 있고, 액면가에 따른 지불수단으로의 이용도 법적으로 가능하다. UN 통계국은 이러한 실제 사례를 언급하였다.

그러나 실제로 이런 금화와 은화를 그 액면가만큼의 법정통화로 지불하는 사람이 있을 리 없다. 더욱이, 금값과 은값이 고공행진을 거듭하고 있는 최근의 추세라면 주화의 액면가와 실제가치의 차이는 점점 더 증가하고 있다고 봐야 한다. 그리고 그 실제가치에 따라 실물 투자수단으로 거래되는 것이 보다 일반적이다. 이에 따라 스위스 같은 나라에서는 이러한 물품이 무역통계에 포함되어야 한다고 오래전부터 주장해 왔다.

검토소위원회는 이러한 물품이 법정통화인지, 실제로 유통 중인지, HS에서는 어느 호에 분류되어야 하는지 등에 대하여 검토하였으며, 그 논의의 최종적으로 제7118호의 소호 체계 개편으로 이어졌다.

위 쟁점들과 관련한 2028년 HS 개정 내용은 다음과 같다.

현행(HS 2022)	개정(HS 2028)
제71류 주 제2호 가목 2. 가. 제7113호·제7114호·제7115호에서는 귀금속이나 귀금속을 입힌 금속이 미미한 구성물로 사용된 부착구나 장식[예: 두문자(頭文字)·테·외륜] 등과 같은 물품은 제외하며, **주 제1호 나목**은 이러한 물품에는 적용하지 않는다**(*)** **(*) 이 주의 밑줄 친 부분은 임의(optional) 주이다.**	2. 가. 제7113호·제7114호·제7115호에서는 귀금속이나 귀금속을 입힌 금속이 미미한 구성물로 사용된 부착구나 장식[예: 두문자(頭文字)·테·외륜] 등과 같은 물품은 제외하며, **주 제1호 나목**[30]은 이러한 물품에는 적용하지 않는다
제71류 주 제3호 3. 이 류에서 다음 각 목의 것은 제외한다. 〈신설〉 **가.~거**. (생략)	3. 이 류에서 다음 각 목의 것은 제외한다. 　가. 맥석(脈石) 내 천연 귀금속을 포함한 귀금속광과 그 정광(광맥내 천연 귀금속을 포함한다)(제2616호) **나.~너**. (생략)
제71류 소호주 1. 소호 제7106.10호·**제7108.11호**·제7110.11호·제7110.21호·제7110.31호·제7110.41호에서 "가루"와 "가루 모양"이란 메시(mesh) 구경이 0.5 밀리미터인 체를 통과한 중량이 전 중량의 100분의 90 이상인 물품을 말한다. 〈신설〉	1. 소호 제7106.10호·**제7108.15호**·제7110.11호·제7110.21호·제7110.31호·제7110.41호에서 "가루"와 "가루 모양"이란 메시(mesh) 구경이 0.5 밀리미터인 체를 통과한 중량이 전 중량의 100분의 90 이상인 물품을 말한다. 2. 소호 제7108.14호에서 "채굴된 금"이란 일반적으로 광산이나 수로에서 얻어진 것으로 이전에 정련된 적이 없는 금을 말한다. "채굴된 금"이란 중·대규모(LSM) 또는 수공업·소규모(ASM) 작업에서 나온 금을 의미한다. 이 소호에 분류되는 채굴된 금의 하위 범주는 특히 다음을 포함한다. 　가. 사금(砂金)

---

[30] 제71류 주 제2호 가목의 개정 내용은 두 가지이다. 우선 이 주에서 제71류 주 제1호 나목을 참조하는 문구가 일반적으로 표현하는 방식과 달라 이를 다른 주에서 표현하는 방식과 동일하게 변경한 것이다. 두 번째는 이 주의 자체가 각 회원국이 적용할지 말지 임의로 결정 optional 할 수 있다는 주석이 붙어 있었는데 그 주석을 삭제한 것이다. 첫 번째 부분은 이미 기존의 국문 관세율표에서는 반영이 되어 있는 것으로 2028년 HS 개정에 따른 이 부분의 국문 개정은 사실상 필요없다.

HS 2022	HS 2028
Note 2(A) to CHapter 71 2.– (A) Headings 71.13, 71.14 and 71.15 do not cover articles in which precious metal or metal clad with precious metal is present as minor constituents only, such as minor fittings or minor ornamentation for example, monograms, ferrules and rims, and **paragraph (b) of the foregoing Note** does not apply to such articles(*). (*) The underlined portion of this Note constitutes an optional text.	Note 2(A) to CHapter 71 2.– (A) Headings 71.13, 71.14 and 71.15 do not cover articles in which precious metal or metal clad with precious metal is present as minor constituents only, such as minor fittings or minor ornamentation for example, monograms, ferrules and rims, and **paragraph (b) of Note 1 to this Chapter** does not apply to such articles.

현행(HS 2022)	개정(HS 2028)
	나. 지금(地金, Gold doré) 다. 광업부산물 이 소호주(小號註)의 목정상, "정련(精鍊)"이란 상기 언급된 채굴된 금에서 다른 물질을 제거하여 중량 기준 순도 99.5% 이상의 상업적 시장 품질의 금으로 정제하는 활동을 의미한다. 제7108.14호에는 이 소호주(小號註)의 의미 내에서 이전에 정련 과정을 거친 금으로 구성된 비가공 형태의 금 합금(예: 장신구 제조용 합금)은 포함되지 않는다.
〈신설〉	3. 소호 제7108.20호에서의 적용을 위해, "화폐용"이라는 표현은 국가 또는 국제 통화 당국이나 승인된 은행 간에 교환되는 금을 의미한다.
<u>**2.~3**</u>. (생략)	<u>**4.~5**</u>. (생략)

71.08 - 금...... (생략)
 	
    - 화폐용이 아닌 것
7108.11 -- 가루
7108.12 -- 그 밖의 가공하지 않은 모양인 것
7108.13 -- 그 밖의 반가공한 모양인 것
〈신설〉
	71.08 - 금...... (생략)
	
	    - 화폐용이 아닌 것
	〈삭제〉
	
	7108.14 -- 이 류 소호주 제2호에 규정된 채굴된 금
	7108.15 -- 가루(채굴된 금을 제외한다)
	7108.16 -- 그 밖의 미가공형태의 금(중량 기준으로 금 함량이 99.5% 이상인 것에 한한다)
	7108.17 -- 그 밖의 미가공형태의 금(중량 기준으로 금 함량이 99.5% 미만인 것에 한한다)
	7108.18 -- 그 밖의 반제품형태의 금

7108.20 - 화폐용	7108.20 - 화폐용
7115.10 - 촉매제[백금으로 만든 와이어클로스(wire cloth)나 그릴 모양인 것으로 한정한다]	7115.10 - 촉매제[백금으로 만든 와이어클로스**(직조, 편조 또는 뜨개질된 것을 포함한다)**나 그릴 모양인 것으로 한정한다]
71.18 - 주화 7118.10 - 주화(금화는 제외한다)로서 법정통화가 아닌 것 7118.90 - 기타	71.18 - 주화 7118.10 - 주화(금화는 제외한다)로서 법정통화가 아닌 것 - 기타 7118.91 -- 금화 7118.92 -- 그 밖의 귀금속 주화 7118.99 -- 기타

Chapter 4

제15부 ~ 제21부

1 철강제의 체결용 부품과 관련한 제7318호의 개정

가. Fastener란 무엇인가?

HS 호의 용어에서 'fastener'라는 단어를 포함하고 있는 호는 제9706호와 제9707호 2개 호이다. 제9706호에는 통상 의류에 사용되는 단추나 버튼 타입의 여러 가지 fastener가 분류되고, 제9707호에는 '지퍼'라는 상품명으로 더 흔하게 불리는 slide fastener가 분류된다. 국문 관세율표에서는 fastener를 별다른 번역없이 '파스너'라고 표기하고 있다.

호의 용어에서 따로 언급하고 있지는 않으나 개별 수출입 물품의 레벨에서 fastener라는 품명으로 불리는 물품이 가장 많이 포함되는 호는 제7318호이다. 제7318호에는 볼트, 너트, 스크루 등 기계나 장비를 파손없이 쉽게 해제하고 조립할 수 있도록 물품을 묶는 fasten 용도로 사용되는 철강제 범용성 부분품이 분류된다.

영어 동사 fasten은 형용사 fast의 파생어이고 '단단히 묶다, 고정하다' 정도의 뜻으로 쓰인다. 여기서 형용사 fast의 뜻은 '빠르다'는 것보다는 '단단히 고정된firmly fixed' 정도의 의미를 가진다.[31]

---

31 출처 : 메리엄-웹스터 사전 https://www.merriam-webster.com/

제54차 HS 검토소위원회'18.6월에서 EU는 철강제의 각종 fastener가 분류되는 제7318호의 소호 분류체계 개정안을 제출하였다.

나. 제7318호의 개정제안(EU)

제7318호에는 관세율표 제15부 주 제2호에서 규정한 대표적인 범용성 부분품으로 기계, 장비, 장치 등의 물품을 연결·고정하거나 파손 없이 쉽게 해체할 수 있는 형태로 조립하는데 사용되는 체결용 부품이 분류된다. 여기에는 나선가공이 되어 있는 볼트, 너트, 스크루 종류와 나선가공이 되어 있지 않은 리벳, 코터, 와셔 등이 포함된다.

EU의 견해로는 현재 HS 품목분류표에서 파스너의 분류방식은 더 이상 시장의 현실을 반영하지 못하고 있으며, 소호 분류체계에서 시장에서 유통되는 다양한 유형과 특성을 적절히 수용하지 못하고 있다. 파스너에 대한 현행 HS 품목분류표에서의 명명법은 수십 년 전의 기준을 따르고 있어 파스너의 전반적인 구조 변화에 맞춰 조정된 적이 없으며, 현재 각 관련 소호의 용어가 시중에 판매되는 모든 제품을 포괄하지 못한다고 보고 있다.

EU는 특히 제7318호의 주요 소호들은 기술의 발전과 대체품의 등장으로 사실상 시장에서 거의 사라진 제품들을 다루고 있는 반면, 거래량이 매우 방대한 신제품들은 '기타Other' 항목으로 분류되고 있어 수출입 통계 데이터를 평가하는 것이 매우 어렵거나 사실상 불가능한 실정임을 지적하였다.

이에 따라 EU는 관련 업계와의 협의를 거쳐 제7318호 소호 분류체계를 전면적으로 재정비하는 개정안을 제안하였다. 여기에는 소호 제7318.1호코치 스크루, 제7318.12호목재용 스크루를 삭제하는 한편, 리프팅 스크루 혹lifting screw hook, 스크루 링screw ring, 너트 링nut ring, 앵커anchor, 클립clip 등 현재 현장에서 실제로 더 많이 쓰이는 다양한 품목을 특게하기 위한 소호를 신설하는 내용이 주로 포함되었다. 그 밖에도 나선가공한 제품threaded article을 ISO 표준규격에 따라 가공된 미터 나사metric thread와 비표준 나사non-metric thread로 구분할 것도 제안하였다.

다. 7318호의 범위에 대한 논의(HS 검토소위원회)

검토소위원회는 대체적으로 EU의 개정방향에 동의하면서도 개별 물품과 개별 소호에 대한 구체적인 텍스트에 대한 견해차이와 논의기간에 팬데믹이 겹친 이유 등으로 인하여 합의된 개정안을 완성하는데 긴 시간을 소모하였다.

주된 논의내용은 EU의 제안한 개별 물품들이 품목분류 관점에서 제7318호에 분류되는 것이 타당한지, 그리고 이들을 소호레벨에서 어떻게 배열하는 것이 적절한지에 대한 것이었다. 예를 들면 다음과 같은 물품들이다.

EU의 개정안에 포함된 물품 중 가장 비중이 크고 중요한 물품은 철강제 앵커steel anchor라 할 수 있다. 철강제 앵커는 건축 및 토목 현장에서 콘크리트와 같은 단단한 기반 재료에 철골 구조물, 기계, 설비 등을 단단히 고정하기 위해 사용하는 핵심 파스너이다. 앵커의 주된 기능은 외부에서 가해지는 힘을 기반 재료콘크리트와 같은 지지물로 효과적으로 전달하는 것이다. 빌딩의 철골 기둥, 교량, 지붕 구조물 등을 콘크리트 기초에 결합하거나 산업 현장에서 진동이나 하중이 큰 중장비를 바닥에 고정하여 이동이나 전도를 방지한다. 그 밖에도 배관, 조명기구, 난간핸드레일, 석재 외장재 등을 비구조적 요소를 벽체나 천장에 고정하는 데에도 사용된다.

앵커는 제7318호의 단순한 볼트와 너트 결합물에 비해 다소 복잡한 구조이며, 산업현장에서는 용도와 형태에 따라 다양한 명칭으로 불리기도 한다.

 다양한 형태와 용도의 철강제 앵커

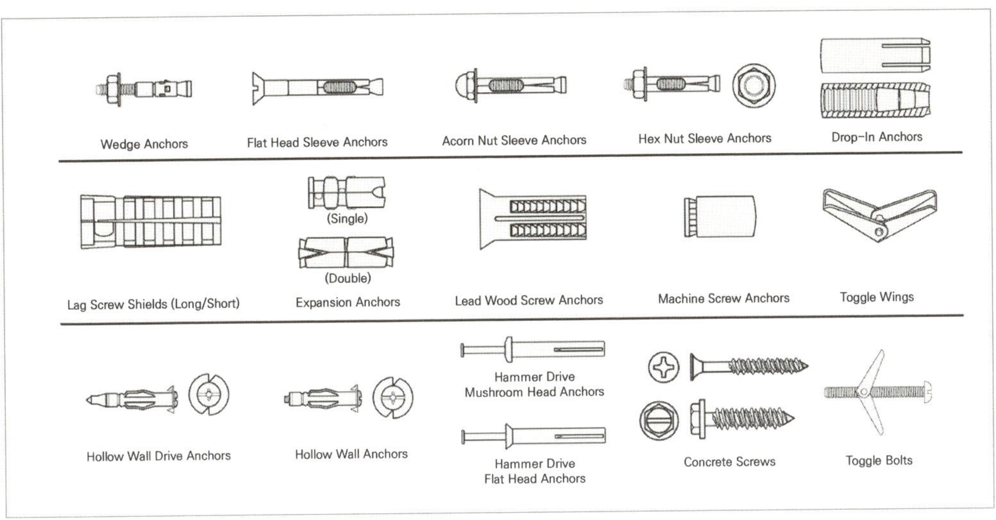

검토소위원회는 앵커를 소호 레벨에서 특게시키는 것에 대해 별다른 이견이 없었다. 다만, 이를 나선가공한thread 제품 그룹이나 기타unthreaded 그룹에 포함시키는 것보다는 별도의 다른 그룹으로 분리하는 것을 선호하였다.

또한 철강제 앵커를 제7318호의 소호 레벨에서 특게하는 것만이 아니라 제7318호 호의 용어에도 삽입하기로 합의하였다. 다만, 현행의 제7316호에 이미 철강제 닻steel anchor을 언급하고 있으므로 제7316호에 분류되는 앵커와 제7318호에 분류되는 앵커 간 혼동의 여지가 없도록 제7316호의 물품을 선박계류용 닻Mooring anchor이라고 명확히 표현하기로 합의하였다.

EU의 제안 중에서 가장 논쟁적인 물품은 클립clip이라고 할 수 있다. 파스너 범주에서 클립은 별도의 나사산이나 공구 없이 탄성elasticity이나 마찰력을 이용해 물체를 일시적 또는 영구적으로 고정하거나 묶어두는 장치를 의미한다. 제7318호의 맥락에서 EU는 다음과 같은 물품을 염두에 두고 clip을 이 호 내에서 클립을 특게하기 위한 소호 신설을 제안한 것이다.

개정제안에서 EU는 제7318호에 속하는 클립은 부품 조립체의 체결부 역할을 하는 강철제 부품으로 금속판sheets of metal으로 제작되어 나사를 이용하거나 압력을 가해 끼워 넣는 방식push-clips으로 조립되도록 설계되었고 일반적으로 크기가 작다고 설명하였다. 이러한 클립들은 주로 자동차, 전자, 항공우주, 에너지, 산업 장비, 건설 및 의료 산업에서 파스너fasteners로 사용된다고 부연하였다.

문제는 이미 HS 품목분류표의 다른 호에 클립이라는 용어가 존재한다는 것이다. 제7302호의 용어에서 레일 클립Rail clip을 포함하고 있으며, 제8305호의 용어에서는 서신용 클립letter clip과 서류용 클립paper clip을 규정하고 있으며 제9608호에는 필기용구의 부분품으로서 클립을 언급하고 있다. 그 밖에도 HS 해설서 레벨에서는 제7323호에서 탁자덮개를 집는 클립table cloth clip을 예시하고 있으며, 제7326호와 제8302호 해설서에서도 클립을 예시하고 있다.

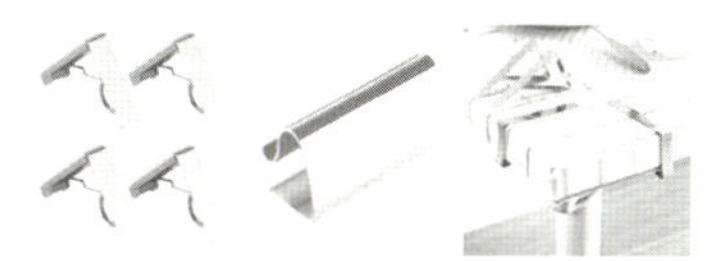
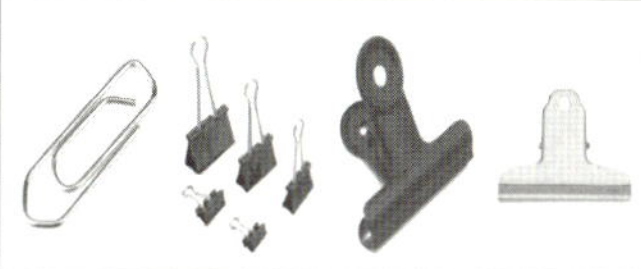

Rail clip (heading 73.02)	Table cloth clips (heading 73.23)	Letter/Paper clips (heading 83.05)

검토소위원회는 제7302호, 제7323호, 제8305호 등에서 언급한 클립과 제7318호의 클립을 구분하는 것은 어렵지 않다고 보았다. 그러나 제7326호나 제8302호 해설서에서 언급한 종류의 클립이나 이들 호에 분류될 만한 클립과 제7318호의 클립의 정확한 구분기준을 제시하는 것은 매우 어렵다고 판단하여 클립에 대한 소호 신설 개정안을 삭제하기로 합의하였다. 아울러 나선가공한 제품threaded article을 미터 나사metric thread와 비표준 나사non-metric thread로 구분하는 제안도 수용하지 않았다.

위 논의와 관련한 2028년 HS 개정 내용은 다음과 같다.

표1 2028 HS 개정 신구대조표 제7318호

현행(HS 2022)	개정(HS 2028)
73.16 – 철강으로 만든 **닻**과 그 부분품	73.16 – 철강으로 만든 **계류용 닻**과 그 부분품
73.18 – 철강으로 만든 스크루(screw)·볼트(bolt)·너트(nut)·코치 스크루(coach screw)·스크루 훅(screw hook)·리벳(rivet)·코터(cotter)·코터핀(cotter-pin)·와셔(washer)[스프링와셔(spring washer)를 포함한다]와 이와 유사한 물품	73.18 – 철강으로 만든 앵커(anchor)·리벳(rivet)·코터(cotter)·코터핀(cotter-pin)·와셔(washer)[스프링와셔(spring washer)를 포함한다]·스크루 훅(screw hook)·스크루(screw)·볼트(bolt)·너트(nut)와 이와 유사한 물품

– 나선가공한 제품
7318.11 -- 코치 스크루(coach screw)
7318.12 -- 그 밖의 목재용 스크루(screw)
7318.13 -- 스크루 훅(screw hook)과
         스크루 링(screw ring)
7318.14 -- 셀프태핑 스크루(self-tapping screw)
7318.15 -- 그 밖의 스크루(screw)와 볼트(bolt)
	7318.30 – 앵커(Anchors)
	
	   – 그 밖의 나선가공하지 않은 제품
	7318.41 -- 리벳(Rivets)
	7318.42 -- 코터(cotter)와 코터핀(cotter-pin)
	7318.43 -- 와셔(washer)
	7318.49 -- 기타

현행(HS 2022)	개정(HS 2028)
[너트(nut)나 와셔(washer)가 붙어있는지에 상관없다] 7318.16 -- 너트(nut) 7318.19 -- 기타 - 나선가공하지 않은 제품 7318.21 -- 스프링 와셔(spring washer)와 그 밖의 록 와셔(lock washer) 7318.22 -- 그 밖의 와셔(washer) 7318.23 -- 리벳(rivet) 7318.24 -- 코터(cotter)와 코터핀(cotter-pin) 7318.29 -- 기타	- 그 밖의 나선가공한 제품 7318.51 -- 스크루 훅(screw hook)·스크루 링(screw ring)·링 넛(ring nut) 7318.52 -- 셀프태핑 스크루(self-tapping screw)[셀프드릴링 스크루(self-drilling screw)를 포함한다] 7318.53 -- 볼트(bolt)와 그 밖의 스크루(screw)[너트(nut)나 와셔(washer)와 함께 제시된 것인지에 상관없다] 7318.54 -- 스터드(stud)와 로드(rod)[너트(nut)나 와셔(washer)와 함께 제시된 것인지에 상관없다] 7318.55 -- 너트(nut) 7318.59 -- 기타

2 태양광 워터펌프와 관련한 제8413호 개정

가. Off-grid 기술의 발전과 재생에너지 기구(IRENA)

오프그리드Off-grid란 전기, 가스, 수도 등 공공 기관에서 제공하는 중앙 집중형 에너지 공급망The Grid에서 벗어나, 에너지를 스스로 생산하고 소비하는 독립형 시스템을 말한다. 좀 더 좁은 의미에서는 전력망Electricity grid에 연결하지 않고 독자적으로 전기모터나 전기 램프 등을 사용할 수 있는 독립형 유닛을 말한다.

국제재생에너지 기구IRENA, International Renewable Energy Agency는 화석연료 중심의 전 세계 에너지 생태계를 태양에너지, 풍력, 수력, 조력 등의 재생에너지 중심으로 재편하기 위한 정부 간 국제기구이다. 2022년 HS 개정시 IRENA의 요청에 따라 전 세계적인 재생에너지 사용과 관련된 여러 기기들, 예를 들면 태양열 물가열기, 태양광 발전기, 광전식 조명 기구 등을 위한 소호를 신설하였다.

전 세계 재생에너지 발전설비는 2024년 한 해에만 685GW가 추가되었고, 2025년부터 2030년 기간 중에 4,980GW 정도가 증설될 것으로 예상되고 있다. 이 발전속도는 태양광이 견인하여 2030년 기준으로는 전 세계 재생에너지 생산량의 80%를 태양광 발전이 차지할 것으로 전망되고 있다.[32]

또한 국제 재생에너지 기구는 2026년이 재생에너지가 석탄을 제치고 세계 최대 전력원이 되는 역사적인 시점이 될 것으로 전망하고 있기도 하다.

나. 제8413호의 개정(영국의 제안)

제8413호에는 액체펌프liquid pump가 분류되며, 이 호의 소호 분류체계는 아래와 같다.

84.13 – 액체펌프(계기를 갖추었는지에 상관없다)와 액체엘리베이터

      – 펌프(계기를 갖춘 것이나 갖출 수 있도록 설계된 것으로 한정한다)
8413.11 -- 연료나 윤활유 급유용 펌프(주유소나 정비소에서 사용하는 형태로 한정한다)
8413.19 -- 기타

8413.20 – 수지식 펌프(소호 제8413.11호나 제8413.19호의 것은 제외한다)

8413.30 – 연료·윤활유 급유용이나 냉각 냉매용 펌프(피스톤 내연기관용으로 한정한다)

8413.40 – 콘크리트 펌프

8413.50 – 그 밖의 용적형 왕복펌프

8413.60 – 그 밖의 용적형 회전펌프

8413.70 – 그 밖의 원심펌프

      – 그 밖의 펌프와 액체엘리베이터
8413.81 -- 펌프
8413.82 -- 액체엘리베이터

      – 부분품
8413.91 -- 펌프의 것
8413.92 -- 액체엘리베이터의 것

---

32   세계 에너지시장 인사이트 제25-20호 2025.11.3.

제61차 HS 검토소위원회에서 영국은 소호 제8413.20호[수지식 펌프hand pump]를 재정의하여 소호 제8413.21호수지식 펌프와 소호 제8413.22호[태양광 펌프solar powered pump]로 세분하자는 개정안과 함께 이와 관련한 제8413호 해설서 개정안을 제출하였다.

영국은 수지식 펌프나 태양광 펌프 모두 전력망과 관계없이 사용할 수 있다는 측면에서 동일한 그룹소호 제8413.2호으로 묶는 것이 적합하다고 보았다. 영국의 개정안을 수용할 경우 이론적으로는 소호 제8413.30호부터 제8413.8호로부터 소호 제8413.2호로 물품 이동이 발생하게 될 것이다.

다. HS 검토소위원회 논의

UN 기후기술센터네트워크CTCN, Climate Technology Centre & Network는 태양광 기반 워터펌프의 용수 공급을 위한 사회적·환경적으로 매력적인 기술로 평가하고 있으며, FAO 또한 태양광 동력 관개 시스템SPIS, solar powered irrigation systems은 용수 펌핑에 사용되는 에너지 단위당 온실가스 배출량을 디젤 또는 화석 연료 기반 전력망을 사용하는 대안들에 비해 95% 이상 줄일 수 있다고 보고 있다. 이러한 측면에서 검토소위원회는 원론적으로 태양광을 에너지 소스로 사용하는 펌프에 대한 소호 신설에는 큰 틀에서 동의하였다.

다만 실무적인 측면에서 새로운 소호에 포함시킬 물품에 대한 보다 구체적인 설명이 필요하다고 판단하였다. 예를 들면, 신설 소호의 의도된 범위가 일체형 태양광 패널을 갖춘 펌프인지, 인버터 및 태양광 패널과 조합되어 제시되는 것인지 아니면 이 두 가지 유형 모두를 포함하는 것인지에 대해 명확히 하여야 한다. 또한 상황에 따라 예를 들어 일조량이 없는 경우 전력망이나 대안 에너지원과의 연결 없이도 작동 가능한 것이나 에너지원으로서 보조배터리를 장착한 것 등 여러 형태의 물품들이 이 소호에 포함되는지 여부를 좀 더 깊이 있게 검토할 필요가 있다고 보았다.

이 안건은 HS 검토소위원회에서 2년간의 논의를 거쳤고 그 과정에서 검토소위위원회는 국제재생에너지기구IRENA의 자문을 구하기도 하였다. IRENA는 현재 시장에는 다양한 용도의 태양광 워터펌프가 있고 이들은 대체로 그 용도에 따라 형태, 구성, 규모 등이 음을 예시하였다.

재생에너지기구는 그 밖에도 제8413호의 각 소호에 분류되는 펌프 중 태양광 에너지를 사용하는 펌프의 국제거래량 통계정보를 제공하였다. 제8413.11호의 연료 주입용 펌프나 제8413.50호의 용적형 왕복펌프의 경우 매우 드물게 실재하는 사례가 확인되고는 있으나 시장 규모 측면에서 현재 의미있는 수준은 아닌 것으로 보고되었다. 제8413.19호의 계기를 갖춘 그 밖의 펌프나 제8413.60호의 용적형 회전펌프의 경우 식수급수용이나 관개용으로 일부 사용되고 있기는 하나 그 연간 거래량은 미화 천만불을 넘지 않는 수준으로 조사되었다. 제8413.70호의 원심펌프의 경우 식수급수나 관개용으로 사용하는 태양광 펌프 시장의 약 80%를 차지하고 있는 것으로 추산되며, 연간 국제거래량은 5천만불 내외인 것으로 평가된다.

그림 5 **다양한 용도의 태양광 워터펌프** 태양광 패널이 내장된 것과 분리결합 가능한 것이 있다 **– 국제재생에너지기구 제공**

HS 검토소위원회는 이와 같은 논의를 거쳐 제8413.70호를 세분하여 태양광 펌프와 기타 펌프로 구분하는 개정안을 확정하였으며, 동시에 관련 소호주를 신설하기로 합의하였다.

표 2 **2028 HS 개정 신구대조표** 제8413호

현행(HS 2022)	개정(HS 2028)
제84류 소호주 〈신설〉	1. 소호 제8413.71호에는 다음 각 목의 것만을 분류한다. 가. 태양전지, 모듈 또는 패널을 결합한 펌프 나. 펌프의 동력 공급이나 에너지원 충전을 위해 설계된 탈부착가능한 태양전지, 모듈 또는 패널과 함께 제시된 펌프 이 소호에는 대체 에너지원을 사용할 수 있는 태양광 펌프도 포함된다.
1.~4. (생략)	**2.~5.** (생략)

현행(HS 2022)	개정(HS 2028)
8413.70 - 그 밖의 원심펌프	- 그 밖의 원심펌프 8413.71 -- 태양광 펌프 8413.79 -- 기타

라. 2028년 이후 태양광 원심펌프 품목분류 관점의 고려사항

제8413호의 펌프 중 소호 제8413.70호의 원심펌프Centrifugal Pump는 자동차용 연료 및 냉매 등 순환용 펌프소호 제8413.30호를 제외하고 가장 수출입 비중이 큰 품목이다.[33] 원심펌프는 발전소, 유전, 배수장, 송수관, 관개시스템 등에서 가장 많이 사용하는 종류의 고출력 펌프이며, 수중펌프submersible pump도 여기에 포함된다.

2028년 HS 발효 이후 제8413.71호에 분류되는 태양광 원심펌프의 분류와 관련된 몇 가지 실무적인 어려움이 예상된다.

먼저, 제8413.71호에 분류되는 물품이 전력망에 연결되지 않는 완전한 독립형이어야 하는가 아니면 필요시 또는 보조적으로 전력망에 연결되는 경우를 포함하는가의 문제인데, 제84류 소호주 제1호 마지막 단락에서는 소호 제8413.71호 "대체 에너지원을 사용할 수 있는 태양광 펌프"를 포함시키도록 규정하고 있다. 여기서 말하는 대체 에너지원이 무엇인지 해설서 레벨에서 구체적으로 정의되어야 하겠으나, 전력망이나 다른 에너지 공급망에 연결되는 경우도 포함한다고 해석하는 것이 타당해 보인다. 이 대체 에너지원을 배터리를 한정하여 의미하는 것으로 해석한다는 견해도 있을 수 있겠으나 소호주 제1호 나목에서 이미 "에너지원 충전을 위해 설계된 탈부착 가능한 태양전지"를 언급하고 있으므로 후단부의 단서 규정이 굳이 배터리를 한 번 더 언급하는 것은 아니라고 해석할 수 있다.

다음으로는 HS 제16부 주 제4호기능단위기계의 관점에서의 발생가능한 품목분류상 쟁점

---

33 2025년 관세청 무역통계

이 몇 가지 있을 수 있다는 점이다.

신설되는 제84류 소호주 제1호 가목은 태양양 패널과 펌프가 일체형이거나 적어도 제16부 주 제3호의 복합기계 관점에서 동상common base·동일 프레임common frame 위나 동일 하우징common housing 속에 장착되어 있는 경우의 물품을 정의하고 있다. 앞의 그림 1 참조. 그러나 소호주 제1호 나목은 '펌프의 동력 공급이나 에너지원 충전을 위해 설계된 탈부착 가능한 태양전지, 모듈 또는 패널과 함께 제시된 펌프'도 소호 제8413.71호에 포함하도록 규정하고 있다. 즉, 제16부 주 제4호에 따른 기능단위기계 형상으로 제시되는 경우가 일반적일 수도 있다. 이 경우 동일한 용도와 모델의 액체펌프가 태양광 전력 소스와 함께 제시되었는지 여부에 따라 6단위 품목분류가 달라질 가능성도 존재한다.

다음으로는 태양광 펌프를 구성하는 태양전지 모듈의 문제이다. HS 제8541호에는 태양전지solar cell를 포함한 감광성 반도체 디바이스가 분류된다. 제8541호에 분류되는 태양전지에는 다수의 셀로 구성된 모듈modules 또는 패널panels 상태의 것까지 포함한다. 그러나 이러한 모듈이나 패널이 동력을 전동기·전해조에 직접 공급하는 것과 같은 소자[예를 들면, 전류의 방향을 제어하기 위한 다이오드diode와 같이 단순한 것일지라도]를 부착한 경우 이 호에서 제외되어 제8501호에 분류하여야 한다. 이와 관련한 HS 해설서 규정은 아래와 같다.

이 호에는 또한 태양광 발전기를 포함하는데, 이것은 광전지 패널(panel)[그 밖의 다른 장치(예: 축전지(蓄電池)와 전자조절장치(전압조절기·변압장치 등))와 결합된 것]과 간단한 소자[예: 전류의 방향을 조절하기 위한 다이오드(diode)]를 갖춘 것으로 구성되어 있으며, 동력을 직접 전동기나 전해조(electrolyser)에 공급한다.

이 장치에서는 광전지가 직접 태양에너지를 전력으로 변환(광전지 변환)시켜 줌으로써 전력을 발생한다.

  (B) 감광성 반도체 디바이스(photosensitive semiconductor device)

    이 그룹에는 가시광선, 적외선, 자외선의 작용이 내부 광전효과에 의해 저항을 변경하거나 기전력(起電力)을 발생하는 감광성 반도체 디바이스를 포함한다. (중략)

    광전지의 특수한 종류는 다음과 같다.

(i) 태양전지(solar cell) : 이는 태양광선을 직접 전기적 에너지로 변환시키는 실리콘 광전지이다. 이들은 보통 집합하여 로켓과 우주탐사용 위성이나 산악구조용 송신기 등의 전원으로 사용한다.

이 호는 또한 모듈(modules)에 조립되었거나 패널(panels)로 구성되었는지에 상관없이 태양전지를 포함한다. 그러나 이 호에는 동력을 전동기·전해조에 직접 공급하는 것과 같은 소자[예를 들면, 전류의 방향을 제어하기 위한 다이오드(diode)와 같이 단순한 것일지라도]를 부착한 패널(panel)이나 모듈(module)을 제외한다(제8501호).

펌프의 동력원으로 태양광 패널이 사용된다는 것은 태양광으로부터 생산된 기전력이 곧바로 펌프의 모터를 구동시키거나 배터리를 충전할 수 있는 상태의 것을 의미한다. 따라서 태양광 펌프 시스템에 부착할 수 있는 형태로 제시된 태양광 패널이 별도로 제시되는 경우 제8541호가 아니라 제8501호에 분류될 가능성이 높다. 태양광 패널 또는 발전기만을 별도로 수입하는 경우 제8541호에 분류되는 물품에는 양허관세 0%가 적용되는 반면, 제8501호 물품은 대부분 기본 관세 8%가 적용된다는 점에 유의하여야 한다.

또 다른 문제는 태양광 펌프가 교류AC 모터를 사용하는지 직류DC 모터를 사용하는지에 따라 구성이 매우 달라질 수 있다는 문제이다. 원심펌프는 대용량 액체를 빠르게 이송하는 산업용 펌프로서 주로 사용되며 이러한 경우 대체로 AC 모터를 사용한다. 교류모터를 사용하는 경우 태양광 패널로부터 생산된 직류전기를 교류로 바꿔주는 인버터가 필요하다.

반면 직류모터를 사용하는 경우 인버터의 개입없이 태양광 패널로부터 생산된 전기나 배터리에 저장된 전기를 바로 모터 구동에 사용할 수 있다. 따라서 교류모터를 사용하는 펌프인지 아닌지에 따라 전체 시스템에 인버터가 포함되는지 여부가 달라질 수 있다.

3 열펌프와 관련한 제8415호 및 제8418호의 개정

가. 열펌프(heat pump)란 무엇인가?

HS 품목분류표에는 열펌프라는 용어가 2차례 등장한다. 소호 제8415.81호에 반전가능 열펌프를 규정하고 있으며 소호 제8418.61호에는 제8415.81호의 것을 제외한 나머지 열펌프를 포함하고 있다. 열펌프에 대한 각 호 해설서의 설명은 다음과 같다.

[제8415호 해설서]
이 호는 특히, 냉열 순환 반전용 밸브가 장착된 단일 시스템을 통해 구내의 난방과 냉방의 이중기능을 수행하도록 고안된 반전가능 열펌프를 포함한다. 냉순환의 경우 반전가능 밸브는 고온·고압의 증기를 열을 방출시키는 실외 코일로 보내게 되며 반면 응축물은 외부공기와 섞이고 그후 압축된 냉각물은 실내 코일로 전해진다(실내 코일은 열을 증발시키고 흡수하여 팬에 의해 실내에 고루 퍼지게 되는 공기를 냉각시킨다). 열순환의 경우 냉·열순환의 전환을 위한 밸브의 이동은 냉각물을 역으로 흐르게 하고 그에 따라 열은 구내 내부에서 방출된다.

[제8418호 해설서]

(II) 열펌프(heat pump)
열펌프(heat pump)는 적절한 열원(주로 지하수나 지표수·토양이나 공기)으로부터 열을 빼내어 보조 에너지원(예: 가스나 전기)을 가하여 더욱더 뜨거운 열원으로 변환시키는 장치이다.
열전달 유체(流體)(heat-transfer fluid)는 일반적으로 열을 열원에서 열펌프로, 열펌프에서 처리된 열매체로 전달하는데 사용한다. (생략)

열펌프heat pump는 전기에너지를 사용하여 열을 한 곳에서 다른 곳으로 이동시키는 장치로 저온의 열원을 흡수하여 고온으로 전달하는 역할을 수행한다. 일반적으로 펌프라 함은 외부에서 에너지를 가하여 유체나 열을 낮은 에너지 상태전위에서 높은 에너지 상태로 강제 이동시키는, 즉 자연적인 에너지 이동과 반대 방향으로 에너지를 이동시키는 기계를 말한다. 제84류에는 3가지 종류의 펌프가 존재한다.[34]

반전가능 열펌프가 제8415호에 분류되기 위해서는 이 호의 공기조절기의 구성적 요건을 갖추어야 한다. 즉, 구조상의 관점으로 보아 공기를 순환시키는 동력구동식 팬과 송풍기blower가 적어도 다음의 요소와 일체로 결합되어야 한다.

* 공기의 가열장치와 공기의 가습장치나 공기의 제습장치, 또는

* 냉각수 코일이나 냉장기계를 구성하는 증발기 또는

* 공기의 습도를 변화시키기 위한 독립된 장치를 갖춘 그 밖의 형태의 냉각기구

이 요건을 충족하지 못하는 그 밖의 열펌프는 제8418호에 분류된다.

나. 열원에 따른 열펌프의 분류

제61차 HS 검토소위원회에서 영국은 열펌프의 종류에 따른 구분을 명확히 하기 위한 HS 개정안을 제출하였다.

---

34 제8413호의 액체펌프물을 낮은 곳에서 높은 곳으로 이송, 제8414호의 기체펌프나 진공펌프이미 기압이 낮은 용기 내부의 공기를 기압이 높은 외부로 강제로 배출, 제8418호의 열펌프 등이 모두 여기에 해당됨.

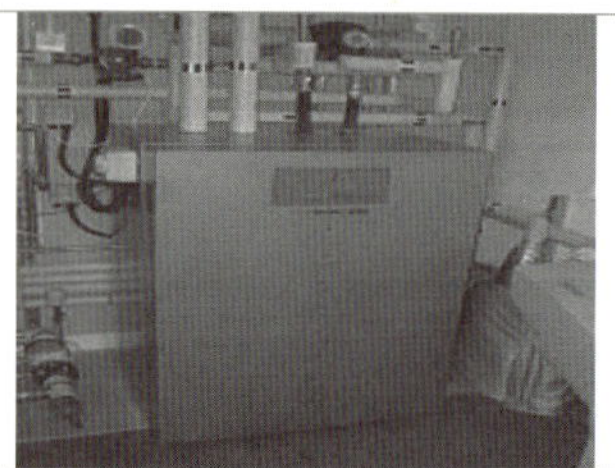
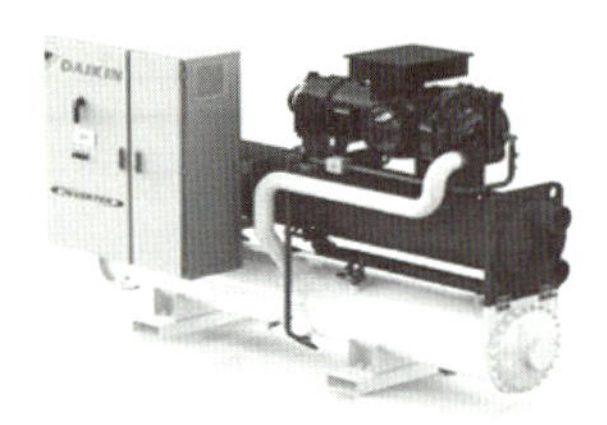

주된 내용 중 하나는 위 해설서에서 언급된 열펌프의 열원에 따라 공기열원 열펌프air source heat pump와 지열 및 수열원 열펌프ground and water source heat pump로 나누는 것이다. 영국은 제8415.81호의 열펌프는 공기열원 열펌프만 해당되며, 제8418호의 열펌프는 공기열원과 지열 및 수열원 열펌프를 모두 포함한다고 보았다.

검토소위원회는 영국의 제안에 대하여 논의하면서 제8415호의 반전가능 열펌프가 반드시 공기열 열펌프로 존재하는 것은 아니라고 검토하였다. 예를 들면, 반전가능 열펌프가 수열원을 이용하는 사례가 존재함을 확인하였다.

최종적으로 열펌프를 그 열원에 따라 세분류하고 이를 소호의 용어에 반영하는 개정안은 수용되지 않았다.

다. 냉매사용에 따른 열펌프의 구분

1) 제8415호·제8418호 기기와 냉매

제8418호에는 열펌프만이 아니라 냉장 또는 냉동기구가 분류되며, 이 호 해설서에서 냉장 및 냉동기구에 대하여 아래와 같이 설명한다.

위 설명은 냉매refrigerant를 사용하는 '증기 압축식' 또는 '흡수식' 냉동 시스템을 전제로 한 것이다.

냉매란 열사이클 내에서 상태 변화액체↔기체를 반복하며 열을 낮은 온도의 장소에서 높은 온도의 장소로 운반하는 매개체를 뜻한다. 액체 상태의 냉매가 기체로 변할 때 주변의 열을 빼앗아 가는 기화잠열Latent Heat of Vaporization을 이용하여 주변을 냉각한다. 냉매는 한 번 쓰고 버리는 소모품이 아니라 증발 → 압축 → 응축 → 팽창증발이라는 폐쇄된 회로를 반복하며 순환한다. 제8418호 해설서에서 이를 '연속적인 사이클'이라고 설명하고 있다.

냉장고나 에어컨에 적합한 냉매가 되기 위해서는 몇 가지 물리적, 화학적 성상을 갖추어야 한다. 우선 상온이나 저온에서도 쉽게 증발하면서 증발할 때 흡수하는 열량이 커야 한다. 기체가 된 냉매를 적당한 압력만으로 다시 액화시킬 수 있도록 적절한 응축 압력을 가져야 한다. 그리고 이런 사이클을 수만 번 반복해도 성질이 변하지 않고, 파이프나 금속을 부식시키지 않을 정도로 화학적으로도 안정적이어야 한다. 이러한 요건에 가장 잘 맞는 냉매가 바로 과거의 프레온 가스로 불리던 염화불화탄소CFC, Chloro Fluorocarbon)이다.

2) 냉매와 관련한 HS 개정 연혁 – 제대로 하자면 끝이 없다

몬트리올 의정서는 오존층 파괴물질인 염화불화탄소CFC의 생산과 사용을 규제하려는 목적에서 시작된 협약이다. 염화불화탄소는 프레온 가스로 널리 알려져 있으며, 냉장고나 에어컨의 냉매로 가장 많이 쓰였던 물질이다. 이 염화불화탄소가 오존층을 파괴하는 방식은 아래 그림과 같다.

그림7 CFC에 의한 오존층의 파괴

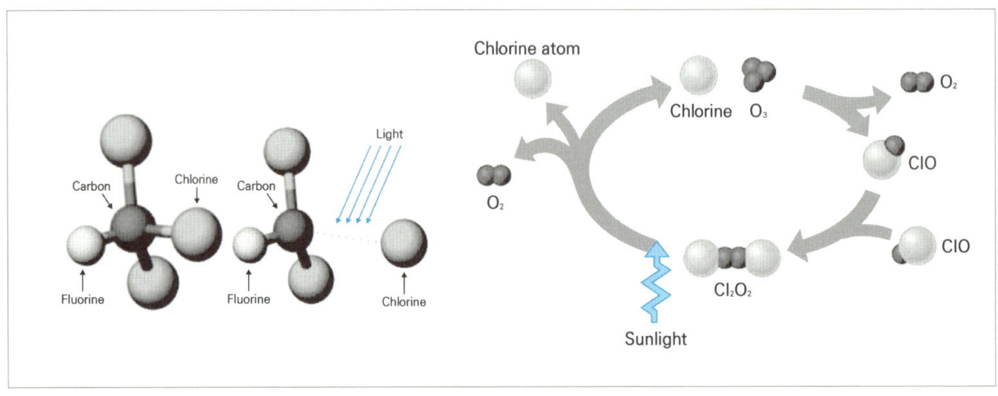

CFC 분자가 햇볕을 쪼이게 되면 분자 중에서 염소원자의 연결이 끊어지게 되고 이 염소원자가 오존층을 돌면서 오존O_3 분자와 반응하여 산화염소ClO를 생성하면서 오존O_3이 분해되어 산소분자O_2로 환원되는 과정을 반복함으로써 오존층이 파괴된다.

CFC는 탄화수소의 할로겐화 유도체로서 HS 제2903호에 분류된다. 1987년 몬트리올 의정서 채택 이후 오존 사무국Ozone Secretariat은 오존층 파괴물질인 염화불화탄소의 국제간 거래를 효율적으로 감시할 수 있도록 HS에 CFC의 특게를 요청하였고, CFC는 1996년 HS 개정당시 2903호 내의 6단위 소호 레벨에서 특게되었다.

몬트리올 의정서에 따라 CFC의 사용이 제한되자 업계에서는 기존의 프레온 가스를 대체하기 위한 물질을 개발하였고, CFC의 대체재로 등장한 것이 수소염화불화탄소HCFC, Hydro-Chloro Fluorocarbon이다.

 CFC의 구원투수 HCFC – 소화설비의 분사제로도 사용된다

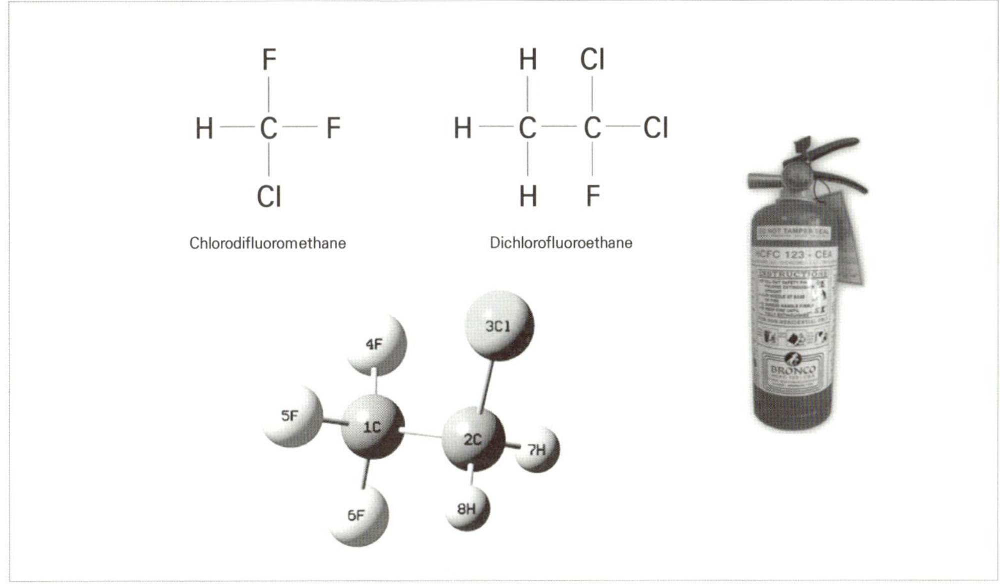

몬트리올 의정서의 효과로 업계에서 CFC를 냉매로 사용하는 일은 줄어들거나 없어졌다. 그러나 HCFC는 CFC에 비하면 오존층 파괴효과가 한결 완화된 것이긴 하지만 그 분자구조를 보면 염소 원자가 포함되어 있기 때문에 CFC와 마찬가지로 태양빛을 받으면 염소원자의 연결고리가 파괴되게 되고 자유로워진 염소 원자로 인하여 여전히 오존층에 영향을 미치게 된다.

몬트리올 협약측은 1997년 개정안을 통하여 CFC에 이어 HCFC를 퇴출할 수 있는 근거를 마련하였다. 이에 따라 오존 사무국은 이번에는 제2903호의 6단위 소호 레벨에서 이미 국제거래가 거의 사라진 CFC의 특게를 삭제하는 한편, HCFC의 특게를 요청하게 되었다. 이를 반영하여 2012년 HS에서 제2903호의 변경이 이루어졌다.

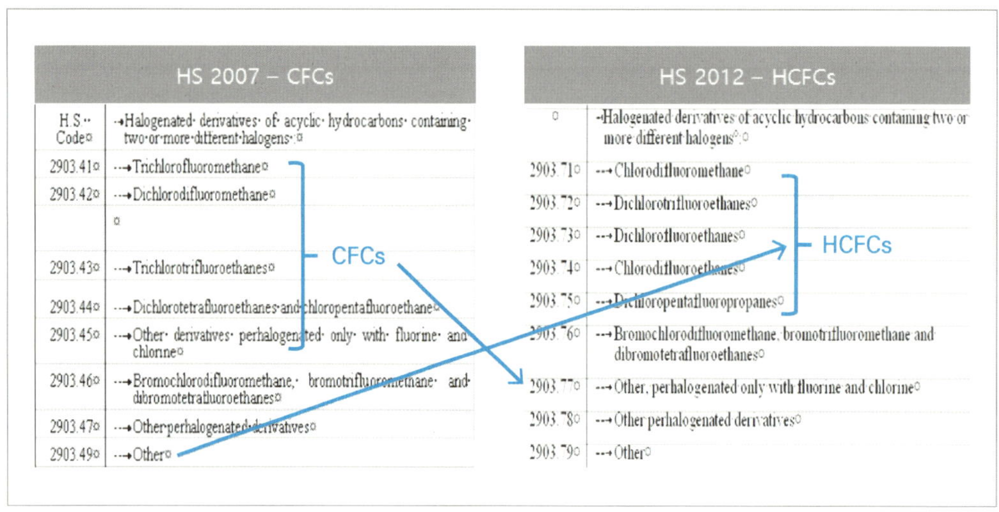

CFC에 이어 HCFC의 사용마저 제한되자 업계는 이를 대체할 새로운 냉매물질을 개발하게 된다. 그 결과로 등장한 것이 바로 수소불화탄소HFC, Hydro Fluorocarbon이다. HFC는 염소화합물이 아니며 태양빛에 반응하지 않기 때문에 오존층 파괴 부작용은 확실히 제거되었다. 그러나 불행히도 그것으로 끝이 아니어서 HFC가 냉매 사용되는 일이 급증하면서 온실가스를 일으키는 주범 중 하나로 대두되게 되었다.

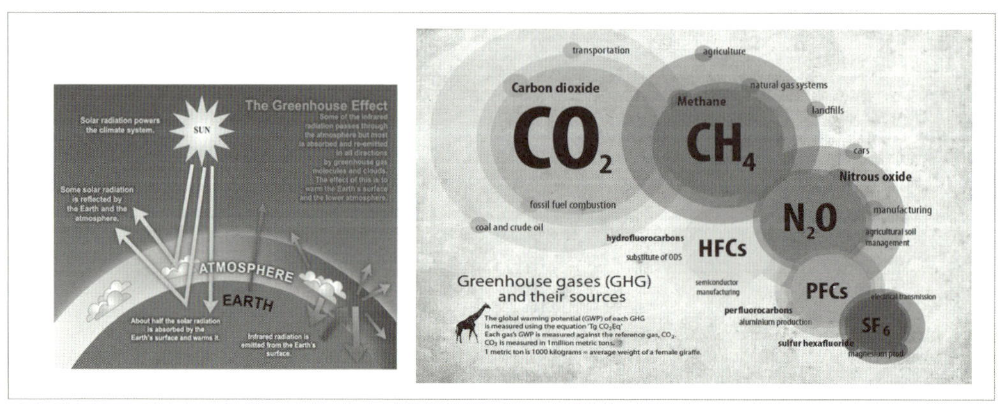

실제 HFC는 국제기후협약을 통해 규제되는 6종의 온실가스 중 하나로, 이산화탄소CO_2에 비해 배출되는 양은 적지만 CO_2보다 100~10,000배 이상의 온실효과를 일으키는 것으로 알려져 있다. 결국 '16.10월 르완다에서 개최된 몬트리올 의정서 제28차 당사국 회의에서는 HFC의 사용을 단계적으로 줄이기로 합의하였다'키갈리 개정안'이라고도 불림. 오존 협약의 입장에서 이는 몬트리올 의정서의 범위를 '지구온난화 방지'까지 확장한 기념비적 합의라고 볼 수 있다.

이후 제6차 HS 개정주기에 오존 사무국의 요청에 따라 WCO에서는 2022년 HS 제2903호에 18가지의 HFC를 특게하는 개정안을 확정하였다. 제2903.41소호부터 제2903.49소호

표3 HFC와 관련한 2022년 HS 개정

2017년 HS	2022년 HS
– 비환식탄화수소의 플루오르화·브롬화·요드화 유도체 2903.31 -- 이브롬화에틸렌(ISO)(1,2-디브로모에탄) 2903.39 -- 기타	– 포화비환식탄화수소의 플루오르화 유도체 2903.41 -- 트리플루오르메탄(HFC-23) 2903.42 -- 디플루오르메탄(HFC-32) 2903.43 -- 플루오르메탄(HFC-41), 1,2-디플루오르에탄(HFC-152)과 1,1-디플루오르에탄(HFC-152a) 2903.44 -- 펜타플루오르에탄(HFC-125), 1,1,1-트리플루오르에탄(HFC-143a)과 1,1,2-트리플루오르에탄(HFC-143) 2903.45 — 1,1,1,2-테트라플루오르에탄(HFC-134a)과 1,1,2,2-테트라플루오르에탄(HFC-134) 2903.46 — 1,1,1,2,3,3,3-헵타플루오르프로판(HFC-227ea), 1,1,1,2,2,3-헥사플루오르프로판(HFC-236cb), 1,1,1,2,3,3-헥사플루오르프로판(HFC-236ea)과 1,1,1,3,3,3-헥사플루오르프로판(HFC-236fa) 2903.47 — 1,1,1,3,3-Pentafluoropropane (HFC-245fa) and 1,1,2,2,3-pentafluoropropane (HFC-245ca) 2903.48 — 1,1,1,3,3-펜타플루오르부탄(HFC-365mfc)과 1,1,1,2,2,3,4,5,5,5-데카플루오르펜탄(HFC-43-10mee) 2903.49 -- 기타

2017년 HS	2022년 HS
	– 불포화비환식탄화수소의 플루오르화 유도체
	2903.51 -- 2,3,3,3-테트라플루오르프로펜(HFO-1234yf), 1,3,3,3-테트라플루오르프로펜(HFO-1234ze)과 (Z)-1,1,1,4,4,4-헥사플루오르-2-부텐(HFO-1336mzz)
	2903.59 -- 기타
	– 비환식탄화수소의 브롬화·요드화유도체
	2903.61 -- 브롬화메틸(브로모메탄)
	2903.62 -- 에틸렌 디브로마이드(ISO) (1,2-디브로모메탄)
	2903.69 -- 기타
2903.71 -- 클로로디플루오르메탄	2903.71 -- 클로로디플루오르메탄(HCFC-22)
2903.72 -- 디클로로트리플루오르에탄	2903.72 -- 디클로로트리플루오르에탄(HCFC-123)
2903.73 -- 디클로로플루오르에탄	2903.73 -- 디클로로플루오르에탄(HCFC-141, 141b)
2903.74 -- 클로로디플루오르에탄	2903.74 -- 클로로디플루오르에탄(HCFC-142, 142b)
2903.75 -- 디클로로펜타플루오르프로판	2903.75 — 디클로로펜타플루오르프로판(HCFC-225, 225ca, 225cb)
2903.76 -- 브로모클로로디플루오르메탄, 브로모트리플루오르메탄, 디브로모테트라플루오르에탄	2903.76 -- 브로모클로로디플루오르메탄, (Halon-1211), 브로모트리플루오르메탄(Halon-1301), 디브로모테트라플루오르에탄(Halon-2402)

HFC의 사용을 단계적으로 축소하기로 합의함에 따라 업계는 기존의 프레온가스는 물론 HFC를 대체할 새로운 차세대 냉매 개발을 추진하고 있다. 앞으로 HFC 이후에 등장하는 새로운 냉매가 또 어떤 부작용을 수반할 것인지는 예상할 수 없다. 분명한 것은 그러한 기술의 변화 또는 발전이 기존의 문제를 해결하지 못한다거나 새로운 문제를 유발할 경우 HS는 이 문제를 해결하는 방향으로 또 개정되리라는 것이다.

3) 사용하는 냉매의 종류에 따른 냉장·냉동기구의 구분(영국의 제안)

영국은 개정안에서 제8415호의 공기조절기와 제8418호의 냉동기구를 HFC를 냉매로 사용하는지 여부에 따라 6단위에서 세분류할 것도 함께 제안하였다.

검토소위원회는 영국 제안의 이 부분에는 동의하였으며, 소위원회에서의 논의결과 개정안이 일부 수정되어 합의되었다.

현행(HS 2022)	개정(HS 2028)
8415.10 – 창문, 벽, 천장 또는 바닥에 고정되도록 설계된 것(일체형이나 분리형으로 한정한다)	– 창문, 벽, 천장 또는 바닥에 고정되도록 설계된 것(일체형이나 분리형으로 한정한다) 8415.11 -- 수소불화탄소(HFCs), 수소염화불화탄소(HCFCs) 또는 이들을 함유한 혼합물로 충전되어 있거나 이러한 냉매로 작동하도록 설계된 것 8415.19 -- 기타
– 기타 8415.81 -- 냉각유닛과 냉·열순환 반전용 밸브를 결합한 것(반전가능 열펌프를 포함한다) 8415.82 -- 기타(냉각유닛을 결합한 것으로 한정한다) 8415.83 -- 냉각유닛을 결합하지 않은 것	– 기타, 냉각유닛과 냉·열순환 반전용 밸브를 결합한 것(반전가능 열펌프를 포함한다) 8415.31 -- 수소불화탄소(HFCs), 수소염화불화탄소(HCFCs) 또는 이들을 함유한 혼합물로 충전되어 있거나 이러한 냉매로 작동하도록 설계된 것 8415.39 -- 기타 – 기타 8415.82 -- 기타(냉각유닛을 결합한 것으로 한정한다) 8415.83 -- 냉각유닛을 결합하지 않은 것
– 그 밖의 냉장기구나 냉동기구와 열펌프 8418.61 -- 열펌프(제8415호의 공기조절기는 제외한다) 〈신설〉 8418.69 -- 기타	– 그 밖의 냉장기구나 냉동기구와 열펌프 〈삭제〉 8418.62 -- 열펌프[수소불화탄소(HFCs), 수소염화불화탄소(HCFCs) 또는 이들을 함유한 혼합물로 충전되어 있거나 이러한 냉매로 작동하도록 설계된 것에 한정한다] 8418.68 -- 그 밖의 열펌프 8418.69 -- 기타

4 역 자동판매기(Reverse vending machine)와 제8476호의 개정

관세율표 제8476호에는 물품의 자동판매기 Automatic goods-vending machine 와 화폐교환기가 분류된다. 제8476호 해설서는 "이 호에는 하나 이상의 코인·토큰이나 자기카드를 슬

롯slot에 넣으면 어떤 상품을 제시해 주는 여러 가지의 기계를 분류한다다만, 품목분류표의 다른 호에 열거한 기계나 류주 혹은 부주에 의하여 이 류에서 제외하는 기계 이외의 것. 이 호에서 '벤딩vending'이란 물품을 획득하기 위하여 구매자와 기계 간의 금전적 교환을 의미한다."라고 해설하고 있다. 기술발전에 따라 해설서에서 언급한 금전적 교환수단 이외에도 NFC나 온라인 결제를 통하여 상품을 곧바로 내어주는 기기가 포괄적으로 이 호에 분류되는 것으로 볼 수 있다.

그러나 제8476호에는 상품을 자동으로 제공하더라도 금전적인 교환수단을 지급하지 않고 작동하는 기계는 포함하지 않는다. 예를 들어, 커피 자동판매기는 제8476호에 분류되는 반면, 동전 투입 없이 버튼만 누르면 바로 커피를 제공해 주는 사무실용 커피머신은 제8419호에 분류된다.

또한 제8476호에는 금전적인 교환수단을 지급함으로써 작동하는 기계라 하더라도 상품이 아닌 서비스나 다른 활동을 제공하는 기계는 포함하지 않는다. 이들 기계 또는 기기는 보통 그 기능에 따라 분류한다. 예를 들어 자동구두닦이 기계는 제8479호에, 안마용 의자는 제9019호에, 지하철역 등에서 사용하는 코인 locker는 제94류에 각각 분류된다.

그렇다면 반대로 상품을 투입하면 현금과 같은 지급수단을 제공해 주는 기계는 어떻게 분류될 것인가? 일견 제8476호의 개념과는 다르기 때문에 현재 기준으로는 제8476호에 분류되기 어렵다는 견해도 있을 수 있겠으나 동등한 가치의 지급수단과 상품의 교환이라는 측면에서 제8476호에 포함될 수 있다는 견해도 있을 수 있다. 제8476호에는 현금교환기가 분류된다는 점에서도 후자의 견해가 지지받을 가능성이 있다.

제62차 WCO HS 검토소위원회'23.5월에서는 WCO 사무국의 제안을 토대로 제8476호에 Automatic reverse vending machineRVM을 포함하도록 하는 HS 개정안을 검토하였다.

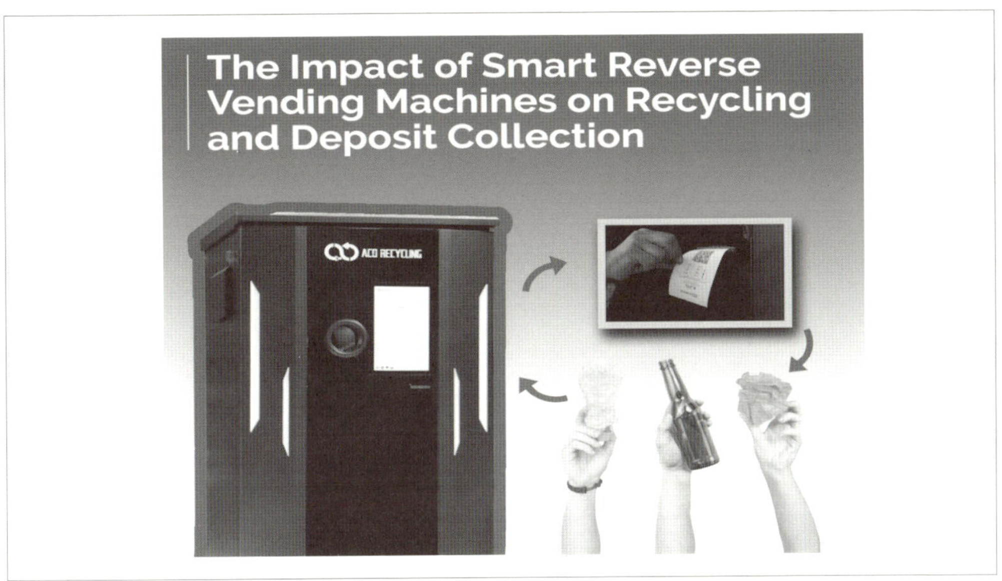

(출처 : https://www.acorecycling.com)

Reverse vending machine이란 일반적인 자판기와는 반대로 재활용 가능한 빈 병이나 캔을 기계에 넣으면 보상주로 현금이나 할인 쿠폰을 받는 시스템을 가진 기계로 주로 재활용을 촉진하고 환경보호를 장려하기 위하여 사용된다. RVM은 재활용 가능한 자원을 회수하기 위한 목적으로 사용되는 것으로 투입된 재활용품을 종류별로 분류하고 보관의 편의를 위하여 압축하는 유닛을 내장하였거나 결합하어 사용되는 겅우가 많다. 사무국은 RVM의 전 세계 거래량이 2022년 기준으로 약 4억 5천만불에 이르고 2030년에는 7억불을 초과할 것으로 예상되므로 호 또는 소호 신설요건을 충족함은 물론 환경보호 측면에서의 HS 개정방향에 부합한다는 측면에서 HS 개정안 검토를 제안하였다.

소위원회는 대체로 사무국의 제안방향에 동의하여 호 및 소호의 용어, 소호 해설서 등 개정안을 좀 더 합리적으로 다듬기 위한 수정제안을 검토하는 한편, 현행 기준에서 이 물품의 품목분류를 명확히 하기 위하여 HS 위원회에서 관련 물품의 품목분류를 먼저 결정할 것을 제안하였다.

신상품 등장에 따라 관련 HS 코드를 개정함에 있어 해당 물품이 현재 기준으로는 품목분류표의 어느 호에 분류되는지를 반드시 확정하여야 하는 것은 아니다. 그러나 해당 신상품의 품목분류를 먼저 결정하게 되며 HS 개정에 따라 관련 호의 범위가 어떻게 달라지는지, 혹은 HS 개정에 따라 호간의 물품 이동이 발생하는지 여부를 판단하는데 도움이 된다.

즉 RVM이 현행2022년 HS 기준으로 제8476호에 포함되는 것이라면 제8476호의 호의 용어를 개정하여 RVM이 이 호에 분류됨을 명확히 하더라도 호의 범위가 바뀌는 것은 아니다. 반면, RVM이 현행 기준으로 다른 호에 분류되는 것이라면 제8476호 개정으로 RVM을 이 호에 포함시킬 경우 제8476호의 범위가 확대되는 것이며, HS 개정연계표에서 이 내용을 반영할 필요가 생기게 된다.

HS 검토소위원회에서의 제안에 따라 제73차 HS 위원회'24.3월는 RVM의 품목분류를 검토하였다. HS 위원회는 ① 분류·압축 유닛이 제시되지 않은 RVM, ② 별도로 제시된 RVM용 분류·압축 유닛, ③ 분류·압축 유닛을 내장한 RVM 등 3종의 물품의 품목분류를 논의하였고, 세 가지 물품 모두 2022년 HS 기준으로는 제8479.89호에 분류되는 것으로 판단하였다.

그림 12 분류 및 압축유닛이 결합된 Reverse Vending Machine 제73차 HS위원회

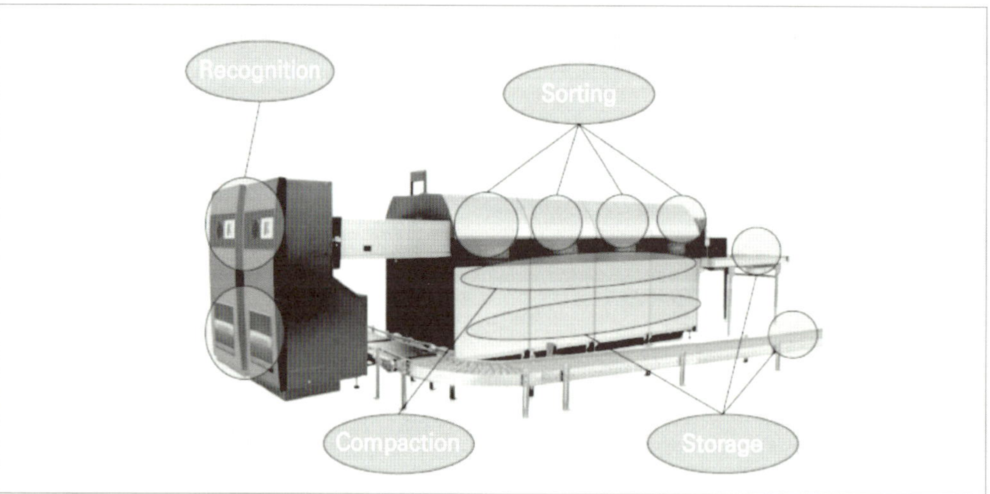

이후 검토소위원회는 추가논의를 거쳐 아래와 같이 제8476호 개정안을 확정하였다. 이 개정에 따라 2028년 HS에서는 앞서 언급한 물품 ①과 ③은 제8476호에, 물품 ②는 제8479호에 각각 분류될 수 있다. HS 개정을 수용하여 개정될 예정인 국문 관세율표에서 Reverse vending machine을 문자 그대로 '역 자동판매기'로 표현할지 아니면 물품의 기능과 용도에 초점을 맞춘 표현을 사용할지도 고민할 필요가 있을 것이다.

표5 2028 HS 개정 신구대조표 제8476호

현행(HS 2022)	개정(HS 2028)
84.76 – 물품의 자동판매기(예: 우표·담배·식품·음료의 자동판매기)와 화폐교환기	84.76 – 물품의 자동판매기(예: 우표·담배·식품·음료의 자동판매기), 화폐교환기와 **재활용품 회수기(선별·압축 및 저장모듈과 함께 제시된 것인지에 상관없다)**
– 음료 자동판매기 8476.21 -- 가열장치나 냉장장치를 갖춘 것 8476.29 -- 기타	– 음료 자동판매기 8476.21 -- 가열장치나 냉장장치를 갖춘 것 8476.29 -- 기타
〈신설〉	8476.30 – 재활용품 회수기(선별·압축 및 저장모듈과 함께 제시된 것인지에 상관없다)
– 그 밖의 기계 8476.81 -- 가열장치나 냉장장치를 갖춘 것 8476.89 -- 기타	– 그 밖의 기계 8476.81 -- 가열장치나 냉장장치를 갖춘 것 8476.89 -- 기타
8476.90 – 부분품	8476.90 – 부분품

5 복합구조칩 집적회로(Multi-chip IC)의 정의 일부 개정

가. 복합구조칩 IC의 등장과 제8542호의 개정(2007년 HS)

HS 제4차 개정판 2007년 HS에는 HS 개정과 반도체의 역사에서 매우 중요한 개정안이 한 가지 포함되었다. 바로 복합구조칩 집적회로를 제8542호의 전자집적회로 Electronic Integrated Circuit 범주에 포함시키도록 개정한 것이다.

1988년 발효 이후부터 HS 제8542호에는 두 가지 종류의 집적회로만이 포함되어 왔다. 모노리딕 집적회로와 하이브리드 집적회로이다. 이에 대한 제85류 주의 규정은 다음과 같다.

5. 제8541호 및 제8542호에서

가. (생략)

나. "전자집적회로와 초소형 조립회로"라 함은 다음의 물품을 말한다.

(1) 모노리식 집적회로

회로소자(다이오드·트랜지스터·저항기·축전기·상호접속자등)가 반도체재료(예:도프된 실리콘)의 내부 또는 표면에 한덩어리 상태로 집적(集積)되어 있으며, 분리가 불가능하도록 결합된 회로

(2) 하이브리드 집적회로

박막기술 또는 후막기술에 의하여 만들어진 수동소자(저항기·축전기·상호접속자 등)와 반도체 기술에 의하여 만들어진 능동소자(다이오드·트랜지스터·모노리식 집적회로 등)를 절연재료(유리·도자재 등)로 된 하나의 기판위에 실용상 분리가 불가능하도록 결합된 회로를 말하며, 이 회로에는 개별부품을 부착시킨 것도 포함한다.

(생략)

하이브리드 IC는 세라믹이나 알루미나 같은 절연기판 위에 막Film 회로기술로 배선과 저항 등을 인쇄한 뒤, 그 위에 트랜지스터, 다이오드 또는 이미 완성된 모노리딕 IC 칩을 붙여 구성한다. 하이브리드 IC는 고성능 아날로그 신호 처리에 유리하며, 단일 칩에 담기 어려운 고온, 고전압, 고전류를 견디는 개별 소자를 통합하여 전력 제어 및 고주파RF 신호처리 기능을 주로 수행한다.

반면 모든 회로소자를 하나의 실리콘 웨이퍼에 구현하는 모노리딕 IC는 초미세 공정을 활용하여 하나의 칩 내에 수억, 수십억 개의 회로를 형성하여 CPU, 컨트롤러, 메모리, 모바일 AP 분야에서는 독보적인 성능을 제공한다. 모노리딕 IC의 성능은 초미세 기술을 활용하여 단위 면적 안에 얼마나 많은 수의 회로를 탑재하느냐에 따라 달라지며, 기술의 발전에 따라 트랜지스터의 집적도는 꾸준히 향상되어 왔다. 그러나 제한된 면적 내에 회로의 집적도를 무한하게 높일 수 없다는 한계, 그리고 하나의 칩 내에서 서로 다른 기능예를 들면,

프로세서와 메모리을 동시에 구현하기 어렵다는 문제로 둘 이상의 서로 다른 칩을 하나의 패키지로 통합하는 MCP Multi-Chip Package 기술이 발전하게 되었다. 멀티칩 기술이 최초로 등장한 것은 1990년대로 알려져 있다.

이러한 MCP는 시장의 상식으로는 당연히 전자집적회로의 범주에 포함되나, 앞서 언급한 제85류 주 제5호 나목 및 제8542호 해설서에서 규정한 모노리딕 IC나 하이브리드 IC에 요건을 충족하지 못하기 때문에 제8542호에 분류할 수 없다는 문제점이 발생하였다. 이에 따라 2007년 HS는 제85류 주8을 개정 신설하여 두 개 이상의 모노리딕 IC를 하나의 패키지로 결합한 물품도 복합구조칩 집적회로 Multichip IC로서 제8542호에 분류토록 규정하였다.

8. 제8541호 및 제8542호에서

가. (생략)

나. "전자집적회로"라 함은 다음의 물품을 말한다.

 (1) 모노리식 집적회로 (생략)

 (2) 하이브리드 집적회로(생략)

 (3) 다중칩 집적회로

　둘 또는 그 이상의 **상호연결된 (interconnected)** 모노리식 집적회로로 구성되고, 실용상 분리가 불가능하도록 결합된 회로를 말하며, 하나 또는 그 이상의 절연기판 위에 결합되었는지의 여부와 리드 프레임이 장착되었는지의 어부는 불문한다. 그러나 기타 다른 능동 또는 수동소자가 장착된 것은 제외한다.

(생략)

그림 13 복합구조칩 집적회로의 예시

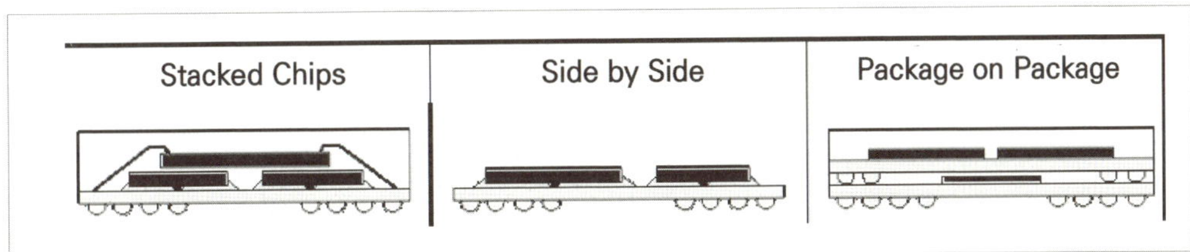

2007년 HS 개정에 따른 제8542호의 범위 변화는 아래와 같다.

표 6 **2007년 HS 개정에 따른 제8542호의 변동**

구분	HS 2002		HS 2007
제8542호	모노리딕 IC	단자 또는 도선을 갖춘 것	변동없음
		Chip 상태의 것	
		웨이퍼 상태의 것	
		스마트 카드	〈삭제〉
	하이브리드 IC		변동없음
	초소형 조립회로		〈삭제〉
	〈신설〉		복합구조칩 IC

제4차 개정판 이후 3차례 추가 개정의 결과로 제85류에서 집적회로를 규정하는 주는 2022년 HS에서는 주 제8호가 아닌 제12호이며, 복합부품 집적회로가 추가됨으로써 제8542호에 분류되는 집적회로의 범위 또는 2007년 HS 비해 더 넓어졌다.

나. 제85류 주 제12호 개정제안(EU)

2022년 HS 개정논의가 한창이던 '18.5월, 제54차 HS 검토소위원회에 EU는 제8542호의 복합구조칩과 관련한 제85류 주 및 제8542호 해설서 개정을 제안하였다.

EU는 당시 기준 2017년 HS으로 제85류 주 제9호 나목 3)항의 복합구조칩에 관한 정의에서 '상호연결된 interconnected'이라는 표현의 해석상의 문제점을 지적하였다. 여기서 상호연결되었다는 의미를 복합구조칩 집적회로를 구성하는 개별 칩 die들이 전기적으로 electrically 연결된 것으로 해석하여야 하는지 여부이다.

2007년 HS 개정에 따라 복합구조칩이 제8542호에 포함된 이후 물리적으로는 mechanically 연결되었으나 즉, 하나의 패키지 내에 결합되었으나 전기적으로는 연결되지 않은 둘 이상의 모노리딕 IC로 구성된 제품들이 다수 등장하였다. EU에 따르면 이 주 규정에서 언급한 '상호연결된interconnected'이라는 **표현의 해석 차이**연결이 전기적인 것이어야 하는지, 아니면 단순히 물리적인 통합인지 여부로 인해, 동일한 복합구조칩 집적회로임에도 회원국간 다르게 분류되는 상황이 발생한 것으로 보인다.

일부 회원국은 이 문구를 엄격하게 해석하여 전기적으로 상호연결되지 않은 칩들로 구성된 물품은 제8542호에서 제외하여 기능에 따라 분류하는 한편, 다른 회원국은 이를 다소 관대하게 적용하여 제8542호에 분류하는 사례가 있다고 EU는 설명하였다.

EU는 국가별 품목분류 불일치 문제를 해결하기 위해 이 부분을 '연결 여부와 상관없이 whether or not interconnected'라고 개정할 것을 제안하였다.

검토소위원회는 주의 문구 개정으로 인하여 제8542호의 범위가 달라질 가능성이 있다는 문제를 지적하고 EU가 설명한 것처럼 '물리적으로는 연결되었으나 기계적으로는 연결되지 않은' 다중칩 패키지의 실제 사례를 제시하고 이 물품이 현재 기준에서 어떻게 분류되는지 HS 위원회가 우선 결정해야 한다고 정리하였다.

제63차 HS 위원회'19.3월에서 이 안건의 논의가 계속되었다. EU는 국제전기기술위원회에서도 MCP를 다수의 인쇄회로가 하나의 하우징 내에 결합된 것으로 정의할 뿐 개별 칩 간의 전기적 연결에 대하여는 언급하고 있지 않으므로 복합구조칩 집적회로의 각 칩이 반드시 전기적으로 서로 연결될 필요는 없다고 주장하였다. 또한 시장의 현실을 반영하기 위해서도 제8542호의 MCP는 상호연결되었는지 여부와 무관하게 인정되어야 한다는 입장을 견지하였다.

반면 중국은 제8542호의 집적회로는 전기적으로 연결되어야 하며 EU의 개정안은 호의 범위 확대를 가져온다는 의견을 제시하였다. 그러면서도 한편으로는 이 쟁점이 '19.2월 세계반도체이사회의 안건으로 논의되었으나 결론이 나지 않은 점을 지적하고 업계에서 합의에 이를 때까지 안건 논의를 보류할 것을 제안하였다.

이어 제71차 HS위원회'23.5월에서 EU는 패키지 내에 함께 결합되어 있으나 전기적으로는 분리된 칩으로 구성된 두 가지 타입의 MCP에 대한 품목분류 안건을 제출하였고, 위원회는 이 두 가지 물품을 모두 제8542호로 분류하였다.

이후 검토소위원회와 HS 위원회에서의 추가 논의를 거쳐 EU의 개정안은 최종적으로 채택되었다.

표7 2028 HS 개정 신구대조표 제85류 주 제12호 나목 3)항

현행(HS 2022)	개정(HS 2028)
제85류 주 제12호 가목 3)호 3) 복합구조칩 집적회로 각자의 의도와 목적에 따라 분리가 불가능하도록 결합된 두 개 이상의 모노리식(monolithic) 집적회로로 구성된 복합구조의 칩으로 이루어진 집적회로를 말한다. 한 개 이상의 절연기판과 리드프레임(lead frame)을 갖춘 것인지에 상관없으며 다른 능동 회로소자나 수동 회로소자를 갖춘 것은 제외한다.	3) 복합구조칩 집적회로 각자의 의도와 목적에 따라 분리가 불가능하도록 결합된 두 개 이상의 모노리식(monolithic) 집적회로**[상호연결된 것인지에 상관없다]**로 구성된 복합구조의 칩으로 이루어진 집적회로를 말한다. 한 개 이상의 절연기판과 리드프레임(lead frame)을 갖춘 것인지에 상관없으며 다른 능동 회로소자나 수동 회로소자를 갖춘 것은 제외한다.

6 로봇 청소기와 전동 칫솔

제61차 HS 검토소위원회에서 중국은 제8508호 진공청소기와 제8509호 전동기를 자장한 가정용 전기기기의 소호 레벨에 로봇 청소기와 전동 칫솔을 각각 특게하는 한편, 이들 호의 해설서에 필요한 내용을 삽입하는 개정안을 제안하였다.

중국 측의 제시자료에 따르면 2021년 기준으로 로봇 청소기의 연간 국제거래량은 50억 불을 초과하는 것으로 나타났다. 로봇 청소기의 경우 검토소위원회에서 소호 신설에 대한 이견은 거의 없었다. 다만 해당 소호의 용어를 어떻게 정의할 것인지에 대해, 청소용 로봇 cleaning robot, 로봇형의 진공청소기 robotic vacuum cleaner, 자동청소기 automatic cleaner 등의 옵션이 검토되었다.

특히 캐나다는 로봇이라는 용어가 현재 시장에서 서로 상이한 여러 종류의 기계를 통칭하는 경향이 있으며, 로봇이라 불리는 기계들 중에서도 단계별로 그 자동화의 정도가 다르므로 예를 들면, 원격 제어 등 사람이 동작에 개입하는 정도의 차이 새로운 소호의 용어로 자동청소기 automatic cleaner라는 표현을 선호한다는 입장을 명확히 하였다.

소위원회는 논의를 거쳐 제8508호 개정안에 합의하였으며, 이에 따른 해설서 개정안도 2028년 HS 시행 이전에 논의가 끝날 예정이다.

전동칫솔은 이들 닦기 위한 수지식의 전기기기이며, 시장에서는 전동기 부분에 해당하는 손잡이 형태, 손잡이에 칫솔 헤드가 결합된 형태, 그리고 여기에 전원장치나 액세서리 등이 부가된 소매용 세트 형태 등 크게 3가지 타입으로 거래되고 있다. 전동칫솔은 현재 제8509호 해설서에서 이미 예시되고 있는 물품이다. 다만 중국 측의 자료 제시에 따르면 전동 칫솔의 국제거래량은 2021년 기준으로 연간 9억불 수준이므로 소호 신설의 근거로는 충분하다.

중국 제안에 따른 2028년 HS 개정 내용은 다음과 같다.

표8　2028 HS 개정 신구대조표 로봇 청소기 및 전동 칫솔

현행(HS 2022)	개정(HS 2028)
85.08 – 진공청소기	85.08 – 진공청소기
－ 전동기를 갖춘 것 8508.11 －－ 출력이 1,500와트 이하이고, 먼지 백이나 그 밖의 20리터 이하 용량의 저장조를 갖춘 것	－ 전동기를 갖춘 것 〈삭제〉
〈신설〉	8508.12 －－ 로봇 진공청소기 8508.13 －－ 기타, 출력이 1,500와트 이하이고, 먼지 백이나 그 밖의 20리터 이하 용량의 저장조를 갖춘 것
8508.19 －－ 기타 (생략)	8508.19 －－ 기타 (생략)
〈신설〉	8509.50 – 전동칫솔

7 휴대용의 태양에너지 램프

가. 2022년 HS 개정과 국제재생에너지기구(IRENA)

제52차 검토소위원회'17.5월에서 국제재생에너지기구는 태양에너지를 사용하는 여러 제품에 대한 HS 개정안을 제출하였다. IRENA는 재생에너지 사용의 확대가 지속가능한 발전Sustainable Development을 위한 핵심 수단 중 하나라는 취지에서 태양에너지 관련 제품의 품목분류를 명확히 하고 사용확대를 촉진하고자 관련 제품의 HS 개정을 제안하였다. 검토소위원회는 IRENA의 취지에 공감하고 IRENA의 제안에 약간의 수정을 거쳐 HS 개정안을 완성하였다.

표9 2022년 HS 개정시 태양에너지 제품과 관련한 소호 신설 및 소호의 용어 개정

2017년 HS	2022년 HS
〈신설〉	8419.12 – 태양열 물 가열기(solar water heaters)
8501.3　– 그 밖의 직류전동기와 직류 발전기	8501.3　– 그 밖의 직류전동기와 직류 발전기(태양광(photovoltaic) 발전기를 제외한다)
8501.6　– 교류 발전기	8501.6　– 교류 발전기(태양광(photovoltaic) 발전기를 제외한다)
〈신설〉	– 태양광(photovoltaic) 직류 발전기 8501.71 -- 출력이 50와트 이하인 것 8501.72 -- 출력이 50와트를 초과하는 것 8501.80 – 태양광 교류 발전기
9405.40 – 그 밖의 전기램프와 조명기구	– 그 밖의 전기식 조명기구 9405.41 -- 광전(光電)식(photovolataic)의 것[발광다이오드(엘이디) 광원에 전용되도록 설계된 것으로 한정한다] 9405.42 -- 기타(발광다이오드(LED) 광원에 전용되도록 설계제작된 것으로 한정한다) 9405.49 -- 기타

2022년 HS에서 IRENA의 제안에 영향을 받는 호는 제8419호, 제8501호, 제8541호, 제9405호 등이다. 영문 표현으로는 태양에너지를 포괄적으로 의미할 때는 solar energy

라는 표현을 사용한다. 여기에는 태양열과 태양광을 모두 포함하는 것으로 해석할 수 있다. 그러나 전기적인 의미에서 태양광에서 비롯된 전기에너지나 광전지를 의미할 때는 HS 품목분류표에서는 일관되게 photovoltaic이라는 표현을 사용하고 있다.

나. 휴대용 태양광 램프의 소호 신설(제8513호)

제58차 검토소위원회'21.5월에서 국제재생에너지기구는 제8513호휴대용 전등에 태양에너지를 사용하는 휴대용 램프solar lamp를 특게하기 위한 소호 신설을 제안하였다. 태양광 휴대용 램프는 조명기구, 충전 가능한 배터리, 소형의 태양전지 패널 등 세 가지 구성요소로 이루어져 있다. 이 세 가지 구성요소는 보통 다음의 세 가지 형태로 조합되어 있다.

 태양광 램프의 제시 형태 [전체 구성요소가 일체형으로 결합된 것(위), 탈부착 가능한 태양광 패널과 램프가 함께 제시된 것(가운데), 램프와 배터리팩, 태양광 패널이 분리되어 제시(아래)]

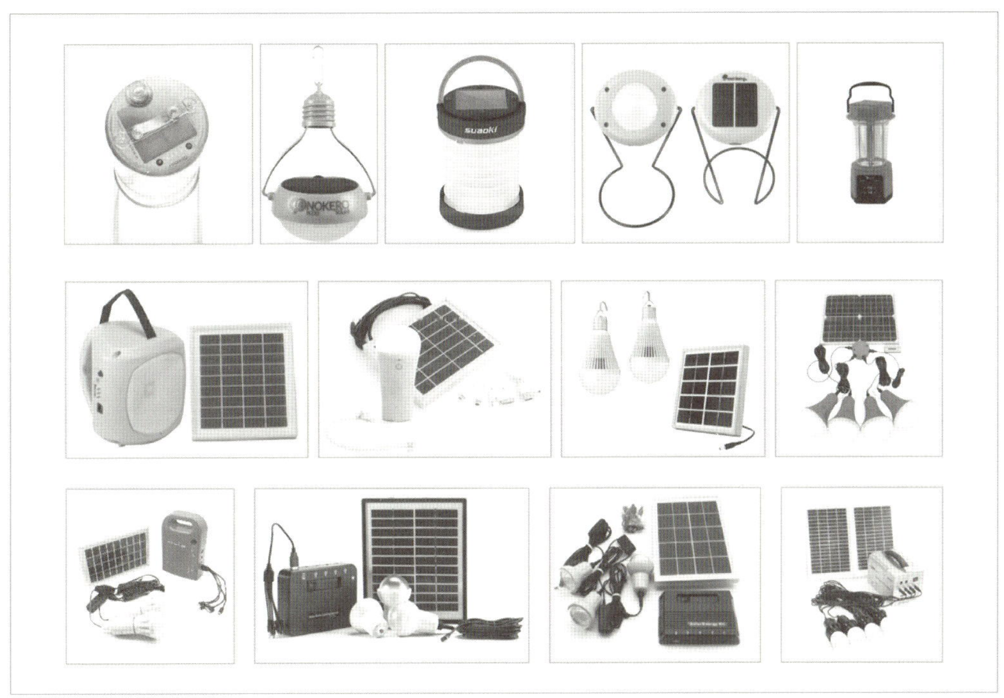

검토소위원회에서는 제8513호 내에 해당 소호를 신설함에 있어 위와 같은 여러 가지 제시형태를 모두 포함할 수 있도록 소호의 용어를 정의하는데 고민하였다. 논의결과 소호의 용어에서 이를 반영하기보다는 소호주를 신설하여 이 문제를 해결하는 것으로 합의하였다. 그리고 신설되는 소호의 용어는 간단하게 태양광photovoltaic 램프라고만 규정하였다.

표 10 **2028 HS 개정 신구대조표** 태양광 램프

현행(HS 2022)	개정(HS 2028)
제85류 소호주 〈신설〉	1. 소호 제8513.11호에는 다음 각 목의 것만을 분류한다. 가. 태양전지, 모듈 또는 패널을 결합한 램프 나. 램프의 에너지원 충전을 위해 설계된 탈부착가능한 태양전지, 모듈 또는 패널과 함께 제시된 램프 이 소호에는 대체 에너지원을 사용할 수 있는 휴대형의 태양광 램프도 포함된다.
1.~5. (생략)	**2.~6.** (생략)
85.13 – 휴대용 전등……(생략)	85.13 – 휴대용 전등……(생략)
8513.10 – 전등	– 전등 8513.11 태양광 램프 8513.10 기타
8513.90 – 부분품	8513.90 – 부분품

8 수면과 공중에서 모두 사용 가능한 운송수단의 분류

제17부 주 제4호와 제5호는 제86류부터 제89류까지의 류 중 둘 이상의 류에 분류 가능한 운송수단에 대한 우선분류 기준을 규정하고 있다.

[제17부 주]
4. 이 부에서는 다음 각 목에서 정하는 바에 따른다.
 가. 도로와 궤도를 주행하도록 특수 제작된 차량은 제87류의 해당 호로 분류한다.

나. 수륙양용 자동차는 제87류의 해당 호로 분류한다.

다. 도로 주행차량으로 겸용할 수 있도록 특수 제작된 항공기는 제88류의 해당 호로 분류한다.

즉, 특정 운송수단이 제17부에 포함되는 둘 이상의 류에 분류 가능한 경우 우선 순위는 ① 제88류, ② 제87류, ③ 제86류 및 제89류의 순서로 정의할 수 있을 것이다.

그러나 제17부 주 레벨에서는 제88류와 제89류에 동시에 분류 가능한 운송수단에 대해서는 명확히 언급하고 있지 않다는 점에서 논쟁의 소지는 다소 남아 있다. 이러한 운송수단에 대해서는 제8802호 해설서와 제89류 해설서에 약간의 단서가 있을 뿐이다.

[제8802호 해설서]
이 호에는 다음의 것을 분류한다.
(1) 기계 구동식의 중(重)항공기(heavier-than-air aircraft) : 이 그룹에는 비행기[육상비행기(landplanes)·
　　수상비행기(seaplane)·수륙양용기(amphibians)]……를 포함한다.

해설서에서 언급한 수상비행기나 수륙양용기는 랜딩기어 부분에 바퀴 대신 부판浮板, float이 달려 비행기가 뜨고 내리는 것을 물 위에서만 하는 비행기seaplane와 바퀴와 부판이 모두 달려있어 육지와 수상에서 모두 뜨고 내리는 것이 가능한 비행기amphibian를 의미하는 것으로 해석할 수 있다. 즉, 운송수단으로서의 주행 그 자체는 공중에서 이루어지며, 수상주행이나 육상주행 옵션은 없거나 매우 미미한 항공기를 의미하는 것으로 볼 수 있다.

제64차 HS 위원회'19.9월에서 튀니지는 공기주입식의 비행보트inflatable flying boat의 품
목분류 안건을 제출하였다. 해당 물품은 반경질semi-rigid 선체로 이루어진 2인식의 공기주
입식 보트에 행글라이더 형태의 날개와 추진용이 프로펠러 및 내연기관 엔진 등으로 구성
된 것으로 물 위에서도 주행가능하고 하늘을 날 수도 있는 운송수단이다.

앞서 말한 것처럼 제17부 주에서는 수상 주행과 공중 비행이 모두 가능한 물품에 대한

명확한 정의는 없으나 제89류 해설서 총설에서는 비행보트flying boat를 제89류에서 제외하여 제88류에 분류토록 해설하고 있다.

HS 위원회는 이 물품을 제89류에서 제외하여 제8802호에 분류하는 것에는 만장일치로 동의하였다. 다만 통칙 적용의 문제에 있어 이 물품을 일종의 복합물로 보고 통칙 제3호 나목을 적용할 것인지에 대해서는 의견이 갈렸다. 투표결과 위원회는 이 물품을 통칙 제1호와 제6호를 적용하여 제8802호에 분류하는 것으로 결론지었다.

제56차 HS 검토소위원회'19.11월는 이 결정사항을 반영하여 수상주행과 비행이 모두 가능한 운송수단의 품목분류를 명확히 하기 위한 규정을 제17부 주 제4호에 추가하기로 합의하였다.

표 11   **2028 HS 개정 신구대조표**제17부 주 제4호

현행(HS 2022)	개정(HS 2028)
제17부 주 제4호 4. 이 부에서는 다음 각 목에서 정하는 바에 따른다. 가. 도로와 궤도를 주행하도록 특수 제작된 차량은 제87류의 해당 호로 분류한다. 나. 수륙양용 자동차는 제87류의 해당 호로 분류한다. 다. 도로 주행차량으로 겸용할 수 있도록 특수 제작된 항공기는 제88류의 해당 호로 분류한다. 〈신설〉	4. 이 부에서는 다음 각 목에서 정하는 바에 따른다. 가. 도로와 궤도를 주행하도록 특수 제작된 차량은 제87류의 해당 호로 분류한다. 나. 수륙양용 자동차는 제87류의 해당 호로 분류한다. 다. 도로 주행차량으로 겸용할 수 있도록 특수 제작된 항공기는 제88류의 해당 호로 분류한다. 라. 수면과 공중을 모두 주행할 수 있도록 특수 제작된 운송수단은 제88류의 해당 호로 분류한다.

가. 하이브리드 자동차와 2017년 HS 개정

2017년 개정 HS 이전의 제8703호 분류체계는 아래와 같다.

[2012년 HS]
87.03 – 주로 사람을 수송할 수 있도록 설계제작된 승용자동차와 기타의 차량(제8702호의 것을 제외하며,
　　　　스테이션 왜건과 경주용 자동차를 포함한다)
8703.10 – 설상주행용 차량, 골프용차와 이와 유사한 차량
　　　　　 – 기타의 차량(불꽃점화식의 왕복식 피스톤 내연기관의 것에 한한다)
8703.21 –– 실린더용량이 1,000시시 이하인 것 (중략)
　　　　　 – 기타의 차량[압축점화식의 피스톤 내연기관(디젤 또는 세미디젤)의 것에 한한다]
8703.31 –– 실린더용량이 1,500시시 이하인 것 (중략)
8703.90 – 기타

2012년, 혹은 그 이전의 HS를 기준으로 보자면 제8703호에서 가솔린 엔진 차량은 제8703.2 소호 그룹에, 디젤 엔진 차량은 제8703.3 소호 그룹에 포함되고, 전기자동차는 제8703.90소호의 그 밖의 승용자동차로 분류된다. 그렇다면 하이브리드 차량은 위 체계 내에서 어떻게 분류될 것인가?

제28차 WCO HS 위원회'01.11월는 세계 최초의 양산형 Full 하이브리드 자동차로 알려진 T사의 차량에 대한 품목분류를 검토하였다.

논의결과를 요약하자면 하이브리드 자동차를 품목분류함에 있어 이를 소호 제8703.2호의 불꽃점화식 피스톤 엔진 차량과 제8703.90호의 기타전기자동차 차량이 결합된 복합물품의 관점에서 접근한 것으로 대략적으로 정리할 수 있다.

이에 따라 본질적인 특성을 부여하는 구성요소가 내연기관 엔진인지 전기모터인지를 판

단할 수 없다는 논지에 따라 HS 해석에 관한 통칙 제3호 다목을 적용하여 제8703.90호로 분류하여야 한다는 입장과 여러 가지 특성을 감안할 때, 내연기관 엔진에 본질적인 특성이 있는 것으로 볼 수 있으므로 통칙 제3호 나목을 적용, 제8703.2호에 분류하여야 한다는 입장으로 나뉘게 되었으며, 최종적으로는 후자의 논리에 따라 통칙 제1호, 제3호 나목 및 제6호를 적용하여 제8703.22호로 결정되었다.

당시 논의대상인 쟁점 하이브리드 자동차에서 가솔린엔진은 전기모터에 비하여 보다 높은 동력 최대출력대비 53kw/rpm 대 33kw/rpm을 제공하고, 시동을 걸 때, 저속주행시 또는 정지할 때만 전기모터가 관여하는 반면, 일반주행과 고속주행시에는 가솔린엔진의 지원을 받는다는 점이 하이브리드 자동차의 본질적인 특성은 내연기관 엔진에 있다고 본 근거가 되었다.

이 결정 이후 전기모터가 내연기관에 비해 보조적이라는 대체적인 인식 아래 모터출력에 관계없이 엔진의 배기량에 따라 분류되던 관행이 전 세계적으로 큰 쟁점없이 받아들여져 왔으며 그러한 관행 아래 제8703.2 소호와 제8703.3 소호에는 하이브리드 자동차까지도 포함하는 것으로 해석해 왔다.

그 밖에 수소차 또는 연료전지 차량은 전기차와 마찬가지로 내연기관 없이 전기모터를 이용하여 구동되는 것이므로 소호 제8703.90호에 분류될 수 있다.

이후 2017년 HS 개정과정에서 일본은 하이브리드 자동차를 중심으로 제8702호와 제8703호 개정안을 제출하였고, 일본이 제시한 개정안은 WCO HS 위원회에서 별다른 수정 없이 받아들여져 2017년 HS에 반영되었다. 2017년 HS에서 제8703호의 소호 체계는 다음과 같다. 소호의 용어를 편의상 축약하였다

[2017년 HS]
87.03 - 주로 사람을 수송할 수 있도록 설계된 승용자동차와 그 밖의 차량[제8702호의 것은 제외하며, 스

테이션왜건(station wagon)과 경주용 자동차를 포함한다]
8703.10 – 설상(雪上) 주행용 차량, 골프용차와 이와 유사한 차량
        – 그 밖의 차량(불꽃점화식 왕복 피스톤 내연기관만을 갖춘 것)
8703.21 -- 실린더용량이 1,000시시 이하인 것 (중략)
        – 그 밖의 차량[압축점화식 피스톤 내연기관(디젤이나 세미디젤)만을 갖춘 것]
8703.31 -- 실린더용량이 1,500시시 이하인 것(중략)
8703.40 – 가솔린 하이브리드(플러그인 충전 불가)
8703.50 – 디젤 하이브리드(플러그인 충전 불가)
8703.60 – 가솔린 하이브리드(플러그인 충전 가능)
8703.70 – 디젤 하이브리드(플러그인 충전 가능)
8703.80 – 그 밖의 차량(추진용 전동기만을 갖춘 것)
8703.90 – 기타

2017년 HS의 제8703호에는 제8703.2 소호와 제8703.3 소호의 용어를 개정하여 내연기관 엔진만 갖춘 것을 분류토록 함으로써 추진용 전기모터를 갖춘 하이브리드 자동차가 이들 소호에서 제외됨을 명확히 하였다.

주의할 점은 이러한 내연기관 차량에도 다양한 전기모터는 존재한다는 것이다. 예를 들어, 공조시스템의 팬을 구동하는 블로워 모터나 연료펌프를 작동시키기 위한 펌프 모터, 엔진 시동시 크랭크축에 초기 움직임을 부여하는 시동모터, 와이퍼 작동, 창문 개폐, 조향 등을 위한 여러 가지 전기모터가 장착된다. 하지만 이들은 차량의 주행동력은 제공하지 않으므로 이러한 전기모터를 갖추었다는 이유로 제8703.2 소호나 제8703.3 소호에서 배제될 수는 없다. 이들 모터는 보통 12V 네크워크라 불리는 자동차 내 전기 시스템에 연결되거나 그 일부로서 작동한다.

아울러 제8703호에 새로이 5개 소호가 신설되는데 제8703.40 소호부터 제8703.80 소호까지 이 중 무려 4개 소호가 하이브리드 자동차에 관한 소호이다. 일본의 개정안은 하이브리드 자동차를 내연기관 엔진 종류에 따라 두 가지로 가솔린엔진과 디젤엔진, 그리고 충전방식에 따라 플러그인 하이브리드 차량과 기타의 두 가지로 구분하여 총 네 가지 종류의 하이브리드 자동차를 소호 레벨에서 구분하고 있다. 이는 향후 하이브리드 자동차 분야에서 일본의 자신

감 섞인 전망에서 비롯된 개정이라고 본다.

개정된 제8703호 체계 내에서 하이브리드가 아닌 일반 전기자동차는 추진용 전동기만을 갖춘 자동차에 해당하므로 제8703.80 소호에 분류된다. 수소차 또는 연료전지 차량도 전기차와 마찬가지로 내연기관 없이 전기모터만을 이용하여 구동되는 것이므로 소호 제8703.80호에 분류될 수 있다.

이렇게 본다면 현재 분류체계에서 제8703.90호에는 사실상 분류되는 물품이 거의 없게 된다. 가솔린이나 경유가 아닌 천연가스, LPG, 바이오 연료 등을 사용하는 경우라도 결국 불꽃점화식이나 압축점화식의 내연기관 형태를 벗어날 수 없으므로 제8703.2 소호나 제8703.3 소호를 벗어날 수 없을 것이다. 태양광 자동차의 경우도 결국 자동차를 구동하는 동력은 전기모터에서 나오게 되므로 제8703.80 소호에 포함되어야 한다. 이론적으로는 제8407호, 제8408호 또는 제8501호의 엔진이 아닌 다른 형태의 엔진, 즉 증기엔진이나 제트엔진 또는 풍력엔진을 사용하는 경우 제8703.90 소호에 분류하는 것이 가능하겠으나 현재 시장에서 이러한 자동차는 상업적으로는 무의미하다 할 것이므로 실무적 관점에서 본다면 제8703.90호는 사실상 빈empty 소호로 남게 될 가능성이 높아 보인다.

나. 하이브리드 자동차와 2017년 HS 개정

2017년 HS에서 제8703호 해설서에는 하이브리드 및 전기차량에 대한 설명이 추가되었다.

[제8703호 해설서(2017년 HS)]
피스톤 내연기관과 하나 이상의 전동기를 결합한 자동차는 "하이브리드 전기 자동차(HEV : Hybrid Electric Vehicle)"라고 한다. 기계적 추진 목적으로, 이들 자동차는 소모성 연료와 전기에너지/전력 저장 장치[예: 축전지(electric accumulator), 축전기(capacitor), 플라이휠/발전기] 모두에서 에너지를 얻는다. **다양한 형태의 하이브리드 전기 자동차(HEV)가** 존재하는데, 이들은 파워트레인 구성(예: 병렬 하이브리드, 직렬 하이브리드, 동력분기나 직렬-병렬 하이브리드)과 **하이브리드화의 정도(즉, 완전 하이브리드, 마일드 하이브리드와 플러그-인 하이브리드)**에 따라 차이가 있을 수 있다.

플러그-인 하이브리드 전기 자동차(PHEV : Plug-in Hybrid Electric Vehicle)는 전력 그리드 아웃렛 (grid outlet)이나 충전소에 플러그를 꽂아 축전지를 충전할 수 있는 자동차이다. 축전지 팩에 의하여 동력을 얻는 하나 이상의 전기 모터로 구동되는 자동차는 "전기 자동차(EV : Electric Vehicle)"라고 한다.

해설서는 하이브리드화hybridization의 정도에 따라 Full Hybrid, Mild Hybrid, Plug-in Hybrid 등으로 하이브리드 자동차를 구분하고 있다. 시장에서는 이외에도 여러 가지 구분 이 존재한다. 다만, 품목분류 관점에서 이들이 내연기관과 추진용 모터로서의 전동기를 둘 다 갖춘 차량으로서 제8703.40 소호 내지 제8703.70 소호에 분류될 수 있는지는 별개의 문제이다.

제64차 HS 위원회'19.9월는 WCO 사무국의 제안에 따라 마이크로 하이브리드와 마일드 하이브리드라 불리는 차량의 품목분류에 대한 논의를 시작했다. 사무국의 조사에 따르면 업계에서는 통상 하이브리드의 단계를 아래와 같이 구분한다.

표 12 하이브리드 자동차의 종류별 구분 1

구분	개 요
Micro hybrid	시동/정지 기술을 사용하는 교류발전기/시동기가 내장된 차량. 시동/정지 기술이란 자동차가 정지시 엔진을 완전히 끄고 운전자가 브레이크 페달에서 발을 떼면 재시동이 걸리는 기술을 말함. 주행시에는 내연기관 엔진으로만 구동됨. 비(非) 하이브리드 차량에 비해 연료 효율이 10% 가량 증가함.
Mild hybrid	Micro hybrid와 매우 유사하나 내장된 교류발전기/시동기가 업그레이드되어 차량 추진에 도움을 주는 전기적 구성요소가 있음. Micro hybrid에 비하여 모터, 교류발전기, 배터리 팩의 용량이 더 크고 자동차 구동에 기여하는 바가 더 큼. 비 하이브리드 차량에 비해 연료 효율이 20~25% 가량 증가함.
Full(strong) hybrid	전기모터, 교류발전기, 배터리 팩 등의 전기적 부품의 구성은 Mild hybrid와 동일하나 용량은 확대된 것임. 차이점은 Full hybrid의 경우 상대적으로 작은 용량의 내연기관을 채용하고 전기모터만으로 자동차를 구동할 수 있으며 연료효율 최적화를 위하여 좀 더 복잡한 제어시스템을 사용한다는 것임. 비 하이브리드 차량에 비해 연료 효율이 40~45% 가량 증가함.
Plug-in hybrid	본질적으로 Full hybrid와 동일한 구성이지만 내연기관 규모는 더 줄이고 전기적 부품의 용량은 증가됨. 배터리 팩은 플러그를 통하여 전력망으로부터 충전 가능. Plug-in hybrid 자동차는 배터리 충전 후 엔진이 시동되기 전에도 전기모터만으로 60마일가량 주행 가능. 내연기관이 동작하는 동안 에너지 효율은 Full hybrid와 비슷한 편임. 주로 이동거리가 짧은 도심에서의 통근용에 적합하지만 장거리 여행도 가능

하이브리드 기술은 현재 발전이 진행 중인 것으로 위와 같은 구분이 시장에서 통일된 것은 아니며 아래와 같이 다른 갈래로 구분하는 경우도 있다.

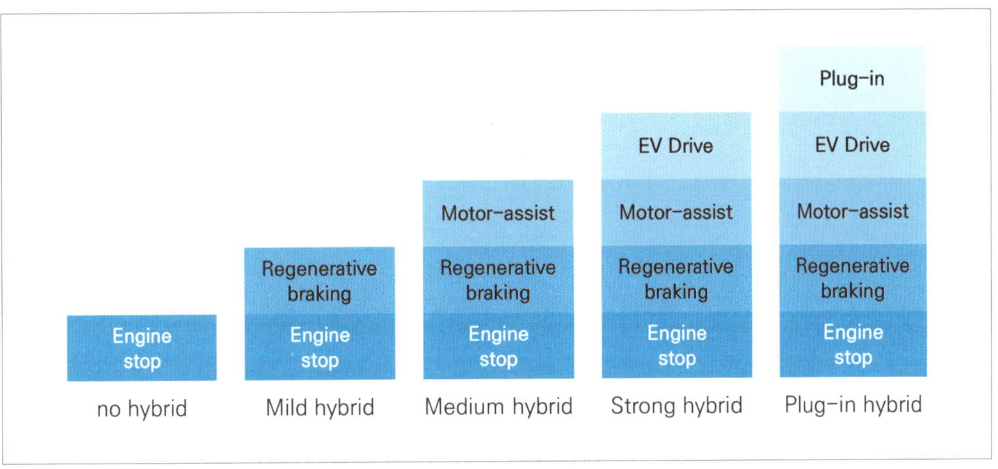

요약하자면 품목분류 상 쟁점은 Micro나 Mild hybrid와 같이 자동차의 전반적인 운행이나 연료 효율 개선을 위한 전기부품_{모터/스타터/교류발전기 등}을 장착하고 있으나 내연기관의 작동없이 순수하게 전기모터만으로 차량이 주행할 수는 없고 전기모터가 내연기관에 보조적인 역할이나 지원만을 수행하는 경우 이러한 자동차를 "추진용 모터로서의 as motors for propulsion 전동기"를 갖춘 것으로 보아 제8703.40 소호 내지 8703.70 소호에 분류할 수 있을 것인지의 문제이다. 이러한 관점에서 Mild hybrid와 Full hybrid의 차이점을 비교하면 아래와 같다.

구분	Mild Hybrid 자동차	Full Hybrid 자동차
전기모터의 역할	– 내연기관 엔진 보조 – 연료효율 개선	– 통상 저속모드에서 내연기관 개입 없이 전기모터로 주행 – 내연기관 엔진과 전기모터를 선택적으로 사용 가능

구분	Mild Hybrid 자동차	Full Hybrid 자동차
배터리 사이즈	– 상대적으로 작음 – 통상 12V 네트워크와 별도로 42V 배터리 팩 추가	– 상대적으로 큼 – 통상 12V 네트워크와 별도로 300V 배터리 팩 추가
연료효율	비 하이브리드 〈 Mild hybrid 〈 Full hybrid	
주행모드	– EV 주행모드 없음	– EV 주행모드 있음

그림 18 마일드 하이브리드와 풀 하이브리드 자동차 비교 2

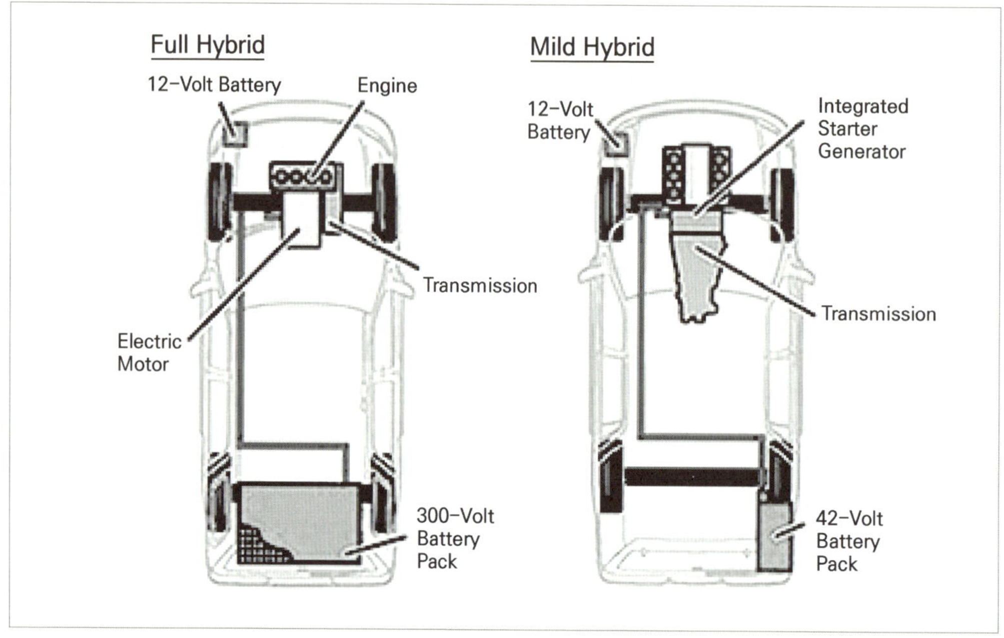

이후 2021년 4월, 제67차 WCO HS 위원회는 특정 모델의 Mild hybrid의 품목분류를 검토하여 제8703.22 소호에 분류토록 결정하였다. 통칙 제1호 및 제6호 적용

위 결정은 마일드 하이브리드 자동차에서 보조적인 역할로서 주행에 기여하는 전동기는 소호 제8703.40호부터 제8703.70호에서 의미하는 "추진용 모터로서의 전동기"로 인정하지 않음을 명확히 한 것이다. HS 위원회는 이 결정 내용을 반영하는 한편, 하이브리드 자동차 분류상의 모호함을 제거하기 위하여 제8703호 해설서에 다음과 같은 내용을 추가하였다.

[제8703호 해설서(2022년 HS)]

그러나, 추진이 아닌 기능에만 사용되는 전력원(예: 교류발전기/시동기)을 갖춘 자동차는 HEV로 분류할 수 없다. 이러한 동력원은 스탑-스타트 시스템(stop-start system)을 구동하는데 사용될 수 있고, 회생 제동 및 충전 관리 시스템(regenerative braking and charge management system)을 갖추고 있을 수 있다. 이러한 자동차는 "하이브리드 기술(hybrid technology)" 또는 "마이크로 하이브리드(micro hybrid)"라고 부를 수 있지만, 추진용 전기모터를 갖추고 있지는 않다.

다. e-Power 하이브리드 자동차와 2028년 HS 개정(영국의 제안)

제59차 HS 검토소위원회'21.11월에서 영국은 'e-Power 하이브리드' 자동차와 관련한 제8703호 소호 개정안을 제출하였다.

'e-Power 하이브리드'는 일본 N사의 독자적인 하이브리드 기술로 추진용 전동기와 내연기관으로 이루어져 있으나 내연기관이 바퀴를 직접 구동하지 않고 발전만 해서 배터리를 충전하고, 이 전기에너지로 고출력 전기 모터가 바퀴를 굴리는 방식을 말한다. 덕분에 EV전기차와 유사한 즉각적인 토크와 조용한 주행감을 제공하면서도 외부 충전이 필요 없어 일반 내연기관차처럼 주유만으로 운행할 수 있다는 장점을 제공한 것이다.

즉, 제8703호 소호 체계에 적합한 용어로 정의하자면 "전기모터에 공급할 전기에너지를 생산하기 위하여 발전기를 구동시키는 내연기관을 갖춘 자동차"로 정의할 수 있다. 이러한 자동차의 동력생산 및 전달계통을 전기차나 전통적인 하이브리드 자동차와 비교하면 아래 그림과 같다.

 e-Power 하이브리드의 구성 및 에너지 전달계통

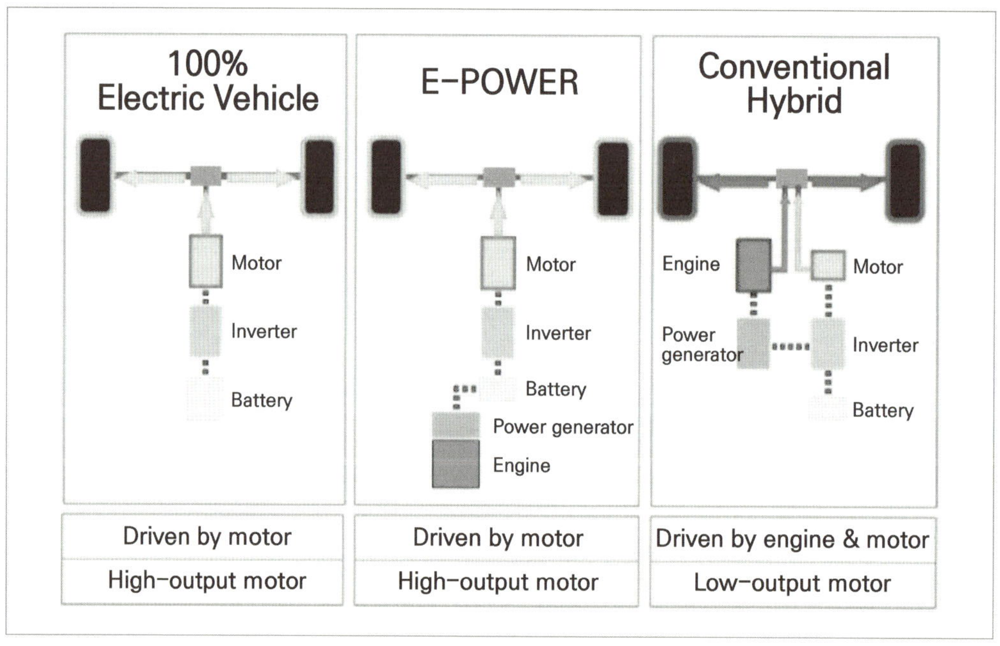

마일드 하이브리드 자동차에서 전기모터가 구동에 직접 관여하지 않듯이 e-Power 하이브리드 자동차에서는 내연기관 엔진이 구동에 직접 관여하지 않으며 실제 구동에 기여하는 것은 전기모터뿐이다.

소호 제8704.40호부터 제8703.70호의 용어에서는 "내연기관과 추진용 모터로서의 전동기를 둘 다 갖춘 것both internal combustion piston engine and electric motor as motors for propulsion"이라고 정의하고 있다.

국문 관세율표상으로 보면 수식어 '추진용 모터로서의'의 피수식어는 전동기만 해당되는 것으로 보인다. 그러나 영문 원문에서 'as motors for propulsion'은 internal conbustion engine과 electric motor를 모두 수식하고 있는 것으로 해석가능하다.

영문 텍스트에서 전단부의 'internal combustion engine'과 'electric motor'는 단수명사를 사용한 반면, 후단부의 'as motors for propulsion'에서는 복수명사를 사용한다. 후단부의 'as motors for propulsion'이 전단부의 internal combustion engine과 electric motor를 모두 수식하기 때문인 것으로 보인다. 또한 관세율표에서 'engine'과 'motor'는 사실상 동의어로 쓰이고 있다.[35]

쟁점 e-Power 하이브리드 자동차에서 내연기관이 '추진용 모터'에 해당한다고 본다면 이 자동차는 제8703.40호에 분류 가능하다. 그러나 반대로 이 자동차에 장착된 내연기관이 '추진용 모터'에 해당하지 않는다면 소호 제8703.40호의 용어를 충족하지 못한다. 이 경우 이 자동차는 소호 제8703.80호의 "추진용 전동기만을 갖춘 것with only electric motor for propulsion"에 해당한다.

영국은 소호 제8703.80호를 세분하여 e-Power 하이브리드 차량과 그 밖의 전기차량을 구분하기 위한 6단위 레벨 소호 신설을 제안하였다.

검토소위원회의 일반적인 관행으로는 신상품 또는 기존의 갈래에서 파생된 상품과 관련하여 호나 소호의 체계를 개선할 경우 신설된 호 또는 소호와 기존 소호간 물품 이동 범위를 확실히 하는 차원에서 HS 위원회에서 해당 물품의 품목분류를 우선 검토한 후 논의하

---

35 이에 대하여는 다음 주제에서 더 상세히 설명할 것이다.

는 방안을 선호한다. 그러나 HS 위원회에서 mild hybrid 자동차를 내연기관 차량소호 제 8703.22호으로 분류한 맥락으로 본다면 쟁점물품을 현재 기준에서 제8703.80호에 분류하는 것에 검토소위원회에 별 이견없이 동의하여 별도의 품목분류 논의 없이 개정안에 합의하였다.

표 15　**2028 HS 개정 신구대조표**소호 제8703.8호

현행(HS 2022)	개정(HS 2028)
8703.80 - 그 밖의 차량(추진용 전동기만을 갖춘 것)	- 그 밖의 차량(추진용 전동기만을 갖춘 것) 8703.81 -- 전기축전지를 충전하기 위한 불꽃점화식 피스톤 내연기관이나 압축점화식 피스톤 내연기관(디젤이나 세미디젤)을 갖춘 것(외부 전원에 플러그를 꽂아 충전할 수 있는지에 상관없다) 8703.89 -- 기타

🔟 엔진이 달린 섀시와 제8706호의 개정

제61차 HS 검토소위원회에서 중국은 제8706호의 용어 개정을 제안하였다. 제8706호에는 "엔진engine을 갖춘 섀시제8701호부터 제8705호까지의 자동차용으로 한정한다"가 분류된다.

중국은 엔진이라 하면 통상 제8407호와 제8408호의 내연기관 엔진을 의미하나 현재 시장에는 전기차와 각종 하이브리드 자동차를 비롯하여 내연기관 엔진 없이 전기모터만을 장착하였거나 내연기관과 전기모터를 함께 장착하는 등 다양한 형태의 원동기를 갖춘 섀시가 있으니 이러한 물품도 모두 제8706호에 분류됨을 명확히 할 수 있도록 호의 용어를 개정하자는 입장인 것이다.

표 16 중국의 제8706호 개정안 초안

현행(2022 HS)	중국의 제안
87.06 – 엔진을 갖춘 섀시(제8701호부터 제8705호까지의 자동차용으로 한정한다)	87.06 – **모터(형태를 불문한다)**를 갖춘 섀시(제8701호부터 제8705호까지의 자동차용으로 한정한다)

전기차와 하이브리드 차량을 포함한 다양한 형태의 엔진을 갖춘 자동차들이 시장에서 점점 확대되고 있는 것은 사실이나 중국의 우려와 관계없이 이러한 다양한 형태의 원동기를 갖춘 섀시들이 '엔진을 갖춘' 것에 해당하지 않는 이유로 제8706호에서 벗어날 가능성은 없다. HS 품목분류표에서는 엔진과 모터라는 용어를 사실상 동의어로 사용하고 있기 때문이다. 제8412호의 용어 그 밖의 엔진과 모터가 대표적이다.

현행 품목분류표에서 엔진과 모터의 분류체계를 살펴보면 다음과 같다.

그림 20 HS 품목분류표에서 엔진 또는 모터의 분류체계

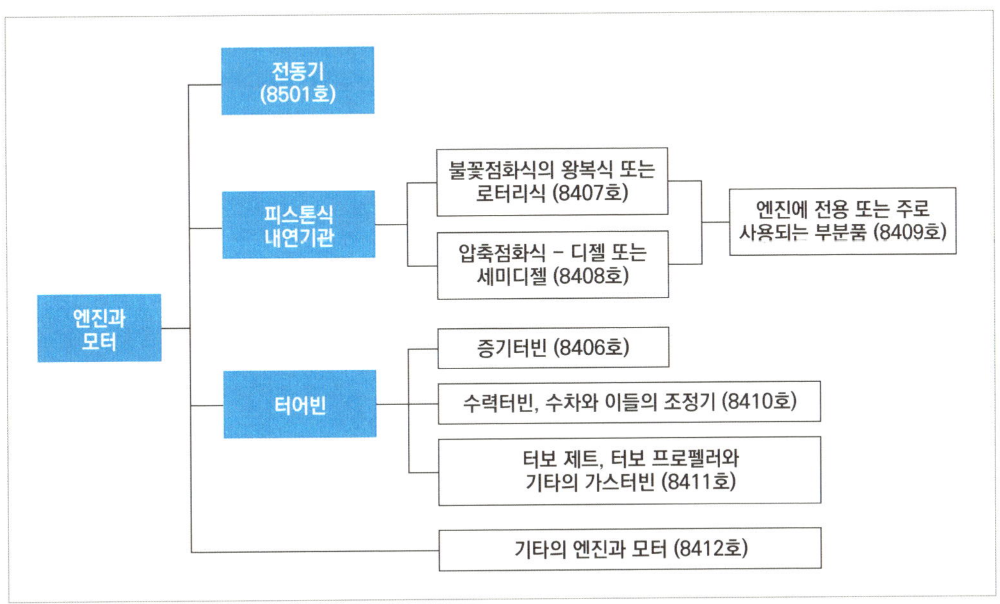

전기모터는 제8501호에 분류되며, 피스톤식 내연기관은 제8407호와 제8408호에 분류된다. 그 밖의 내연기관 중 가스터빈이나 터보제트는 제8411호에 분류되며, 외연기관 중 증기터빈은 제8406호에 분류된다. 연료의 연소나 전기에너지를 필요로 하지 않는 수력터빈은 제8410호에 분류된다.

그리고 이들 호에 포함되지 않는 모든 엔진과 모터는 제8412호에 분류된다. 여기에 분류되는 것으로는 대표적으로 풍력터빈이나 유압 및 공압모터가 있으며, 그 밖에 내연기관이든 외연기관이든 연료의 연소나 전기를 필요로 하지 않는 것이든 관계없이 제8406호부터 제8411호까지, 그리고 제8502호에 포함되지 않는 모든 형태의 엔진과 모터가 분류된다.

엔진engine과 모터motor는 모두 외부의 에너지 열에너지, 위치에너지, 전기에너지, 탄성에너지를 기기의 운동에너지로 바꾸어주는 기계장치를 말한다.[36] 영어 표현으로는 engine을 연료의 연소와 연관된 것으로, motor를 전기에너지와 연관된 것으로 해석하려는 경향이 있으나 HS 품목분류표의 불문 버전에서는 영어의 engine과 motor를 모두 불어 'moteur'로 표현하고 있다.[37]

따라서 내연기관 엔진이 아닌 전기모터가 장착된 섀시 또한 제8706호의 범주에 포함되는 것으로 해석하는 데에는 전혀 문제가 없다. 그러나 검토소위원회는 국제적인 품목분류 불일치 소지를 조금이라도 제거하는 차원에서 중국의 개정안을 수용하기로 하고 약간의 수정을 거쳐 개정 텍스트에 합의하였다.

---

36 An engine or motor is a machine designed to convert one or more forms of energy into mechanical energy. Wikipedia
37 제8407호 가솔린 엔진, 제8408호 디젤엔진 및 제8501호 전기모터의 불문판 용어는 아래와 같다.
   • 84.07 - **Moteurs** à piston alternatif ou rotatif, à allumage par étincelles moteurs à explosion
   • 84.08 - **Moteurs** à piston, à allumage par compression moteur diesel ou semi diesel
   • 85.01 - **Moteurs** et machines génératrices, électriques, à l'exclusion des groupes électrogènes

표 17   2028 HS 개정 신구대조표 소호 제8706호

현행(HS 2022)	개정(HS 2028)
87.06 – 엔진을 갖춘 섀시(제8701호부터 제8705호까지의 자동차용으로 한정한다)	87.06 – 추진용의 엔진 또는 모터를 갖춘 섀시(제8701호부터 제8705호까지의 자동차용으로 한정한다)

⑪ 개인형 이동장치(Personal Mobility)의 이용확대와 제8711호의 개정

가. 전기스쿠터와 파리지앵의 이별, 그리고 중국의 HS 개정제안

2010년대 말, 프랑스 파리 정부는 자동차 배기가스로 인한 대기환경오염을 줄이는 방안의 하나로 1인용 공유 전기스쿠터 서비스를 도입한 바 있다. 환경오염 방지를 위해 도입된 공유 스쿠터는 사람들과의 대면 접촉을 최대한 피해야 하는 팬데믹 기간 중에 가장 매력적인 1인 교통수단으로 사랑받으며 급성장하기도 하였다. 그러나 2023.9월, 파리는 전 세계에서 가장 먼저 공유 전기스쿠터를 공식적으로 금지한 도시가 되었다.

그림 21   공유 전기스쿠터 사진출처 : BBC News

Parisians in April voted to ban rental e-scooters but turnout was low

전기스쿠터에 의한 인명사고가 늘어나면서 대여 스쿠터 금지를 요구하는 목소리나 높아졌고, 이에 파리 당국은 지난 2023.4월 주민투표를 거쳐 9월부터 전면 금지하기에 이르렀다.

우리나라에서도 흔히 공유 킥보드라 부르는 전동스쿠터의 사용이 늘어나면서 안전관리 측면에서 여러 가지 문제를 낳고 있다. 무단횡단이나 신호 위반, 헬멧 미착용, 2인 승차 등이 문제가 되면서 사용자와 보행자 모두의 안전을 위협받고 있다.

한편, 2022년 11월, 제61차 WCO HS 검토소위원회에 중국은 전기스쿠터의 국제 거래량이 증가하고 있음을 통계로 인용하며 제8711호의 소호 레벨에서 전기스쿠터를 특게하는 개정안을 제안하였다.

표 18 중국의 제8711.60호 개정안 초안

현행(2022 HS)	중국의 제안
87.11 – 모터사이클과 보조모터를 갖춘 자전거······ (중략) 8711.60 – 추진용 전동기를 갖춘 것	87.11 – 모터사이클과 보조모터를 갖춘 자전거······ (중략) – 추진용 전동기를 갖춘 것 **8711.61 -- 전기스쿠터(electric scooter)** 8711.69 -- 기타

중국은 개정안을 제안하면서 일반적으로 흔하게 거래되는 2가지 타입의 전기스쿠터 사진을 예시하였다. 그러나 스쿠터라는 용어는 공유 전기스쿠터가 등장하기 이전에도 사용되었으며, 여러 가지 형태의 물품이 시장에서 스쿠터라는 이름으로 불리고 있다. 또한 중국이 의도한 물품을 우리는 전동킥보드로 부르기도 한다. 이러한 여러 상황을 감안하면 별다른 정의 없이 단순히 소호의 용어를 '전기스쿠터'라고만 할 경우 필연적으로 분류상이 혼란이 발생하게 된다.

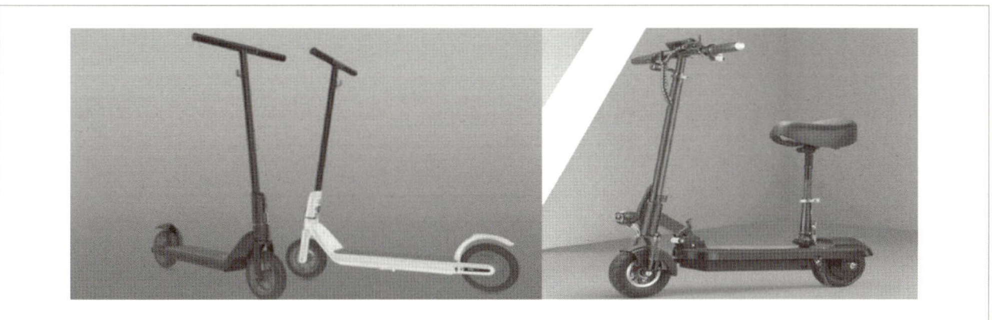

나. 스쿠터란 무엇인가?

사전적인 의미로 스쿠터란 좁고 기다란 보드 모양의 플랫폼에 소형의 바퀴가 두 개 또는 세 개 달려있고 앞바퀴 쪽에는 수직으로 핸들바가 달려 있는 어린이용 탈 것을 말한다.[38] HS 품목분류표legal text에서 스쿠터라는 용어는 제9503호에 한 번 등장한다.

95.03 – 세발자전거·**스쿠터(scooter)**·페달 자동차와 이와 유사한 바퀴가 달린 완구, 인형용 차(이하 생략) 브레이크가 뒷바퀴에 달린 것

제9503호 물품 중 바퀴달린 완구의 범주에 스쿠터가 포함되며, 해설서에서는 다음과 같이 언급하고 있다.

[제9503호 해설서]
이들 물품은 대개 체인(chain)이나 로드(rod)를 거쳐 바퀴에 힘을 전해주는 페달·수동식 레버·그 밖의 간단한 장치를 사용하거나, **어떤 스쿠터의 경우에는 사람이 직접 발로 땅을 밀어차는 반력에 의하여 추진할 수 있도록 설계되어 있다**. (중략)

---

38 A child's vehicle with two or three small wheels joined to the bottom of a narrow board and a long vertical handle fixed to the front wheel. The rider stands with one foot on the board and pushes against the ground with the other foot, while turning the handle to direct movement. 캠브릿지 사전

제9503호 해설서에서 말하는 스쿠터는 앞서 소개한 사전적 의미와 유사한 것으로 통상 킥보드라고도 불리기도 하며 어린이용이나 성인용 모두 제9503호에 분류토록 하고 있다.

한편, 호의 용어에서는 따로 언급되어 있지 않으나 제8711호에서 해설서에서는 스쿠터에 대해 다음과 같이 설명하고 있다.

[제8711호 해설서]
또한 이 호에는 보통형의 모터사이클 이외에 소형의 차륜과 차량의 전면과 후부를 연결시키는 수평식 플랫폼으로 특징지어지는 **모터스쿠터(motor-scooter)** (생략) ...가 포함된다.

위 해설서에 맥락상 아래와 같은 형태의 스쿠터를 언급하고 있는 것으로 해석되며 이는 모터사이클의 한 종류이면서 통상 모터사이클또는 오토바이로 불리는 물품과는 다른 것으로 이해되는 이륜차를 의미한다. 이러한 물품은 추진용으로 내연기관을 장착했는지 전기모터를 장착했는지에 따라 제8711호 내에서 달리 분류된다. 전기모터를 장착한 이러한 형태의 스쿠터도 "전기스쿠터electric scooter"의 범위에서 벗어나기 어려울 것으로 보인다.

그림 23 내연관이 장착된 스쿠터왼쪽와 전기모터로 구동되는 스쿠터

또한, 과거 HS 위원회에서 제8711호에 분류한 바 있는 전기모터 구동식의 1인용 이동
장치인 Hoverboard나 Segway와 같은 물품도 시장에서는 slef balancing scooter라는
이름으로 불리기도 한다.

그림24 HS 위원회에서 제8711.60호로 분류한 Segway 왼쪽와 Hoverboard

다. 검토소위원회 논의경과와 제8711.6 소호의 범위

HS 검토소위원회는 중국의 제안에 대하여 논의하는 과정에서 단순히 '진기스쿠디'라는
용어만으로는 소호의 범위를 명확히 정의하기 어렵다는 점을 인식하였다. 따라서 여러 가
지 용어를 검토한 결과 최종적으로 kick-scooter를 사용하기로 합의하였다.

아울러 HS 검토소위원회는 스쿠터에 포함되는 것으로는 볼 수 없으나 현재 기준으로 스
쿠터와 마찬가지로 제8711.60호에 분류되는 전기모터를 장착한 자전거에 대한 처리문제
까지 논의의 범위를 확대하였다. 전기모터를 장착한 자전거란 일반 자전거와 동일하게 페
달에 의하여 구동되지만 보조적인 동력수단으로 전기모터를 갖춘 것을 말한다. 엔진또는 모
터과 페달이 함께 달려 있는 물품에 대하여 제8711호 호의 용어에서는 '모페드moped'와

'보조모터를 갖춘 자전거cycle fitted with auxiliary motor'를 언급하고 있다. 둘의 차이는 모터 사이클의 차체에 페달이 달린 것인지모페드, 자전거의 베이스에 모터를 갖춘 것인지에 따라 구분할 수 있을 것인데, 2022년 HS 기준으로는 6단위 소호 레벨에서 구분의 실익은 없다.

그러나 2028년 HS에서 '보조모터를 갖춘 자전거'를 6단위 레벨에서 세분하고자 한다면 이러한 물품과 모페드의 구별은 필연적일 수밖에 없다. HS 검토소위원회는 이 두 가지 물품의 구분방법에 대하여 국제상공회의소ICC에 질의하였고, ICC는 일반적으로 모페드에서 페달은 시동이나 초기 움직임 부여를 위하여 사용할 뿐 지속적으로 페달을 통하여 이륜차가 구동되는 것은 아닌 반면, 보조모터를 장착한 자전거전기자전거의 경우 모터가 페달을 통하여 시동되는 것은 아니며 이륜차의 구동을 위하여 페달이 지속적으로 움직이는 것이 모페드와 다른 점이라고 설명하였다.

결국 HS 검토소위원회와 HS 위원회는 약 2년여에 걸친 논의와 보완을 거쳐 아래와 같은 제8711.60호를 3개의 소호로 세분류하는 아래 개정안을 확정하였다.

 2028 HS 개정 신구대조표소호 제8711.6호

현행(HS 2022)	개정(HS 2028)
8711.60 – 추진용 전동기를 갖춘 것	– 추진용 전동기를 갖춘 것 8711.61 -- 페달 구동식의 자전거 8711.62 -- 킥 스쿠터 8711.69 -- 기타

여기서 one-dash level 소호의 용어추진용 전동기를 갖춘 것는 변함이 없음에 주의해야 한다. 즉, HS 개정의 결과로 제8711호의 범위가 변경되거나 제8711호 내에서 소호 제8711.6호와 그 밖의 소호 간 물품 이동은 없다는 의미이다.

당초 이 개정안 논의의 시발점이 되었던 것으로 사용자가 보드 위에 서서 탑승 및 이동하는 방식의 전기스쿠터는 kick-scooter라는 용어와 함께 소호 제8711.62호로 신설되었

다. 또한 소호 제8711.61호는 "페달 구동식의 자전거 cycle driven by pedal"를 특게하도록 신설되었다.

따라서 2022년 HS 기준으로 소호 제8711.60호에 분류되는 물품 중 페달구동식 전기자전거와 킥스쿠터를 제외한 나머지 모든 물품전기모터를 갖춘 모페드 포함은 2028년 HS에서는 소호 제8711.69호에 분류되게 될 것이다. 아래 표 참조

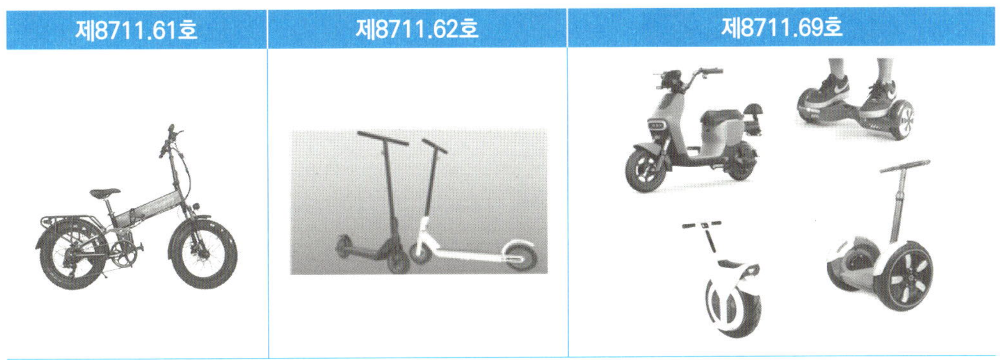

그러나 향후의 기술발전 및 시장의 변동에 따라 제8711.61호의 자전거와 제8711.69호의 전기모페드 간의 구분 문제가 새로운 쟁점이 될 가능성은 여전히 남아 있다.

12 무인기(Unmanned Aircraft)와 관련한 개정

가. 무인기와 2022년 HS 개정

제55차 HS 위원회'15.3월는 디지털카메라가 장착된 소형 드론의 품목분류를 검토한 바 있다.

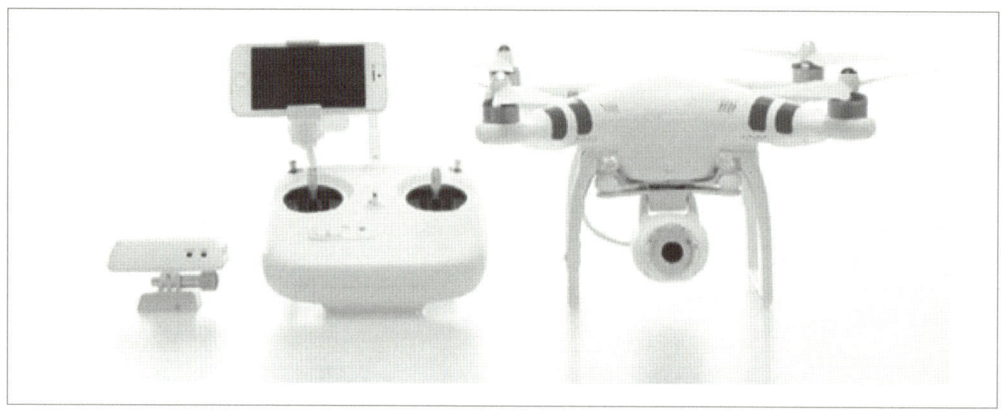

쟁점물품은 4개의 로터가 달린 쿼드콥터 형태의 드론으로 디지털카메라가 영구적으로 결합되어 있어 항공촬영 목적으로 전용되는 물품이다. 드론의 비행과 카메라 조작은 무선 원격조절기에서 수행하며 카메라에 wifi 모듈이 장착되어 있어 카메라와 휴대폰을 연동하여 카메라에서 획득한 영상을 휴대폰 스크린에서 실시간으로 볼 수도 있다. 크기 29 × 29 × 18cm, 무게 1,160그램

HS 위원회는 제8525호의 디지털카메라, 제8802호의 항공기, 제9503호의 완구를 쟁점 세 번으로 검토하여 투표를 거쳐 이 물품을 제8525호에 분류하였다. 이 결정의 문제점은 제9503호에 분류되는 완구를 제외한다면 상용화된 드론을 그 용도나 구성에 따라 각각 달리 분류하여야 하는 결과를 초래했다는 것이다. 예를 들면, 이 결정의 맥락에 따라 촬영 및 녹음이 가능한 카메라가 부착된 드론은 제8525호에, 상품 배달용 드론은 제8802호에, 농업용 드론 농약분사용은 제8424호에 각각 분류하여야 한다는 견해가 나올 수 있다. 또 일부 드론의 경우 비행체와 기계예를 들면 농업용 분사기가 영구적으로 결합된 것인지, 탈부착 가능한 형태로 제시되는 것인지에 대한 분류문제가 발생할 수도 있다.

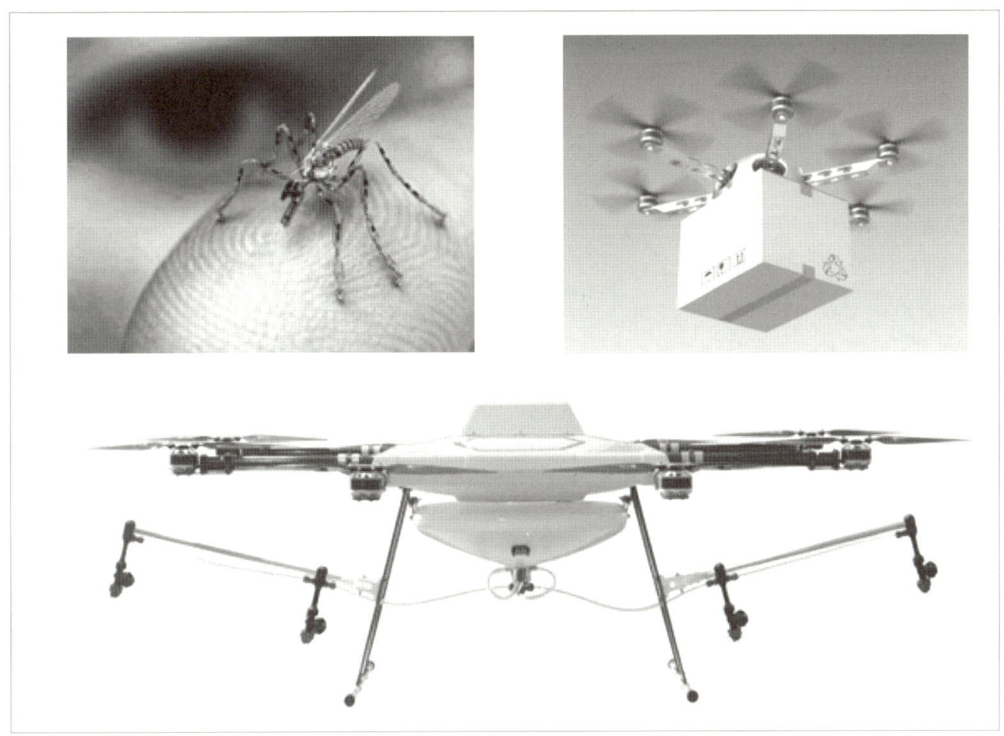

제6차 Review-Cycle2022년 HS에서는 용도에 관계없이 모든 드론무인기을 하나의 호에 통합할 수 있도록 제8806호를 신설하는 개정안을 확정하고 전체 류의 체계상 기존의 제8803호를 삭제하고 제8807호를 신설하여 제88류의 항공기 부분품을 이 호에 분류토록 하였다.

그리고 WCO HS 위원회는 2022년 HS 개정에 따라 앞서 언급한 드론제55차 HS 위원회에서 제8525호에 결정된 물품을 품목분류의견서Compendium of Classification의 제8525호에서 제8802.22호로 옮기기로 합의하였다.

제88류 주 제1호와 제8806호 해설서에서는 무인기를 다음과 같이 정의하고 있다.

1. 이 류에서 "무인기"란 기내에 조종사 없이 비행하도록 설계된 모든 항공기를 말한다(제8801호의 것은 제외한다). 이들은 화물을 수송하도록 설계되거나, 비행 중에 실용적인 기능을 수행할 수 있도록 디지털카메라나 그 밖의 장치를 영구적으로 갖추고 있을 수 있다.

    그러나 "무인기"에는 오로지 오락 목적으로만 설계된 비행 완구는 제외한다(제9503호).

이 류의 주 제1호에 따라, 이 호에는 기내에 조종사 없이 비행하도록 설계된 무인기를 분류한다(제8801호의 것은 제외한다). 무인기는 비행 중에 언제든지 조종사가 다른 장소에서 원격으로 조종비행이 가능(Unmanned aircraft may be capable of remote-controlled flight only which is operated by an operator from another place)하거나 조종사의 관여없이 비행이 가능하도록 프로그램화 되어 있다.

해설서에 따르면 제8806호의 무인기는 원격조종만 가능한 것과 조종사의 개입없이 비행이 가능한 것 두 가지로 나뉘어 있다.[39] 그리고 원격조종만 가능한 무인기는 소호 제8806.2호에 분류된다.

나. 원격 조종으로 작동하지만 장애물 정도는 스스로 피하는 무인기의 분류

제74차 HS 위원회'24.9월에서 EU는 품목분류의견서Compendium of Classification Opinion의 소호 제8802.22호 그룹에 등재된 드론의 기능에 대한 재검토를 요청하였다.

이들 물품은 사용자가 원격조종으로 작동하지만 원격조중 중에 사용자가 인식하지 못하는 장애물을 스스로 피하는 것이 가능하다. 장애물을 피한다는 것은 장애물이나 지형을 드론 스스로 인식하고 최적의 경로는 스스로 설정하여 비행한다는 것을 의미한다. 조종 전 과정에서 이와 같이 움직이는 것이 아니라 사용자에 의하여 원격 제어되는 중에 이러한 동작을 한다고 하더라도 이는 보조적인 자율비행autonomous flight 기능을 가지고 있다는 의미이다.

---

39 영문 해설서에는 원격조종만remote-controlled flight only 가능한 것으로 표현하고 있으나 국문상으로는 영어의 'only'가 정확히 번역되지 않았다.

EU는 이러한 비록 미미할지언정 이러한 자율비행 기능을 채택하고 있는 무인기를 소호 제8806.2호에 분류하는 것이 타당한지 의문을 제기하였다.

WCO 사무국은 EU의 문제 제기에 관하여 검토하는 중에 최근에는 이러한 소형의 원격조종 드론주로 카메라 촬영용에 있어 단순히 장애물을 스스로 피하는 것 이외에도 좀 더 다양한 안전장치가 탑재되어 있음을 발견하였다. 예를 들어 무선 컨트롤러와의 신호두절, 배터리 부족, GPS 위치 수신 불량 등 이상이 발생하였을 경우 다시 출발위치로 돌아가거나 그 자리에서 정지비행을 하면서 신호의 복구를 기다리거나 혹은 추락이나 파손 방지를 위하여 스스로 그 위치에 착륙하는 기능 등이다. 이러한 안전장치를 무인기 업계에서는 'Failsafe 기능'이라 부르고 있다.

이러한 Failsafe 기능이 탑재된 무인기는 소호 제8802.2호의 용어[원격조종만 가능한 것for remote-controlled flight only]를 충족하는 것으로 볼 것인지가 새로운 쟁점이 되었다. 이러한 안전비행 기능을 갖춘 것을 '원격조종만 가능한 것'으로 볼 수 없다면, 현재 시장에서 거래되는 대부분의 무인기가 이러한 기능을 탑재하고 있으므로 소호 제8802.2호가 사실상 빈empty 소호가 된다는 문제점이 생기게 된다.

이에 따라 제65차 HS 검토소위원회'24.11월에서 소호 제8806.2호의 용어 개정하는 한편, 관련 소호주를 신설하는 개정안에 합의하였다.

표21　2028 HS 개정 신구대조표무인기

현행(HS 2022)	개정(HS 2028)
제88류 소호주 1. (생략) 〈신설〉	1. (생략) 2. 소호 제8806.21호부터 제8806.29호에서 "원격조종이 가능한 것"이란 비행 작전 중 조종사가 다른 장소(예: 지상, 선박, 다른 항공기 또는 우주)에서 조종하는 무인 항공기를 말한다. 이러한 항공기는 보조적인 자율 비행 기능을 포함할 수 있으나, 조종사가 언제든지 개입할 수 있어야 한다.

현행(HS 2022)	개정(HS 2028)
2. (생략)	**3.** (생략)
88.06 - 무인기 (생략)	88.06 - 무인기 (생략)
– 기타(원격조종 비행만 가능한 것으로 한정한다)	– 기타(원격조종이 가능한 것으로 한정하며 보조적으로 자율비행기능을 갖춘 것인지에 상관없다)
8806.21 -- 최대이륙중량이 250그램 이하인 것 (생략)	8806.21 -- 최대이륙중량이 250그램 이하인 것 (생략)

13 그 밖의 개정

가. 제9304호(그 밖의 무기) 개정(미국의 제안)

제93류에는 각종 무기류가 분류되고 제9304호에는 군용무기제9301호, 권총류제9302호, 화기와 폭약으로 발사되는 종류의 무기제9303호를 제외한 나머지 무기들로서 무기 부분품제9305호, 폭탄류제9306호, 검·창 등 냉병기제9307호를 제외한 것들이 분류된다.

제9304호는 제93류에서는 어느 정도 잔여 호의 성격을 가지는 것으로 여러 종류의 물품들이 이 호에 분류되나, 분류되는 물품들 간 상호 연관성은 다소 떨어지는 편이다.

가장 먼저 화기와 폭약에 의해 발사되는 종류를 제외한 총가스총, 스프링총 등이 분류된다. 그 밖에 경찰봉, 투석기, 최루가스 살포용의 스프레이건 등이 이 호에 포함된다. 제9304호의 각 물품을 소호 단위에서 세분류하고 있지는 않다.

미국은 제9304호에도 화기와 폭약을 사용하여 발사되는 총들과 같이 충분한 살상력을 갖춘 것들이 있으며, 이 호에 포함되는 다양한 물품들의 국제거래량이 충분하다는 인식 아래 이 호의 소호 분류체계 신설을 제안하였다.

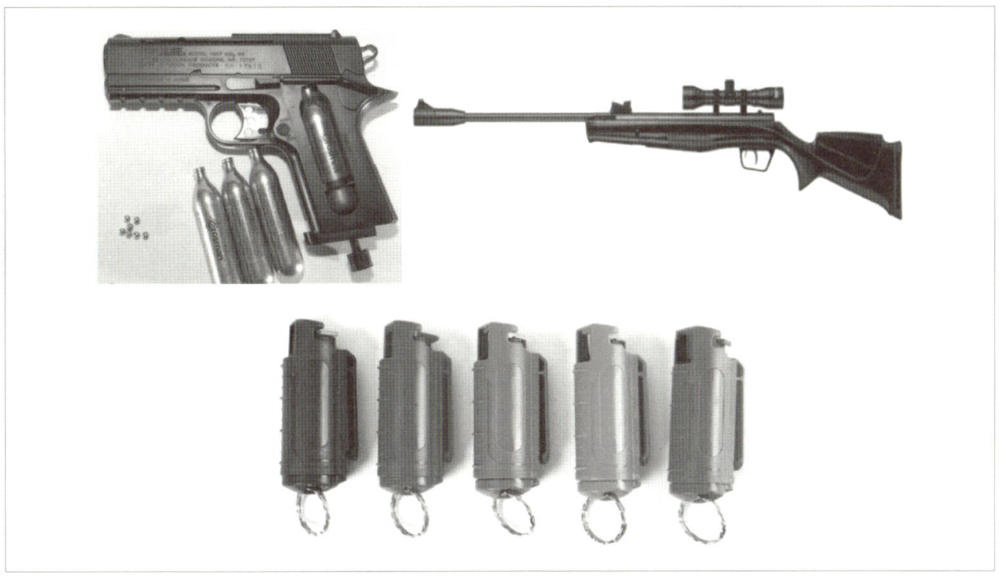

나. HS와 크리스마스

HS 품목분류표에는 크리스마스라는 용어가 두 번 등장한다. 제9405호에는 각종의 조명 기구가 분류되며, 소호 제9403.3호에는 '크리스마스 장식용 조명 스트링Lighting strings of a kind used for Christmas trees'이 분류된다. 또한 제9505호에는 축제용품, 카니발용품 및 그 밖의 오락용품이 분류되며, 소호 제9505.10호에는 '크리스마스 축제용품Articles for Christmas festivities'이 분류된다.

HS 품목분류표는 유럽에서부터 시작된 것이고 유럽의 크리스마스 시즌은 단순한 하루의 행사가 아니라 11월 말부터 이듬해 1월 초까지 이어지는 긴 축제 기간이다. 그런 역사와 문화의 측면에서 본다면 HS 품목분류표에서 크리스마스를 위해 6단위 소호를 두 개 정도 사용하는 것은 그다지 특별한 일로 보이지 않는다.

다만 기술이 발전하고 새로운 상품들이 등장하는 관점에서 보자면 크리스마스용품과 일반적인 축제용품의 차이를 구분하는 것은 그 난이도에 비해 실익은 적어진다고 할 수 있을 것이다.

제7차 HS 개정 주기 동안 검토소위원회는 크리스마스라는 주제와 관련된 HS 개정안을 논의하였다.

먼저, 제9405호의 크리스마스 장식용 조명 스트링이다. 또한 제9405호 해설서에는 다음과 같이 조명 스트링을 예시하고 있다.

[제9405호 해설서]
이 호에는 특히 다음의 것을 분류한다. (생략)
(3) 전문용 램프(specialised lamps)[예: 암실용 램프 ; 기계용 램프(별도 제시하는 것) ; 촬영소용 램프 ; 검사용 램프(제8512호의 것을 제외한다) ; 비행장용의 비섬광성 표지 ; 상점의 진열창용 램프 ; **조명용 스트링(lighting string)(카니발용·오락용이나 크리스마스트리를 장식하는데 사용**하는 장식램프를 부착한 것을 포함한다)]

Lighting string은 이름 그대로 여러 개의 램프가 연결된 것을 말한다. 조명 스트링을 구성하는 가장 일반적인 전기 광원은 미니 백열전구 또는 발광 다이오드LED이며, 이들은 직렬 배선 또는 병렬 배선으로 연결된다. 조명 스트링의 전원 공급 장치는 전통적인 교류AC 네트워크, 볼타 전지, 배터리 및 축전지, 배터리에 연결된 태양 전지판 등 다양한 형태가 있다.

그림 28 직렬연결된 조명용 스트링위와 병렬연결된 조명용 스트링

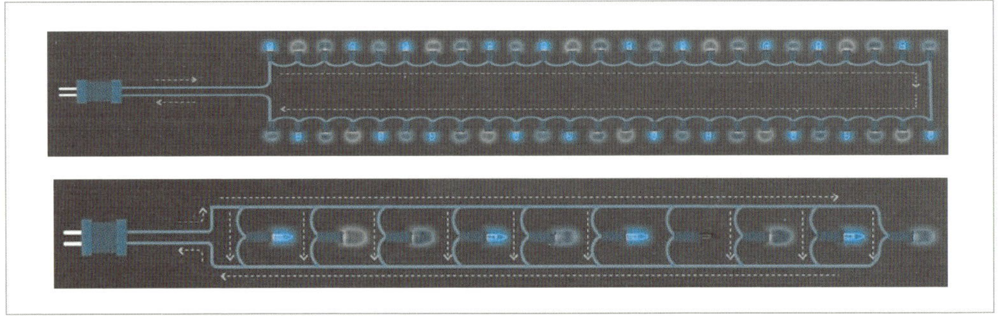

제9405호 해설서에서는 조명용 스트링의 용도로 카니발용, 오락용, 크리스마스트리 장식 등을 예시하고 있으나 소호 제9403.3호에서는 크리스마스트리용이라고만 언급하고 있다.

조명 스트링은 주로 기독교 국가의 크리스마스 연휴 동안 사용되었던 것이고 이러한 전통을 HS 품목분류표가 반영했을 수도 있다. 그러나 현실에서 본다면 조명 스트링은 크리스마스 축하와 크리스마스트리 장식뿐만 아니라 결혼식, 생일, 파티, 할로윈 및 기타 기념일 행사, 휴양지나 관광지의 거리 장식, 판촉, 야외공간 장식 및 축제분위기 조성 등을 위하여 다양하게 사용된다.

 다양한 장식용도의 조명용 스트링의 예시

이러한 상황에서 소호의 용어를 크리스마스트리 장식용으로만 한정한다면, 일부 조명용 스트링의 국가별 품목분류 불일치를 야기할 가능성이 높아진다. 이에 따라 검토소위원회는 소호 제9405.3호에 용도를 특정하지 않고 모든 조명용 스트링을 포함할 수 있도록 개정하는데 합의하였다.

다음으로 검토소위원회는 크리스마스 축제용품에 대하여 검토하였다. 이 개정논의는 HS 위원회의 품목분류 결정에서부터 비롯되었다. 제71차 HS 위원회는 내부에 여러 개의 LED 칩이 들어있어 조명 및 장식용으로 사용 가능한 펭귄 모양의 아크릴제 인형을 플라스틱제의 장식용품으로 보아 소호 제3926.40호에 분류하였다. 그러나 이어 제72차 HS 위원회는 앞서 제71차 HS 위원회에서 결정한 펭귄 인형과 구성과 기능면에서 매우 유사하지만 모양만 산타클로스 형상을 한 아크릴제 인형을 크리스마스 축제용품으로 보아 소호 제9505.10호에 분류하였다.

이에 따라 HS 위원회는 단순한 장식용품이나 작은 조각상으로 재질에 따라 분류될만한 것과 축제용품, 특히 크리스마스 축제용품으로 분류되는 것의 경계에 있는 물품 7종의 품목분류를 제73차 회기에서 논의하였고, 이 문제는 결국 제9505호의 개정안에 대한 검토 소위원회 논의로 이어졌다.

현행(HS 2022)	개정(HS 2028)
93.04 – 그 밖의 무기(예: 스프링총·공기총·가스총·경찰봉)(제9307호의 것은 제외한다)	93.04 – 그 밖의 무기(예: 스프링식·압축공기식 ·압축가스식의 총·소총·권총, 화약의 폭발력에 의하여 작동하지 않는 그 밖의 총·소총·권총, 자극성·염증성 제제가 들어있는 에어로졸 스프레이 캐니스터, 경찰봉)(제9307호의 것은 제외한다) 9304.10 – 스프링식·압축공기식·압축가스식의 총·소총·권총, 화약의 폭발력에 의하여 작동하지 않는 그 밖의 총·소총·권총

현행(HS 2022)	개정(HS 2028)
	− 고추수지·최루가스 또는 기타 자극제나 염증성 제제가 들어있는 에어로졸 스프레이 9304.21 −− 투척용으로 만들어진 것을 제외한 수지식의 에어로졸 스프레이 9304.29 −− 기타 9304.90 − 기타
− 크리스마스 장식용 조명 스트링 9405.31 −− 발광다이오드(엘이디) 광원에 전용되도록 설계된 것 9405.39 −− 기타	− 조명스트링 9405.32 −− 발광다이오드(엘이디) 광원에 전용되도록 설계된 것 9405.38 −− 기타
95.05 − 축제용품·카니발용품이나 그 밖의 오락용품 [마술용품과 기술(奇術)용품을 포함한다] 9505.10 − 크리스마스 축제용품 9505.90 − 기타	95.05 − 축제용품·카니발용품이나 그 밖의 오락용품 [마술용품과 기술(奇術)용품을 포함한다] 〈삭제〉

Chapter 5

그 밖의 개정

1 국제거래량 감소로 삭제 또는 조정되는 물품

기술의 발전과 신상품의 등장, 그리고 삶의 방식 변화에 따라 자연스럽게 시장에서 그 사용이 줄어들거나 소멸하는 물품이 생길 수밖에 없다.

HS 품목분류표는 그 국제거래량이 감소하여 4단위 또는 6단위 코드에 특게할만한 실익이 없다고 생각하는 물품을 꾸준히 삭제 또는 조정하여 왔다. 다만, 그러한 조정이 산업동향을 실시간으로 반영할 수 있는 것은 아니다 보니 HS 품목분류표에서 신상품이 등장하는 속도보다는 기존의 상품이 무역거래량 감소로 사라지는 속도가 다소 늦은 것도 사실이다.

일례로 타자기type writer는 1988년 HS 도입시부터 제8469호에 특게되어 있었으나 2017년 HS에 이르러서야 제8469호가 삭제되면서 품목분류표에서 사라졌다. 물론 HS 품목분류표에 그 이름이 존재하지 않는 상품이라도 분류하는 데에는 문제가 없다. 만일 누군가 타자기를 수출하거나 수입하고자 한다면 현재 기준의 HS 품목분류표에서는 제8472호 그 밖의 사무용 기기에 분류하여 신고할 수 있다.

제7차 HS 개정주기에는 HS 발효 이후 현재까지 그 거래가 꾸준히 줄어들고 있으며 현재의 기술동향이나 무역패턴의 관점에서 더 이상 의미가 없는 것으로 보이는 다수의 품목코드를 대상으로 한꺼번에 삭제 여부를 검토하였다.

가장 큰 영향을 받은 것은 감광성 필름과 모자이다. 우선 2028년 HS에서는 제3702호[롤Roll 모양 사진필름]와 제3706호영화용 필름의 소호 분류체계가 대폭 간소화되었다.

롤 상태의 사진용 필름은 HS 도입 초기부터 전 세계 무역거래에서 중요한 위치를 가진 물품이었으며, 제3702호는 필름의 그 규격폭과 길이, 카메라의 스프로켓에 끼울 수 있는 구멍이 있는지perforated 여부에 따라 매우 다양한 소호로 구분되어 있었다. 그러나 1980년대 말에 이미 메모리 저장장치를 이용하여 사진을 저장하는 기술을 탑재한 디지털카메라 기술이 등장하였고, 90년대와 2000년대를 거치면서 디지털카메라가 빠르게 필름 카메라를 대체하였다. 그리고 그러한 디지털카메라조차도 스마트폰에 통합되어 그 사용이 줄어든 지 오래다. 이러한 시장의 상황을 반영하여 제3702호는 2007년, 2012년 HS 개정을 거치면서 일부 소호가 삭제되거나 통합되었다. 그리고 2028년 HS에서도 제3702호의 소호 체계가 크게 간소화될 예정이다. 제3702호의 사진용 필름에는 스틸 사진만이 아니라 영화용 필름도 포함된다.

제3706호에는 노광하고 현상된 영화용 필름이 분류된다. 즉, 제3702호의 필름으로 촬영을 한 영상이 담긴 필름이 제3706호에 분류되는 것이다. 제3706호의 영화용 필름은 폭이 35밀리미터 이상인 것소호 제3706.10호과 그 밖의 것소호 제3706.90호으로 나뉜다. 영화용 필름의 가장 일반적인 규격폭은 35밀리미터와 70밀리미터이다. 거장으로 불리는 소수의 영화감독들이 아직도 아날로그 필름을 고집하는 경우가 있으나 이미 영화시장에서도 디지털이 대세를 장악하고 있는 현실에서 앞으로도 그 거래규모는 점점 줄어들 것이다. 다큐멘터리 제작이나 아마추어 영화인들의 작품 제작에 주로 사용되던 8밀리미터, 16밀리미터 필름의 현실은 그보다도 열악할 것이다. 2028년 HS에서는 제3706호에서 소호 구분을 삭제하고 하나의 소호로 통합하였다.

제65류에는 모자류와 그 부분품이 분류된다. 모자가 제64류의 신발과 같이 하나의 류와

6개의 소호를 부여받을 만큼 국제무역에 있어 중요한 위치에 있는 것인가에 대한 견해는 다를 수 있다. 다만, 대부분의 문화권에서 모자는 실용적·의례적 용도로 쓰였던 것은 사실이다. HS가 태동한 유럽의 역사에서 모자는 계급, 예절, 패션의 완성이라는 세 가지 측면에서 엄격하고 정교하게 의복의 일부로 정착되었다 할 수 있다. 물론 현재 기준에서 모자가 과거만큼 필수적인 요소는 아니므로 제65류에서 코드 조정이 필요한 것은 당연하다. 이미 2007년 HS 개정 당시 제6503호_{펠트제의 모자}가 삭제된 바 있다. 2028년 HS에서는 모자를 만들기 전 반제품 상태의 몸체인 모체hat form와 모자의 부분품 및 부착구를 하나의 호로 통합함에 따라 제65류에서 호의 수가 2개 감소하였다.

그 밖에 두께에 따라 두 개의 소호로 나뉘어 있던 제7804호의 납의 쉬트나 스트립을 하나의 소호로 통합하는 한편, 음극선관 제조용의 유리 외피나 음극선과 부분품에 대한 소호를 삭제하였다.

표1 **2028 HS 개정 신구대조표**국제거래량 감소로 삭제 또는 통합되는 코드

현행(HS 2022)	개정(HS 2028)
– 버섯과 송로(松露) 0711.51 -- 아가리쿠스(Agaricus)속의 버섯 0711.59 -- 기타	0711.50 – 버섯과 송로(松露)
1207.30 – 피마자	〈삭제〉
1212.94 -- 치커리(chicory) 뿌리	〈삭제〉
37.02 – 롤 모양 사진필름(감광성이 있고 노광하지 않은 것으로 한정하며, 종이·판지·직물로 만든 것은 제외한다)과 롤 모양 인스턴트 프린트필름(감광성이 있고 노광하지 않은 것으로 한정한다) 3702.10 – 엑스선용 – 그 밖의 필름(구멍이 없는 것으로서 폭이 105밀리미터 이하인 것으로 한정한다) 3702.31 -- 천연색 사진용(폴리크롬) 3702.32 -- 기타[할로겐화은 에멀션(emulsion)으로 된 것으로 한정한다]	37.02 – 롤 모양 사진필름(감광성이 있고 노광하지 않은 것으로 한정하며, 종이·판지·직물로 만든 것은 제외한다)과 롤 모양 인스턴트 프린트필름(감광성이 있고 노광하지 않은 것으로 한정한다) 3702.10 – 엑스선용 3702.30 – 그 밖의 필름(구멍이 없는 것으로서 폭이 105밀리미터 이하인 것으로 한정한다)

현행(HS 2022)	개정(HS 2028)
3702.39 -- 기타	
- 그 밖의 필름(구멍이 없는 것으로서 폭이 105밀리미터를 초과하는 것으로 한정한다)	- 그 밖의 필름(구멍이 없는 것으로서 폭이 105밀리미터를 초과하는 것으로 한정한다)
3702.41 -- 폭이 610밀리미터를 초과하고, 길이가 200미터를 초과하는 것으로서 천연색 사진용의 것(폴리크롬)	3702.41 -- 폭이 610밀리미터를 초과하고, 길이가 200미터를 초과하는 것으로서 천연색 사진용의 것(폴리크롬)
3702.42 -- 폭이 610밀리미터를 초과하고, 길이가 200미터를 초과하는 것(천연색 사진용은 제외한다)	3702.42 -- 폭이 610밀리미터를 초과하고, 길이가 200미터를 초과하는 것(천연색 사진용은 제외한다)
3702.43 -- 폭이 610밀리미터를 초과하고 길이가 200미터 이하인 것	3702.43 -- 폭이 610밀리미터를 초과하고 길이가 200미터 이하인 것
3702.44 -- 폭이 105밀리미터를 초과하고 610밀리미터 이하인 것	3702.44 -- 폭이 105밀리미터를 초과하고 610밀리미터 이하인 것
- 그 밖의 필름[천연색 사진용(폴리크롬)]	3702.50 - 그 밖의 필름[천연색 사진용(폴리크롬)]
3702.52 -- 폭이 16밀리미터 이하인 것	
3702.53 -- 폭이 16밀리미터 초과 35밀리미터 이하로서 길이가 30미터 이하인 것(슬라이드용으로 한정한다)	
3702.54 -- 폭이 16밀리미터 초과 35밀리미터 이하로서 길이가 30미터 이하인 것(슬라이드용은 제외한다)	
3702.55 -- 폭이 16밀리미터 초과 35밀리미터 이하로서 길이가 30미터를 초과하는 것	
3702.56 -- 폭이 35밀리미터를 초과하는 것	
- 기타	- 기타
3702.96 -- 폭이 35밀리미터 이하로서 길이가 30미터 이하인 것	3702.91 -- 폭이 35밀리미터 이하인 것
3702.97 -- 폭이 35밀리미터 이하로서 길이가 30미터 초과인 것	
3702.98 -- 폭이 35밀리미터를 초과하는 것	3702.98 -- 폭이 35밀리미터를 초과하는 것
37.06 - 영화용 필름(노광하여 현상한 것으로 한정하며, 사운드트랙이 있는 것인지 또는 사운드트랙만으로 구성된 것인지에 상관없다)	3706.00 - 영화용 필름(노광하여 현상한 것으로 한정하며, 사운드트랙이 있는 것인지 또는 사운드트랙만으로 구성된 것인지에 상관없다)
3706.10 - 폭이 35밀리미터 이상인 것 3706.90 - 기타	

현행(HS 2022)	개정(HS 2028)
53.08 - 그 밖의 식물성 섬유사와 종이실(paper yarn)	53.08 - 그 밖의 식물성 섬유사와 종이실(paper yarn)
5308.10 - 코이어(coir)사	〈삭제〉
65.01 - 모체(hat-form)[펠트(felt)로 만든 성형하지 않은 것으로서 차양을 붙이지 않은 것으로 한정한다], 펠트(felt)로 만든 플래토우(plateaux)와 망숑(manchon)[슬릿망숑(slit manchon)을 포함한다]	〈삭제〉
65.02 - 모체(hat-shape)[각종 재료로 만든 스트립(strip)을 엮거나 결합하여 만든 것으로서 미성형인 것, 차양을 붙이지 않은 것, 안을 대지 않거나 장식하지 않은 것으로 한정한다]	〈삭제〉
65.07 - 헤드밴드·내장재·커버·모자의 파운데이션(foundation)·모자의 프레임(frame)·챙·턱끈	〈삭제〉
〈신설〉	65.08 - 모체(hat-form)[펠트(felt)로 만든 성형하지 않은 것으로서 차양을 붙이지 않은 것으로 한정한다], 펠트(felt)로 만든 플래토우(plateaux)와 망숑(manchon)[슬릿망숑(slit manchon)을 포함한다], 모체(hat-shape)[각종 재료로 만든 스트립(strip)을 엮거나 결합하여 만든 것으로서 미성형인 것, 차양을 붙이지 않은 것, 안을 대지 않거나 장식하지 않은 것으로 한정한다], 헤드밴드·내장재·커버·모자의 파운데이션(foundation)·모자의 프레임(frame)·챙·턱끈
70.11 - 밀폐되지 않은 유리로 만든 외피...... (생략) 7011.10 - 전등용 7011.20 - 음극선관용 7011.90 - 기타	70.11 - 밀폐되지 않은 유리로 만든 외피...... (생략) 7011.10 - 전등용 〈삭제〉 7011.90 - 기타
제15부 주 제1호 다목 1. 이 부에서 다음 각 목의 것은 제외한다. 다. 제6506호나 **제6507호**의 모자와 그 부분품	1. 이 부에서 다음 각 목의 것은 제외한다. 다. 제6506호나 **제6508호**의 모자와 그 부분품
78.04 - 납의 판·시트(sheet)·스트립·박(箔), 가루와 플레이크(flake) - 판·시트(sheet)·스트립·박(箔) 7804.11 -- 시트(sheet)·스트립·박(箔)[두께(보강	78.04 - 납의 판·시트(sheet)·스트립·박(箔), 가루와 플레이크(flake) 7804.10 - 판·시트(sheet)·스트립·박(箔)

현행(HS 2022)	개정(HS 2028)
재의 두께는 제외한다)가 0.2밀리미터 이하인 것으로 한정한다] 7804.19 -- 기타	
7804.20 - 가루와 플레이크(flake)	7804.20 - 가루와 플레이크(flake)
- 부분품 8540.91 -- 음극선관의 것 8540.99 -- 기타	8540.90 - 부분품

2 편집상의(editorial) 문제점 개선

HS 품목분류표 원문은 불문판과 영문판이 각각 별도로 있으며, 이 두 가지 모두 원본으로 인정되고 있다. 관세법 별표 관세율표는 이중 영문판을 원본으로 하여 번역함으로써 HS 품목분류표를 국내법으로 수용하고 있다.

불문판과 영문판은 동일한 내용으로 작성되며 품목분류표의 모든 호와 소호에서 두 버전은 동일한 범위를 규정할 의도로 만들어진다. 그럼에도 불구하고 서로 다른 두 언어에서 사용하는 단어가 완전하게 1대 1 대응이 되지 않는다는 점, 인간 언어가 가지는 다의성多義性의 문제, 어순에 있어서도 비교적 고정된 어순을 따르는 영어에 비해 불어는 다소 유동적인 어순을 사용한다는 점 등으로 인하여 특정 호나 소호의 영역에서 영문과 불문의 해석이 모호하게 달라짐에 따라 해당 호나 소호의 범위가 달리 해석될 가능성은 언제든지 존재한다.

불영문 간의 불일치misalignment가 발견될 경우 획일적으로 어느 한쪽 언어를 다른 쪽 언어에 일치시키도록 개정하는 것은 아니다. 전체적인 맥락 및 해당 호와 소호의 성격에 따라 어떤 경우에는 영문을 불문에 맞도록 수정하거나 반대로 불문을 영문에 맞도록 고칠 수 있고 또는 양자를 모두 수정할 수도 있다.

관세법 별표 관세율표는 영문 텍스트를 번역하여 국내법으로 수용한 것이므로 영문 텍스트의 변경 없이 불문만 개정되는 경우에는 관세율표 개정사유는 발생하지 않는다. 영문을 수정하는 경우라 하더라도 단어나 어구의 수정 없이 단순히 구두점이나 접속사를 수정하는 경우에는 국문 관세율표의 변경까지는 필요없을 수도 있다.

가. 가루(powder)와 관련한 불·영문 불일치

2028년 HS에서 이 분야의 대표적인 개정은 건조한 가루powder에 관한 것이다. 육류나 어류, 곡물 또는 광물을 작은 입자로 분쇄한 것을 가리키는 말로 HS 품목분류표에서는 meal, pellet, flake, granule, flour, powder 등을 사용한다. 영문 표현상으로는 보통 알갱이의 크기와 형태에 따라 HS의 각 호마다 적절한 용어를 사용하는데, 현재 품목분류표에서 이들 용어를 사용하는 호는 다음과 같다.

표2 'Powder, flour' 등 입자를 표현하는 단어의 국문 관세율표상 번역

호	영문	국문(관세율표)
0210	Meat and edible meat offal, salted, in brine, dried or smoked; **edible flours and meals** of meat or meat offal.	육과 식용 설육(屑肉)(염장하거나 염수장한 것·건조하거나 훈제한 것으로 한정한다), 육이나 설육(屑肉)의 **식용 고운 가루·거친 가루**
0309	**Flours, meals and pellets** of fish, crustaceans, molluscs and other aquatic invertebrates, fit for human consumption.	어류·갑각류·연체동물과 그 밖의 수생무척추동물의 **고운 가루·거친 가루와 펠릿(pellet)**(식용에 적합한 것으로 한정한다)
0505	Skins and other parts ......; **powder** and waste of feathers or parts of feathers.	...... 새의 깃털이나 그 부분의 **가루**와 웨이스트(waste)
0506	Bones ......; **powder** and waste of these products.	......, 이들의 **가루**와 웨이스트(waste)
0507	Ivory, ...; **powder** and wasted of these products.	......, 이들의 **가루**와 웨이스트(waste)
0508	Coral and similar materials ......, **powder** and waste thereof.	산호와 이와 유사한 물품...... 이들의 **가루**와 웨이스트(waste)
0712	Dried vegetables, whole, cut, sliced, broken or **in powder**, but not further prepared.	건조한 채소(원래 모양인 것, 절단한 것, 얇게 썬 것, 부순 것, **가루 모양**인 것으로 한정하며, 더 이상 조제한 것은 제외한다)

호	영문	국문(관세율표)
0714	Manioc, ... in the **form of pellets**; sago pith.	매니옥, ... **펠릿(pellet) 모양**인지에 ......
1101	Wheat or meslin **flour**.	밀가루나 메슬린(meslin) **가루**
1102	**Cereal flours** other than of wheat or meslin.	**곡물의 고운 가루**[밀가루나 메슬린(meslin) 가루는 제외한다]
1103	Cereal groats, **meal and pellets**.	곡물의 부순 알곡·**거친 가루·펠릿(pellet)**
1105	**Flour, meal, powder, flakes, granules and pellets** of potatoes.	감자의 **고운 가루·거친 가루·가루·플레이크(flake)·알갱이·펠릿(pellet)**
1106	**Flour, meal and powder** of the dried leguminous vegetables of......	건조한 채두류(菜豆類)......의 **고운 가루·거친 가루·가루**
1208	Flours and meals of oil seeds or oleaginous fruit, other than those of mustard.	채유(採油)에 적합한 종자와 과실의 고운 가루와 거친 가루(겨자의 고운 가루와 거친 가루는 제외한다)
1210	Hop cones, fresh or dried, whether or not ground, **powdered or in the form of pellets**; lupulin.	홉(hop)[신선하거나 건조한 것으로서 잘게 부순 것인지 또는 **가루나 펠릿(pellet) 모양**인지에 상관없다], 루플린(lupulin)
1213	Cereal straw and husks, unprepared, whether or not chopped, ground, pressed or in the form of **pellets.**	곡물의 짚과 껍질[조제하지 않은 것으로 한정하며, 절단하거나 잘게 부수거나 압착한 것인지 또는 **펠릿(pellet)** 모양인지에 상관없다]
1214	Swedes, mangolds, fodder roots, hay, lucerne (alfalfa), clover, sainfoin, forage kale, lupines, vetches and similar forage products, whether or not in the form of **pellets.**	스위드(swede)·맹골드(mangold)·사료용 뿌리채소류(根菜類)·건초·루우산(lucerne)(알팔파)·클로버(clover)·샌포인(sainfoin)·사료용 케일(kale)·루핀(lupine)·베치(vetch)와 이와 유사한 사료용 식물[**펠릿(pellet)** 모양인지에 상관없다]
1805	Cocoa **powder**, not containing added sugar or other sweetening matter.	코코아 **가루**(설탕이나 그 밖의 감미료를 첨가한 것은 제외한다)
1901	Malt extract; food preparations of **flour, groats, meal,** starch or malt extract,......	맥아 추출물(extract)과 **고운 가루·부순 알곡·거친 가루**·전분이나......
1904	Prepared foods ......(for example, **corn flakes)**; cereals (other than maize (corn)) in grain form or in the form of **flakes** or other worked grains (except **flour, groats and meal**), ...	조제 식료품[예: **콘 플레이크(corn flake)**]과 낟알 모양이나 **플레이크(flake)** 모양이나 그 밖의 가공한 곡물(옥수수는 제외하며 **고운 가루·부순 알곡·거친 가루**는 제외하고......
2102	Yeasts......; prepared **baking powders.**	효모...... 조제한 **베이킹 파우더**

호	영문	국문(관세율표)
2103	Sauces ...... mustard **flour and meal** and prepared mustard.	소스...... 겨자의 **고운 가루·거친 가루**와 조제한 겨자
2301	**Flours, meals and pellets,** of meat or meat offal, of fish or of crustaceans, molluscs......	육·설육(屑肉)·어류·갑각류·연체동물이나 그 밖의 수생(水生) 무척추동물의 **고운 가루·거친 가루·펠릿(pellet)**......
2302	Bran, sharps and other residues, whether or not in the form of **pellets,**	밀기울·쌀겨와 그 밖에 이와 유사한 박(residue)류[펠릿(pellet) 모양인지에 상관없으며 ......
2303	Residues of starch ......, whether or not in the form of **pellets.**	전분......[**펠릿(pellet)** 모양인지에 상관없다]
2304	Oil-cake ...... in the form of **pellets**, ...	오일 케이크와...... **펠릿(pellet)** 모양인지에 상관없다]
2305	Oil-cake ...... in the form of **pellets**, ...	오일 케이크와...... **펠릿(pellet)** 모양인지에 상관없다]
2306	Oil-cake ...... in the form of **pellets**, ...	오일 케이크와...... **펠릿(pellet)** 모양인지에 상관없다]
2308	Vegetable materials ...... in the form of **pellets**, ...	사료용 식물성...... **펠릿(pellet)** 모양인지에 상관없으며......
2517	Pebbles, ... **granules, chippings and powder**, ...	자갈 ...... **암석의 알갱이·파편·가루**......
3207	Prepared pigments, ...glass frit and other glass, in the form of **powder, granules or flakes.**	조제 안료......, 유리 프리트(frit)와 그 밖의 유리[**가루·알갱이·플레이크**(flake) 모양인 것으로 한정한다]
3212	Pigments (including metallic **powders and flakes**)	비수성(非水性) 매질(媒質)에 분산시킨 안료[금속 **가루·금속플레이크(flake)**를 포함하며, ...
3306	Preparations for oral ......denture fixative pastes and **powders;**	구강·치과 위생용 제품류......[치열 교정용 페이스트(paste)와 **가루**를 포함한다]
3405	Polishes and creams, ...scouring pastes and **powders** and similar preparations......	신발용...... 연마페이스트(paste)·**연마가루**와 이와 유사한 조제품......
3504	Peptones and their derivatives; ...... ; **hide powder**, ...	펩톤(peptone)과 이들의 유도체...... **하이드파우더(hide powder)** ...
3601	**Propellent powders.**	**화약**
3810	Pickling preparations ......brazing or **welding powders**	침지 조제품 ......땜질용·**용접용 가루**와 ......
4004	Waste, parings ...... **powders and granules** obtained therefrom.	고무의 웨이스트 ......이들의 **가루와 알갱이**

호	영문	국문(관세율표)
4115	Composition leather ...... dust, **powder and flour.**	콤퍼지션 레더...... 더스트(dust)와 **가루**
4401	Fuel wood, ..., briquettes, **pellets or similar forms.**	땔나무......·**펠릿(pellet)이나 이와 유사한 모양**으로 응결된 것인지에 상관없다]
4405	Wood wool; **wood flour.**	목모(wood wool)와 **목분(wood flour)**
5605	Metallised yarn, ... or **powder** or covered with metal.	금속드리사......·**가루** 모양의 ......
6802	Worked monumental ...... **coloured granules, chipping and powder**, of natural stone (including slate).	가공한 석비용...... **착색한 ...... 알갱이·조각·가루**
6805	Natural or artificial, abrasive **powder or grain**, ...	천연·인조의 연마용 **가루나 알갱이**를......
7105	Dust and **powder** of natural or synthetic precious or	천연의 것이나 합성한 귀석·반귀석의 더스트(dust)와 **가루**
7106	Silver ...... or in **powder form.**	은 ...... **가루 모양**
7108	Gold ...... or in **powder form.**	금 ...... **가루 모양**
7110	Platinum, ... or in **powder form.**	백금 ...... **가루 모양**
7203	Ferrous products ...... in lumps, **pellets** or similar forms......	철제품 ...[럼프(lump)·**펠릿(pellet)**이나 이와 유사한 모양......
7205	**Granules and powders**, of pig iron, spiegeleisen, iron or steel.	**알갱이와 가루**[선철(銑鐵)·스피그라이즌(spiegeleisen)·철강의 것으로 한정한다]
7406	Copper **powders and flakes.**	구리의 **가루와 플레이크(flake)**
7504	Nickel **powders and flakes.**	니켈의 **가루와 플레이크(flake)**
7603	Aluminium **powders and flakes.**	알루미늄의 **가루와 플레이크(flake)**
7903	Zinc dust, **powders and flakes.**	아연의 더스트(dust)·**가루·플레이크(flake)**
8311	Wire, rods, ... **base metal powder,** used for metal spraying.	선·봉·......, **비금속(卑金屬) 가루**를 응결시켜 ......
8424	Mechanical appliances ...... spraying liquids or **powders**;	액체나 **가루의** 분사용·살포용·분무용 기기(수동식인지에 상관없다)......
8474	Machinery for sorting, screening, separating, ... or other mineral products in **powder**	선별기·기계식 체 ...... 시멘트·석고·**가루** 모양이나 ......
9616	Scent sprays ...... ; **powder-puffs** and pads	향수용 분무기 ...... 화장용 **분첩**과 패드

HS의 여러 호에서 작은 알갱이를 뜻하는 이들 용어를 사용하고 있으며, 물품의 형태, 크기 등에 따라 이들 용어를 구분하여 사용하는 것으로 보인다. 특정 호 내에서 한 가지 형태가 아닌 여러 모양과 크기의 가루를 포괄적으로 포함한다는 취지로 쓸 때는 두 가지 이상의 용어를 조합하여 'flour, meal and powder' 등의 표현을 쓰기도 한다.

국문 관세율표에서는 전반적으로 meal을 '거친 가루', flour를 '고운 가루' 그리고 powder를 '가루[40]'라고 번역하고 있다. 그리고 granule은 '알갱이'로 번역하는 한편 pellet과 flake는 영어 단어를 그대로 음차하여 '펠릿pellet', '플레이크flake'로 표기하고 있다.

사전적 또는 공학적 정의로는 보통 입자가 가장 고운 것을 powder라 하고 flour, meal, granule, pellet 순으로 좀 더 알갱이의 크기가 커지는 것으로 보인다. 또한 pellet이나 flake는 압축이나 응결과정을 거쳐 만들어진 것으로 보이는데, 공학적으로 의도된 크기와 형상으로 비교적 균일하게 만들어지는 것이 pellet이고 압착을 통하여 얇은 모양으로 만들어지는 것을 보통 flake라 부르는 것으로 이해할 수 있다.

그렇다면 powder를 '가루'로 flour를 '고운 가루'로 표현한 국문 관세율표의 번역을 재검토해 볼 필요도 있을 것이다.

제1106호의 영문 용어에서 "flour, meal and powder"는 불문판에서는 "Farines, semoules et poudres"로 정확하게 대응된다. 그러나 HS 품목분류표 전체에서 이 텍스트의 불·영문 표현이 일치하는 것은 아니다.

HS 위원회와 검토소위원회는 조리한 닭고기 가루Powdered cooked chicken의 품목분류 문제를 논의하는 과정에서 이 문제를 인지하였다. 아울러 제3류의 호의 삭제 및 신설, 곤충의 가루와 관련한 제4류의 주, 제2301호의 용어 등의 개정 수요와 맞물려 불·영문 표현의 개정이 함께 검토되었다.

---

40 2012년 관세율표까지는 flour를 '분粉', meal을 '조분粗粉' 그리고 powder를 '분말粉末'로 번역하였으나, 2013년 알기 쉬운 법령용어 사용 차원에서 개정된 이후 현재와 같이 번역하고 있다.

나. '단지' 부수적이지 않은(not 'merely' subsidiary)

제49류에는 모티브motif, 문자나 그림, 설계도 등을 인쇄한 여러 종류의 인쇄물이 분류된다. 인쇄물이란 매체종이 등가 아니라 매체에 인쇄된 내용에 본질적인 특성이 있는 것을 말한다. 그리고 이러한 인쇄물은 일반적으로 종이 위에 인쇄되나 종이 이외의 재료, 예를 들면 플라스틱, 고무, 직물 등에 인쇄된 것도 명백히 제외되지는 않는다.

인쇄된 내용이 아니라 매체에 본질적인 특성이 있는 경우, 즉 매체에 인쇄된 내용이 그 매체 자체의 본래의 용도에 부수적인 내용에 불과한 경우에는 해당 매체의 재질이나 본래 용도에 따라 분류한다. 예를 들면 물품 자체에 대한 설명이나 그 사용과 관련한 내용 또는 원산지'Made in Korea' 등와 같이 그 본래의 용도에 부수적인 내용이 인쇄된 것은 제49류의 인쇄물로 보지 않는다.

이러한 취지와 그 예외를 설명한 것이 제7부 주 제2호와 제48류 주 제12호이다.

[제7부 주 제2호]
2. 제3918호나 제3919호의 물품을 제외하고는 플라스틱·고무와 이들의 제품으로서 해당 물품의 **본래의 용도에 부수적이지 않은(not merely subsidiary to the primary use)** 모티프·문자·그림을 인쇄한 것은 제49류로 분류한다.

[제48류 주 제12호]
12. 제4814호와 제4821호에 해당하는 물품을 제외하고는 종이·판지·셀룰로오스워딩과 이들의 제품으로서 해당 물품의 **본래의 용도에 단지 부수적이지 않은(not merely subsidiary to the primary use)** 모티프(motif)·문자·회화를 인쇄한 것은 제49류에 해당한다.

해석하자면 본래의 용도에 부수적이지 않은 모티프나 문자나 그림을 인쇄한 종이나 플라스틱 시트는 제39류나 제48류가 아닌 제49류에 분류해야 하지만, 제3918호플라스틱제의 바닥깔개나 벽 피복재, 제3919호플라스틱제의 접착성 시트, 제4814호벽지나 벽 피복재, 제4821호종이나 판지로 만든 label의 경우, 그 이상의 내용이 인쇄되어 있어도 제49류가 아닌 이들 호에 분류하여야 한다는 뜻이다. 벽지나 바닥재에 적벽부나 성경이나 클림트의 그림을 인쇄해도 제 49류에는 포함되지 않으며 제39류나 제48류의 해당 호에 분류한다는 의미이다.

'본래의 용도에 부수적이지 않은'이라는 문구의 영문 원문은 'not merely subsidiary to the primary use'이다. 영문 원문의 맥락상 이 문장에서 'merely'라는 단어가 꼭 필요한 것인지 불분명하다. 굳이 이 단어가 없어도 분류기준을 설명하는 데에는 문제가 없어 보인다.

국문 관세율표에서는 제7부 주 제2호는 이 문구에서 'merely단지'의 번역을 굳이 삽입하지 않은 반면, 제48류 주 제12호는 '단지'라는 단어를 포함시키고 있다.

미국은 HS 품목분류표와 해설서의 불영문 버전 간 이 대목의 차이가 있음을 발견하고 이를 바로잡기 위한 안건을 제61차 HS 검토소위원회에 제출하였다. 미국은 영문 버전의 이 대목에서 merely라는 단어가 굳이 필요없으며 이 단어를 삭제함으로써 불문판과의 동일성이 더 높아질 것으로 판단하였다.

검토소위원회는 위에서 언급한 두 개의 주에서 'merely'라는 단어를 삭제하는 것에 합의하였다. 이에 따라 국문 관세율표에서 제48류 주 제12호는 개정되어야 하는 반면, 제7부 주 제2호는 사실상 이 내용이 반영되어 있으므로 따로 개정할 필요는 없어 보인다.

그 밖에도 2028년 HS에서는 제0704호와 제8426호, 제8430호 등에서 불문과 영문 버전을 보다 정교하게 일치시키기 위한 목적으로 간단한 편집상의 개정을 가하였다.

표3 **2028년 HS에서 불·영문판 일치와 관련한 개정사항**

구분	불문판 개정안	영문판 개정안
제0210호	No 02.10. Texte anglais seulement.	Heading 02.10. Delete and substitute : "02.10 Meat and edible meat offal, salted, in brine, dried or smoked;

구분	불문판 개정안	영문판 개정안
		edible flours, meals and powders of meat or meat offal.".
	No 0210.9. Libellé de sous-position. Texte anglais seulement.	Subheading 0210.9. Subheading text. Delete and substitute : "– Other, including edible flours, meals and powders of meat or meat offal :".
제3류 주 제1호 다목	Note 1 c). Texte anglais seulement.	Note 1 (c). Delete and substitute : "(c) Fish (including livers, roes and milt thereof) or crustaceans, molluscs or other aquatic invertebrates, dead and unfit or unsuitable for human consumption by reason of either their species or their condition (Chapter 5); flours, meals, powders and pellets of fish or of crustaceans, molluscs or other aquatic invertebrates, unfit for human consumption (heading 23.01); or"
제0603.12호	No 0603.12. Nouvelle rédaction : "0603.12 -- Œillets"	Subheading 0603.12. French text only.
제13류 주 제1호 사목	CHAPITRE 13. Note 1 g). Nouvelle rédaction : "g) les médicaments des nos 30.03 ou 30.04 et les réactifs destinés à la détermination des groupes sanguins (no 38.22);".	CHAPTER 13. Note 1 (g). French text only.
제3822.13호	No 3822.13. Nouvelle rédaction : "3822.13 -- Pour la détermination des groupes sanguins".	Subheading 3822.13. French text only.
제3901.10호 내지 제3901.40호	Sous-positions 3901.10 à 3901.40. Nouvelle rédaction : "3901.10 – Polyéthylène d'une densité relative inférieure à 0,94 3901.20 – Polyéthylène d'une densité relative égale ou supérieure à 0,94	Subheadings 3901.10 to 3901.40. French text only.

구분	불문판 개정안	영문판 개정안
	3901.30 – Copolymères d'éthylène et d'acétate de vinyle 3901.40 – Copolymères d'éthylène et d'alpha-oléfine d'une densité relative inférieure à 0,94"	
제59류 주 제8호	CHAPITRE 59. Note 8. Alinéa a). Premier tiret. Nouvelle rédaction : "– les tissus, feutres ou tissus doublés de feutre, enduits, recouverts ou stratifiés de caoutchouc, de cuir ou d'autres matières, des types utilisés pour la fabrication de garnitures de cardes, et les produits analogues pour d'autres usages techniques, y compris les rubans de velours, imprégnés de caoutchouc, pour le recouvrement des ensouples;".	CHAPTER 59. Note 8. Item (a). Paragraph (i). French text only.
제5911.10호	No 5911.10. Nouvelle rédaction : "5911.10 – Tissus, feutres et tissus doublés de feutre, enduits, recouverts ou stratifiés de caoutchouc, de cuir ou d'autres matières, des types utilisés pour la fabrication de garnitures de cardes, et produits analogues pour d'autres usages techniques, y compris les rubans de velours, imprégnés de caoutchouc, pour le recouvrement des ensouples".	Subheading 5911.10. French text only.
제4류 주 제6호	Note 6. Texte anglais seulement.	Note 6. Delete and substitute : "6.– For the purposes of heading 04.10, the term "insects" means edible non-living insects, whole or in parts, fresh, chilled, frozen, dried, smoked, salted or in brine, as well as flours, meals and powders of

구분	불문판 개정안	영문판 개정안
		insects, fit for human consumption. However, it does not cover edible non-living insects otherwise prepared or preserved (generally Section IV).".
제21류 주 제1호 사목	CHAPITRE 21. Note 1 g). Texte anglais seulement.	CHAPTER 21. Note 1 (g). Delete "or" at the end of the Note.
제30류 주 제1호 가목	CHAPITRE 30. Note 1 a). Texte anglais seulement.	CHAPTER 30. Note 1 (a). Delete and substitute : "(a) Foods or beverages (such as dietetic, diabetic or fortified foods, dietary supplements, tonic beverages and mineral waters), other than nutritional preparations for intravenous administration (Section IV);".
제7부 주 제2호	SECTION VII. Note 2. Texte anglais seulement.	SECTION VII. Note 2. Delete "merely subsidiary" and substitute "subsidiary".
제48류 주 제12호	CHAPITRE 48. Note 12. Texte anglais seulement.	CHAPTER 48. Note 12. Delete "merely subsidiary" and substitute "subsidiary".
제78류 소호주 제목	CHAPITRE 78. Notes de sous-positions. Titre. Texte anglais seulement.	CHAPTER 78. Subheading Notes. Title. Delete and substitute : "Subheading Note.".
제8426.30호	No 8426.30. Texte anglais seulement.	Subheading 8426.30. Delete and substitute : "8426.30 – Portal jib cranes".
제8430.3호	No 8430.3. Libellé de sous-position. Texte anglais seulement.	Subheading 8430.3. Subheading text. Delete and substitute : "– Coal or rock cutters, ploughs, strippers, and tunnelling machinery".
제85류 주 제12호 가목	CHAPITRE 85. Note 12 a) 1°) 1). Remplacer l'expression "les propriétés	CHAPTER 85. Note 12 (a) (i) (1). French text only.

구분	불문판 개정안	영문판 개정안
	semi-conductrices, physiques, électriques, chimiques et optiques." par "les propriétés semiconductrices, y compris les propriétés physiques, électriques, chimiques et optiques.".	
제90류 주 제1호 사목	CHAPITRE 90. Note 1 g). Texte anglais seulement.	CHAPTER 90. Note 1 (g). Delete "Pumps incorporating measuring devices" and substitute "Dispensing pumps incorporating measuring devices".
제9030호의 용어	No 90.30. Libellé. Remplacer "appareils pour la mesure ou le contrôle de grandeurs électriques" par "appareils pour la mesure ou le contrôle de grandeurs électriques, à l'exclusion des compteurs du no 90.28".	Heading 90.30. Heading text. French text only.

불문판과 영문판의 불일치 제거를 위하여 호의 용어나 주 등이 개정되는 경우에는 거의 물품 이동이 발생하지 않는다. 즉 해당 개정으로 인하여 특정 호에서 다른 호, 또는 특정 소호에서 다른 소호로 품목분류가 바뀌는 경우가 거의 발생하지 않는다.

관세법 별표 관세율표는 영문판 HS 품목분류표를 원문으로 하고 있으므로 영문판 개정 없이 불문판만 수정되는 경우에는 관세율표 개정 수요가 발생하지 않는다.

또한 영문판 HS 품목분류표를 개정하는 경우라 하더라도 문법 또는 표기 관행의 차이로 굳이 관세율표를 개정할 필요가 없을 수도 있다. 예를 들면 각 류의 소호주 타이틀에서 해당 류의 소호주가 두 개 이상인 경우 영문 제목은 'Subheading Notes'로 표기하지만 소호주가 하나뿐인 경우에는 'Subheading Note'로 표시한다. 국문 관세율표에서는 보통 단수와 복수를 구분하지 않으므로 Notes가 Note로 바뀌거나 그 반대인 경우 영문 품목분류표의 개정에도 불구하고 국문 관세율표는 개정 이유가 생기지 않는다.

2028년 HS에서 위에서 언급한 여러 가지 편집상의 이유로 개정된 내용은 다음과 같다.

이들 중 일부는 국문 관세율표의 개정을 필요로 하지 않는다.

표4　**불·영문 불일치**misalignment **해소를 위한 텍스트의 개정과 연관된 관세율표 개정**

현행(HS 2022)	개정(HS 2028)
02.10 – 육과 식용 설육(屑肉)(염장하거나 염수장한 것·건조하거나 훈제한 것으로 한정한다), 육이나 설육(屑肉)의 식용 **고운 가루·거친 가루(flours and meals)**	02.10 – 육과 식용 설육(屑肉)(염장하거나 염수장한 것·건조하거나 훈제한 것으로 한정한다), 육이나 설육(屑肉)의 식용 **고운 가루·거친 가루·가루(flours, meals and powders)**
0210.9 – 기타[육이나 설육(屑肉 : offal)의 식용 **고운 가루·거친 가루**를 포함한다]	0210.9 – 기타[육이나 설육(屑肉 : offal)의 식용 **고운 가루·거친 가루·가루**를 포함한다]
제3류 주 제1호 다목 다. 죽은 것으로서 그 종(種)이나 상태로 보아 식용에 적합하지 않은 어류[간, 어란(魚卵)과 어백(魚白)을 포함한다]·갑각류·연체동물이나 그 밖의 수생(水生) 무척추동물(제5류), 식용에 적합하지 않은 어류·갑각류·연체동물이나 그 밖의 수생(水生) 무척추동물의 **고운 가루·거친 가루**나 펠릿(pellet)(제2301호)	다. 죽은 것으로서 그 종(種)이나 상태로 보아 식용에 적합하지 않은 어류[간, 어란(魚卵)과 어백(魚白)을 포함한다]·갑각류·연체동물이나 그 밖의 수생(水生) 무척추동물(제5류), 식용에 적합하지 않은 어류·갑각류·연체동물이나 그 밖의 수생(水生) 무척추동물의 **고운 가루·거친 가루·가루와** 펠릿(pellet)(제2301호)
제3류 주 제3호 3. **제0305호부터 제0308호까지**에는 식용에 적합한 **고운 가루, 거친 가루**와 펠릿(pellet)은 포함하지 않는다**(제0309호).**	3. **제0301호·제0307호·제0308호·제0310호**에는 식용에 적합한 **고운 가루, 거친 가루, 가루**와 펠릿(pellet)은 포함하지 않는다**(제0311호).**
제4류 주 제5호 가목 5. 이 류에서 다음 각 목의 것은 제외한다. 　가. 식용에 적합하지 않은 죽은 곤충(제0511호)	5. 이 류에서 다음 각 목의 것은 제외한다. 　가. 죽은 곤충으로 종의 특성상 또는 그 상태의 문제로 인해 식용에 적합하지 않은 것(제0511호), 식용에 적합하지 않은 곤충의 고운 가루·거친 가루·가루와 펠릿(pellet)(제2301호)
제4류 주 제6호 6. 제0410호에서 "곤충"이란 식용에 적합한 죽은 곤충의 전체나 일부분으로 신선·냉장·냉동·건조·훈제·염장이나 염수장한 것과 곤충의 **고운 가루와 거친 가루**로서 식용에 적합한 것을 말한다. 그러나 이 호에는 식용에 적합한 곤충으로서 그 밖의 방법으로 조제하거나 보존처리한 것은 포함하지 않는다(일반적으로 제4부).	6. 제0410호에서 "곤충"이란 식용에 적합한 죽은 곤충의 전체나 일부분으로 신선·냉장·냉동·건조·훈제·염장이나 염수장한 것과 곤충의 **고운 가루·거친 가루·가루**로서 식용에 적합한 것을 말한다. 그러나 이 호에는 식용에 적합한 곤충으로서 그 밖의 방법으로 조제하거나 보존처리한 것은 포함하지 않는다(일반적으로 제4부).
07.04 – 양배추·꽃양배추·콜라비(kohlrabi)·케일(kale)과 그 밖에 **이와 유사한 식용 배추속**(신선한 것이나 냉장한 것으로 한정한다)	07.04 – 양배추·꽃양배추·콜라비(kohlrabi)·케일(kale)과 그 밖에 **이와 유사한 브라시카(Brassica) 속의 식용 채소**(신선한 것이나 냉장한 것으로 한정한다)

현행(HS 2022)	개정(HS 2028)
23.01 - 육·설육(屑肉)·어류·갑각류·연체동물이나 그 밖의 수생(水生) 무척추동물의 **고운 가루·거친 가루·펠릿(pellet)**(식용에 적합하지 않은 것으로 한정한다)과 수지박 2301.10 - 육이나 설육(屑肉)의 고운 가루·거친 가루·펠릿(pellet)과 수지박 2301.20 - 어류·갑각류·연체동물이나 그 밖의 수생(水生) 무척추동물의 고운 가루·거친 가루·펠릿(pellet) 〈신설〉 〈신설〉	23.01 - 육·설육(屑肉)·**곤충**·어류·갑각류·연체동물이나 그 밖의 수생(水生) 무척추동물의 **고운 가루·거친 가루·가루·펠릿(pellet)**(식용에 적합하지 않은 것으로 한정한다)과 수지박 〈삭제〉 〈삭제〉 2301.30 - 육·설육(屑肉)·곤충의 고운 가루·거친 가루·가루·펠릿(pellet)과 수지박 2301.40 - 어류·갑각류·연체동물이나 그 밖의 수생(水生) 무척추동물의 고운 가루·거친 가루·가루·펠릿(pellet)
제30류 주 제1호 가목 및 자목 1. 이 류에서 다음 각 목의 것은 제외한다. 　가. 식품이나 음료(예: 식이요법용 식품·당뇨병용 식품·강화식품·**식이보조제(food supplements)**·강장음료·광천수)(제4부). 다만, 정맥 투여용 영양제는 제외한다. 　(생략) 　자. **제3822호의 진단용 시약**	1. 이 류에서 다음 각 목의 것은 제외한다. 　가. 식품이나 음료(예: 식이요법용 식품·당뇨병용 식품·강화식품·**식이보조제(dietary supplements)**·강장음료·광천수)(제4부). 다만, 정맥 투여용 영양제는 제외한다. 　(생략) 　자. **조제하였거나 뒤편을 보강한 진단용 시약[도구모음 형태로 된 것인지에 상관없다](제3822호)**
8426.30 - 문형이나 정치형 지브 크레인(jib crane)	8426.30 - 문형 지브 크레인(jib crane)
84.30 - 그 밖의 이동용·정지(整地)용·지균(地均)용·스크래핑(scraping)용·굴착용·탬핑(tamping)용·콤팩팅(compacting)용·채굴용·천공용 기계(토양용·광석용·광물용으로 한정한다), 항타기와 항발기, 스노플라우(snow-plough)와 스노블로어(snow-blower) 　(생략) 　- 석탄이나 암석 절단기와 터널 뚫는 기계 8430.31 -- 자주식(自走式) 8430.39 -- 기타	84.30 - 그 밖의 이동용·정지(整地)용·지균(地均)용·스크래핑(scraping)용·굴착용·탬핑(tamping)용·콤팩팅(compacting)용·채굴용·천공용 기계(토양용·광석용·광물용으로 한정한다), 항타기와 항발기, 스노플라우(snow-plough)와 스노블로어(snow-blower) 　(생략) 　- 석탄이나 암석 절단기·플라우·스트리퍼와 터널 뚫는 기계 8430.31 -- 자주식(自走式) 8430.39 -- 기타
제90류 주 제1호 마목 및 사목 1. 이 류에서 다음 각 목의 것은 제외한다. 　마. 제7007호·제7008호·제7011호·제7014호·제7015호·제7017호의 물품 　사. 제8413호의 계기를 갖춘 **펌프**......(생략)	1. 이 류에서 다음 각 목의 것은 제외한다. 　마. 제7007호·제7008호·제7011호·제7014호·제7015호의 물품이나 제7017호의 위생용 유리제품, 제7017호의 실험실용·의약용 유리제품 또는 이와 유사한 플라스틱 제품(제39류) 　사. 제8413호의 계기를 갖춘 **정량펌프**......(생략)

맺음말

① 사용자 친화적인 적정 수준의 HS 코드 수는?

HS 6단위 소호의 수는 1988년 제정 당시 5,019개를 시작으로 꾸준히 증가하여 2002년 HS에서는 5,224개까지 늘어났다가 2007년 HS 개정시 불필요한 코드가 대폭 삭제되어 5,052개로 줄어들기도 했다. 이후 매 개정 때마다 6단위 코드의 수가 증가하여 2022년 HS에서는 5,612개에 이르렀고 2028년 HS에서는 역대 개정 중 가장 큰 폭으로 6단위 코드 수가 증가하여 5,839개에 달한다.

앞서 설명한 것처럼 HS가 추구하는 방향 중의 하나는 국제무역 동향을 반영하여 불필요한 코드를 삭제하여 품목분류표를 간소화함으로써 사용자에게 보다 쉽고 친화적인 도구로서의 역할을 제공하는 것이다. HS의 기본 정신에 부합하는 수준의 적절한 코드 수가 얼마인지는 정의하기 어렵겠지만 지나치게 세분화된 분류체계가 사용자들에게 불편함과 어려움을 줄 가능성은 있다. 반면, 무역통계나 동향파악 측면에서 또는 중요한 국제적 이슈를 위한 모니터링 차원에서 중요성이 높아지는 물품이 아직 HS 4단위 또는 6단위 체계의 잔여 호나 잔여 소호에 분류되고 있어 HS가 이러한 필요를 충족시키지 못한다는 의견 또한 분명히 존재한다.

현재 늘어나고 있는 코드의 대부분은 FAO 등 국제기구의 요청에 의한 것이다. 본론 부분에서 설명했던 국제기구와 관련된 HS 개정은 지금까지 꾸준히 있어왔고 앞으로도 계속될 것이다. WCO와 HS 위원회는 대체로 관련된 물품이 국제무역에서 얼마나 큰 비중을 차지하는지 따지지 않고 이들 국제기구가 추구하는 방향에 협조해 오고 있다. 향후 제8차, 제9차 Review-cycle에서도 이들 국제기구의 수요와 요청에 따른 HS 개정은 계속 이루어질 것이다. 앞으로도 HS 4단위 또는 6단위 코드의 수가 꾸준히 증가할 것으로 보인다.

2 HS 개정에 대한 한국의 기여 확대를 위한 제언

매 Review-cycle에서 공통적으로 HS 개정안을 가장 활발하게 제출하는 회원국은 EU이다. 이번의 제7차 Review-cycle에서도 EU는 다른 회원국에 비해 압도적으로 많은 수의 개정안을 제출하였고, 이 중 대부분은 실제 개정까지 이어졌다. 금번 개정주기에서 가장 눈에 띄는 회원국은 중국이다. 중국은 제8711호의 전기 스쿠터의 소호 신설방안을 포함하여 EU 다음으로 많은 개정안을 제출하였다.

2022년 HS 개정주기에 제8524호평판디스플레이 모듈의 신설을 제안하는 등 한국 또한 그간 HS 개정과정에서 나름의 역할을 해 왔으나 이번 2028년 HS 개정 주기에 한국이 새로이 제안한 내용은 없다. 향후 2033년 HS 개정주기에 우리나라의 기여확대를 위하여 다음과 같은 분야의 HS 신설 검토를 제안하고자 한다.

가. K푸드의 영향력 확산

최근 글로벌 시장에서 K푸드는 단순한 이색 음식을 넘어 전 세계인의 일상에 스며든 주류 식문화로 확산되고 있다. 소셜 미디어를 통해 폭발적인 인기를 얻은 불닭볶음면과 냉동 김밥, 건강식의 대명사로 자리 잡은 김치에 이르기까지, 한국 식재료 고유의 강렬한 풍미와 '건강하고 신선하다'는 이미지가 프리미엄 가치로 인정받는 추세이다.

K푸드의 원조격인 김치는 HS 6단위로는 소호 제2005.99호조제하거나 보존처리한 그 밖의 채소호에 분류되며, HSK에서는 제2005.99-1000호에 특게하고 있다.

농림축산식품부에 따르면 '25.11월 이탈리아 로마에서 개최된 제48차 국제식품규격위원회CAC48 총회에서 기존에 'Chinese cabbage'로만 등재되어 있던 김치용 배추의 명칭에 한국이 제안한 'Kimchi cabbage'를 추가로 명시하도록 결정함으로써 우리나라 전통 농수산식품의 국제적 입지를 확고히 하는 중요한 계기가 마련되었다.

현재 김치는 글로벌 시장에서 폭발적인 성장을 거듭하고 있으나, HS 6단위 수준에서는 '기타의 보존처리한 채소'의 범주에 머물러 있어 정교한 무역통계 확보와 관세 행정 지원에 한계가 있다. 제2005호의 6단위 소호 예를 들면 제2009.92호에 김치를 특게하면 전 세계 어디서든 김치만의 정확한 수출입 물량과 흐름을 파악할 수 있어 시장 분석 및 수출 전략 수립이 용이해질 수 있을 것이다. 또한 국가별로 김치를 '절임 채소' 혹은 '기타 조제 식료품' 등으로 다르게 해석하여 발생하는 관세율 차이나 통관 지연 문제를 근본적으로 해결할 수 있다.

관세청의 무역통계에 따르면 2025년도 우리나라의 김치 수출액은 1억 6천만불에 이르고 주요 수출국은 일본, 미국, EU, 동남아시아 등이다. 반면 김치 수입액은 2억불에 육박하며 거의 전량이 중국으로부터 수입된다. 한국의 수출입통계만으로도 소호 신설 요건을 충족한다. 따라서 2033년 HS 개정주기에서 김치를 제2005호의 소호 레벨에 특게하는 것을 제안해 볼만하다.

소호를 신설하기에 충분한 무역규모에도 불구하고 김치는 HS 소호레벨에 특게하기에는 다소 지역적인 품목이라는 의견이 있을 수도 있다. 그러나 2017년 HS 개정시 일본이 제2206호 그 밖의 발효주의 용어에 '사케 sake'를 포함시키는 개정안을 제안하여 반영된 사례도 있다. 또한 김치의 현재 위상은 단순한 로컬 식품 차원을 넘어선 것으로 보인다.

다만, 주의할 점은 한국의 전통적인 관점에서의 김치는 단순한 배추김치만이 아니라 무나 부추, 깻잎, 오이 등 다양한 채소와 심지어 과일까지도 재료로 사용하는 경우가 있을 만큼 그 범위가 넓고 다양하다. 호와 소호의 용어는 가능한 한 그 의미와 개념이 명확한 것이 중요하므로 향후의 품목분류 분쟁 소지를 방지하기 위하여 배추김치에 한정하여 김치의 범위를 정의하는 것이 바람직할 것이다.

제2005호에 김치를 위한 소호를 신설하는 경우 현재 제2005호 해설서에 포함되어 있는 절임채소 종류인 사우어크라우트 sauerkraut[41]를 김치의 범주에 포함시킬 것인지 여부에 대한 쟁점이 발생할 가능성도 있다.

그 밖에도 김치에 비해 수출규모가 훨씬 큰 라면[42], 김[43] 등에 대한 소호 신설 제안도 고려해 볼만하다.

나. 피지컬 AI와 로봇

'23년 9월, 제72차 HS 위원회는 식당이나 카페 등에서 사용하는 실내용 서빙로봇과 실외용 배달로봇 2종에 대하여 소호 제8428.90호로 분류결정하였다.

그림 1 서빙로봇 왼쪽과 배달로봇 – 제8428.90호 제72차 HS 위원회

현재 HS 품목분류표에서 로봇이라는 용어는 모두 두 번 소호 제8428.70호와 제8479.50호 등장한다. 4단위 호의 용어 또는 부나 류의 주 Note 수준에서 로봇에 관한 정의나 언급은 없다. 다만 로봇의 일반적인 품목분류 원칙에 대하여 HS 제8479호 해설서에서 다음과 같이 설명하고 있다.

---

41 사우어크라우트 sauerkraut : 양배추를 작게 절단하여 소금에 절여서 일부 발효시켜 조제한 것 HS 제2005호 해설서
42 2025년 한국 수출 15억불
43 2025년 한국 수출 6억불

(7) 다용도의 산업용 로봇 : 산업용 로봇은 순환운동을 반복하여 수행하도록 프로그램을 짤 수 있는 자동기계이다. 산업용 로봇은 센서를 사용하므로 그들이 작업하는 분야에 대한 정보의 획득이 가능하고 분석도 가능하다. 그러므로 그 작업분야에 있어서 변경에 대한 활동 패턴을 응용할 수 있다.
산업용 로봇은 수평이나 수직위치에 고정시킨 사람 팔의 구조와 유사한 연계구조이며, 공구홀더용 이동성 홀더 끝단으로 구성되어 있을 수 있다. (중략)
산업용 로봇은 용접, 페인팅, 취급, 적하와 양하, 절단, 조립, 금속의 트리밍(trimming) 등과 같이 용도가 다양하며 (중략)
이 호에는 단순히 서로 다른 공구를 사용해서 다양한 기능을 수행할 수 있는 산업용 로봇만을 포함한다. 그러나 이 호에는 **특정 기능을 수행하도록 특별히 설계 제작된** 산업용 로봇은 제외하며, 이러한 산업용 **로봇은 그 기능에 해당하는 호에 분류**한다(예: 제8424호·제8428호·제8486호나 제8515호).

요약하자면 로봇은 그 명칭과 무관하게 기능에 따라 제16부의 해당 호에 분류하여야 하고 다용도의 로봇은 제8479호에 분류하여야 한다는 것이다. 제16부 이외에 제17부나 제90류의 경우에도 마찬가지이다.

앞서 언급한 두 가지 로봇에 대하여 HS 위원회에서 다수결에 따라 소호 제8428.90호에 분류하였으나 이들 로봇의 품목분류와 연관된 모든 호의 쟁점이 충분히 논의되고 해소되었던 것은 아니다. 또한 최종 투표에서 위원회의 압도적 대다수의 의견이 일치한 것도 아니었다.

이러한 경우 보통은 차기 회의에서 해당 결정에 대한 유보요청에 따라 재논의될 가능성이 높다. 그러나 HS 위원회는 차제에 로봇에 대한 본격적인 연구와 이를 바탕으로 한 HS 개정논의 가능성을 열어두고 회원국들에게 HS 개정안 발굴을 독려하면서 논의를 종결하였다.

그러나 이후 이와 관련한 회원국의 HS 개정제안은 현재까지는 없었고, 앞으로도 로봇과 관련된 HS 개정, 예를 들어 HS 품목분류표에 특정한 호를 신설하여 로봇을 모두 포함시키는 등의 개정안을 만드는 것은 쉽지 않아 보인다. 새로운 호를 신설하거나 로봇이라는 용어를 4단위 호의 용어에 포함시키기 위해서는 로봇에 대한 명확한 정의가 뒤따라야 하지만 품목분류 관점에서 로봇을 다른 기계와 분명하게 구분할 수 있도록 딱 떨어지는 기준을 만들기는 매우 어렵기 때문이다.

예를 들어 국내법 중 『지능형 로봇 개발 및 보급 촉진법』에서는 지능형 로봇을 다음과 같이 정의한다.

[지능형 로봇 개발 및 보급촉진법]
<u>**제2조(정의)**</u> 이 법에서 사용하는 용어의 정의는 다음과 같다.
1. "지능형 로봇"이란 외부환경을 스스로 인식하고 상황을 판단하여 자율적으로 동작하는 기계장치(기계장치의 작동에 필요한 소프트웨어를 포함한다)를 말한다. (중략)
4의2. "실외이동로봇"이란 배송 등을 위하여 자율주행(원격제어를 포함한다)으로 운행할 수 있는 지능형 로봇을 말한다.

또한 국제표준화기구ISO 8373는 Robot에 대하여 "이동, 조작, 위치 지정 등의 작업을 수행하기 위하여 일정 수준의 자율성을 갖추었고 미리 정해진 프로그램에 따라 작동하는 장치a programmed actuated mechanism with a degree of autonomy to perform locomodation, manipulation or positioning"라고 정의하고 있다.

그러나 이들 정의로는 로봇과 프로그램이 가능한 자동화 기계의 차이점을 명확히 구분하기 어렵다. 품목분류 관점에서 로봇에 대한 새로운 호를 신설할 경우 주Note 등에 규정하기에는 적합해 보이지 않는다는 의미이다. 또한 로봇은 가정, 산업, 의료, 수송 심지어 완구나 반려로봇까지 다양한 분야에 적용되므로 HS 품목분류표의 어느 특정 부나 류에 통합하는 것이 쉽지 않다는 문제도 있다.

달리 생각하면 그렇기 때문에 한국의 역할이 더욱 중요한 시점이라고 본다. 2022년 HS 개정시 제8524호의 신설이 그러하였듯이 현재 첨단산업계에서 가장 긴요하면서도 난해한 분야의 품목분류표 개정에 한국이 주도적으로 참여하는 것이 세계관세기구에서의 한국의 위상을 강화하는데 기여할 수 있을 것이다.

국제로봇연맹IFR, International Federation of Robotic에 따르면 2023년 기준으로 한국은 노동자 10,000명당 산업용 로봇 사용 대수가 1,000대를 넘어 전 세계에서 로봇 밀도Robot Density가 가장 높은 나라로 꼽힌다.

출처 : https://ifr.org/ifr-press-releases/news/global-robot-density-in-factories-doubled-in-seven-years

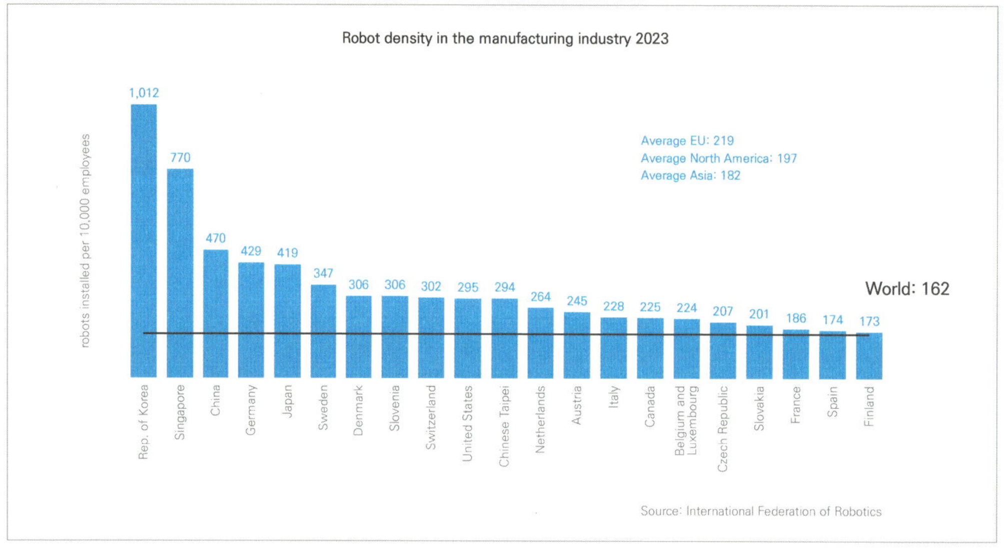

대한민국은 세계 1위의 로봇 밀도와 탄탄한 제조 공급망을 갖춘 피지컬 AI의 최적화된 거점이다. 2033년 이후의 HS 개정에서 한국이 선제적으로 이 분야의 개정을 주도함으로써 정교한 무역통계 관리에 활용한다면 하드웨어의 우위를 지속 가능한 국가경쟁력으로 전환하는 데에도 도움이 될 것으로 본다.

③ 미래의 HS 개정

앞서 여러 차례 언급하였듯이 HS는 단순히 물품거래의 기록, 관세부과, 무역통계 수집을 효율적으로 하기 위한 도구에서 그치는 것이 아니라 다양한 국제적·지역적 정책목표를 달성하기 위한 중요한 도구로 자리매김하고 있다. HS 품목분류표는 앞으로도 더 발전하여 국제경제적 속성의 틀을 깨고 점차 환경적·지구적 가치를 우선하는 방향으로 변화하게 될 것이다.

지금까지의 무역이 '무엇을 어디서 싸게 만드는가?'라는 효율성의 시대였다면 향후의 무역은 자원 안보와 공급망 재편이 우선되는 글로벌 가치 사슬GVC의 시대로 전환됨은 물론 단순히 물건을 주고받는 것을 넘어, 탄소 국경세CBAM 같은 환경 규제가 무역 장벽이 되고, 첨단 기술이 국가 안보와 직결되면서 무역의 문법 자체가 완전히 새로 쓰이게 될 수도 있다.

예를 들면, 현재까지 탄소국경조정제도CBAM와 관련한 직접적인 HS 개정 요청이 공식화된 바는 없으나 CBAM이 본격적으로 시행되고 적용 품목이 확대됨에 따라, 향후 HS 체계는 내용물 중심에서 생산 방식과 탄소 발생량을 구분하는 방향으로 변화하는 등 쉽지 않은 도전에 직면할 것으로 보인다. 이는 HS 코드가 단순한 통계 부호를 넘어, 제품의 탄소 발자국을 증명하는 '글로벌 환경 인증의 교량' 역할을 수행해야 한다는 의미이기도 하다.

이러한 대전환, 대변화의 시기에 HS의 변화를 이해하고 예측하며 때로 그 물결에 참여하는 것은 매우 즐겁고도 의미있는 작업이 될 것이다.

글로벌 교역질서의 변화는 멈추지 않고 계속될 것이다. 앞으로도 우리나라가 HS 체계의 고도화에 발맞추어 국제무역질서를 이끌어가는 무역 강국으로 나아가는 여정을 멈추지 않기를 기원하며 글쓴이 또한 항상 그 여정에 작은 보탬이 될 수 있기를 바란다.

부록
2028 HS 개정
신구대조표(전체)

❶ 2028년 HS 개정 신구대조표(전체)

연번	현행(HS 2022)	개정(HS 2028)	비고
1	**약자 및 기호**[44] ASTM American Society for Testing Mat erials	ASTM American Society for Testing and Materials	
2	**약자 및 기호** 〈신설〉 〈신설〉	INN International Nonproprietary Names ISO International Organization for Standa-rdization	
3	**제1류 주 제1호 가목** 가. 제0301호·**제0306호**·제0307호·제0308호의 어류·갑각류·연체동물과 그 밖의 수생(水生) 무척추동물	가. 제0301호·제0307호·제0308호·**제0310호**의 어류·갑각류·연체동물과 그 밖의 수생(水生) 무척추동물	Part 2 2.1
4	02.10 – 육과 식용 설육(屑肉)(염장하거나 염수장한 것·건조하거나 훈제한 것으로 한정한다), 육이나 설육(屑肉)의 식용 **고운 가루·거친 가루(flours and meals)**	02.10 – 육과 식용 설육(屑肉)(염장하거나 염수장한 것·건조하거나 훈제한 것으로 한정한다), 육이나 설육(屑肉)의 식용 **고운 가루·거친 가루·가루(flours, meals and powders)**	Part 2 5.2
5	0210.9 – 기타[육이나 설육(屑肉 : offal)의 식용 **고운 가루·거친 가루**를 포함한다]	0210.9 – 기타[육이나 설육(屑肉 : offal)의 식용 **고운 가루·거친 가루·가루**를 포함한다]	Part 2 5.2
6	**제3류 주 제1호 다목** 다. 죽은 것으로서 그 종(種)이나 상태로 보아 식용에 적합하지 않은 어류[간, 어란(魚卵)과 어백(魚白)을 포함한다]·갑각류·연체동물이나 그 밖의 수생(水生) 무척추동물(제5류), 식용에 적합하지 않은 어류·갑각류·연체동물이나 그 밖의 수생(水生) 무척추동물의 **고운 가루·거친 가루**나 펠릿(pellet)(제2301호)	다. 죽은 것으로서 그 종(種)이나 상태로 보아 식용에 적합하지 않은 어류[간, 어란(魚卵)과 어백(魚白)을 포함한다]·갑각류·연체동물이나 그 밖의 수생(水生) 무척추동물(제5류), 식용에 적합하지 않은 어류·갑각류·연체동물이나 그 밖의 수생(水生) 무척추동물의 **고운 가루·거친 가루·가루와** 펠릿(pellet)(제2301호)	Part 2 5.2

---

44 HS 협약의 부속서인 HS 품목분류표Harmonized System Nomenclature는 목차Table of Contents, 약자 및 기호Abbreviations and Symbols, HS 해석에 관한 통칙General Rules for the Interpretation of the Harmonized System과 본문제1부~제21부으로 이루어져 있다. 그러나 HS 품목분류표를 국내법으로 수용한 관세법 별표 관세율표는 관세율표 해석에 관한 통칙과 본문만으로 이루어져 있다.

연번	현행(HS 2022)	개정(HS 2028)	비고
7	**제3류 주 제3호** 3. **제0305호부터 제0308호까지**에는 식용에 적합한 **고운 가루, 거친 가루**와 펠릿(pellet)은 포함하지 않는다**(제0309호).**	3. **제0301호·제0307호·제0308호·제0310호**에는 식용에 적합한 **고운 가루, 거친 가루, 가루**와 펠릿(pellet)은 포함하지 않는다**(제0311호).**	Part 2 2.1 Part 2 5.2
8	0302.51 -- 대구[가두스 모르화(Gadus morhua)·가두스 오각(Gadus ogac)·가두스 마크로세팔루스(Gadus macro-cephalus)]	0302.51 -- 대구[가두스 모르화(Gadus morhua)·가두스 오각(Gadus ogac)·가두스 마크로세팔루스(Gadus macro-cephalus)]. **다만 명태[가두스 찰코그라무스(Gadus chalcogrammus)]를 제외한다.**	Part 2 2.1
9	0302.55 -- 명태[테라그라 찰코그라마 (Theragra chalcogramma)]	0302.55 -- 명태**[가두스 찰코그라무스 (Gadus chalcogrammus)]**	Part 2 2.1
10	0302.7 - 틸라피아[오레오크로미스 (Oreochromis)속], **메기[판가시우스 (Pangasius)속·실루러스(Silurus) 속**·클라리아스(Clarias)속·익타루러스(Ictalurus)속], 잉어[사이프리너스 (Cyprinus)속... (생략)	0302.7 - 틸라피아[오레오크로미스 (Oreochromis)속], **메기[판가시우스 (Pangasius)속·판가시아노돈 히포프 탈무스(Pangasianodon hypophthalmus)·실루러스(Silurus) 속**·클라리아스(Clarias)속·익타루러스(Ictalurus)속], 잉어[사이프리너스 (Cyprinus)속... (생략)	Part 2 2.1
11	0302.72 -- 메기**[판가시우스(Pangasius)속· 실루러스(Silurus)속**·클라리아스(Clarias)속·익타루러스(Ictalurus)속]	0302.72 -- 메기**[판가시우스(Pangasius)속· 판가시아노돈 히포프탈무스(Pan-gasianodon hypophthalmus)· 실루러스(Silurus)속**·클라리아스(Clarias)속·익타루러스(Ictalurus)속]	Part 2 2.1
12	- 그 밖의 어류. 다만, 제0302.91호부터 제0302.99호까지의 식용 어류 설육(屑肉)은 제외한다. 0302.81 -- 곱상어와 그 밖의 상어 0302.82 -- 가오리와 홍어[라지대(Rajidae)과] 0302.83 -- 이빨고기[디소스티쿠스 (Dissostichus)속] 0302.84 -- 농어[디센트라르쿠스 (Dicentrarchus)속] 0302.85 -- 돔[스파리대(Sparidae)과] 〈신설〉 〈신설〉	- 그 밖의 어류. 다만, 제0302.91호부터 제0302.99호까지의 식용 어류 설육(屑肉)은 제외한다. 0302.81 -- 곱상어와 그 밖의 상어 〈삭제〉 0302.83 -- 이빨고기[디소스티쿠스 (Dissostichus)속] 0302.84 -- 농어[디센트라르쿠스 (Dicentrarchus)속] 0302.85 -- 돔[스파리대(Sparidae)과] 0302.86 -- 가오리와 홍어[바토이데아 (Batoidea)상목]. 다만 지느러미를 제외한다. 0302.87 -- 가오리와 홍어[바토이데아 (Batoidea)상목]의 지느러미	소호 + 1. Part 2 2.1

연번	현행(HS 2022)	개정(HS 2028)	비고
	0302.89 - 기타	0302.89 -- 기타	
13	0303.2 - 틸라피아[오레오크로미스 (Oreochromis)속], **메기[판가시우스 (Pangasius)속·실루러스 (Silurus)속**·클라리아스(Clarias) 속·익타루러스(Ictalurus)속], 잉어[사이프리너스(Cyprinus)속... (생략)	0303.2 - 틸라피아[오레오크로미스 (Oreochromis)속], **메기[판가시우스 (Pangasius)속·판가시아노돈 히포프 탈무스(Pangasianodon hypophth almus)·실루러스(Silurus)속**·클라 리아스(Clarias)속·익타루러스 (Ictalurus)속], 잉어[사이프리너스 (Cyprinus)속... (생략)	Part 2 2.1
14	0303.24 -- 메기**[판가시우스(Pangasius)속· 실루러스(Silurus)속**·클라리아스 (Clarias)속·익타루러스(Ictalurus) 속]	0303.24 -- 메기**[판가시우스(Pangasius)속· 판가시아노돈 히포프탈무스 (Pangasianodon hypophthalmus)· 실루러스(Silurus)속**·클라리아스 (Clarias)속·익타루러스(Ictalurus)속]	Part 2 2.1
15	0303.63 -- 대구[가두스 모르화(Gadus morhua)·가두스 오각(Gadus ogac)·가두스 마크로세팔루스 (Gadus macrocephalus)]	0303.63 -- 대구[가두스 모르화(Gadus morhua)·가두스 오각(Gadus ogac)·가두스 마크로세팔루스 (Gadus macrocephalus)]. **다만 명태[가두스 찰코그라무스 (Gadus chalcogrammus)]를 제외한다.**	Part 2 2.1
16	0303.67 -- 명태**[테라그라 찰코그라마(Theragra chalcogramma)]**	0303.67 -- 명태**[가두스 찰코그라무스(Gadus chalcogrammus)]**	Part 2 2.1
17	- 그 밖의 어류. 다만, 제0303.91 호부터 제0303.99호까지의 식 용 어류 설육(屑肉)은 제외한다. 0303.81 -- 곱상어와 그 밖의 상어 0303.82 -- 가오리와 홍어[라지대(Rajidae) 과] 0303.83 -- 이빨고기[디소스티쿠스 (Dissostichus)속] 0303.84 -- 농어[디센트라르쿠스 (Dicentrarchus)속] 〈신설〉 〈신설〉 0303.89 -- 기타	- 그 밖의 어류. 다만, 제0302.91 호부터 제0302.99호까지의 식 용 어류 설육(屑肉)은 제외한다. 0303.81 -- 곱상어와 그 밖의 상어 〈삭제〉 0303.83 -- 이빨고기[디소스티쿠스 (Dissostichus)속] 0303.84 -- 농어[디센트라르쿠스 (Dicentrarchus)속] 0303.86 -- 가오리와 홍어[바토이데아 (Batoidea)상목]. 다만 지느러 미를 제외한다. 0303.87 -- 가오리와 홍어[바토이데아 (Batoidea)상목]의 지느러미 0303.89 -- 기타	소호 + 1, Part 2 2.1
18	0304.3 - 틸라피아[오레오크로미스 (Oreochromis)속], **메기[판가시우스**	0304.3 - 틸라피아[오레오크로미스 (Oreochromis)속], **메기[판가시우스**	Part 2 2.1

연번	현행(HS 2022)	개정(HS 2028)	비고
	(Pangasius)속·실루러스(Silurus)속·클라리아스(Clarias)속·익타루러스(Ictalurus)속], 잉어(생략)......의 신선하거나 냉장한 필레(fillet)	(Pangasius)속·판가시아노돈 히포프탈무스(Pangasianodon hypophthalmus)·실루러스(Silurus)속·클라리아스(Clarias)속·익타루러스(Ictalurus)속], 잉어(생략)......의 신선하거나 냉장한 필레(fillet)	
19	0304.32 — 메기[판가시우스(Pangasius)속·실루러스(Silurus)속·클라리아스(Clarias)속·익타루러스(Ictalurus)속]	0304.32 -- 메기[판가시우스(Pangasius)속·판가시아노돈 히포프탈무스(Pangasianodon hypophthalmus)·실루러스(Silurus)속·클라리아스(Clarias)속·익타루러스(Ictalurus)속]	Part 2 2.1
20	0304.48 -- 가오리와 홍어[라지대(Rajidae)과]	0304.48 -- 가오리와 홍어[바토이데아(Batoidea)상목]	Part 2 2.1
21	0304.51 — 틸라피아[오레오크로미스(Oreochromis)속], 메기[판가시우스(Pangasius)속·실루러스(Silurus)속·클라리아스(Clarias)속·익타루러스(Ictalurus)속], 잉어[사이프리너스(Cyprinus)속... (생략)	0304.51 — 틸라피아[오레오크로미스(Oreochromis)속], 메기[판가시우스(Pangasius)속·판가시아노돈 히포프탈무스(Pangasianodon hypophthalmus)·실루러스(Silurus)속·클라리아스(Clarias)속·익타루러스(Ictalurus)속], 잉어[사이프리너스(Cyprinus)속... (생략)	Part 2 2.1
22	0304.57 -- 가오리와 홍어[라지대(Rajidae)과]	0304.57 -- 가오리와 홍어[바토이데아(Batoidea)상목]	Part 2 2.1
23	0304.6 - 틸라피아[오레오크로미스(Oreochromis)속], 메기[판가시우스(Pangasius)속·실루러스(Silurus)속 클라리아스(Clarias)속·익타루러스(Ictalurus)속], 잉어(생략)......의 냉동한 필레(fillet)	0304.6 - 틸라피아[오레오크로미스(Oreochromis)속], 메기[판가시우스(Pangasius)속·판가시아노돈 히포프탈무스(Pangasianodon hypophthalmus)·실루러스(Silurus)속·클라리아스(Clarias)속·익타루러스(Ictalurus)속], 잉어(생략)......의 냉동한 필레(fillet)	Part 2 2.1
24	0304.62 — 메기[판가시우스(Pangasius)속·실루러스(Silurus)속·클라리아스(Clarias)속·익타루러스(Ictalurus)속]	0304.62 -- 메기[판가시우스(Pangasius)속·판가시아노돈 히포프탈무스(Pangasianodon hypophthalmus)·실루러스(Silurus)속·클라리아스(Clarias)속·익타루러스(Ictalurus)속]	Part 2 2.1
25	0304.71 -- 대구[가두스 모르화(Gadus morhua)·가두스 오각(Gadus ogac)·가두	0304.71 -- 대구[가두스 모르화(Gadus morhua)·가두스 오각(Gadus ogac)·가두	Part 2 2.1

연번	현행(HS 2022)	개정(HS 2028)	비고
	스 마크로세팔루스(Gadus macrocephalus)]	스 마크로세팔루스(Gadus macrocephalus)]. **다만 명태[가두스 찰코그라무스(Gadus chalcogrammus)]를 제외한다.**	
26	0304.75 -- 명태**[테라그라 찰코그라마 (Theragra chalcogramma)]**	0304.75 -- 명태**[가두스 찰코그라무스 (Gadus chalcogrammus)]**	Part 2 2.1
27	0304.88 -- 곱상어, 그 밖의 상어, 가오리와 홍어**[라지대(Rajidae)과]**	0304.88 -- 곱상어, 그 밖의 상어, 가오리와 홍어**[바토이데아(Batoidea) 상목]**	Part 2 2.1
28	0304.93 — 틸라피아[오레오크로미스 (Oreochromis)속], **메기[판가시우스(Pangasius)속·실루러스(Silurus)속**·클라리아스(Clarias)속·익타루러스(Ictalurus)속], 잉어[사이프리너스(Cyprinus)속... (생략)	0304.93 — 틸라피아[오레오크로미스 (Oreochromis)속], **메기[판가시우스(Pangasius)속·판가시아노돈 히포프탈무스(Pangasianodon hypophthalmus)·실루러스(Silurus)속**·클라리아스(Clarias)속·익타루러스(Ictalurus)속], 잉어[사이프리너스(Cyprinus)속... (생략)	Part 2 2.1
29	0304.94 -- 명태**[테라그라 찰코그라마 (Theragra chalcogramma)]**	0304.94 -- 명태**[가두스 찰코그라무스 (Gadus chalcogrammus)]**	Part 2 2.1
30	0304.95 -- 브레그마세로티대(Bregmacerotidae)과(중략) ...무라에놀레피디대(Muraenolepididae)과의 어류**[명태(테라그라 찰코그라마 (Theragra chalcogramma))는 제외**한다]	0304.95 -- 브레그마세로티대(Bregmacerotidae)과(중략) ...무라에놀레피디대(Muraenolepididae)과의 어류**[명태(가두스 찰코그라무스 (Gadus chalcogrammus))는 제외**한다]	Part 2 2.1
31	0304.97 -- 가오리와 홍어 **[라지대(Rajidae)과]**	0304.97 -- 가오리와 홍어 **[바토이데아(Batoidea)상목]**	Part 2 2.1
32	0305.31 — 틸라피아[오레오크로미스 (Oreochromis)속], **메기[판가시우스(Pangasius)속·실루러스(Silurus)속**·클라리아스(Clarias)속·익타루러스(Ictalurus)속], 잉어[사이프리너스(Cyprinus)속... (생략)	0305.31 — 틸라피아[오레오크로미스 (Oreochromis)속], **메기[판가시우스(Pangasius)속·판가시아노돈 히포프탈무스(Pangasianodon hypophthalmus)·실루러스(Silurus)속**·클라리아스(Clarias)속·익타루러스(Ictalurus)속], 잉어[사이프리너스(Cyprinus)속... (생략)	Part 2 2.1
33	0305.32 -- 브레그마세로티대(Bregmacerotidae)과(중략) ...무라에놀레피디대(Muraenolepididae)과의 어류	0305.32 -- 브레그마세로티대(Bregmacerotidae)과(중략) ...무라에놀레피디대(Muraenolepididae)과의 어류	Part 2 2.1

연번	현행(HS 2022)	개정(HS 2028)	비고
	[명태(테라그라 찰코그라마 (Theragra chalcogramma))는 제외한다]	**[명태(가두스 찰코그라무스(Gad us chalcogrammus))는 제외**한다]	Part 2 2.1
34	0305.33 -- 명태**[테라그라 찰코그라마(Thera gra chalcogramma)]**	0305.33 -- 명태**[가두스 찰코그라무스(Gadu s chalcogrammus)]**	Part 2 2.1
35	0305.44 — 틸라피아[오레오크로미스 (Oreochromis)속], **메기[판가시 우스(Pangasius)속·실루러스 (Silurus)속**·클라리아스(Clarias) 속·익타루러스(Ictalurus)속], 잉어 [사이프리너스(Cyprinus)속… (생략)	0305.44 — 틸라피아[오레오크로미스 (Oreochromis)속], **메기[판가시 우스(Pangasius)속·판가시아노 돈 히포프탈무스(Pangasianodo n hypophthalmus)·실루러스 (Silurus)속**·클라리아스(Clarias) 속·익타루러스(Ictalurus)속], 잉 어[사이프리너스(Cyprinus)속… (생략)	Part 2 2.1
36	0305.51 -- 대구[가두스 모르화(Gadus morhua)·가두스 오각(Gadus ogac)·가두스 마크로세팔루스 (Gadus macrocephalus)]	0305.51 -- 대구[가두스 모르화(Gadus morhua)·가두스 오각(Gadus ogac)·가두스 마크로세팔루스 (Gadus macrocephalus)]. **다만 명태[가두스 찰코그라무스 (Gadus chalcogrammus)]를 제외한다.**	Part 2 2.1
37	0305.52 — 틸라피아[오레오크로미스 (Oreochromis)속], **메기[판가시 우스(Pangasius)속·실루러스 (Silurus)속**·클라리아스(Clarias) 속·익타루러스(Ictalurus)속], 잉어 [사이프리너스(Cyprinus)속… (생략)	0305.52 — 틸라피아[오레오크로미스 (Oreochromis)속], **메기[판가시 우스(Pangasius)속·판가시아노 돈 히포프탈무스(Pangasianodo n hypophthalmus)·실루러스 (Silurus)속**·클라리아스(Clarias) 속·이타루러스(Ictalurus)속], 잉어 [사이프리너스(Cyprinus)속… (생략)	Part 2 2.1
38	0305.53 -- 브레그마세로티대(Bregmacerotidae) 과(중략) …무라에놀레피디대 (Muraenolepididae)과의 어류 **[명태(테라그라 찰코그라마 (Theragra chalcogramma))는 제외**한다]	0305.53 — 브레그마세로티대(Bregmacerotidae) 과(중략) …무라에놀레피디대 (Muraenolepididae)과의 어류 **[명태(가두스 찰코그라무스(Gadus chalcogrammus))는 제외**한다]	Part 2 2.1
39	0305.55 -- 명태**[테라그라 찰코그라마 (Theragra chalcogramma)]**	0305.55 -- 명태**[가두스 찰코그라무스 (Gadus chalcogrammus)]**	Part 2 2.1
40	– 건조하지도 훈제하지도 않은 염 장한 어류, 염수장한 어류[식용 어류 설육(屑肉)은 제외한다]	– 건조하지도 훈제하지도 않은 염 장한 어류, 염수장한 어류[식용 어류 설육(屑肉)은 제외한다]	소호 +3, Part 2 2.1

연번	현행(HS 2022)		개정(HS 2028)		비고
	0305.61	-- 청어[클루페아 하렌구스(Clupea harengus)·클루페아 팔라시 (Clupea pallasii)]	0305.61	-- 청어[클루페아 하렌구스(Clupea harengus)·클루페아 팔라시 (Clupea pallasii)]	
	0305.62	-- 대구[가두스 모르화(Gadus morhua)·가두스 오각(Gadus ogac)·가두스 마크로세팔루스 (Gadus macrocephalus)]	0305.62	-- 대구[가두스 모르화(Gadus morhua)·가두스 오각(Gadus ogac)·가두스 마크로세팔루스 (Gadus macrocephalus)]. **다만 명태[가두스 찰코그라무스 (Gadus chalcogrammus)]를 제외한다.**	
	0305.63	-- 멸치[엔그라울리스(Engraulis)속]	0305.63	-- 멸치[엔그라울리스(Engraulis)속]	
	0305.64	-- 틸라피아[오레오크로미스 (Oreochromis)속], **메기[판가 시우스(Pangasius)속·실루러 스(Silurus)속**·클라리아스 (Clarias)속·익타루러스 (Ictalurus)속], 잉어(생략)	0305.64	-- 틸라피아[오레오크로미스 (Oreochromis)속], **메기[판가 시우스(Pangasius)속·판가시 아노돈 히포프탈무스(Pang-asianodon hypophthalmus)· 실루러스(Silurus)속**·클라리아 스(Clarias)속·익타루러스 (Ictalurus)속], 잉어(생략)	
	〈신설〉		0305.65	-- 명태**[가두스 찰코그라무스 (Gadus chalcogrammus)]**	
	〈신설〉		0305.66	-- 가오리와 홍어[바토이데아 (Batoidea)상목]. 다만 지느러미 를 제외한다.	
	〈신설〉		0305.67	-- 가오리와 홍어[바토이데아 (Batoidea)상목]의 지느러미	
	0305.69	-- 기타	0305.69	-- 기타	
41	03.06. - 갑각류(껍데기가 붙어 있는 것인지에 상관없으며... (생략)		〈삭제〉		호 -1 소호 -20, Part 2 2.1
42		- 굴		- 굴	소호 +1, Part 2 2.1
	0307.11	-- 살아 있는 것, 신선한 것, 냉장한 것	〈삭제〉		
	0307.12	-- 냉동한 것	〈삭제〉		
	〈신설〉		0307.13	-- 살아 있는 것	
	〈신설〉		0307.14	-- 신선 또는 냉장한 것	
	〈신설〉		0307.15	-- 냉동한 것	
	0307.19	-- 기타	0307.19	-- 기타	
43		- 가리비와 그 밖의 펙티니대(Pecti-nidae)과의 연체동물		- 가리비와 그 밖의 펙티니대(Pecti-nidae)과의 연체동물	소호 +1, Part 2 2.1
	0307.21	-- 살아 있는 것, 신선한 것, 냉장한 것	〈삭제〉		
	0307.22	-- 냉동한 것	〈삭제〉		
	〈신설〉		0307.23	-- 살아 있는 것	

연번	현행(HS 2022)		개정(HS 2028)		비고
	〈신설〉		0307.24	-- 신선 또는 냉장한 것	소호 +1,
	〈신설〉		0307.25	-- 냉동한 것	Part 2 2.1
	0307.29	-- 기타	0307.29	-- 기타	
44		- 홍합[미틸루스(Mytilus)속·페르나(Perna)속]		- 홍합[미틸루스(Mytilus)속·페르나(Perna)속]	소호 +1, Part 2 2.1
	0307.31	-- 살아 있는 것, 신선한 것, 냉장한 것	〈삭제〉		
	0307.32	-- 냉동한 것	〈삭제〉		
	〈신설〉		0307.33	-- 살아 있는 것	
	〈신설〉		0307.34	-- 신선 또는 냉장한 것	
	〈신설〉		0307.35	-- 냉동한 것	
	0307.39	-- 기타	0307.39	-- 기타	
45		- 해삼[스티코푸스 자포니쿠스(Stichopus japonicus), 홀로투로이대(Holothuioidea)]		- 해삼[스티코푸스 자포니쿠스(Stichopus japonicus), 홀로투로이대(Holothuioidea)]	소호 +1, Part 2 2.1
	0308.11	-- 살아 있는 것, 신선한 것, 냉장한 것	〈삭제〉		
	0308.12	-- 냉동한 것	〈삭제〉		
	〈신설〉		0308.13	-- 살아 있는 것	
	〈신설〉		0308.14	-- 신선 또는 냉장한 것	
	〈신설〉		0308.15	-- 냉동한 것	
	0308.19	-- 기타	0308.19	-- 기타	
46		- 성게[스트론길로센트로투스(Strongylocentrotus)속·파라센트로투스 리비두스(Paracentrotus lividus)·록세치누스 알버스(Loxechinus albus)·에치치누스 에스쿨렌투스(Echichinus esculentus)]		- 성게[스트론길로센트로투스(Strongylocentrotus)속·파라센트로투스 리비두스(Paracentrotus lividus)·록세치누스 알버스(Loxechinus albus)·에치치누스 에스쿨렌투스(Echichinus esculentus)]	소호 +1, Part 2 2.1
	0308.21	-- 살아 있는 것, 신선한 것, 냉장한 것	〈삭제〉		
	0308.22	-- 냉동한 것	〈삭제〉		
	〈신설〉		0308.23	-- 살아 있는 것	
	〈신설〉		0308.24	-- 신선 또는 냉장한 것	
	〈신설〉		0308.25	-- 냉동한 것	
	0308.29	-- 기타	0308.29	-- 기타	
47	03.09	- 어류·갑각류·연체동물과 그 밖의 수생무척추동물의 고운 가루·거친 가루와 펠릿(pellet)(식용에 적합한 것으로 한정한다)	〈삭제〉		호 -1 소호 -2, Part 2 2.1
	0309.10	- 어류의 것			
	0309.90	- 기타			

연번	현행(HS 2022)	개정(HS 2028)		비고
48	〈신설〉	03.10	- 갑각류(껍데기가 붙어 있는 것인지에 상관없으며 살아 있는 것과 신선한 것·냉장한 것·냉동한 것·건조한 것·염장이나 염수장한 것), 훈제한 갑각류(껍데기가 붙어 있는 것인지 또는 훈제 전이나 훈제과정 중에 조리한 것인지에 상관없다), 껍데기가 붙어 있는 상태로 물에 찌거나 삶은 갑각류(냉장한 것·냉동한 것·건조한 것·염장이나 염수장한 것인지에 상관없다)	호 +1 소호 +43, Part 2 2.1
			- 살아있는 바닷가재와 게	
		0310.11	-- 팔리누루스(Palinurus)속·파누리루스(Panulirus)속·자수스(Jasus)속의 닭새우와 그 밖의 바닷가재	
		0310.12	-- 바닷가재[호마루스(Homarus)속]	
		0310.13	-- 노르웨이 바닷가재[네프로프스 노르베지쿠스(Nephrops norvegicus)]	
		0310.14	-- 그 밖의 바닷가재	
		0310.15	-- 레드 킹크랩[파랄리토데스 캄차카티쿠스(Paralithodes camtschaticus)]	
		0310.16	-- 그 밖의 킹크랩[파랄리토데스(Paralithodes)속]	
		0310.17	-- 스노우 크랩[키오노케테스(Chionoecetes)속]	
		0310.19	-- 그 밖의 게	
			- 그 밖의 살아있는 것	
		0310.21	-- 가재[파라스타키대(Parastacidae)과· 캄바리대(Cambaridae)과· 아스타키대(Astacidae)과]	
		0310.22	-- 냉수성(冷水性) 새우류[판달러스(Pandalus)속·크란곤 크란곤(Crangon crangon)]	
		0310.28	-- 그 밖의 새우류	
		0310.29	-- 기타	
			- 신선 또는 냉장한 바닷가재와 게	
		0310.31	-- 팔리누루스(Palinurus)속·파누	

연번	현행(HS 2022)	개정(HS 2028)		비고
			리루스(Panulirus)속·자수스(Jasus)속의 닭새우와 그 밖의 바닷가재	
		0310.32	-- 바닷가재[호마루스(Homarus)속]	
		0310.33	-- 노르웨이 바닷가재[네프로프스 노르베지쿠스(Nephrops norvegicus)]	
		0310.34	-- 그 밖의 바닷가재	
		0310.35	-- 레드 킹크랩[파랄리토데스 캄차카티쿠스(Paralithodes camtschaticus)]	
		0310.36	-- 그 밖의 킹크랩[파랄리토데스(Paralithodes)속]	
		0310.37	-- 스노우 크랩[키오노케테스(Chionoecetes)속]	
		0310.39	-- 그 밖의 게	
			- 그 밖의 신선 또는 냉장한 것	
		0310.41	-- 가재[파라스타키대(Parastacidae)과·캄바리대(Cambaridae)과·아스타키대(Astacidae)과]	
		0310.42	-- 냉수성(冷水性) 새우류[판달러스(Pandalus)속·크란곤 크란곤(Crangon crangon)]	
		0310.48	-- 그 밖의 새우류	
		0310.49	-- 기타	
			- 냉동한 바닷가재와 게	
		0310.51	-- 팔리누루스(Palinurus)속·파누리루스(Panulirus)속·자수스(Jasus)속의 닭새우와 그 밖의 바닷가재	
		0310.52	-- 바닷가재[호마루스(Homarus)속]	
		0310.53	-- 노르웨이 바닷가재[네프로프스 노르베지쿠스(Nephrops norvegicus)]	
		0310.54	-- 그 밖의 바닷가재	
		0310.55	-- 레드 킹크랩[파랄리토데스 캄차카티쿠스(Paralithodes camtschaticus)]	
		0310.56	-- 그 밖의 킹크랩[파랄리토데스	

연번	현행(HS 2022)	개정(HS 2028)	비고
		(Paralithodes)속]	
		0310.57 -- 스노우 크랩[키오노케테스 (Chionoecetes)속]	
		0310.59 -- 그 밖의 게	
		- 그 밖의 냉동한 것	
		0310.61 -- 가재[파라스타키대(Parastacidae) 과· 캄바리대(Cambaridae)과· 아스타키대(Astacidae)과]	
		0310.62 -- 아르헨티나 붉은 새우[플레오티쿠 스 뮬레리(Pleoticus muelleri)]	
		0310.63 -- 냉수성(冷水性) 새우류[판달러스 (Pandalus)속·크란곤 크란곤 (Crangon crangon)]	
		0310.68 -- 그 밖의 새우류	
		0310.69 -- 기타	
		- 기타	
		0310.91 -- 팔리누루스(Palinurus)속·파누 리루스(Panulirus)속·자수스 (Jasus)속의 닭새우와 그 밖의 바닷가재	
		0310.92 -- 바닷가재[호마루스(Homarus) 속]	
		0310.93 -- 노르웨이 바닷가재[네프로프스 노르베지쿠스(Nephrops norvegicus)]	
		0310.94 -- 게	
		0310.95 -- 새우류	
		0310.99 -- 기타	
49	〈신설〉	03.11 - 어류·갑각류·연체동물과 그 밖의 수 생무척추동물의 고운 가루·거친 가 루·가루와 펠릿(pellet)(식용에 적합 한 것으로 한정한다) 0311.10 - 어류의 것 0311.90 - 기타	호 +1 소호 +2, Part 2 2.1
50	**제4류 주 제5호 가목** 5. 이 류에서 다음 각 목의 것은 제외한다. 가. 식용에 적합하지 않은 죽은 곤충(제0511호)	5. 이 류에서 다음 각 목의 것은 제외한다. 가. 죽은 곤충으로 종의 특성상 또는 그 상태의 문제로 인해 식용에 적합하지 않은 것(제0511 호), 식용에 적합하지 않은 곤충의 고운 가 루·거친 가루·가루와 펠릿(pellet)(제2301호)	Part 2 2.2 Part 2 5.2

연번	현행(HS 2022)	개정(HS 2028)	비고
51	**제4류 주 제6호** 6. 제0410호에서 "곤충"이란 식용에 적합한 죽은 곤충의 전체나 일부분으로 신선·냉장·냉동·건조·훈제·염장이나 염수장한 것과 곤충의 **고운 가루와 거친 가루**로서 식용에 적합한 것을 말한다. 그러나 이 호에는 식용에 적합한 곤충으로서 그 밖의 방법으로 조제하거나 보존처리한 것은 포함하지 않는다(일반적으로 제4부).	6. 제0410호에서 "곤충"이란 식용에 적합한 죽은 곤충의 전체나 일부분으로 신선·냉장·냉동·건조·훈제·염장이나 염수장한 것과 곤충의 **고운 가루·거친 가루·가루**로서 식용에 적합한 것을 말한다. 그러나 이 호에는 식용에 적합한 곤충으로서 그 밖의 방법으로 조제하거나 보존처리한 것은 포함하지 않는다(일반적으로 제4부).	Part 2 5.2
52	**제7류 주** 1. 이 류에서 제1214호의......(생략) 〈신설〉 **2.** 제0709호·제0710호·제0711호·제0712호의 "채소"에는 식용 버섯, 송로(松露), 올리브, 케이퍼(caper), 호박류, 가지, 스위트콘[자메이스 변종 사카라타(Zea mays var. saccharata)], 고추류[캡시컴(Capsicum)속]의 열매나 피멘타(Pimenta)속의 열매......(중략) ......이 포함된다. **3.** 제0712호는 제0701호부터 제0711호까지에......(생략) **4.** 이 류에서 건조하거나 부수거나......(생략) **5.** 제0711호는 사용하기 전...... (생략)	1. 이 류에서 제1214호의......(생략) 2. 제0708호에는 덜 익은 대두를 포함한다. **3.** 제0709호·제0710호·제0711호·제0712호의 "채소"에는 식용 버섯, 송로(松露), 올리브, 케이퍼(caper), 호박류, 가지, 스위트콘[자메이스 변종 사카라타(Zea mays var. saccharata)], **자메이스(Zea mays) 종의 어린 옥수수 속대,** 고추류[캡시컴(Capsicum)속]의 열매나 피멘타(Pimenta)속의 열매......(중략) ......이 포함된다. **4.** 제0712호는 제0701호부터 제0711호까지에......(생략) **5.** 이 류에서 건조하거나 부수거나......(생략) **6.** 제0711호는 사용하기 전...... (생략)	주 +1 Part 2 2.3 Part 2 2.4
53	07.04 – 양배추·꽃양배추·콜라비(kohlrabi)·케일(kale)과 그 밖에 **이와 유사한 식용 배추속**(신선한 것이나 냉장한 것으로 한정한다)	07.04 – 양배추·꽃양배추·콜라비(kohlrabi)·케일(kale)과 그 밖에 **이와 유사한 브라시카(Brassica) 속의 식용 채소**(신선한 것이나 냉장한 것으로 한정한다)	Part 2 5.2
54	상추 0705.11 –– 결구(結球) 상추 0705.19 –– 기타	0705.10 – 상추[락투카 사비타(Lactuca sativa)]	소호 –1 Part 2 5.1
55	0710.40 – 스위트콘	– 어린 옥수수 속대, 스위트콘 0710.41 –– 어린 옥수수 속대 0710.49 –– 스위트콘	소호 +1, Part 2 2.4
56	– 버섯과 송로(松露) 0711.51 –– 아가리쿠스(Agaricus)속의 버섯 0711.59 –– 기타	0711.50 – 버섯과 송로(松露)	소호 –1 Part 2 5.1
57	– 기타 0802.91 –– 잣(껍데기를 벗기지 않은 것) 0802.92 –– 잣(껍데기를 벗긴 것) 〈신설〉 0802.99 –– 기타	– 기타 0802.91 –– 잣(껍데기를 벗기지 않은 것) 0802.92 –– 잣(껍데기를 벗긴 것) 0802.98 –– 기타(껍데기를 벗기지 않은 것) 0802.99 –– 기타	소호 +1, Part 2 2.6

연번	현행(HS 2022)		개정(HS 2028)		비고
58	0804.50	– 구아바(guava)·망고(mango)·망고스틴(mangosteen)		– 구아바(guava)·망고(mango)·망고스틴(mangosteen)	소호 +3, Part 2 2.6
			0804.51	-- 구아바	
			0804.52	-- 신선한 망고	
			0804.53	-- 건조한 망고	
			0804.54	-- 망고스틴	
59	0810.40	– 크랜베리(cranberry)·빌베리(bilberry)와 그 밖의 박시니엄(Vaccinium)속의 과실		– 블루베리[바키니움 아속 시아노코쿠스(Vaccinium sect. Cyanococcus)]·크랜베리·빌베리[바키니움 미르틸루스(Vaccinium myrtillus L.)]와 그 밖의 바키니움(Vaccinium)속의 과실	소호 +1, Part 2 2.6
			0810.41	-- 블루베리[바키니움 아속 시아노코쿠스(Vaccinium sect. Cyanococcus)]	
			0810.49	-- 기타	
60	0810.90	– 기타		– 기타	소호 +5, Part 2 2.6
			0810.91	-- 리치(Lychee)	
			0810.92	-- 용안(Longan)	
			0810.93	-- 용과(Dragon fruit)	
			0810.94	-- 석류(Pomegranate)	
			0810.95	-- 패션 프루트(Passion fruit)	
			0810.99	-- 기타	
61	〈신설〉			– 블루베리[바키니움 아속 시아노코쿠스(Vaccinium sect. Cyanococcus)]·크랜베리·빌베리[바키니움 미르틸루스(Vaccinium myrtillus L.)]와 그 밖의 바키니움(Vaccinium)속의 과실	소호 +2, Part 2 2.6
			0811.31	-- 블루베리[바키니움 아속 시아노코쿠스(Vaccinium sect. Cyanococcus)]	
			0811.39	-- 기타	
62	0813.40	– 그 밖의 과실		– 그 밖의 과실	소호 +1, Part 2 2.6
			0813.41	-- 블루베리[바키니움 아속 시아노코쿠스(Vaccinium sect. Cyanococcus)]	
			0813.49	-- 기타	

연번	현행(HS 2022)	개정(HS 2028)	비고
63	09.02 - 차류(맛과 향을 첨가했는지에 상관없다) 0902.10 - **녹차(발효하지 않은 것으로서** 내용물의 무게가 3킬로그램 이하로 내용물에 직접 접하여 포장된 것으로 한정한다) 0902.20 - **그 밖의 녹차(발효하지 않은 것으로 한정한다)** 0902.30 - **홍차(발효차)와 부분 발효차**(내용물의 무게가 3킬로그램 이하로 내용물에 직접 접하여 포장된 것으로 한정한다) 0902.40 - **그 밖의 홍차(발효차)와 그 밖의 부분 발효차**	09.02 - 차류(맛과 향을 첨가했는지에 상관없다) 0902.10 - **비발효차(녹차)**. 단, 내용물의 무게가 3킬로그램 이하로 내용물에 직접 접하여 포장된 것으로 한정한다. 0902.20 - **그 밖의 비발효차(녹차)** 0902.30 - **발효차(홍차·흑차)와 부분 발효차(백차·황차·우롱차)**. 단, 내용물의 무게가 3킬로그램 이하로 내용물에 직접 접하여 포장된 것으로 한정한다. 0902.40 - **그 밖의 발효차(홍차·흑차)와 부분 발효차와 부분 발효차(백차·황차·우롱차)**	Part 2 2.5
64	**제10류 주 제2호** 2. 제1005호에서는 **스위트콘은 제외**한다(제7류).	2. 제1005호에서는 **스위트콘[자메이스 변종 사카라타(Zea mays var. saccharata)]과 자메이스(Zea mays) 종의 어린 옥수수 속대는 제외**한다(제7류).	Part 2 2.4
65	**제12류 주 제3호** 3. 제1209호에 해당하는 사탕무의 종자, 풀이나 그 밖의 목초의 종자, 관상용 화초의 종자, 채소의 종자, 삼림수의 종자, 과수목의 종자, 베치(vetches)의 종자[비시아 파바(Vicia faba)종의 것은 제외한다], 루핀(lupine)의 종자는 파종용 종자로 본다. (생략)	3. 제1209호에 해당하는 사탕무의 종자, 풀이나 그 밖의 목초의 종자, 관상용 화초의 종자, 채소의 종자, 삼림수의 종자, 과수목의 종자, 베치(vetches)의 종자[비시아 파바(Vicia faba)종의 것은 제외한다], 루핀(lupine)의 종자는 **이들이 더 이상 발아할 수 없는 상태의 것이라도** 파종용 종자로 본다. (생략)	Part 2 2.6
66	12.01 - 대두(부수었는지에 상관없다)	12.01 - 대두(익지 않은 것을 제외하며, 부수었는지에 상관없다)	Part 2 2.3
67	1207.30 - 피마자	〈삭제〉	소호 -1 Part 2 5.1
68	〈신설〉	1207.80 - 대마[카나비스 사티바(Cannabis sativa)] 종자	소호 +1, Part 2 1.2
69	12.09 - 파종용 종자·과실·포자(胞子)	12.09 - 파종용 종자(이 류 주 제3호에 명시된 것을 포함한다)·과실·포자(胞子)	Part 2 2.6
70	1212.94 -- 치커리(chicory) 뿌리	〈삭제〉	소호 -1 Part 2 5.1

연번	현행(HS 2022)	개정(HS 2028)	비고
71	13.01 – 락(lac), 천연 검·수지·검 수지·올레오레진(oleoresin)[예: 발삼(balsam)] 1301.20 – 아라비아 검 〈신설〉 1301.90 – 기타	13.01 – 락(lac), 천연 검·수지·검 수지·올레오레진(oleoresin)[예: 발삼(balsam)] 1301.20 – 아라비아 검 1301.30 – 소나무[피너스(Pinus)속의 것]의 올레오레진 1301.90 – 기타	소호 +1, Part 2 2.6
72	〈신설〉	– 대마[카나비스 사티바(Cannabis sativa)]씨유와 그 분획물 1515.41 –– 조유 1515.49 –– 기타	소호 +2 Part 2 1.2
73	**제4부 주 제2호** 〈신설〉	2. 제21류 주 제5호에 언급된 일정한 투여량으로 포장된 식이보조제의 품목분류와 관련하여 제2107호는 제30류 해당호를 제외한 품목분류표상 다른 모든 호에 우선한다.	주 +1, Part 2 2.8
74	**제18류 주 제1호 나목** 1. 이 류에서 다음의 것은 제외한다.(생략) 나. 제0403호·제1901호·제1902호·제1904호·제1905호·제2105호·제2202호·제2208호·제3003호·제3004호의 조제품	나. 제0403호·제1901호·제1902호·제1904호·제1905호·제2105호·**제2107호**·제2202호·제2208호·제3003호·제3004호의 조제품	Part 2 2.8
75	**제20류 주** (생략) 〈신설〉 **5.** 제2007호에서 "조리해서 얻은"이란 탈수나 다른 수단을 통하여 제품의 점성(粘性)을 증가시키기 위하여 상압(常壓)이나 감압(減壓) 상태에서, 열처리하여 얻은 것을 말한다. **6.** 제2009호에서 "발효하지 않고 주정을 첨가하지 않은 주스"란 알코올의 용량이 전 용량의 100분의 0.5 이하인 주스를 말한다(제22류의 주 제2호 참조).	5. 제2006호에는 시럽상태로 제시된 드레인한(drained) 것, 설탕을 입힌 것, 설탕에 절이거나 삼투압 방식으로 탈수한 것은 제외한다. **6.** 제2007호에서 "조리해서 얻은"이란 탈수나 다른 수단을 통하여 제품의 점성(粘性)을 증가시키기 위하여 상압(常壓)이나 감압(減壓) 상태에서, 열처리하여 얻은 것을 말한다. **7.** 제2009호에서 "발효하지 않고 주정을 첨가하지 않은 주스"란 알코올의 용량이 전 용량의 100분의 0.5 이하인 주스를 말한다(제22류의 주 제2호 참조).	주 +1, Part 2 2.7
76	2005.80 – 스위트콘[자메이스 변종 사카라타(Zea mays var. saccharata)]	– 자메이스(Zea mays)종의 어린 옥수수 속대, 스위트콘[자메이스 변종 사카라타(Zea mays var. saccharata)] 2005.81 –– 어린 옥수수 속대 2005.89 –– 기타	소호 +1, Part 2 2.4

연번	현행(HS 2022)	개정(HS 2028)	비고
77	20.06 – 설탕으로 보존처리한 채소·과실·견과류·과피와 식물의 그 밖의 부분[드레인한(drained) 것, **설탕을 입히거나 설탕에 절인 것**]	20.06 – 설탕으로 보존처리한 채소·과실·견과류·과피와 식물의 그 밖의 부분[드레인한(drained) 것, **설탕을 입힌 것, 설탕에 절이거나 삼투탈수된 것**]	Part 2 2.7
78	**제21류 주 제1호 라목 및 아목** 1. 이 류에서 다음 각 목의 것은 제외한다. (생략) 라. 제0904호부터 제0910호까지의 향신료와 그 밖의 물품 (생략) 〈신설〉 **아**. 제3507호의 조제한 효소	라. 제0904호부터 제0910호까지의 향신료와 그 밖의 물품. 다만 이 류 제4호 가목에선 언급한 것은 제외한다. (생략) 아. 제3004호의 의약 영양제품 **자.** 제3507호의 조제한 효소	Part 2 2.8 Part 2 2.9
79	**제21류 주 제4호 신설** 〈신설〉	4. 제2107호에서 식이보조제라 함은 정상적인 식단을 보충하기 위한 다음의 물품만을 포함한다. 가. 이 류의 주 제5호에서 정의한 일정한 투여량으로 포장된 식이보조제(소매용으로 포장된 것인지의 여부를 불문한다) 나. 소매용으로 포장되었으나 이 류의 주 제5호에서 정의된 일정한 투여량으로 포장되지는 않은 식이보조제 조제품. 이러한 조제품은 최소 두 가지 물질로 구성되어야 하며 일반적으로 식품에서 발견되는 한 가지 이상의 비타민, 미네랄, 아미노산, 농축물, 추출물, 분리물 또는 이와 유사한 물질이나 이러한 물질을 합성한 것을 기반으로 한다. 포장 또는 동봉된 사용자지침서에는 다음과 같은 내용이 기재되어야 한다. 1) 그 안에 함유된 유효성분들의 농도 2) 복용량 3) 복용방법 포장에는 이들 제품이 일반적인 건강이나 안녕을 유지하게 한다거나, 운동선수의 성과를 증진시킨다거나, 영양 결핍을 예방한다거나, 또는 영양분이 최적 수준 미달일 때 교정한다는 취지를 표시할 수 있다. 이 주 나목에서 언급한 식이보조제조제품에	주 +1, Part 2 2.8

연번	현행(HS 2022)	개정(HS 2028)	비고
		는 다음의 것을 포함하지 않는다. 가) 정상적인 식단의 일부로 섭취되거나 정상적인 식단의 일부인 식품 또는 음료의 성분으로 사용되도록 의도되었지만, 영양소나 기타 물질이 첨가된 강화식품 또는 강화 음료. 나) 제0404호의 물품 다) 식물 또는 식물의 일부나 그 혼합물로 구성된 제품으로 우려내기 위한 것(예를 들어, 제0813호, 제9류, 제1211호, 제1212호 또는 제2106호) 라) 제13류의 물품 마) 제15류의 물품 바) 설탕과자(제1704호, 제1806호 또는 제2106호) 사) 제2101호 또는 제2102호의 물품 아) 제22류의 음료 자) 제6부의 물품	
80	**제21류 주 제5호 신설** 〈신설〉	5. 제2107호에서 일정한 투여량이란 1회 복용을 위해 의도된 캡슐, 알약, 정제, 앰풀 및 봉지를 말한다.	주 +1, Part 2 2.8
81	**제21류 소호주 신설** 〈신설〉	소호주 1. 소호 제2106.20호는 활성 물질로서 천연 또는 합성 형태의 하나 이상의 비타민, 미네랄, 아미노산, 지방산, 추출물 또는 분리물로 구성되거나 이를 기반으로 하며, 강화식품 및 음료 또는 식이 보충제의 생산에 사용되는 종류의 조제품인 프리믹스와 혼합물만을 포함한다. 이러한 조제품은 감미료, 착색제, 향미료, 향기를 내는 물질, 담체, 충전제, 안정제 또는 기타 기술 보조제를 함유할 수 있다. 이 소호에는 다음의 것을 제외한다. 가. 강화식품. 즉, 영양소나 기타 물질이 첨가되었지만 정상적인 식단의 일부로 섭취되거나 정상적인 식단의 일부인 식품의 일부로 소비되도록 의도된 식품. 이러한 식품이 추가 가공(예를 들어, 조리 또는 액체에 용해)을 필요로 하는 경우에도 그러하다. 나. 소매용으로 포장된 조제품	소호주 +1, Part 2 2.9

연번	현행(HS 2022)	개정(HS 2028)	비고
82	21.02 – 효모(활성이거나 불활성인 것), 그 밖의 단세포 미생물(죽은 것으로 한정하며, **제3002호의 백신**은 제외한다)과 조제한 베이킹 파우더(baking powder)	21.02 – 효모(활성이거나 불활성인 것), 그 밖의 단세포 미생물(죽은 것으로 한정하며, **제3007호와 제3008호의 백신**은 제외한다)과 조제한 베이킹 파우더(baking powder)	Part 2 1.7
83	〈신설〉	2106.20 – 이 류 소호주 1에 언급된 프리믹스와 조제품. 다만 소호 제2106.10호의 것은 제외한다.	소호 +1, Part 2 2.9
84	〈신설〉	21.07 – 이 류 주 제5호에 따른 일정한 투여량으로 된 식이보조제, 소매용 포장으로 된 그 밖의 식이보조제(다른 호에 게기되거나 포함되지 않은 것으로 한정한다). 2107.10 – 이 류 주 제5호에 따른 일정한 투여량으로 된 것 2107.90 – 기타	호 +1 소호 +2, Part 2 2.8
85	**제22류 주 제1호 나목** 1. 이 류에서 다음 각 목의 것은 제외한다. 가. 조리용으로 조제된…… (생략) 〈신설〉 **나**. 바닷물(제2501호) **다**. 증류수·전도도수(傳導度水)…… (생략) **라**. 초산의 수용액……(생략) **마**. 제3003호와 제3004호의 의약품 **바**. 조제향료나 화장용품(제33류)	1. 이 류에서 다음 각 목의 것은 제외한다. 가. 조리용으로 조제된…… (생략) 나. 조리용으로 조제된 코코넛 밀크(제2106호) **다.** 바닷물(제2501호) **라.** 증류수·전도도수(傳導度水)…… (생략) **마.** 초산의 수용액……(생략) **바.** 제3003호와 제3004호의 의약품 **사.** 조제향료나 화장용품(제33류)	Part 2 2.10
86	**제22류 소호주** 〈신설〉	1. 소호 제2202.21호부터 제2202.29호까지는 식물성 원료(채두류, 곡물, 견과류 및 씨앗 포함)와 물을 재료로 한 추출물로 만든 액체 형태의 식물성 음료(일반적으로 베이지색 또는 흰색)만을 포함한다. 이러한 음료는 용해되어 분해된 식물성 물질의 현탁액 또는 에멀션으로 구성되며, 설탕이나 기타 감미료를 첨가하였거나 착향하였는지 여부를 불문한다. 이 소호에는 다음 각 목의 물품을 포함하지 않는다. 가. 제8류·제9류·제1211호나 제1212호의 식물이나 식물의 부분 또는 제2106호에 해당하는 이들의 혼합물을 우려낸 것을 기반	소호주 +1, Part 2 2.10

연번	현행(HS 2022)	개정(HS 2028)	비고
		으로 한 음료 나. 제0901호·제0902호 및 제0903호의 커피·차·마태나 제2101호의 물품을 기반으로 한 음료 다. 비알콜성 발효음료 라. 제2009호의 물품을 기반으로 한 그 밖의 비알콜성 음료 마. 식물추출물로 향을 낸 물(소호 제2202.10호)	
	1. 소호 제2204.10호에서 "발포성(發泡性) 포도주"란...... (생략)	**2.** 소호 제2204.10호에서 "발포성(發泡性) 포도주"란...... (생략)	
87	〈신설〉	– 이 류 소호주 1에서 언급한 식물성 원료 기반의 음료 2202.21 -- 대두 기반의 것 2202.22 -- 귀리 기반의 것 2202.23 -- 쌀 기반의 것 2202.24 -- 아몬드 기반의 것 2202.25 -- 코코넛 기반의 것 2202.29 -- 기타	소호 +6 Part 2 2.10
88	23.01 – 육·설육(屑肉)·어류·갑각류·연체동물이나 그 밖의 수생(水生) 무척추동물의 **고운 가루·거친 가루·펠릿(pellet)**(식용에 적합하지 않은 것으로 한정한다)과 수지박 2301.10 – 육이나 설육(屑肉)의 고운 가루·거친 가루·펠릿(pellet)과 수지박 2301.20 – 어류·갑각류·연체동물이나 그 밖의 수생(水生) 무척추동물의 고운 가루·거친 가루·펠릿(pellet) 〈신설〉 〈신설〉	23.01 – 육·설육(屑肉)·**곤충**·어류·갑각류·연체동물이나 그 밖의 수생(水生) 무척추동물의 **고운 가루·거친 가루·가루·펠릿(pellet)**(식용에 적합하지 않은 것으로 한정한다)과 수지박 〈삭제〉 〈삭제〉 2301.30 – 육·설육(屑肉)·곤충의 고운 가루·거친 가루·가루·펠릿(pellet)과 수지박 2301.40 – 어류·갑각류·연체동물이나 그 밖의 수생(水生) 무척추동물의 고운 가루·거친 가루·가루·펠릿(pellet)	Part 2 2.2 Part 2 5.2
89	〈신설〉	2306.70 – 대마[카나비스 사티바(Cannabis sativa)]씨에서 나온 것	소호 +1 Part 1 1.2
90	23.09 – 사료용 조제품 2309.10 – 개나 고양이용 사료(**소매용으로 한정한다)**	23.09 – 사료용 조제품 2309.10 – 개나 고양이용 사료(**소매용으로서 항균제를 함유하지 않은 것으**	소호 +1 Part 2 2.11

연번	현행(HS 2022)	개정(HS 2028)	비고
	〈신설〉 2309.90　– 기타	**로 한정한다)** 2309.20　– 기타, 비수의학적 의료용도의 항 　　　　　 균제를 함유한 것 2309.90　– 기타	
91	**제24류 주 제1호** 1. 이 류에서 의약용 궐련은 제외한다(제30류).	1. 이 류에서 제30류의 의약품(이러한 의약품을 함유한 에어로졸 기기를 포함한다)은 제외한 다. 그러나 금연을 위하여 니코틴을 함유한 제품이나 그러한 제품을 함유한 기기는 이 류 에 분류된다.	Part 2 2.12
92	**제24류 주 제3호** 3. 제2404호에서 "연소시키지 않고 흡입"한다 는 것은 가열장치나 다른 수단을 통해 연소 없이 흡입하는 것을 의미한다.	3. 제2404호에서 "연소시키지 않고 흡입하도록 만들어진 물품"이란 분무화되는 물품이 연소 되지는 않으며 에어로졸이 마우스피스를 통 하여 흡입되는 것을 말한다.	Part 2 2.12
93	24.04 – 담배·재구성한 담배·니코틴이나 담배 대용물·니코틴 대용물을 함유한 물품 (연소시키지 않고 흡입하도록 만들어 진 것으로 한정한다), 니코틴을 함유한 그 밖의 물품으로 인체 내에 니코틴을 흡수시키도록 만들어진 것	24.04 – 연소시키지 않고 흡입하도록 만들어진 제품(담배·재구성한 담배·니코틴을 함 유했는지 여부를 불문한다), 니코틴을 함유한 그 밖의 물품으로 인체 내에 니 코틴을 흡수시키도록 만들어진 것	Part 2 2.10
94	2505.10　– 규사	2505.20　– 규사(이산화규소 함유량이 전 중 　　　　　 량의 90%를 초과하는 것으로 한 　　　　　 정한다)	Part 2 3.1
95	– 웨이스트 오일(waste oil) 2710.91　–– 폴리염소화 비페닐(PCBs), 폴 　　　　　 리염소화 테르페닐(PCTs)이나 　　　　　 폴리브롬화 비페닐(PBBs)을 함 　　　　　 유하는 것 〈신설〉 〈신설〉 2710.99　–– 기타	– 웨이스트 오일(waste oil) 〈삭제〉 2710.92　–– 폴리염소화 비페닐(PCBs)을 킬 　　　　　 로그램(kg)당 50밀리그램(mg) 　　　　　 이상 함유하는 것 2710.93　–– 기타, 폴리염소화 테르페닐(PC 　　　　　 Ts)이나 폴리브롬화 비페닐(PB 　　　　　 Bs)을 함유하는 것(동시에 폴리 　　　　　 염소화 비페닐(PCBs)을 킬로 　　　　　 그램(kg)당 50밀리그램(mg) 미 　　　　　 만 함유한 것을 포함한다) 2710.99　–– 기타	소호 +1, Part 2 1.4
96	2827.60　– 요드화합물과 산화요드화물	– 요드화합물과 산화요드화물 2827.61　–– 요드화 칼륨 2827.61　–– 요드화 나트륨 2827.69　–– 기타	소호 +2, Part 2 2.9

연번	현행(HS 2022)	개정(HS 2028)	비고
97	28.29 – 염소산염과 과염소산염, 브롬산염과 과브롬산염, 요드산염과 과요드산염 (생략) 2829.90　– 기타	28.29 – 염소산염과 과염소산염, 브롬산염과 과브롬산염, 요드산염과 과요드산염 (생략) 　　　　　– 기타 2829.91　-- 요드산 칼륨 2829.91　-- 요드산 나트륨 2829.99　-- 기타	소호 +2, Part 2 2.9
98	**제29류 소호주 제3호** 〈신설〉	3. 소호 제2930.81호 및 제2930.82호는 알디카브(ISO), 캡타폴(ISO), 메타미도포스(ISO), 포레이트(ISO)와 터부포스(ISO)만을 포함한다."	소호주 +1, Part 2 1.4
99	– 포화지환식·불포화지환식·시클로테르펜탄화수소의 할로겐화유도체 2903.81　-- 1,2,3,4,5,6-헥사클로로시클로헥산[HCH(ISO)][린데인(ISO, INN)을 포함한다] 2903.82　-- 앨드린(ISO), 클로르덴(ISO), 헵타클로르(ISO) 2903.83　-- 미렉스(ISO) 〈신설〉 2903.89　-- 기타	– 포화지환식·불포화지환식·시클로테르펜탄화수소의 할로겐화유도체 2903.81　-- 1,2,3,4,5,6-헥사클로로시클로헥산[HCH(ISO)][린데인(ISO, INN)을 포함한다] 2903.82　-- 앨드린(ISO), 클로르덴(ISO), 헵타클로르(ISO) 2903.83　-- 미렉스(ISO) 2903.84　-- 헥사브로모시클로도데칸(HBCDs) 2903.89　-- 기타	소호 +1, Part 2 1.4
100	2909.30　– 방향족(芳香族)에테르와 이들의 할로겐화유도체·술폰화유도체·니트로화유도체·니트로소화유도체	– 방향족(芳香族)에테르와 이들의 할로겐화유도체·술폰화유도체·니트로화유도체·니트로소화유도체 2909.31　-- 데카브로모디페닐 에테르 2909.39　-- 기타	소호 +1, Part 2 1.4
101	29.15 – 포화비환식모노카르복시산과 이들의 무수물(無水物)·할로겐화물·과산화물·과산화산, 이들의 할로겐화유도체·술폰화유도체·니트로화유도체·니트로소화유도체 (생략) 2915.90　– 기타	29.15 – 포화비환식모노카르복시산과 이들의 무수물(無水物)·할로겐화물·과산화물·과산화산, 이들의 할로겐화유도체·술폰화유도체·니트로화유도체·니트로소화유도체 (생략) 　　　　 – 기타 2915.91　-- 과불화옥탄산과 그 염 2915.99　-- 기타	소호 +1, Part 2 1.4
102	2918.30　– 알데히드·케톤관능기의 카르복시산(그 밖의 산소관능을 가지지 않은 것으로 한정한다), 이들의 무수물(無水物)·할로겐화물·과산화물·과산화산, 이들의 유도체	– 알데히드·케톤관능기의 카르복시산(그 밖의 산소관능을 가지지 않은 것으로 한정한다), 이들의 무수물(無水物)·할로겐화물·과산화물·과산화산, 이들의 유도체	소호 +1, Part 2 1.3

연번	현행(HS 2022)	개정(HS 2028)	비고
		2918.31　－－ 3-옥소-2-페닐부탄산 메틸[알파-페닐아세토아세트산 메틸(MAPA)] 2918.39　－－ 기타	
103	〈신설〉	2918.92　－－ 2-메틸-3-페닐옥시란-2-카르복실산(P-2-P 메틸 글리시드산) 및 그 염과 유도체	소호 +1, Part 2 1.3
104	2922.31　－－ 암페프라몬(INN)·메타돈(INN)·노르메타돈(INN)과 **이들의 염**	2922.31　－－ 암페프라몬(INN)·메타돈(INN)·노르메타돈(INN)과 **이들의 입체이성질체, 이들의 염**	Part 2 3.3
105	〈신설〉	2924.26　－－ 3-옥소-2-페닐부탄아미드[알파-페닐아세토아세트아미드(APAA)]	소호 +1, Part 2 1.3
106	29.29 － 그 밖의 질소관능화합물 2929.10　－ 이소시아네이트 2929.90　－ 기타	29.29 － 그 밖의 질소관능화합물 2929.10　－ 이소시아네이트 　　　　　－ 기타 2929.91　－－ N,N-디메틸포스포르아미드산 디클로라이드 2929.99　－－ 기타	소호 +1, Part 2 1.6
107	2930.80　－ 알디카브(ISO), 캡타폴(ISO) 및 메타미도포스(ISO)	－ 이 류 소호주 제3호에 게기된 화합물 2930.81　－－ 알디카브(ISO), 캡타폴(ISO), 메타미도포스(ISO) 2930.82　－－ 포레이트(ISO)와 터부포스(ISO)	소호 +1, Part 2 1.4
108	29.31 － 그 밖의 유기-무기화합물 2931.10　－ 테트라메틸납, 테트라에칠납 2931.20　－ 트리부틸틴 화합물 　　　　　－ 비할로겐화 유기인 유도체 2931.41　－－ 디메틸 메틸포스포네이트 2931.42　－－ 디메틸 프로필포스포네이트 2931.43　－－ 디에틸 에틸포스포네이트 2931.44　－－ 메틸포스폰산 2931.45　－－ 메틸포스폰산과 (아미노이미노메틸)우레아의 염(1 : 1) 2931.46　－－ 2,4,6-트리프로필-1,3,5,2,4,6-트리옥사트리포스피난-2,4,6-트리옥사이드 2931.47　－－ (5-에틸-2-메틸-2-옥시도-	29.31 － 그 밖의 유기-무기화합물 2931.10　－ 테트라메틸납, 테트라에칠납 2931.20　－ 트리부틸틴 화합물 　　　　　－ 비할로겐화 비환식 유기인 화합물 2931.61　－－ 디메틸 메틸포스포네이트 2931.62　－－ 디메틸 프로필포스포네이트 2931.63　－－ 디에틸 에틸포스포네이트 2931.64　－－ 비스(1-메틸메닐) 메틸포스포네이트 2931.65　－－ 메틸포스폰산 2931.66　－－ 메틸포스폰산과 (아미노이미노메틸)우레아의 염(1 : 1) 2931.67　－－ 부틸 메틸포스피네이트 2931.69　－－ 기타	소호 +3, Part 2 1.6

연번	현행(HS 2022)		개정(HS 2028)		비고
	2931.48	1,3,2-디옥사포스피난-5-일) 메틸 메틸 메틸포스포네이트 -- 3,9-디메틸-2,4,8,10-테트라옥사-3,9-디포스파스피로[5.5] 운데칸 3,9-디옥사이드	2931.71	- 비할로겐화 환식 유기인 화합물 -- 2,4,6-트리프로필-1,3,5,2,4,6-트리옥사트리포스피난-2,4,6-트리옥사이드	
	2931.49	-- 기타	2931.72	-- (5-에틸-2-메틸-2-옥시도-1,3,2-디옥사포스피난-5-일) 메틸 메틸 메틸포스포네이트	
		- 할로겐화 유기인 유도체	2931.73	-- 3,9-디메틸-2,4,8,10-테트라옥사-3,9-디포스파스피로[5.5] 운데칸 3,9-디옥사이드	
	2931.51	-- 메틸포스포닉 디클로라이드			
	2931.52	-- 프로필포스포닉 디클로라이드	2931.79	-- 기타	
	2931.53	-- 오-(3-클로로프로필) 오-[4-니트로-3-(트리플루오로메틸)페닐] 메틸포스포노티오네이트		- 할로겐화 유기인 화합물	
	2931.54	-- 트리클로르폰(ISO)	2931.81	-- 메틸포스포닉 디클로라이드	
	2931.59	-- 기타	2931.82	-- 프로필포스포닉 디클로라이드	
			2931.83	-- 오-(3-클로로프로필) 오-[4-니트로-3-(트리플루오로메틸)페닐] 메틸포스포노티오네이트	
	2931.90	- 기타	2931.84	-- 트리클로르폰(ISO)	
			2931.89	-- 기타	
			2931.90	- 기타	
109	〈신설〉		2932.97	-- 3-(1,3-벤조디옥솔-5-일)-2-메틸옥시란-2-카르복실산(3,4-MDP-2-P-메틸 글리시드산) 및 그 염과 에스테르	소호 +1, Part 2 1.3
110		- 붙지 않은 피리딘고리(수소를 첨가하였는지에 상관없다) 구조를 가지는 화합물 (생략)		- 붙지 않은 피리딘고리(수소를 첨가하였는지에 상관없다) 구조를 가지는 화합물 (생략)	소호 -1, Part 2 1.3
	2933.34	-- 그 밖의 펜타닐과 그 유도체	2933.34	-- 그 밖의 펜타닐과 그 유도체 **및 그들의 염**	
	2933.35	-- 3-퀴뉴클리디놀	2933.35	-- 3-퀴뉴클리디놀	
	2933.36	-- **4-아닐리노-엔-펜에틸피페리딘(ANPP)**	2933.36	-- **4-아닐리노-N-페네틸피페리딘[N-페닐-1-(2-페닐에틸)피페리딘-4-아민,(ANPP)]·N-페네틸-4-피페리돈 (NPP)·N-페닐-4-피페리딘아민 (4-AP)·터트-부틸 4-(페닐아미노)피페리딘-1-카복실레이트[터트-부틸 4-아닐리노피페리딘-1-카복실레이트·1-boc-4-AP]·노르**	

연번	현행(HS 2022)	개정(HS 2028)	비고
		펜타닐 (N-페닐-N-(4-피페리딜)프로피온아미드)·피페리딘-4-온 (4-피페리돈) 및 터트-부틸 4-옥소피페리딘-1-카복실레이트 (1-boc-4-피페리돈), 그들의 염	
	2933.37　-- 엔-펜에틸-4-피페리돈(NPP) 2933.39　-- 기타	〈삭제〉 2933.39　-- 기타	
111	2934.92　-- 그 밖의 펜타닐과 그 유도체	2934.92　-- 그 밖의 펜타닐과 그 유도체, 그들의 염	Part 2 1.3
112	29.36 - 프로비타민과 비타민(천연의 것과 이와 동일한 구조를 가지는 합성의 것으로 한정하며, 천연의 프로비타민 농축물과 비타민 농축물을 포함한다), 이들의 유도체로서 주로 비타민으로 사용하는 것과 이들의 상호 혼합물(용매에 용해하였는지에 상관없다) 　　　- 비타민과 이들의 유도체(혼합하지 않은 것으로 한정한다) 2936.21　-- 비타민 A와 이들의 유도체 2936.22　-- 비타민 B1과 이들의 유도체 2936.23　-- 비타민 B2와 이들의 유도체 2936.24　-- 디-판토텐산이나 디엘-판토텐산(비타민 B5)과 이들의 유도체 2936.25　-- 비타민 B6와 이들의 유도체 2936.26　-- 비타민 B12와 이들의 유도체 2936.27　-- 비타민 C와 이들의 유도체 2936.28　-- 비타민 E와 이들의 유도체 2936.29　-- 그 밖의 비타민과 이들의 유도체 2936.90　- 기타(천연의 프로비타민 농축물과 비타민 농축물을 포함한다)	29.36 - 프로비타민과 비타민(천연의 것과 이와 동일한 구조를 가지는 합성의 것으로 한정하며, 천연의 프로비타민 농축물과 비타민 농축물을 포함한다), 이들의 유도체로서 주로 비타민으로 사용하는 것과 이들의 상호 혼합물(용매에 용해하였는지에 상관없다) 　　　- 비타민 A와 그들의 유도체(혼합하지 않은 것으로 한정한다) 2936.11　-- 비타민 A 팔미테이트와 비타민 A 아세테이트 2936.19　-- 기타 　　　- 그 밖의 비타민과 이들의 유도체(혼합하지 않은 것으로 한정한다) 2936.22　-- 비타민 B1과 이들의 유도체 2936.23　-- 비타민 B2와 이들의 유도체 2936.24　-- 디-판토텐산이나 디엘-판토텐산(비타민 B5)과 이들의 유도체 2936.25　-- 비타민 B6와 이들의 유도체 2936.26　-- 비타민 B12와 이들의 유도체 2936.27　-- 비타민 C와 이들의 유도체 2936.28　-- 비타민 E와 이들의 유도체 2936.29　-- 그 밖의 비타민과 이들의 유도체 　　　- 기타(천연의 농축물을 포함한다) 2936.91　-- 비타민 A 팔미테이트·티아민 질산염·리보플라빈(INN)·니코틴아미드(INN)·피리독신 염산염 및 엽산 (INN)으로 구성된 혼합물	소호 +3, Part 2 2.9

연번	현행(HS 2022)	개정(HS 2028)	비고
		2936.92　　-- 비타민 A 팔미테이트와 비타민 D3의 혼합물 2936.99　　-- 기타	
113	- 폴리펩타이드 호르몬, 프로테인 호르몬, 글리코프로테인 호르몬, 이들의 유도체와 이와 유사한 구조를 가지는 것 2937.11　　-- 소마토트로핀, 그 유도체와 이와 유사한 구조를 가지는 것 2937.12　　-- 인슐린과 그 염 〈신설〉 2937.19　　-- 기타	- 폴리펩타이드 호르몬, 프로테인 호르몬, 글리코프로테인 호르몬, 이들의 유도체와 이와 유사한 구조를 가지는 것 2937.11　　-- 소마토트로핀, 그 유도체와 이와 유사한 구조를 가지는 것 〈삭제〉 2937.13　　-- 인슐린, 그 염과 이와 유사한 구조를 가지는 것 2937.19　　-- 기타	Part 2 3.2
114	29.39 - 알칼로이드(천연의 것과 이와 동일한 구조를 가지는 합성의 것으로 한정한다), 이들의 염·에테르·에스테르·그 밖의 유도체 　(생략) 　　　- 기타(식물성의 것에 한정한다) 2939.72　　-- 코카인·엑고닌, 이들의 염·에스테르·그 밖의 유도체 2939.79 -- 기타 2939.80 - 기타	29.39 - 알칼로이드(천연의 것과 이와 동일한 구조를 가지는 합성의 것으로 한정한다), 이들의 염·에테르·에스테르·그 밖의 유도체 　(생략) 　　　- 기타 2939.91　　-- 코카인·엑고닌, 이들의 염·에스테르·그 밖의 유도체 2939.99　　-- 기타	소호 -1 Part 2 3.3
115	**제30류 주 제1호 가목 및 자목** 1. 이 류에서 다음 각 목의 것은 제외한다. 가. 식품이나 음료(예: 식이요법용 식품·당뇨병용 식품·강화식품·**식이보조제(food supplements)**·강장음료·광천수)(제4부). 다만, 정맥 투여용 영양제는 제외한다. (생략) 자. **제3822호의 진단용 시약**	1. 이 류에서 다음 각 목의 것은 제외한다. 가. 식품이나 음료(예: 식이요법용 식품·당뇨병용 식품·강화식품·**식이보조제(dietary supplements)**·강장음료·광천수)(제4부). 다만, 정맥 투여용 영양제는 제외한다. (생략) 자. **조제하였거나 뒤편을 보강한 진단용 시약 [도구모음 형태로 된 것인지에 상관없다] (제3822호)**	Part 2 2.8 Part 2 5.2 Part 2 3.3
116	**제30류 주 제3호 및 제4호** 3. 제3003호·제3004호와 이 류의 주 **제4호** 라목에서는 다음 각 목에서 정하는 바에 따른다. (생략) 〈신설〉	3. 제3003호·제3004호와 이 류의 주 **제5호** 라목에서는 다음 각 목에서 정하는 바에 따른다. (생략) 4. 제30.04호에서 의약 영양제품이란 표현은 특정 질병, 장애 또는 의학적 상태의 치료를 위해 특별히 제조된 비타민, 미네랄, 필수 아	주 +1 Part 2 2.9

연번	현행(HS 2022)	개정(HS 2028)	비고
		미노산 및 지방산을 함유하는 조제품에 적용된다. (예: 악성 빈혈 치료용 비타민 B12 주사제, 안구건조증 치료용 비타민 A 조제품). 이러한 조제품은 라벨, 포장 또는 동봉된 사용자 지침서에 다음 사항을 명시하고 있다. (a) 해당 제품이 사용되는 특정 질병, 질환 또는 그 증상 (b) 함유된 활성 성분 및 그 성분의 농도 (c) 복용량 (d) 투여방식 비타민, 미네랄, 필수 아미노산 또는 지방산을 기반으로 하는 조제품의 경우, 라벨에 표시된 권장 일일 복용량(dose) 당 해당 물질의 수준은 일반적인 건강 또는 웰빙을 유지하기 위한 권장 일일 허용량보다 현저히 높아야 한다.	
	4. 다음 각 목의 물품은 제3006호로 분류하며, 이 표의 다른 호로 분류하지 않는다.(생략)	**5.** 다음 각 목의 물품은 제3006호로 분류하며, 이 표의 다른 호로 분류하지 않는다.(생략)	
117	30.02 – 사람의 피, 치료용·예방용·진단용으로 조제한 동물의 피, 면역혈청·그 밖의 혈액 분획물과 면역물품(생물공학적 방법에 따라 변성되거나 얻어진 것인지에 상관없다), **백신·독소**·미생물 배양체(효모는 제외한다)와 이와 유사한 물품, 세포 배양체(변성된 것인지에 상관없다)	30.02 – 사람의 피, 치료용·예방용·진단용으로 조제한 동물의 피, 면역혈청·그 밖의 혈액 분획물과 면역물품(생물공학적 방법에 따라 변성되거나 얻어진 것인지에 상관없다), **독소**·미생물 배양체(효모는 제외한다)와 이와 유사한 물품, 세포 배양체(변성된 것인지에 상관없다)	Part 2 1.7
118	– **백신·독소**·미생물 배양체(효모는 제외한다)와 이와 유사한 물품 3002.41　-- 백신(인제의약용으로 한정한다) 3002.42　-- 백신(동물의약용으로 한정한다) 3002.49　-- 기타	3002.40 – **독소**·미생물 배양체(효모는 제외한다)와 이와 유사한 물품	소호 –2, Part 2 1.7
119	30.03 – 의약품(두 가지 이상의 성분을 혼합한 치료용이나 예방용의 것으로서 **제3002호·제3005호·제3006호**의 물품, 일정한 투여량으로 한 것, 소매용 모양이나 포장을 한 것은 제외한다)	30.03 – 의약품(두 가지 이상의 성분을 혼합한 치료용이나 예방용의 것으로서 **제3002호·제3005호·제3006호·제3007호·제3008호**의 물품, 일정한 투여량으로 한 것, 소매용 모양이나 포장을 한 것은 제외한다)	Part 2 1.7
120	– 기타(제2937호의 호르몬이나 그 밖의 물품을 함유한 것으로 한정한다) 3003.31　-- 인슐린을 함유한 것 〈신설〉	– 기타(제2937호의 호르몬이나 그 밖의 물품을 함유한 것으로 한정한다) 〈삭제〉 3003.32　-- 인슐린·인슐린의 유도체 또는	Part 2 3.2 Part 2 3.3

연번	현행(HS 2022)	개정(HS 2028)	비고
		이와 유사한 구조를 가진 것을 함유한 것 3003.39　-- 기타	
	3003.39　-- 기타		
121	30.04 - 의약품[혼합한 것인지에 상관없으며 **치료용이나 예방용**의 것으로서 일정한 투여량으로 한 것(피부 투여의 형식을 취한 것을 포함한다)과 소매용 모양이나 포장을 한 것으로 한정하며, **제3002호·제3005호·제3006호의 물품은 제외**한다] (생략) 　　- 기타(제2937호의 호르몬이나 그 밖의 물품을 함유한 것으로 한정한다) 3004.31　-- 인슐린을 함유한 것 3004.32　-- 코르티코스테로이드(corticosteroid) 호르몬을 함유한 것과 이들의 유도체나 그와 유사한 구조를 가지는 것 〈신설〉 3004.39　-- 기타 (생략) 3004.50　- 기타(제2936호의 비타민이나 그 밖의 물품을 함유한 것으로 한정한다) 3004.60　- 기타(이 류의 소호주 제2호에 열거한 항말라리아 활성성분을 함유한 것에 한정한다) 〈신설〉 3004.90　- 기타	30.04 - 의약품[혼합한 것인지에 상관없으며 **치료용이나 예방용(이 류의 주 제4호에서 정의한 의약 영양제품을 포함한다)**의 것으로서 일정한 투여량으로 한 것(피부 투여의 형식을 취한 것을 포함한다)과 소매용 모양이나 포장을 한 것으로 한정하며, **제3002호·제3005호·제3006호·제3007호·제3008호의 물품은 제외**한다] (생략) 　　- 기타(제2937호의 호르몬이나 그 밖의 물품을 함유한 것으로 한정한다) 〈삭제〉 3004.32　-- 코르티코스테로이드(corticosteroid) 호르몬을 함유한 것과 이들의 유도체나 그와 유사한 구조를 가지는 것 3004.33　-- 인슐린·인슐린의 유도체 또는 이와 유사한 구조를 가진 것을 함유한 것 3004.39　-- 기타 (생략) 〈삭제〉 3004.60　- 기타(이 류의 소호주 제2호에 열거한 항말라리아 활성성분을 함유한 것에 한정한다) 　　- 기타, 이 류 주 제4호에서 정의한 의약 영양제품 3004.71　-- 비타민 또는 제2936호의 다른 제품을 함유한 것 3004.79　-- 기타 3004.90　- 기타	소호 +1 Part 2 1.7 Part 2 3.2 Part 2 2.9
122	30.06 - 의료용품(이 류의 주 제<u>4</u>호의 물품으로 한정한다)	30.06 - 의료용품(이 류의 주 제<u>5</u>호의 물품으로 한정한다)	

연번	현행(HS 2022)	개정(HS 2028)	비고
123	〈신설〉	30.07 – 백신(인체의약용으로 한정한다) – 홍역·풍진·수두·대상포진 및 볼거리 백신 (서로 조합된 것인지 여부와 상관없다) 3007.11　-- 홍역 3007.12　-- 홍역-풍진 복합 3007.13　-- 수두 3007.14　-- 대상포진 3007.15　-- 홍역-볼거리-풍진 복합 및 홍역-볼거리-풍진-수두 복합 3007.19　-- 기타 (소호 제3007.11호부터 제3007.19호까지의 두 가지 이상의 백신을 조합한 것을 포함한다) – 소아마비·디프테리아·파상풍·백일해·간염 및 헤모필루스 인플루엔자 B형(Hib) 백신 (서로 조합된 것인지 여부와 상관없다) 3007.21　-- 소아마비 3007.22　-- 디프테리아와 파상풍 조합 3007.23　-- 디프테리아·파상품·백일해(DTP) 조합 3007.24　-- A형 간염 3007.25　-- B형 간염 3007.26　-- 헤모필루스 인플루엔자 B형(Hib) 3007.27　-- 디프테리아·파상품·백일해(DTP) 백신에 B형 간염 및 헤모필루스 인플루엔자 B형 (Hib) 벡신이 조합된 것(5가 백신) 또는 B형 간염·헤모필루스 인플루엔자 B형(Hib) 및 불활성화 소아마비 백신(IPV)이 조합된 것(6가 백신) 3007.29　-- 기타 (소호 제3007.21호부터 제3007.29호까지의 두 가지 이상의 백신을 조합한 것을 포함한다) – 결핵·폐렴구균·로타바이러스 및 인유두종바이러스 백신(조합하지 않은 것으로 한정한다) 3007.31　-- 바실러스 칼메트 게랭(BCG)형 결핵 백신	호 +1 소호 +38, Part 2 1.7

연번	현행(HS 2022)	개정(HS 2028)	비고
		3007.32　 -- 그 밖의 결핵 백신	
		3007.33　 -- 폐렴구균 백신	
		3007.34　 -- 로타바이러스(RV) 백신	
		3007.35　 -- 인유두종 바이러스(HPV) 백신	
		- 뇌수막염·장티푸스·콜레라·뎅기열·광견병 및 말라리아 백신(조합하지 않은 것으로 한정한다)	
		3007.41　 -- 뇌수막염(단가백신)	
		3007.42　 -- 뇌수막염(다가백신)	
		3007.43　 -- 장티푸스 백신	
		3007.44　 -- 콜레라 백신	
		3007.45　 -- 뎅기열 백신	
		3007.46　 -- 광견병 백신	
		3007.47　 -- 말라리아 백신	
		- 인플루엔자, 호흡기세포융합바이러스(RSV) 및 코로나바이러스 백신(서로 조합된 것인지 여부와 상관없다)	
		3007.51　 -- 인플루엔자(단가백신)	
		3007.52　 -- 인플루엔자(다가백신)	
		3007.53　 -- 호흡기세포융합바이러스(RSV) 백신	
		3007.54　 -- 코로나바이러스 백신	
		3007.59　 -- 소호 제3007.51호부터 제3007.29호까지의 두 가지 이상의 백신을 조합한 것	
		- 황열병, 천연두, 엠폭스, 에볼라, 뇌염, 치쿤구니야열 및 연쇄구균 백신(조합하지 않은 것으로 한정한다)	
		3007.61　 -- 황열병 백신	
		3007.62　 -- 천연두 백신과 엠폭스 백신	
		3007.63　 -- 에볼라 백신	
		3007.64　 -- 뇌염 백신	
		3007.65　 -- 치쿤구니야 백신	
		3007.66　 -- 연쇄구균 백신	
		3007.90　 - 기타	
124	〈신설〉	30.08 - 그 밖의 백신 3008.10　- 동물의약품용 백신 3008.90　- 기타	호 +1 소호 +2, Part 2 1.7

연번	현행(HS 2022)	개정(HS 2028)	비고
125	**제34류 주 제1호 다목** 1. 이 류에서 다음 각 목의 것은 제외한다. 다. 비누나 그 밖의 유기계면활성제를 함유하는 것으로서 샴푸·치약·면도용 크림과 폼(foam)·목욕용 조제품(제3305호·제3306호·제3307호)	1. 이 류에서 다음 각 목의 것은 제외한다. 다. 비누나 그 밖의 유기계면활성제를 함유하는 것으로서 샴푸·치약·면도용 크림과 폼(foam)·목욕용 조제품[피부세척용 또는 비누로도 사용되는지 여부와 상관없다(제3305호·제3306호·제3307호)]	Part 2 3.3
126	37.02 – 롤 모양 사진필름(감광성이 있고 노광하지 않은 것으로 한정하며, 종이·판지·직물로 만든 것은 제외한다)과 롤 모양 인스턴트 프린트필름(감광성이 있고 노광하지 않은 것으로 한정한다) 3702.10　– 엑스선용 　　　– 그 밖의 필름(구멍이 없는 것으로서 폭이 105밀리미터 이하인 것으로 한정한다) 3702.31　－－ 천연색 사진용(폴리크롬) 3702.32　－－ 기타[할로겐화은 에멀션(emulsion)으로 된 것으로 한정한다] 3702.39　－－ 기타 　　　– 그 밖의 필름(구멍이 없는 것으로서 폭이 105밀리미터를 초과하는 것으로 한정한다) 3702.41　－－ 폭이 610밀리미터를 초과하고, 길이가 200미터를 초과하는 것으로서 천연색 사진용의 것(폴리크롬) 3702.42　－－ 폭이 610밀리미터를 초과하고, 길이가 200미터를 초과하는 것(천연색 사진용은 제외한다) 3702.43　－－ 폭이 610밀리미터를 초과하고 길이가 200미터 이하인 것 3702.44　－－ 폭이 105밀리미터를 초과하고 610밀리미터 이하인 것 　　　– 그 밖의 필름[천연색 사진용(폴리크롬)] 3702.52　－－ 폭이 16밀리미터 이하인 것 3702.53　－－ 폭이 16밀리미터 초과 35밀리미터 이하로서 길이가 30미터 이하인 것(슬라이드용으로 한정	37.02 – 롤 모양 사진필름(감광성이 있고 노광하지 않은 것으로 한정하며, 종이·판지·직물로 만든 것은 제외한다)과 롤 모양 인스턴트 프린트필름(감광성이 있고 노광하지 않은 것으로 한정한다) 3702.10　– 엑스선용 3702.30　– 그 밖의 필름(구멍이 없는 것으로서 폭이 105밀리미터 이하인 것으로 한정한다) 　　　– 그 밖의 필름(구멍이 없는 것으로서 폭이 105밀리미터를 초과하는 것으로 한정한다) 3702.41　－－ 폭이 610밀리미터를 초과하고, 길이가 200미터를 초과하는 것으로서 천연색 사진용의 것(폴리크롬) 3702.42　－－ 폭이 610밀리미터를 초과하고, 길이가 200미터를 초과하는 것(천연색 사진용은 제외한다) 3702.43　－－ 폭이 610밀리미터를 초과하고 길이가 200미터 이하인 것 3702.44　－－ 폭이 105밀리미터를 초과하고 610밀리미터 이하인 것 3702.50　– 그 밖의 필름[천연색 사진용(폴리크롬)]	소호 –7 Part 2 5.1

연번	현행(HS 2022)	개정(HS 2028)	비고
	한다)		
	3702.54 −− 폭이 16밀리미터 초과 35밀리미터 이하로서 길이가 30미터 이하인 것(슬라이드용은 제외한다)		
	3702.55 −− 폭이 16밀리미터 초과 35밀리미터 이하로서 길이가 30미터를 초과하는 것		
	3702.56 −− 폭이 35밀리미터를 초과하는 것		
	− 기타	− 기타 3702.91 −− 폭이 35밀리미터 이하인 것	
	3702.96 −− 폭이 35밀리미터 이하로서 길이가 30미터 이하인 것		
	3702.97 −− 폭이 35밀리미터 이하로서 길이가 30미터 초과인 것		
	3702.98 −− 폭이 35밀리미터를 초과하는 것	3702.98 −− 폭이 35밀리미터를 초과하는 것	
127	37.06 − 영화용 필름(노광하여 현상한 것으로 한정하며, 사운드트랙이 있는 것인지 또는 사운드트랙만으로 구성된 것인지에 상관없다) 3706.10 − 폭이 35밀리미터 이상인 것 3706.90 − 기타	3706.00 − 영화용 필름(노광하여 현상한 것으로 한정하며, 사운드트랙이 있는 것인지 또는 사운드트랙만으로 구성된 것인지에 상관없다)	소호 −1 Part 2 5.1
128	**제38류 주 제4호 다목** 다. 제30류의 주 **제4호 차목**의 폐(廢)의료용품	다. 제30류의 주 **제5호 차목**의 폐(廢)의료용품	
129	**제38류 소호주 제1호** 1. 소호 제3808.52호와 제3808.59호는 **다음을** 하나 이상 함유하는 제3808호의 물품만을 포함한다. 알라클로르(ISO), 알디카브(ISO), 앨드린(ISO), 아진포스−메틸(ISO), 비나파크릴(ISO), 캄페클로(ISO)(톡사핀), 캡타폴(ISO), 카보퓨란(ISO), 클로단(ISO), 클로디메폼(ISO), 클로로벤질레이트(ISO), 디·디·티(ISO)[클로로페노탄(INN), 1,1,1−트리클로로−2,2−비스(파라−클로로페닐)에탄], 디엘드린(ISO, INN), 4,6−디니트로−오르토−크레졸[DNOC(ISO)]이나 그 염, 디노셉(ISO)과 그 염이나 에스테르, 엔도설판(ISO), 에틸렌디브로마이드(ISO)(1,2−디브로모에탄), 이염화에틸렌(ISO)(1,2−디클로로에탄), 플루오로아세트아미드(ISO), 헵타클로르(ISO),	1. 소호 제3808.52호와 제3808.59호는 **다음 화합물을** 하나 이상 함유하는 제3808호의 물품만을 포함한다. 알라클로르(ISO), 알디카브(ISO), 앨드린(ISO), 아진포스−메틸(ISO), 비나파크릴(ISO), 캄페클로(ISO)(톡사핀), 캡타폴(ISO), 카보퓨란(ISO), 클로단(ISO), 클로디메폼(ISO), 클로로벤질레이트(ISO), 디·디·티(ISO)[클로로페노탄(INN), 1,1,1−트리클로로−2,2−비스(파라−클로로페닐)에탄], 디엘드린(ISO, INN), 4,6−디니트로−오르토−크레졸[DNOC(ISO)]이나 그 염, 디노셉(ISO)과 그 염이나 에스테르, 엔도설판(ISO), 에틸렌디브로마이드(ISO)(1,2−디브로모에탄), 이염화에틸렌(ISO)(1,2−디클로로에탄), 플루오로아세트아미드(ISO), 헵타클로르(ISO), 헥	Part 2 1.4

연번	현행(HS 2022)	개정(HS 2028)	비고
	헥사클로로벤젠(ISO), 1,2,3,4,5,6-헥사클로로시클로헥산[HCH(ISO)][린데인(ISO, INN)을 포함하는 것], 수은화합물, 메타미도포스(ISO), 모노크로토포스(ISO), 옥시란(산화에틸렌), 파라티온(ISO), 파라티온-메틸(ISO)(메틸-파라티온), 펜타클로로페놀(ISO)과 그 염이나 에스테르, 과불화옥탄 술폰산과 그 염, 과불화옥탄 술폰아미드, 과불화옥탄술포닐 플루오라이드, **포스파미돈(ISO),** 2,4,5-티(ISO)(2,4,5-트리클로로페녹시아세트산)와 그 염이나 에스테르, 트리부틸틴 화합물, 트리클로르폰(ISO).	사클로로벤젠(ISO), 1,2,3,4,5,6-헥사클로로시클로헥산[HCH(ISO)][린데인(ISO, INN)을 포함하는 것], 수은화합물, 메타미도포스(ISO), 모노크로토포스(ISO), 옥시란(산화에틸렌), 파라티온(ISO), 파라티온-메틸(ISO)(메틸-파라티온), 펜타클로로페놀(ISO)과 그 염이나 에스테르, 과불화옥탄 술폰산과 그 염, 과불화옥탄 술폰아미드, 과불화옥탄술포닐 플루오라이드, **포레이트(ISO), 포스파미돈(ISO), 터부포스(ISO),** 2,4,5-티(ISO)(2,4,5-트리클로로페녹시아세트산)와 그 염이나 에스테르, 트리부틸틴 화합물, 트리클로르폰(ISO).	
130	**제38류 소호주 제3호** 3. 소호 제3824.81호부터 제3824.89호까지는 다음의 물질을 하나 이상 함유하는 혼합물과 조제품만을 포함한다. 옥시란(산화에틸렌), 폴리브롬화 비페닐(PBBs), 폴리염소화 비페닐(PCBs), 폴리염소화 테르페닐(PCTs), 트리스(2,3-디브로모프로필) 포스페이트, 앨드린(ISO), 캄페클로(ISO)(톡사핀), 클로단(ISO), 클로르데콘(ISO), 디디티[DDT(ISO)][클로페노탄(INN), 1,1,1-트리클로로-2,2-비스(파라-클로로페닐)에탄], 디엘드린(ISO, INN), 엔도설판(ISO), 엔드린(ISO), 헵타클로르(ISO), 미렉스(ISO), 1,2,3,4,5,6-헥사클로로시클로헥산[HCH(ISO)][린데인(ISO, INN)을 포함하는 것], 펜타클로로벤젠(ISO), 헥사클로로벤젠(ISO), **과불화옥탄 술폰산, 그 염,** 과불화옥탄 술폰아미드, **과불화옥탄술포닐 플루오라이드,** 테트라·펜타·헥사·**헵타·옥타브로모디페닐** 에테르, 짧은사슬 염화파라핀	3. 소호 제3824.81호부터 제3824.89호까지는 다음의 물질을 하나 이상 함유하는 혼합물과 조제품만을 포함한다. 옥시란(산화에틸렌), 폴리브롬화 비페닐(PBBs), 폴리염소화 비페닐(PCBs), 폴리염소화 테르페닐(PCTs), 트리스(2,3-디브로모프로필) 포스페이트, 앨드린(ISO), 캄페클로(ISO)(톡사핀), 클로단(ISO), 클로르데콘(ISO), 디디티[DDT(ISO)][클로페노탄(INN), 1,1,1-트리클로로-2,2-비스(파라-클로로페닐)에탄], 디엘드린(ISO, INN), 엔도설판(ISO), 엔드린(ISO), 헵타클로르(ISO), 미렉스(ISO), 1,2,3,4,5,6-헥사클로로시클로헥산[HCH(ISO)][린데인(ISO, INN)을 포함하는 것], 펜타클로로벤젠(ISO), 헥사클로로벤젠(ISO), **과불화옥탄 술폰산과 그 염,** 과불화옥탄 술폰아미드, **과불화옥탄술포닐 플루오라이드, 과불화옥탄산 및 그 염,** 테트라·펜타·헥사·**헵타·옥타·데카브로모디페닐** 에테르, **헥사브로모사이클로도데칸(HBCDs),** 짧은사슬 염화파라핀	Part 2 1.4
131	3824.87 -- 과불화옥탄 **술폰산과 그 염,** 과불화옥탄 술폰아미드, **또는 과불화옥탄술포닐 플루오라이드를** 함유한 것 3824.88 -- 테트라-, 펜타-, 헥사-, **헵타- 또는 옥타브로모디페닐 에테르를 함유**한 것	3824.87 -- 과불화옥탄 **술폰산과 그 염,** 과불화옥탄 술폰아미드, **과불화옥탄술포닐 플루오라이드, 또는 과불화 옥탄산과 그 염을** 함유한 것 3824.88 -- 테트라-, 펜타-, 헥사-, **헵타-, 옥타- 또는 데카브로모디페닐 에테르나 헥사브로모사이클로도데칸(HBCDs)을 함유**한 것	Part 2 1.4

연번	현행(HS 2022)	개정(HS 2028)	비고
132	**제7부 주 제2호** 2. 제3918호나 제3919호의 물품을 제외하고는 플라스틱·고무와 이들의 제품으로서 해당 물품의 본래의 용도에 **부수적이지 않은 (not merely subsidiary)** 모티프(motif)·문자·그림을 인쇄한 것은 제49류로 분류한다.	2. 제3918호나 제3919호의 물품을 제외하고는 플라스틱·고무와 이들의 제품으로서 해당 물품의 본래의 용도에 **부수적이지 않은 (not subsidiary)** 모티프(motif)·문자·그림을 인쇄한 것은 제49류로 분류한다.	
133	**제39류 주 제3호 신설** 〈신설〉 **3.~11.** (생략)	3. 제39류에서 일회용(single-use)이란 보통 한 번 사용한 후 폐기되거나 재활용되며, 반복 또는 장기간 사용을 위한 것이 아닌 종류의 물품을 의미한다. **4.~12.** (생략)	주 +1 Part 2 3.4
134	**제39류 주 소호주** 1. 이 류의 각 호에 해당하는 중합체[공중합체(共重合體)를 포함한다]와 화학적으로 변성한 중합체는 다음 각 목에 따라서 분류한다. 가. 동일 계열에서 "기타"로 표기된 소호가 있는 경우 …… (생략) ※ 혼합중합체는 동일 비율의 동일한 단량체 단위로 만들어진 중합체가 속하는 소호로 분류한다. 〈신설〉	1. 이 류의 각 호에 해당하는 중합체[공중합체(共重合體)를 포함한다]와 화학적으로 변성한 중합체는 다음 각 목에 따라서 분류한다. 가. 동일 계열에서 "기타"로 표기된 소호가 있는 경우 …… (생략) ※ 혼합중합체는 동일 비율의 동일한 단량체 단위로 만들어진 중합체가 속하는 소호로 분류한다. **그러나 제3915호 내의 소호 분류에 있어서는 물리적으로 분리 가능한 서로 다른 폴리머의 혼합 폐기물은 소호 제3915.40호, 제3915.69호, 제3915.91호 또는 제3915.99호 중 적용 가능한 소호에만 분류될 수 있다.** 2. 소호 제3915.40호는 첨가제 또는 오염물질로 존재하든 관계없이, 해당 물품이 유해한 특성을 나타내는 한도 내에서 다음의 물질 중 하나 이상을 함유하는 제39.15호의 물품만을 포함한다. 금속 카르보닐, 베릴륨 및 그 화합물, 6가 크롬 화합물, 구리 화합물, 아연 화합물, 비소 및 그 화합물, 셀레늄 및 그 화합물, 카드뮴 및 그 화합물, 안티몬 및 그 화합물, 텔루륨 및 그 화합물, 수은 및 그 화합물, 탈륨 및 그 화합물, 납 및 그 화합물, 불화칼슘을 제외한 무기 불소 화합물, 무기 시안화물, 산성 용액 또는 고체 형태의 산, 염기성 용액 또는 고체 형태의 염기, 석면 (분진 및 섬유), 유기 인 화합물, 유기 시안화물, 클로	소호주 +1, Part 2 1.5

연번	현행(HS 2022)	개정(HS 2028)	비고
		로페놀을 포함한 페놀 및 그 화합물, 에테르, 유기 용제, 폴리염화 디벤조푸란의 모든 동족체, 폴리염화 디벤조-p-다이옥신 또는 유기 할로겐 화합물의 모든 동족체. 이 소호로 분류되기 위해서는 해당 물품이 다음의 유해 특성 중 하나 이상을 나타내야 한다. 폭발성, 인화성(액체 또는 고체), 자연 발화성, 물과 접촉 시 인화성 가스 발생성, 산화성, 유기 과산화물 함유, 극도의 독성, 감염성, 부식성, 공기 또는 물과 접촉 시 유독 가스 방출성, 독성(지연성 또는 만성), 생태 독성, 또는 폐기 후 상기 특성 중 하나를 갖는 다른 물질을 생성할 수 있는 능력.	
	2. 소호 제3920.43호에서 "가소제"에는 2차 가소제를 포함한다.	**3.** 소호 제3920.43호에서 "가소제"에는 2차 가소제를 포함한다.	
135	39.07 – 폴리아세탈수지·그 밖의 폴리에테르와 에폭시수지, 폴리카보네이트·알키드수지·폴리아릴에스테르와 그 밖의 폴리에스테르[일차제품(primary form)으로 한정한다] (생략) – 그 밖의 폴리에스테르 3907.91 -- 불포화의 것 〈신설〉 〈신설〉 〈신설〉 〈신설〉 3907.99 -- 기타	39.07 – 폴리아세탈수지·그 밖의 폴리에테르와 에폭시수지, 폴리카보네이트·알키드수지·폴리아릴에스테르와 그 밖의 폴리에스테르[일차제품(primary form)으로 한정한다] (생략) – 그 밖의 폴리에스테르 3907.91 -- 불포화의 것 3907.92 -- 폴리(부틸렌 숙시네이트)(PBS) 3907.93 -- 폴리(부틸렌 테레프탈레이트)(PBT) 3907.94 -- 폴리(부틸렌 아디페이트-코-테레프탈레이트)(PBAT) 3907.95 -- 폴리(에틸렌 푸란-2,5-디키복실레이트)(PEF) 3907.99 -- 기타	소호 +4 Part 2 3.4
136	39.11 – 석유수지·쿠마론-인덴수지·폴리테르펜·폴리술파이드·폴리술폰과 이 류의 주 **제3호**의 기타 물품[일차제품(primary form)으로서 따로 분류되지 않은 것으로 한정한다]	39.11 – 석유수지·쿠마론-인덴수지·폴리테르펜·폴리술파이드·폴리술폰과 이 류의 주 **제4호**의 기타 물품[일차제품(primary form)으로서 따로 분류되지 않은 것으로 한정한다]	
137	39.13 – 천연중합체(예: 알긴산)와 변성한 천연중합체...... (생략) 3913.10 – 알긴산과 그 염·에스테르 〈신설〉	39.13 – 천연중합체(예: 알긴산)와 변성한 천연중합체...... (생략) 3913.10 – 알긴산과 그 염·에스테르 – 폴리(하이드록시알카노에이트)	소호 +2 Part 2 3.4

연번	현행(HS 2022)	개정(HS 2028)	비고
		(PHAs)	
		3913.21　　-- 폴리(3-하이드록시부티레이트 　　　　　　　　-코-3-하이드록시발레레이 　　　　　　　　트) (PHBV)	
		3913.29　　-- 기타	
	3913.90　　- 기타	3913.90　　- 기타	
138	39.15 - 플라스틱의 웨이스트(waste)·페어링 　　　　(paring)·스크랩(scrap)	39.15 - 플라스틱의 웨이스트(waste)·페어링 　　　　(paring)·스크랩(scrap)	소호 +11, Part 2 1.5
	3915.10　　- 에틸렌의 중합체의 것	3915.40　　- 이 류 소호주 제2호에 게기된 물품	
	3915.20　　- 스티렌의 중합체의 것		
	3915.30　　- 염화비닐의 중합체의 것	- 기타 (단일 비할로겐화 폴리머로 　　　　　　만 구성되어 있고, 오염 및 기타 　　　　　　유형의 폐기물이 거의 없는 것으 　　　　　　로 한정한다)	
	3915.90 - 그 밖의 플라스틱의 것	3915.51　　-- 에틸렌중합체의 것	
		3915.52　　-- 프로필렌중합체의 것	
		3915.53　　-- 스티렌중합체의 것	
		3915.54　　-- 아크릴로니트릴-부타디엔- 　　　　　　　스타이렌 (ABS) 공중합체	
		3915.55　　-- 폴리(에틸렌 테레프탈레이트)	
		3915.56　　-- 폴리카보네이트	
		3915.57　　-- 폴리에테른	
		3915.58　　-- 유레아-포름알데히드 수지, 페놀 　　　　　　　-포름알데히드 수지, 멜라민- 　　　　　　　포름알데히드 수지, 에폭시 수지, 　　　　　　　알키드 수지	
		3915.59　　-- 기타	
		- 기타[할로겐화 폴리머(할로겐화 　　　　　　폴리머와 비할로겐화폴리머로 구 　　　　　　성된 혼합물을 포함한다)를 함유 　　　　　　하는 것)]	
		3915.61　　-- 염화비닐 중합체만으로 구성된 것	
		3915.62　　-- 다음의 불소화 폴리머 중 단 하 　　　　　　　나로만 구성된 제조 폐기물(오 　　　　　　　염 및 기타 유형의 폐기물이 거 　　　　　　　의 없는 것). 퍼플루오로에틸렌 　　　　　　　-프로필렌 공중합체, 테트라플 　　　　　　　루오로에틸렌-(퍼플루오로알킬 　　　　　　　비닐 에테르) 공중합체, 테트라	

연번	현행(HS 2022)	개정(HS 2028)	비고
		플루오로에틸렌-(퍼플루오로메틸 비닐 에테르) 공중합체, 폴리(비닐 플루오라이드), 폴리(비닐리덴 플루오라이드) 3915.69　-- 기타 - 기타 3915.9　-- 다음 폴리머 중 두 가지 이상으로만 구성된 혼합물(오염 및 기타 유형의 폐기물이 거의 없는 것으로 한정한다). 폴리에틸렌; 폴리프로필렌, 폴리(에틸렌 테레프탈레이트) 3915.99　-- 기타	
139	39.17 - 플라스틱의 관·파이프……(생략) - 경질(硬質)의 관·파이프·호스 3917.21　-- 에틸렌의 중합체로 만든 것 3917.22　-- 프로필렌의 중합체로 만든 것 3917.23　-- 염화비닐의 중합체로 만든 것 3917.29　-- 그 밖의 플라스틱으로 만든 것 - 그 밖의 관·파이프·호스 3917.31　-- 연질(軟質)의 관·파이프·호스[파열압(破裂壓)이 27.6메가파스칼 이상으로 한정한다] 3917.32　-- 기타(연결구가 없는 것으로 한정하며, 그 밖의 재료로 보강되거나 결합되지 않은 것으로 한정한다) 3917.33　-- 기타(연결구가 있는 것으로 한정하며, 그 밖의 재료로 보강되거나 결합되지 않은 것으로 한정한다)	39.17 - 플라스틱의 관·파이프……(생략) - 경질(硬質)의 관·파이프·호스 3917.24　-- 일회용 음료수 빨대 3917.25　-- 기타, 에틸렌의 중합체로 만든 것 3917.26　-- 기타, 프로필렌의 중합체로 만든 것 3917.27　-- 기타, 염화비닐의 중합체로 만든 것 3917.29　-- 기타 - 그 밖의 관·파이프·호스 3917.34　-- 일회용 음료수 빨대 3917.35　-- 기타(연결구가 없고, 그 밖의 재료로 보강되거나 결합되지 않은	소호 +1 Part 2 3.4

연번	현행(HS 2022)	개정(HS 2028)	비고
	3917.39 -- 기타 3917.40 - 연결구류	것으로 한정한다) 3917.36 -- 기타(연결구가 있고, 그 밖의 재료로 보강되거나 결합되지 않은 것으로 한정한다) 3917.39 -- 기타 3917.40 - 연결구류	
140	39.18 - 플라스틱으로 만든 바닥깔개(접착성이 있는지에 상관없으며 롤이나 타일 모양으로 한정한다), 이 류의 주 **제9호**의 플라스틱으로 만든 벽 피복재나 천장 피복재	39.18 - 플라스틱으로 만든 바닥깔개(접착성이 있는지에 상관없으며 롤이나 타일 모양으로 한정한다), 이 류의 주 **제10호**의 플라스틱으로 만든 벽 피복재나 천장 피복재	Part 2 3.4
141	39.23 - 플라스틱으로 만든 물품운반·포장 용기, 플라스틱으로 만든 뚜껑·마개·캡과 이와 유사한 물품 3923.10 - 상자·케이스·바구니와 이와 유사한 물품	39.23 - 플라스틱으로 만든 물품운반·포장 용기, 플라스틱으로 만든 뚜껑·마개·캡과 이와 유사한 물품 - 상자·케이스·바구니와 이와 유사한 물품 3923.11 -- 일회용[팽창(셀룰러) 폴리스티렌의 것으로 한정한다] 3923.12 -- 일회용(기타 플라스틱으로 만든 것) 3923.19 -- 기타	소호 +7 Part 2 3.4
	- 포장대[콘(cone)을 포함한다] 3923.21 -- 에틸렌 중합체로 만든 것	- 포장대[콘(cone)을 포함한다] 3923.22 -- 일회용(에틸렌중합체로 만든 것으로 한정한다) 3923.23 -- 일회용(기타 플라스틱으로 만든 것) 3923.24 -- 기타(에틸렌중합체로 만든 것으로 한정한다)	
	3923.29 -- 그 밖의 플라스틱으로 만든 것	3923.29 -- 기타	
	3923.30 - 카보이(carboy)·병·플라스크(flask)와 이와 유사한 물품	- 카보이(carboy)·병·플라스크(flask)와 이와 유사한 물품 3923.31 -- 일회용 2923.39 -- 기타	
	3923.40 - 스풀(spool)·콥(cop)·보빈(bobbin)과 이와 유사한 물품	3923.40 - 스풀(spool)·콥(cop)·보빈(bobbin)과 이와 유사한 물품	
	3923.50 - 뚜껑·마개·캡과 이와 유사한 물품	- 뚜껑·마개·캡과 이와 유사한 물품	

연번	현행(HS 2022)	개정(HS 2028)	비고
		3923.51 -- 일회용 3923.59 -- 기타 - 기타 3923.91 -- 일회용 3923.99 -- 기타	
	3923.90 - 기타		
142	39.24 - 플라스틱으로 만든 식탁용품·주방용품·그 밖의 가정용품·위생용품·화장용품 3924.10 - 식탁용품과 주방용품 3924.90 - 기타	39.24 - 플라스틱으로 만든 식탁용품·주방용품·그 밖의 가정용품·위생용품·화장용품 - 일회용의 식탁용품과 주방용품 3924.21 -- 스티렌중합체로 만든 것 3924.22 -- 염화비닐중합체로 만든 것 3924.29 -- 기타 플라스틱으로 만든 것 3924.30 - 그 밖의 식탁용품과 주방용품 3924.90 - 기타	소호 +3 Part 2 3.4
143	39.26 - 플라스틱으로 만든 그 밖의 제품과 제3901호부터 제3914호까지의 그 밖의 재료로 만든 제품 3926.10 - 사무용품이나 학용품 3926.20 - 의류와 의류 부속품(장갑, 벙어리장갑을 포함한다) 3926.30 - 가구·차체(coachwork)와 이와 유사한 것들의 부착구 3926.40 - 작은 조각상과 그 밖의 장식용품	39.26 - 플라스틱으로 만든 그 밖의 제품과 제3901호부터 제3914호까지의 그 밖의 재료로 만든 제품 3926.10 - 사무용품이나 학용품 - 의류와 의류 부속품(장갑, 벙어리장갑을 포함한다) 3926.21 -- 일회용 장갑과 벙어리장갑 3926.29 -- 기타 3926.30 - 가구·차체(coachwork)와 이와 유사한 것들의 부착구 3926.40 - 작은 조각상과 그 밖의 장식용품 - 실험실용 또는 제약용 물품(눈금 또는 교정 여부에 상관없다) 3926.51 -- 분별 깔때기 3926.59 -- 기타 - 공기 중 비말 확산 방지를 위해 사용되는 종류의 보호용 안면 가리개, 시신용 가방 3926.61 -- 공기 중 비말 확산 방지를 위해	소호 +5, Part 2 1.3, Part 2 1.7 Part 2 3.4

연번	현행(HS 2022)	개정(HS 2028)	비고
		사용되는 종류의 보호용 안면 가리개 3926.62　-- 시신용 가방	
	3926.90　- 기타	3926.90 - 기타	
144	**제40류 주** 1.~5. (생략) 〈신설〉		주 +2, Part 2 1.5
		6. 제40.03호에서 "회수된 고무 분말 및 알갱이"란 제40.04호의 물품에서 회수되었으며 고무 재료로서 직접 사용하기에 적합한 분말 및 알갱이를 의미한다. 이들은 세척, 알갱이화(과립화), 또는 분쇄와 같은 기계적 공정을 통하여 얻어진 것으로 방직용 섬유, 금속 또는 기타 오염 물질이 대부분 제거되어 유동성이 좋고 균질화되었고 균일한 고무 분말 또는 알갱이이다.	
	6. 제4004호에서 "고무의 웨이스트(waste)·페어링(paring)·스크랩(scrap)"이란　고무의 제조나 가공공정에서 발생하는 것과 절단·마모나 그 밖의 이유로 명백히 고무제품으로서는 사용할 수 없는 것을 말한다.	**7. 제40.04호에서 "고무의 웨이스트(waste)·페어링(parings)·스크랩(scrap)"이란　고무 및 고무 제품의 제조 또는 가공에서 발생한 것으로 절단·마모·결함 또는 기타 이유로 인해 그 자체로는 명백히 사용할 수 없는 것(절단되지는 않았으나 재생할 수 없거나 달리 재사용할 수 없는 공기 타이어를 포함한다)을 말한다.**	
	7.~9. (생략) 〈신설〉	**8.~10.** (생략) 11. 제40.12호에서, "재생(retreaded) 또는 중고 고무 공기 타이어"라는 표현은 이 류의 소호주 제1호에 규정된 폐 공기 타이어를 포함하지 않는다.	
145	**제40류 소호주** 〈신설〉	소호주 1. 소호 제4004.10호는 원래의 형태를 유지하고 있지만, 마모·결함 또는 기타 이유로 인해 타이어로 사용하거나 재생하기에 부적합한 공기 타이어를 포함한다. 이러한 타이어는 일반적으로 묶음 형태로 제시된다. 그러나 이 타이어들이 조각으로 절단된 경우(예: 파쇄·절단·분쇄 또는 이와 유사한 공정을 거친 경우), 이들은 이 소호에서 제외된다. (소호 제4004.90호)	소호주 +1, Part 2 1.5
146	4003.00 - 재생고무[일차제품(primary form)·판·시트(sheet)·스트립 모양으로	4003 - 재생고무[일차제품(primary form)·판·시트(sheet)·스트립 모양으로 한	소호 +2, Part 2 1.5

연번	현행(HS 2022)	개정(HS 2028)	비고
	한정한다]	정한다], **이 류의 주 제6호에 규정된 회수된 고무 분말과 알갱이**	
	〈신설〉	4003.10　－ 재생고무[일차제품(primary form)·판·시트(sheet)·스트립 모양으로 한정한다]	
		4003.20　－ 제4004호의 폐 공기타이어로부터 회수된 고무 분말과 알갱이	
		4003.90　－ 기타	
147	4004.00 － 고무의 웨이스트(waste)·페어링(paring)·스크랩(scrap)[경질(硬質)고무인 것은 제외한다]과 이들의 가루와 알갱이 〈신설〉	40.04 － 고무의 웨이스트(waste)·페어링(paring)·스크랩(scrap)[경질(硬質)고무인 것은 제외한다]과 이들의 가루와 알갱이[제4003호의 것은 제외한다] 4004.10　－ 이 류 소호주 제1호에 규정된 폐 공기타이어 4004.90　－ 기타	소호 +1, Part 2 1.5
148	－ 칩이나 삭편(削片) 모양인 목재 4401.21　－－ 침엽수류 4401.22　－－ 활엽수류 〈신설〉	－ 칩이나 삭편(削片) 모양인 목재 4401.21　－－ 침엽수류 〈삭제〉 4401.23　－－ 유칼립투스[유칼립투스(Eucalyptus) 속] 4401.29　－－ 기타	소호 +1 Part 2 3.5
149	44.03 － 원목[껍질·변재(邊材)를 벗긴 것인지 또는 거칠게 각을 뜬 것인지에 상관없다] (생략) 　　　　 － 기타(침엽수류로 한정한다) (생략) 4403.25　－－ 기타(횡단면의 최소치수가 15센티미터 이상인 것으로 한정한다) 4403.26　－－ 기타 〈신설〉	44.03 － 원목[껍질·변재(邊材)를 벗긴 것인지 또는 거칠게 각을 뜬 것인지에 상관없다] (생략) 　　　　 － 기타(침엽수류로 한정한다) (생략) 〈삭제〉 4403.27　－－ 낙엽송[라릭스(Larix) 속] 4403.28　－－ 기타(횡단면의 최소치수가 15센티미터 이상인 것으로 한정한다) 4403.29　－－ 기타	소호 +1 Part 2 3.5
150	－ 기타(열대산 목재로 한정한다) 4403.41　－－ 다크레드메란티(Dark Red Meranti)·라이트레드메란티(Light Red Meranti)·메란티	－ 기타(열대산 목재로 한정한다) 4403.41　－－ 다크레드메란티(Dark Red Meranti)·라이트레드메란티(Light Red Meranti)·메란티	소호 +5 Part 2 3.5

연번	현행(HS 2022)	개정(HS 2028)	비고
	바카우(Meranti Bakau) 4403.42　-- 티크(Teak) 〈신설〉 4403.49　-- 기타	바카우(Meranti Bakau) 4403.42　-- 티크(Teak) 4403.43　-- 멀바우(Merbau) 4403.44　-- 오쿠메(Okoumé) 4403.45　-- 탈리(Tali) 4403.46　-- 오칸(Okan) 4403.47　-- 듀씨에(Doussié) 4403.49　-- 기타	
151	〈신설〉	- 기타, 호두나무[유글란스(Juglans) 속]·단풍나무[아케르(Acer)속]· 물푸레나무[프락시누스(Faxinus)속] 4403.81　-- 호두나무[유글란스(Juglans)속] 4403.82　-- 단풍나무[아케르(Acer)속] 4403.83　-- 물푸레나무[프락시누스(Faxinus) 속]	소호 +3 Part 2 3.5
152	44.04 - 후프우드(hoopwood), 쪼갠 말뚝... (생략) 4404.10　- 침엽수류 4404.20　- 활엽수류	44.04 - 후프우드(hoopwood), 쪼갠 말뚝... (생략) 4404.10　- 침엽수류 　　　- 활엽수류 4404.21　-- 열대산 목재 4404.29　-- 기타	소호 +1 Part 2 3.5
153	44.06 - 철도용 또는 궤도용 받침목(크로스타이) 　　　- 주약처리(impregnated)하지 않 　　　은 것 4406.11　-- 침엽수류 4406.12　-- 활엽수류 〈신설〉 　　　- 기타 4406.91　-- 침엽수류 4406.92　-- 활엽수류 〈신설〉	44.06 - 철도용 또는 궤도용 받침목(크로스타이) 　　　- 주약처리(impregnated)하지 않 　　　은 것 4406.11　-- 침엽수류 〈삭제〉 4406.13　-- 열대산 목재 4406.19　-- 기타 　　　- 기타 4406.91　-- 침엽수류 〈삭제〉 4406.93　-- 열대산 목재 4406.99　-- 기타	소호 +2 Part 2 3.5
154	44.07 - 제재목[길이의 방향으로 쪼갠 것...... (삭제) 　　　- 침엽수류 (생략)	44.07 - 제재목[길이의 방향으로 쪼갠 것...... (삭제) 　　　- 침엽수류 (생략)	소호 +8 Part 2 3.5

연번	현행(HS 2022)	개정(HS 2028)	비고
	〈신설〉	〈신설〉 4407.15　-- 서부 붉은 삼나무[투야 플리타카(Thuja plicata)]의 것 4407.16　-- 더글라스 전나무[프세우도츠가 멘지에시(Pseudotsuga menziesii)]	
	4407.19 - 기타	4407.19　-- 기타	
	- 열대산의 목재의 것 4407.21　-- 마호가니(Mahogany)[스웨테니아(Swietenia)속] 4407.22　-- 비롤라(Virola)·임부아(Imbua)·발사(Balsa) 4407.23　-- 티크(Teak) 4407.25　-- 다크레드메란티(Dark Red Meranti)·라이트레드메란티(Light Red Meranti)·메란티바카우(Meranti Bakau) 4407.26　-- 화이트라왕(White Lauan)·화이트메란티(White Meranti)·화이트세라야(White Seraya)·옐로메란티(Yellow Meranti)·아란(Alan) 4407.27　-- 사팰리(Sapelli) 4407.28　-- 이로코(Iroko) 4407.29　-- 기타	〈삭제〉	
	〈신설〉	- 열내산 녹새[바호가니(Mahogany)·비롤라(Virola)·임부아(Imbua)·발사(Balsa)·티크(Teak)·헤베아(Hevea)·다크레드메란티(Dark Red Meranti)·라이트레드메란티(Light Red Meranti)·메란티바카우(Meranti Bakau)·화이트메란티(White Meranti)·화이트세라야(White Seraya)·옐로메란티(Yellow Meranti)·아란(Alan)·사팰리(Sapelli)·이로코(Iroko)·멀바우(Merbau)로 한정한다] 4407.31　-- 마호가니(Mahogany	

연번	현행(HS 2022)	개정(HS 2028)	비고
	〈신설〉	4407.22 ── 비롤라(Virola)·임부아(Imbua)·발사(Balsa) 4407.23 ── 티크(Teak) 4407.34 ── 헤베아(Hevea) 4407.35 ── 다크레드메란티(Dark Red Meranti)·라이트레드메란티(Light Red Meranti)·메란티바카우(Meranti Bakau) 4407.36 ── 화이트메란티(White Meranti)·화이트세라야(White Seraya)·옐로메란티(Yellow Meranti)·아란(Alan) 4407.37 ── 사팰리(Sapelli) 4407.38 ── 이로코(Iroko) 4407.39 ── 멀바우(Merbau) - 기타(열대산 목재로 한정한다) 4407.41 ── 이페(Ipé) 4407.42 ── 탈리(Tali) 4407.43 ── 오칸(Okan) 4407.44 ── 듀씨에(Doussié) 4407.49 ── 기타	
	- 기타 (생략)	- 기타 (생략)	
155	44.12 - 합판·베니어패널과 이와 유사한 적층목재 (생략) - 그 밖의 합판…… (생략) 4412.31 ── 적어도 한쪽 외면의 플라이(ply)가 열대산 목재인 것 4412.33 ── 기타[적어도 한쪽 외면의 플라이(ply)가 오리나무…… (생략) 4412.34 ── 기타[적어도…… (생략) 〈신설〉	44.12 - 합판·베니어패널과 이와 유사한 적층목재 (생략) - 그 밖의 합판…… (생략) 4412.31 ── 적어도 한쪽 외면의 플라이(ply)가 열대산 목재인 것 4412.33 ── 기타[적어도 한쪽 외면의 플라이(ply)가 오리나무……(생략) 4412.34 ── 기타[적어도…… (생략) 4412.35 ── 기타[적어도 한쪽 외면의 플라이가 자작나무(부텔라(Betula)속)인 것으로 한정한다] 4412.36 ── 기타[적어도 한쪽 외면의 플라이가 포플러와 아스펜(포풀러스(Populus)속)인 것으로 한정한다] 4412.37 ── 기타[적어도 한쪽 외면의 플라이가 오리나무(알누스(Alnus)속)·물푸레나무(프락시누스(Faxinus)속)·너도밤나무(파구스(Fagus)	소호 +4 Part 2 3.5

연번	현행(HS 2022)	개정(HS 2028)	비고
		속)·밤나무(카스타네아(Castanea)속·유칼립투스(유칼립두스(Eucalyptus)속·히코리(카리아(Carya)속·마로니에(아에스쿨루스(Aesculus)속·피나무(틸라(Tilia)속·단풍나무(아케르(Acer)속·참나무(퀘르쿠스(Quercus)속·플라타너스(플라타너스(Platanus)속·로비니아(로비니아(Robinia)속·튤립우드(리리오덴드론(Liriodendron)속 또는 호두나무(유글란스(Juglans)속)인 것으로 한정한다] 4412.38 -- 기타[적어도 한쪽 외면의 플라이가 활엽수 목재인 것으로 한정한다]	
	4412.39 -- 기타[양쪽 외면의 플라이(ply)가 침엽수 목재인 것으로 한정한다]	4412.39 -- 기타[양쪽 외면의 플라이(ply)가 침엽수 목재인 것으로 한정한다]	
156	44.15 – 목재로 만든 케이스·상자·크레이트(crate)·드럼……(생략) 4415.10 – 케이스·상자·크레이트(crate)·드럼과 이와 유사한 포장용기, 케이블드럼 4415.20 – 팰릿(pallet), 박스팰릿(box pallet), 그 밖의 깔판류, 목재로 만든 팰릿칼러(pallet collar)	44.15 – 목재로 만든 케이스·상자·크레이트(crate)·드럼……(생략) 4415.10 – 케이스·상자·크레이트(crate)·드럼과 이와 유사한 포장용기, 케이블드럼 – 팰릿(pallet)·박스팰릿(box pallet)·그 밖의 깔판류, 목재로 만든 팰릿칼러(pallet collar) 4415.21 -- 팰릿(pallet) 4415.29 -- 기타	소호 +1 Part 2 3.5
157	4416.00 – 목재로 만든 통…… (생략) 〈신설〉	44.16 – 목재로 만든 통…… (생략) 4416.10 – 통나무[퀘르쿠스(Quercus)속]의 것 4416.90 – 기타	소호 +1 Part 2 3.5
158	4418.92 -- 셀룰러우드패널	4418.92 -- 셀룰러우드패널(대나무로 만든 것은 제외한다)	Part 2 3.5
159	**제48류 주 제12호** 12. 제4814호와 제4821호에 해당하는 물품을 제외하고는 종이·판지·셀룰로오스워딩과 이들의 제품으로서 해당 물품의 본래의 용도에 **단지 부수적이지 않은(not merely sub-**	12. 제4814호와 제4821호에 해당하는 물품을 제외하고는 종이·판지·셀룰로오스워딩과 이들의 제품으로서 해당 물품의 본래의 용도에 **부수적이지 않은(not subsidiary)** 모티	

연번	현행(HS 2022)	개정(HS 2028)	비고
	sidiary) 모티프(motif)·문자·회화를 인쇄한 것은 제49류에 해당한다.	프(motif)·문자·회화를 인쇄한 것은 제49류에 해당한다.	
160	〈신설〉	4818.60　－ 얼굴보호용 마스크	소호 +1, Part 2 1.7
161	**제11부 주 제1호** 1. 이 부에서 다음 각 목의 것은 제외한다. 가. ~ 더. (생략) 〈신설〉 **러. ~ 서**. (생략)	1. 이 부에서 다음 각 목의 것은 제외한다. 가. ~ 더. (생략) 러. 제9020호의 보호용 마스크와 가스마스크 **머. ~ 어**. (생략)	Part 2 1.7
162	**제11부 주 제3호 가목 3)호** 3. 가. 이 부에서 다음의 실……(생략) 　3) **대마사**와 아마사로서 다음의 것 (생략)	3. 가. 이 부에서 다음의 실……(생략) 　3) **대마[카나비스 사티바(Cannabis sativa)]사**와 아마사로서 다음의 것 (생략)	Part 2 1.2
163	53.02 － 대마(생것이거나 가공은 하였으나 방적하지 않은 것으로 한정한다), 대마의 토우(tow)와 웨이스트(waste)[실의 웨이스트(waste)와 가닛스톡(garnetted stock)을 포함한다] 5302.10　　－ 생대마나 침지(沈漬)대마 〈신설〉 5302.90　　－ 기타	53.02 － 대마**[카나비스 사티바(Cannabis sativa)]**(생것이거나 가공은 하였으나 방적하지 않은 것으로 한정한다), 대마의 토우(tow)와 웨이스트(waste)[실의 웨이스트(waste)와 가닛스톡(garnetted stock)을 포함한다] 5302.10　　－ 생대마나 침지(沈漬)대마 5302.20　　－ 대마의 토우(tow)와 웨이스트(waste) 5302.90　　－ 기타	소호 +1, Part 2 1.2
164	53.03 － 황마와 그 밖의 방직용 인피(靭皮)섬유[아마·대마**(true hemp)**·라미(ramie)는 제외하며, 생것이거나 가공은 하였으나 방적하지 않은 것으로 한정한다], 이들 섬유의 토우(tow)와 웨이스트(waste)[실의 웨이스트(waste)와 가닛스톡(garnetted stock)을 포함한다]	53.03 － 황마와 그 밖의 방직용 인피(靭皮)섬유[아마·대마**[hemp (Cannabis sativa L.)]**·라미(ramie)는 제외하며, 생것이거나 가공은 하였으나 방적하지 않은 것으로 한정한다], 이들 섬유의 토우(tow)와 웨이스트(waste)[실의 웨이스트(waste)와 가닛스톡(garnetted stock)을 포함한다]	Part 2 1.2
165	5305.00 － 코코넛·아바카(마닐라마)·라미(ramie)와 그 밖의…… (생략) 〈신설〉	53.05 － 코코넛·아바카(마닐라마)·라미(ramie)와 그 밖의…… (생략) 5305.10　　－ 생것 또는 가공하였으나 방적은 하지 않은 것 5305.90　　－ 기타	소호 +1 Part 2 3.4

연번	현행(HS 2022)	개정(HS 2028)	비고
166	53.08 – 그 밖의 식물성 섬유사와 종이실(paper yarn) 5308.10 – 코이어(coir)사 5308.20 – 대마사(**True hemp yarn**) 5308.90 – 기타	53.08 – 그 밖의 식물성 섬유사와 종이실(paper yarn) 〈삭제〉 5308.20 – 대마사[**Hemp (Cannabis sativa L.) yarn**] 5308.90 – 기타	소호 -1, Part 2 1.2 Part 2 5.1
167	5311.00 – 그 밖의 식물성 방직용 섬유의 직물과 종이실(paper yarn)의 직물 〈신설〉	53.11 – 그 밖의 식물성 방직용 섬유의 직물과 종이실(paper yarn)의 직물 5311.10 – 대마[카나비스 사티바(Cannabis sativa)]의 것 5311.90 – 기타	소호 +1, Part 2 1.2
168	– 워딩(wadding)과 워딩(wadding)의 그 밖의 제품 5601.21 -- 면으로 만든 것 5601.22 -- 인조섬유로 만든 것 〈신설〉 5601.29 -- 기타	– 워딩(wadding)과 워딩(wadding)의 그 밖의 제품 〈삭제〉 5601.23 -- 플라스틱 막대가 달린 면봉 5601.24 -- 기타, 면으로 만든 것 5601.25 -- 인조섬유로 만든 것 5601.29 -- 기타	소호 +1 Part 2 3.4
169	56.07 – 끈·배의 밧줄(cordage)·로프·케이블······ (생략) 〈신설〉	56.07 – 끈·배의 밧줄(cordage)·로프·케이블······ (생략) 5607.10 – 대마[카나비스 사티바(Cannabis sativa)] 섬유의 것 5607.90 – 기타	소호 +1, Part 2 1.2
170	56.08 – 매듭이 있는 그물감······(생략) – 인조섬유로 만든 것 5608.11 -- 제품으로 된 어망 5608.19 -- 기타	56.08 – 매듭이 있는 그물감······(생략) 〈삭제〉 – 매듭이 있는 그물감[끈·배의 밧줄(cordage)·로프로 만든 것으로 한정한다] 5608.21 -- 합성섬유로 만든 것 5608.22 -- 인조섬유로 만든 것 5608.29 -- 기타	소호 +6 Part 2 3.4

연번	현행(HS 2022)	개정(HS 2028)	비고
		– 어망 5608.31 -- 합성 방직용섬유로 만든 것 5608.32 -- 인조 방직용섬유로 만든 것 5608.39 -- 기타 – 그 밖의 그물 5608.41 -- 합성 방직용섬유로 만든 것 5608.42 -- 인조 방직용섬유로 만든 것 5608.49 -- 기타	
	5608.90 – 기타	〈삭제〉	
171	**제63류 소호주 제2호** 〈신설〉	2. 소호 제6307.31호에서 "보호 마스크"라 함은 사용자의 얼굴에 밀착되도록 설계되고 공기 중 입자를 걸러내는 보호 용품으로 해당 물품에 대한 규정된 표준에 따라 제조되고 인증된 여과 성능 수준을 갖춘 것으로 한정한다.	소호주 +1, Part 2 1.7
172	〈신설〉	– 얼굴 보호 마스크 6307.31 -- 이 류 소호주 제2호에 규정된 보호 마스크 6307.39 -- 기타	소호 +2, Part 2 1.7
173	**제65류 주 제2호** 1. 이 류에서 다음 각 목의 것은 제외한다. (생략) 〈신설〉 **2. 제6502호**에서는 봉합하여 만든 모체(hat-shape)는 제외한다. 다만, 스트립(strip)을 단순히 나선형으로 봉합하여 만든 모체(hat-shape)는 포함한다.	1. 이 류에서 다음 각 목의 것은 제외한다. (생략) 2. 제65류에서 "일회용"이라 함은 제39류 주 제3호에서 정의한 바에 따른다. **3. 제6508호**에서는 봉합하여 만든 모체(hat-shape)는 제외한다. 다만, 스트립(strip)을 단순히 나선형으로 봉합하여 만든 모체(hat-shape)는 포함한다.	주 +1 Part 2 3.4 Part 2 5.1
174	65.01 – 모체(hat-form)[펠트(felt)로 만든 성형하지 않은 것으로서 차양을 붙이지 않은 것으로 한정한다], 펠트(felt)로 만든 플래토우(plateaux)와 망숑(manchon)[슬릿망숑(slit manchon)을 포함한다]	〈삭제〉	호 –1 소호 –1 Part 2 5.1
175	65.02 – 모체(hat-shape)[각종 재료로 만든 스트립(strip)을 엮거나 결합하여 만든 것으로서 미성형인 것, 차양을 붙이지 않은 것, 안을 대지 않거나 장식하지 않은 것으로 한정한다]	〈삭제〉	호 –1 소호 –1 Part 2 5.1

연번	현행(HS 2022)	개정(HS 2028)	비고
176	65.06 – 그 밖의 모자(안을 댄 것인지 또는 장식한 것인지에 상관없다) 6506.10 – 안전모자 – 기타 6506.91 -- 고무나 플라스틱으로 만든 것 〈신설〉 6506.99 -- 그 밖의 재료로 만든 것	65.06 – 그 밖의 모자(안을 댄 것인지 또는 장식한 것인지에 상관없다) 6506.10 – 안전모자 – 기타 〈삭제〉 6506.92 -- 고무로 만든 것 6506.93 -- 일회용, 플라스틱으로 만든 것 6506.94 -- 기타, 플라스틱으로 만든 것 6506.99 -- 그 밖의 재료로 만든 것	소호 +2 Part 2 3.4
177	65.07 – 헤드밴드·내장재·커버·모자의 파운데이션(foundation)·모자의 프레임(frame)·챙·턱끈	〈삭제〉	호 –1 소호 –1 Part 2 5.1
178	〈신설〉	65.08 – 모체(hat-form)[펠트(felt)로 만든 성형하지 않은 것으로서 차양을 붙이지 않은 것으로 한정한다], 펠트(felt)로 만든 플래토우(plateaux)와 망숑(manchon)[슬릿망숑(slit manchon)을 포함한다], 모체(hat-shape)[각종 재료로 만든 스트립(strip)을 엮거나 결합하여 만든 것으로서 미성형인 것, 차양을 붙이지 않은 것, 안을 대지 않거나 장식하지 않은 것으로 한정한다], 헤드밴드·내장재·커버·모자의 파운데이션(foundation)·모자의 프레임(frame)·챙·턱끈	호 +1 소호 +1 Part 2 5.1
179	68.08 – 패널·보드·타일·블록과 이와 유사한 물품[식물성섬유·짚·목재의 대팻밥·칩·파티클(particle)·톱밥이나 그 밖의 웨이스트(waste)를 시멘트·플라스터(plaster)나 그 밖의 광물성 결합재로 응결시킨 것으로 한정한다]	68.08 – 패널·보드·타일·블록과 이와 유사한 물품[식물성섬유·짚·목재의 대팻밥·칩·파티클(particle)·톱밥이나 그 밖의 웨이스트(waste)를 시멘트·플라스터(plaster)나 그 밖의 광물성 결합재로 응결시킨 것으로 한정한다] 6808.10 – 대마[카나비스 사티바(Cannabis sativa)]의 것 6808.90 – 기타	소호 +1, Part 2 1.2
180	**제70류 주 제4호** 4. 제7019호에서 "글라스울(glass wool)"이란 다음 각 목의 것을 말하며, 그 외의 광물성 울은 제6806호로 분류한다.	4. 제7019호에서 가. "글라스울(glass wool)이란 다음 각 호의	Part 2 3.6

연번	현행(HS 2022)	개정(HS 2028)	비고
	가. 실리카의 함유량이 전 중량의 100분의 60 이상인 광물성 울 나. 실리카의 함유량이 전 중량의 100분의 60 미만인 것으로서 산화알칼리(산화칼륨이나 산화나트륨)의 함유량이 전 중량의 100분의 5를 초과하는 광물성 울이나 산화붕소의 함유량이 전 중량의 100분의 2를 초과하는 광물성 울	것을 말한다. 1) 실리카의 함유량이 전 중량의 100분의 60 이상인 광물성 울 2) 실리카의 함유량이 전 중량의 100분의 60 미만인 것으로서 산화알칼리(산화칼륨이나 산화나트륨)의 함유량이 전 중량의 100분의 5를 초과하는 광물성 울이나 산화붕소의 함유량이 전 중량의 100분의 2를 초과하는 광물성 울 나. "유리섬유 및 이 호 기타 물품의 웨이스트와 스크랩(waste and scrap)"이라는 표현은 유리섬유나 제70.19호의 기타 물품을 제조하는 과정에서 발생하는 웨이스트와 스크랩뿐만 아니라, 절단, 마모 또는 기타 이유로 인해 그 상태로는 명백히 사용할 수 없게 된 이 호의 유리섬유 제품을 의미한다.	
181	70.04 – **인상법(引上法)과** 취입법(吹入法)으로 제조한 유리[시트(sheet) 모양으로 한정하고, 흡수층·반사층·무반사층인지에 상관없으며 그 밖의 방법으로 가공하지 않은 것으로 한정한다]	70.04 – **인상법(引上法)[오버플로우 융합 (overflow fusion) 방식을 포함한다]과** 취입법(吹入法)으로 제조한 유리[시트(sheet) 모양으로 한정하고, 흡수층·반사층·무반사층인지에 상관없으며 그 밖의 방법으로 가공하지 않은 것으로 한정한다]	Part 2 3.6
182	70.11 – 밀폐되지 않은 유리로 만든 외피······ 　　　　(생략) 7011.10　– 전등용 7011.20　– 음극선관용 7011.90　– 기타	70.11 – 밀폐되지 않은 유리로 만든 외피······ 　　　　(생략) 7011.10　– 전등용 〈삭제〉 7011.90　– 기타	소호 -1 Part 2 5.1
183	70.13 – 유리제품(식탁용·주방용·화장실용·사무용·실내장식용이나 이와 유사한 용도로 한정하며, 제7010호나 제7018호의 것은 제외한다)	70.13 – 유리제의 식탁용품·주방용품·화장실용품·사무용품·실내장식용품이나 이와 유사한 물품(**작은 조각상과 장식용 유리제품을 포함하며**, 제7010호나 제7018호의 것은 제외한다)	Part 2 3.6
184	70.17 – 실험실용·위생용·약제용 유리제품(눈금이 있는지에 상관없다) 7017.10　– 석영유리 또는 용융실리카로 만든 것	70.17 – 실험실용·위생용·약제용 유리제품(눈금이 있는지에 상관없다) 　　　　– 석영유리 또는 용융실리카로 만든 것 7017.11　–– 냉각기 및 환류냉각기 7017.12　–– 용량 15리터 이상의 반응 플라스크	소호 +9, Part 2 1.3

연번	현행(HS 2022)	개정(HS 2028)	비고
		7017.13　　-- 분별 깔때기 7017.19　　-- 기타	
	7017.20　- 선팽창계수가 섭씨 0도에서 300도의 범위 내에서 1켈빈온도당 백만분의 5 이하인 그 밖의 유리로 만든 것	- 선팽창계수가 섭씨 0도에서 300도의 범위 내에서 1켈빈온도당 백만분의 5 이하인 그 밖의 유리로 만든 것 7017.21　　-- 냉각기 및 환류냉각기 7017.22　　-- 용량 15리터 이상의 반응 플라스크 7017.23　　-- 분별 깔때기 7017.29　　-- 기타	
	7017.90　- 기타	- 기타 7017.91　　-- 냉각기 및 환류냉각기 7017.92　　-- 용량 15리터 이상의 반응 플라스크 7017.93　　-- 분별 깔때기 7017.99　　-- 기타	
185	70.18 - 유리로 만든 비드(bead)·모조 진주·모조 귀석과 반귀석·이와 유사한 유리 세공품·모조 신변장식용품을 제외한 유리제품, 인체용을 제외한 유리 안구, **작은 조각상과 램프 가공한(lamp-worked) 그 밖의 장식용 유리제품(모조 신변장식용품은 제외한다),** 지름이 1밀리미터 이하인 유리로 만든 마이크로스피어(microsphere)	70.18 - 유리로 만든 비드(bead)·모조 진주·모조 귀석과 반귀석·이와 유사한 유리 세공품·모조 신변장식용품을 제외한 유리제품, 인체용을 제외한 유리 안구, 지름이 1밀리미터 이하인 유리로 만든 마이크로스피어(microsphere)	Part 2 3.6
186	70.19 - 유리섬유[글라스 울(glass wool)을 포함한다]와 이들의 제품(예: 실·로빙(roving)·직물)	70.19 - 유리섬유[글라스 울(glass wool)을 포함한다]와 이들의 제품(예: 실·로빙(roving)·직물), **웨이스트와 스크랩(유리섬유 및 이 호 기타 물품의 것)**	Part 2 3.6
187	7019.90　- 기타	- 기타 7019.91　　-- 웨이스트와 스크랩(유리섬유 및 이 호 기타 물품의 것) 7019.99　　-- 기타	소호 +1 Part 2 3.6
188	**제71류 주 제2호 가목** 2. 가. 제7113호·제7114호·제7115호에서는 귀금속이나 귀금속을 입힌 금속이 미미한 구성물로 사용된 부착구나 장식[예: 두문자(頭文字)·테·외륜] 등과 같은 물품은 제외하며, **주 제1호 나목은 이러한 물품에는 적용하지 않는다(*)**	2. 가. 제7113호·제7114호·제7115호에서는 귀금속이나 귀금속을 입힌 금속이 미미한 구성물로 사용된 부착구나 장식[예: 두문자(頭文字)·테·외륜] 등과 같은 물품은 제외하며, 주 제1호 나목은 이러한 물품에는 적용하지 않는다	Part 2 3.7

연번	현행(HS 2022)	개정(HS 2028)	비고
	(*) 이 주의 밑줄 친 부분은 임의(optional) 주이다.		
189	**제71류 주 제3호** 3. 이 류에서 다음 각 목의 것은 제외한다. 〈신설〉 **가.~거**. (생략)	3. 이 류에서 다음 각 목의 것은 제외한다. 　가. 맥석(脈石) 내 천연 귀금속을 포함한 귀금속광과 그 정광(광맥내 천연 귀금속을 포함한다)(제2616호) **나.~너**. (생략)	Part 2 3.7
190	**제71류 소호주** 1. 소호 제7106.10호·**제7108.11호**·제7110.11호·제7110.21호·제7110.31호·제7110.41호에서 "가루"와 "가루 모양"이란 메시(mesh) 구경이 0.5밀리미터인 체를 통과한 중량이 전 중량의 100분의 90 이상인 물품을 말한다. 〈신설〉 〈신설〉 **2.~3**. (생략)	1. 소호 제7106.10호·**제7108.15호**·제7110.11호·제7110.21호·제7110.31호·제7110.41호에서 "가루"와 "가루 모양"이란 메시(mesh) 구경이 0.5밀리미터인 체를 통과한 중량이 전 중량의 100분의 90 이상인 물품을 말한다. 2. 소호 제7108.14호에서 "채굴된 금"이란 일반적으로 광산이나 수로에서 얻어진 것으로 이전에 정련된 적이 없는 금을 말한다. "채굴된 금"이란 중·대규모(LSM) 또는 수공업·소규모(ASM) 작업에서 나온 금을 의미한다. 이 소호에 분류되는 채굴된 금의 하위 범주는 특히 다음을 포함한다. 가. 사금(砂金) 나. 지금(地金, Gold doré) 다. 광업부산물 이 소호주(小號註)의 목정상, "정련(精鍊)"이란 상기 언급된 채굴된 금에서 다른 물질을 제거하여 중량 기준 순도 99.5% 이상의 상업적 시장 품질의 금으로 정제하는 활동을 의미한다. 제7108.14호에는 이 소호주(小號註)의 의미 내에서 이전에 정련 과정을 거친 금으로 구성된 비가공 형태의 금 합금(예: 장신구 제조용 합금)은 포함되지 않는다. 3. 소호 제7108.20호에서의 적용을 위해, "화폐용"이라는 표현은 국가 또는 국제 통화 당국이나 승인된 은행 간에 교환되는 금을 의미한다. **4.~5**. (생략)	소호주 +2 Part 2 3.7

연번	현행(HS 2022)	개정(HS 2028)	비고
191	71.08 - 금...... (생략) 　　　　 - 화폐용이 아닌 것 7108.11　-- 가루 7108.12　-- 그 밖의 가공하지 않은 모양인 것 7108.13　-- 그 밖의 반가공한 모양인 것 〈신설〉 7108.20　 - 화폐용	71.08 - 금...... (생략) 　　　　 - 화폐용이 아닌 것 〈삭제〉 7108.14　-- 이 류 소호주 제2호에 규정된 채 　　　　　굴된 금 7108.15　-- 가루(채굴된 금을 제외한다) 7108.16　-- 그 밖의 미가공형태의 금(중량 　　　　　기준으로 금 함량이 99.5% 이 　　　　　상인 것에 한한다) 7108.17　-- 그 밖의 미가공형태의 금(중량 　　　　　기준으로 금 함량이 99.5% 미 　　　　　만인 것에 한한다) 7108.18　-- 그 밖의 반제품형태의 금 7108.20　 - 화폐용	소호 +2 Part 2 3.7
192	7115.10 - 촉매제[백금으로 만든 와이어클로스(wire cloth)나 그릴 모양인 것으로 한정한다]	7115.10 - 촉매제[백금으로 만든 와이어클로스(**직조, 편조 또는 뜨개질된 것을 포함한다**)나 그릴 모양인 것으로 한정한다]	Part 2 3.7
193	71.18 - 주화 7118.10　 - 주화(금화는 제외한다)로서 법정 　　　　　통화가 아닌 것 7118.90　 - 기타	71.18 - 주화 7118.10　 - 주화(금화는 제외한다)로서 법정 　　　　　통화가 아닌 것 　　　　　 - 기타 7118.91　-- 금화 7118.92　-- 그 밖의 귀금속 주화 7118.99　-- 기타	소호 +2 Part 2 3.7
194	**제15부 주 제1호 다목** 1. 이 부에서 다음 각 목의 것은 제외한다. 　다. 제6506호나 **제6507호**의 모자와 그 부분품	 1. 이 부에서 다음 각 목의 것은 제외한다. 　다. 제6506호나 **제6508호**의 모자와 그 부분품	Part 2 5.1
195	73.16 - 철강으로 만든 **닻**과 그 부분품	73.16 - 철강으로 만든 **계류용 닻**과 그 부분품	Part 2 4.1
196	73.18 - 철강으로 만든 스크루(screw)·볼트(bolt)·너트(nut)·코치 스크루(coach screw)·스크루 훅(screw hook)·리벳(rivet)·코터(cotter)·코터핀(cotter-pin)·와셔(washer)[스프링와셔(spring washer)를 포함한다]와 이와	73.18 - 철강으로 만든 앵커(anchor)·리벳(rivet)·코터(cotter)·코터핀(cotter-pin)·와셔(washer)[스프링와셔(spring washer)를 포함한다]·스크루 훅(screw hook)·스크루(screw)·볼트(bolt)·너트(nut)와 이와 유사한 물품	소호 -1 Part 2 4.1

연번	현행(HS 2022)		개정(HS 2028)		비고
	유사한 물품				
		– 나선가공한 제품	7318.30	– 앵커(Anchors)	
	7318.11	-- 코치 스크루(coach screw)			
	7318.12	-- 그 밖의 목재용 스크루(screw)		– 그 밖의 나선가공하지 않은 제품	
	7318.13	-- 스크루 훅(screw hook)과 스크루 링(screw ring)	7318.41	-- 리벳(Rivets)	
	7318.14	-- 셀프태핑 스크루(self-tapping screw)	7318.42	-- 코터(cotter)와 코터핀(cotter-pin)	
	7318.15	-- 그 밖의 스크루(screw)와 볼트(bolt)[너트(nut)나 와셔(washer)가 붙어있는지에 상관없다]	7318.43	-- 와셔(washer)	
			7318.49	-- 기타	
	7318.16	-- 너트(nut)		– 그 밖의 나선가공한 제품	
	7318.19	-- 기타	7318.51	-- 스크루 훅(screw hook)·스크루 링(screw ring)·링 넛(ring nut)	
		– 나선가공하지 않은 제품	7318.52	-- 셀프태핑 스크루(self-tapping screw)[셀프드릴링 스크루(self-drilling screw)를 포함한다]	
	7318.21	-- 스프링 와셔(spring washer)와 그 밖의 록 와셔(lock washer)	7318.53	-- 볼트(bolt)와 그 밖의 스크루(screw)[너트(nut)나 와셔(washer)와 함께 제시된 것인지에 상관없다]	
	7318.22	-- 그 밖의 와셔(washer)			
	7318.23	-- 리벳(rivet)	7318.54	-- 스터드(stud)와 로드(rod)[너트(nut)나 와셔(washer)와 함께 제시된 것인지에 상관없다]	
	7318.24	-- 코터(cotter)와 코터핀(cotter-pin)			
	7318.29	-- 기타	7318.55	-- 너트(nut)	
			7318.59	-- 기타	
197	78.04 – 납의 판·시트(sheet)·스트립·박(箔), 가루와 플레이크(flake)		78.04 – 납의 판·시트(sheet)·스트립·박(箔), 가루와 플레이크(flake)		소호 -1 Part 2 5.1
		– 판·시트(sheet)·스트립·박(箔)	7804.10	– 판·시트(sheet)·스트립·박(箔)	
	7804.11	-- 시트(sheet)·스트립·박(箔)[두께(보강재의 두께는 제외한다)가 0.2밀리미터 이하인 것으로 한정한다]			
	7804.19	-- 기타			
	7804.20	– 가루와 플레이크(flake)	7804.20	– 가루와 플레이크(flake)	
198	82.05 – 수공구...... (생략)		82.05 – 수공구...... (생략)		소호 +1, Part 2 1.3
		– 그 밖의 수공구(유리 가공용 다이아몬드공구를 포함한다)		– 그 밖의 수공구(유리 가공용 다이아몬드공구를 포함한다)	
	8205.51	-- 가정용 공구 〈신설〉	〈삭제〉		
			8205.52	-- 휴대용 수동 정제(tablet) 압축기 및 캡슐 충전기[의약품, 건강	

연번	현행(HS 2022)	개정(HS 2028)	비고
		보조 식품 또는 과자류 생산에 사용되는 종류의 것으로 한정한다] 8205.53　-- 가정용 공구(소호 제8205.52호의 것을 제외한다)	
	8205.59　-- 기타 (생략)	8205.59　-- 기타 (생략)	
199	8207.30　- 프레싱(pressing)용·스탬핑(stamping)용·펀칭(punching)용 공구	- 프레싱(pressing)용·스탬핑(stamping)용·펀칭(punching)용 공구 8207.31　-- 다이(die)와 펀치(punch)[정제(tablet) 압축기에 사용되는 종류의 것에 한한다] 8207.39　-- 기타	소호 +1, Part 2 1.3
200	**제84류 소호주** 〈신설〉 **1.~4.** (생략)	1. 소호 제8413.71호에는 다음 각 목의 것만을 분류한다. 가. 태양전지, 모듈 또는 패널을 결합한 펌프 나. 펌프의 동력 공급이나 에너지원 충전을 위해 설계된 탈부착가능한 태양전지, 모듈 또는 패널과 함께 제시된 펌프 이 소호에는 대체 에너지원을 사용할 수 있는 태양광 펌프도 포함된다. **2.~5.** (생략)	소호주 +1 Part 2 4.2
201	8413.70　- 그 밖의 원심펌프	- 그 밖의 원심펌프 8413.71　-- 태양광 펌프 8413.79　-- 기타	소호 +1 Part 2 4.2
202	8415.10　- 창문, 벽, 천장 또는 바닥에 고정되도록 설계된 것(일체형이나 분리형으로 한정한다)	- 창문, 벽, 천장 또는 바닥에 고정되도록 설계된 것(일체형이나 분리형으로 한정한다) 8415.11　-- 수소불화탄소(HFCs), 수소염화불화탄소(HCFCs) 또는 이들을 함유한 혼합물로 충전되어 있거나 이러한 냉매로 작동하도록 설계된 것 8415.19　-- 기타	소호 +1 Part 2 4.3
203	- 기타 8415.81　-- 냉각유닛과 냉·열순환 반전용 밸브를 결합한 것(반전가능 열펌프를 포함한다) 8415.82　-- 기타(냉각유닛을 결합한 것으로 한정한다)	- 기타, 냉각유닛과 냉·열순환 반전용 밸브를 결합한 것(반전가능 열펌프를 포함한다) 8415.31　-- 수소불화탄소(HFCs), 수소염화불화탄소(HCFCs) 또는 이들을 함유한 혼합물로 충전되어 있거	소호 +1 Part 2 4.3

연번	현행(HS 2022)	개정(HS 2028)	비고
	8415.83　--　냉각유닛을 결합하지 않은 것	나　이러한　냉매로　작동하도록 설계된 것 8415.39　--　기타 - 기타 8415.82　--　기타(냉각유닛을 결합한 것으로 한정한다) 8415.83　--　냉각유닛을 결합하지 않은 것	
204	- 그 밖의 냉장기구나 냉동기구와 열펌프 8418.61　--　열펌프(제8415호의 공기조절기는 제외한다) 〈신설〉 8418.69　--　기타	- 그 밖의 냉장기구나 냉동기구와 열펌프 〈삭제〉 8418.62　--　열펌프[수소불화탄소(HFCs), 수소염화불화탄소(HCFCs) 또는 이들을 함유한 혼합물로 충전되어 있거나 이러한 냉매로　작동하도록　설계된　것에 한정한다] 8418.68　--　그 밖의 열펌프 8418.69　--　기타	소호 +1 Part 2 4.3
205	8419.40　- 증류기나 정류기	- 증류기나 정류기 8419.41　--　회전증발농축기 8419.49　--　기타	소호 +1, Part 2 1.3
206	- 그 밖의 기기 8419.81　--　뜨거운 음료 제조용이나 음식물의 조리용이나 가열용 〈신설〉 8419.89　--　기타	- 그 밖의 기기 〈삭제〉 8419.82　--　가열맨틀·드럼히터와 용기가열용 히팅벨트 8419.83　--　전기식 항온수조 또는 항온유조 8419.88　--　기타, 뜨거운 음료 제조용이나 음식물의 조리용이나 가열용 8419.89　--　기타	소호 +2, Part 2 1.3
207	84.22 - 접시세척기, 병이나 그 밖의 용기의 세정용이나 건조용 기계, 병·깡통·상자·**자루**·그 밖의 용기의 충전용·봉함용·실링(sealing)용·레이블 부착용 기계, 병·단지·통과 이와 유사한 용기의 캡슐 부착(capsuling)용 기계, 그 밖의 포장기계(열수축 포장기계를 포함한다), 음료용 탄산가스 주입기	84.22 - 접시세척기, 병이나 그 밖의 용기의 세정용이나 건조용 기계, 병·깡통·상자·**자루·경질캡슐(섭취용인지 여부에 상관없다)**·그 밖의 용기의 충전용·봉함용·실링(sealing)용·레이블 부착용 기계, **연질캡슐 성형 및 충전기,** 병·단지·통과 이와 유사한 용기의 캡슐 부착(capsuling)용 기계, 그 밖의 포장기계(열수축 포장기계를 포함한다), 음료용 탄산가스 주입기	소호 +1, Part 2 1.3

연번	현행(HS 2022)	개정(HS 2028)	비고
	(생략) 8422.30 – 병·깡통·상자·자루·그 밖의 용기의 충전용·봉함용·실링(sealing)용·레이블 부착용 기계, 병·단지·통과 이와 유사한 용기의 캡슐 부착(capsuling)용 기계, 음료용 탄산가스 주입기 (생략)	(생략) – 병·깡통·상자·자루·경질캡슐(섭취용인지 여부에 상관없다)·그 밖의 용기의 충전용·봉함용·실링(sealing)용·레이블 부착용 기계, 연질캡슐 성형 및 충전기, 병·단지·통과 이와 유사한 용기의 캡슐 부착(capsuling)용 기계, 음료용 탄산가스 주입기 8422.31 -- 경질캡슐 충전용 기기와 연질캡슐 성형 및 충전기(의약품, 건강 보조 식품 또는 과자류 생산에 사용되는 종류의 것으로 한정한다) 8422.39 -- 기타 (생략)	
208	8426.30 – 문형이나 정치형 지브 크레인(jib crane)	8426.30 – 문형 지브 크레인(jib crane)	Part 2 5.2
209	84.30 – 그 밖의 이동용·정지(整地)용·지균(地均)용·스크래핑(scraping)용·굴착용·탬핑(tamping)용·콤팩팅(compacting)용·채굴용·천공용 기계(토양용·광석용·광물용으로 한정한다), 항타기와 항발기, 스노플라우(snow-plough)와 스노블로어(snow-blower) (생략) – 석탄이나 암석 절단기와 터널 뚫는 기계 8430.31 -- 자주식(自走式) 8430.39 -- 기타	84.30 – 그 밖의 이동용·정지(整地)용·지균(地均)용·스크래핑(scraping)용·굴착용·탬핑(tamping)용·콤팩팅(compacting)용·채굴용·천공용 기계(토양용·광석용·광물용으로 한정한다), 항타기와 항발기, 스노플라우(snow-plough)와 스노블로어(snow-blower) (생략) – 석탄이나 암석 절단기·**플라우·스트리퍼와** 터널 뚫는 기계 8430.31 -- 자주식(自走式) 8430.39 -- 기타	Part 2 5.2
210	84.76 – 물품의 자동판매기(예: 우표·담배·식품·음료의 자동판매기)와 화폐교환기 – 음료 자동판매기 8476.21 -- 가열장치나 냉장장치를 갖춘 것 8476.29 -- 기타 〈신설〉	84.76 – 물품의 자동판매기(예: 우표·담배·식품·음료의 자동판매기), 화폐교환기와 **재활용품 회수기(선별·압축 및 저장 모듈과 함께 제시된 것인지에 상관없다)** – 음료 자동판매기 8476.21 -- 가열장치나 냉장장치를 갖춘 것 8476.29 -- 기타 8476.30 – 재활용품 회수기(선별·압축 및 저장모듈과 함께 제시된 것인지에 상관없다)	소호 +1 Part 2 4.4

연번	현행(HS 2022)		개정(HS 2028)		비고
		- 그 밖의 기계		- 그 밖의 기계	
	8476.81	-- 가열장치나 냉장장치를 갖춘 것	8476.81	-- 가열장치나 냉장장치를 갖춘 것	
	8476.89	-- 기타	8476.89	-- 기타	
	8476.90	- 부분품	8476.90	- 부분품	
211		- 그 밖의 기기		- 그 밖의 기기	소호 +1, Part 2 1.3
	8479.81	-- 금속 처리용(전선권선기를 포함한다)	8479.81	-- 금속 처리용(전선권선기를 포함한다)	
	8479.82	-- 혼합기·반죽기·파쇄기·분쇄기·기계식 체·시프팅기(sifting machine)·균질기·유화기·교반기	8479.82	-- 혼합기·반죽기·파쇄기·분쇄기·기계식 체·시프팅기(sifting machine)·균질기·유화기·교반기	
	8479.83	-- 냉간 등압성형기	8479.83	-- 냉간 등압성형기	
	〈신설〉		8479.84	-- 정제(tablet) 압축기[의약품, 건강보조식품 또는 과자 생산에 사용되는 종류의 것으로 한정한다]	
	8479.89	-- 기타	8479.89	-- 기타	
212	8479.90	- 부분품		- 부분품	소호 +1, Part 2 1.3
			8479.91	-- 다이(die)와 펀치(punch)[정제(tablet) 압축기에 사용되는 종류의 것에 한한다]	
			8479.99	-- 기타	
213	**제85류 주 제12호 가목 3)호**				Part 2 4.5
	3) 복합구조칩 집적회로 각자의 의도와 목적에 따라 분리가 불가능하도록 결합된 두 개 이상의 모노리식(monolithic) 집적회로로 구성된 복합구조의 칩으로 이루어진 집적회로를 말한다. 한 개 이상의 절연기판과 리드프레임(lead frame)을 갖춘 것인지에 상관없으며 다른 능동 회로소자나 수동 회로소자를 갖춘 것은 제외한다.		3) 복합구조칩 집적회로 각자의 의도와 목적에 따라 분리가 불가능하도록 결합된 두 개 이상의 모노리식(monolithic) 집적회로**[상호연결된 것인지에 상관없다]**로 구성된 복합구조의 칩으로 이루어진 집적회로를 말한다. 한 개 이상의 절연기판과 리드프레임(lead frame)을 갖춘 것인지에 상관없으며 다른 능동 회로소자나 수동 회로소자를 갖춘 것은 제외한다.		
214	**제85류 소호주** 〈신설〉		1. 소호 제8513.11호에는 다음 각 목의 것만을 분류한다. 가. 태양전지, 모듈 또는 패널을 결합한 램프 나. 램프의 에너지원 충전을 위해 설계된 탈부착가능한 태양전지, 모듈 또는 패널과 함께 제시된 램프 이 소호에는 대체 에너지원을 사용할 수 있는 휴대형의 태양광 램프도 포함된다.			소호주 +1 Part 2 4.7

연번	현행(HS 2022)	개정(HS 2028)	비고
	1.~5. (생략)	**2.~6.** (생략)	
215	85.08 – 진공청소기 　　　　– 전동기를 갖춘 것 8508.11　-- 출력이 1,500와트 이하이고, 먼지 백이나 그 밖의 20리터 이하 용량의 저장조를 갖춘 것 〈신설〉 8508.19　-- 기타 (생략)	85.08 – 진공청소기 　　　　– 전동기를 갖춘 것 〈삭제〉 8508.12　-- 로봇 진공청소기 8508.13　-- 기타, 출력이 1,500와트 이하이고, 먼지 백이나 그 밖의 20리터 이하 용량의 저장조를 갖춘 것 8508.19　-- 기타 (생략)	소호 +1 Part 2 4.6
216	〈신설〉	8509.50　– 전동칫솔	소호 +1 Part 2 4.6
217	85.13 – 휴대용 전등......(생략) 8513.10　– 전등 8513.90　– 부분품	85.13 – 휴대용 전등......(생략) 　　　　– 전등 8513.11　-- 태양광 램프 8513.10　-- 기타 8513.90　– 부분품	소호 +1 Part 2 4.7
218	8525.81　-- 이 류의 소호주 **제1호**에 규정된 고속 카메라 8525.82　-- 기타[이 류의 소호주 **제2호**에 규정된 방사선 경화·내(耐)방사선 카메라로 한정한다] 8525.83　-- 기타(이 류의 소호주 **제3호**에 규정된 야간투시 카메라로 한정한다)	8525.81　-- 이 류의 소호주 **제2호**에 규정된 고속 카메라 8525.82　-- 기타[이 류의 소호주 **제3호**에 규정된 방사선 경화·내(耐)방사선 카메라로 한정한다] 8525.83　-- 기타(이 류의 소호주 **제4호**에 규정된 야간투시 카메라로 한정한다)	Part 2 4.7
219	– 부분품 8540.91　-- 음극선관의 것 8540.99　-- 기타	8540.90　– 부분품	소호 -1 Part 2 5.1
220	**제17부 주 제4호** 4. 이 부에서는 다음 각 목에서 정하는 바에 따른다. 가. 도로와 궤도를 주행하도록 특수 제작된 차량은 제87류의 해당 호로 분류한다. 나. 수륙양용 자동차는 제87류의 해당 호로 분류한다. 다. 도로 주행차량으로 겸용할 수 있도록 특수	4. 이 부에서는 다음 각 목에서 정하는 바에 따른다. 가. 도로와 궤도를 주행하도록 특수 제작된 차량은 제87류의 해당 호로 분류한다. 나. 수륙양용 자동차는 제87류의 해당 호로 분류한다. 다. 도로 주행차량으로 겸용할 수 있도록 특수	Part 2 4.8

연번	현행(HS 2022)	개정(HS 2028)	비고
	제작된 항공기는 제88류의 해당 호로 분류한다. 〈신설〉	제작된 항공기는 제88류의 해당 호로 분류한다. 라. 수면과 공중을 모두 주행할 수 있도록 특수 제작된 운송수단은 제88류의 해당 호로 분류한다.	
221	8703.10　－ 설상(雪上) 주행용 차량, 골프용 차와 이와 유사한 차량	－ 설상(雪上) 주행용 차량, 골프용 차와 이와 유사한 차량, 앰뷸런스 8703.11　－－ 설상(雪上) 주행용 차량, 골프용 차와 이와 유사한 차량 8703.12　－－ 앰뷸런스	소호 +1, Part 2 1.7
222	8703.80　－ 그 밖의 차량(추진용 전동기만을 갖춘 것)	－ 그 밖의 차량(추진용 전동기만을 갖춘 것) 8703.81　－－ 전기축전지를 충전하기 위한 불꽃점화식 피스톤 내연기관이나 압축점화식 피스톤 내연기관(디젤이나 세미디젤)을 갖춘 것(외부 전원에 플러그를 꽂아 충전할 수 있는지에 상관없다) 8703.89　－－ 기타	소호 +1 Part 2 4.9
223	〈신설〉	8705.50　－ 내과용·외과용·치과용·수의과용 이동진료차(방사선 검사나 의료 실험실 유닛을 포함한다)	소호 +1, Part 2 1.7
224	87.06 － 엔진을 갖춘 섀시(제8701호부터 제8705호까지의 자동차용으로 한정한다)	87.06 － 엔진 또는 추진용 모터를 갖춘 섀시(제8701호부터 제8705호까지의 자동차용으로 한정한다)	Part 2 4.10
225	87.11 － 모터사이클[모페드(moped)를 포함한다]과 보조모터를 갖춘 자전거…… 　(생략) 8711.60　－ 추진용 전동기를 갖춘 것	87.11 － 모터사이클[모페드(moped)를 포함한다]과 보조모터를 갖춘 자전거…… 　(생략) 　　　　　－ 추진용 전동기를 갖춘 것 8711.61　－－ 페달 구동식의 자전거 8711.62　－－ 킥 스쿠터 8711.69　－－ 기타	소호 +2 Part 2 4.11
226	**제88류 소호주** 1. (생략) 　〈신설〉	1. (생략) 2. 소호 제8806.21호부터 제8806.29호에서 "원격 조종이 가능한 것"이란 비행 작전 중 조종사가 다른 장소(예: 지상, 선박, 다른 항공기 또는 우주)에서 조종하는 무인 항공기를 말한다. 이러한 항공기는 보조적인 자율 비행 기능을 포함할 수 있으나, 조종사가 언제든지 개입할 수 있어야 한다.	소호주 +1 Part 2 4.12

연번	현행(HS 2022)	개정(HS 2028)	비고
	2. (생략)	**3.** (생략)	
227	88.06 – 무인기 (생략) 　– 기타**(원격조종 비행만 가능한 것으로 한정한다)** 8806.21 　-- 최대이륙중량이 250그램 이하인 것 　(생략)	88.06 – 무인기 (생략) 　– 기타**(원격조종이 가능한 것으로 한정하며 보조적으로 자율비행 기능을 갖춘 것인지에 상관없다)** 8806.21 　-- 최대이륙중량이 250그램 이하인 것 　(생략)	Part 2 4.12
228	**제90류 주 제1호 마목 및 사목** 1. 이 류에서 다음 각 목의 것은 제외한다. 　마. 제7007호·제7008호·제7011호·제7014호·제7015호·제7017호의 물품 　사. 제8413호의 계기를 갖춘 **펌프**……(생략)	1. 이 류에서 다음 각 목의 것은 제외한다. 　마. 제7007호·제7008호·제7011호·제7014호·제7015호의 물품이나 제7017호의 위생용 유리제품, 제7017호의 실험실용·의약용 유리제품 또는 이와 유사한 플라스틱 제품(제39류) 　사. 제8413호의 계기를 갖춘 **정량펌프**……(생략)	Part 2 1.7 Part 2 5.2
229	90.18 – 내과용·외과용·치과용·수의과용 기기[신티그래픽(scintigraphic)식 진단기기·그 밖의 전기식 의료기기와 시력 검사기기를 포함한다]	90.18 – 내과용·외과용·치과용·수의과용 기기[신티그래픽(scintigraphic)식 진단기기·**기도 삽관키트**·그 밖의 전기식 의료기기와 시력 검사기기를 포함한다]	Part 2 1.7
230	〈신설〉	9018.15 　-- 맥박 산소측정기 9018.16 　-- 기타, 여러 매개변수의 지속적인 모니터링을 위한 것	소호 +2, Part 2 1.7
231	9018.90 　– 그 밖의 기기	– 그 밖의 기기(기도 삽관키트를 포함한다) 9018.91 　-- 기도삽관용 기기(키트 형태로 된 것인지에 상관없다) 9018.92 　-- 흡인기 9018.99 　-- 기타	소호 +2, Part 2 1.7
232	90.19 – 기계요법용 기기, 마사지용 기기, 심리학적 적성검사용 기기, **오존 흡입기·산소 흡입기·에어로졸 치료기**·인공 호흡기나 그 밖의 치료용 호흡기기	90.19 – 기계요법용 기기, 마사지용 기기, 심리학적 적성검사용 기기, **오존 치료기·에어로졸 치료기·산소치료기**·인공 호흡기나 그 밖의 치료용 호흡기기	Part 2 1.7
233	9019.20 　– 오존 흡입기·산소 흡입기·에어로졸 치료기·인공 호흡기나 그 밖의 치료용 호흡기기	– **오존 치료기·에어로졸 치료기·산소치료기**·인공 호흡기나 그 밖의 치료용 호흡기기 9019.21 　-- 오존치료기 또는 에어로졸치료기 9019.22 　-- 산소치료기·인공 호흡기나 그 밖의 치료용 호흡기기오존치료기 또는 에어로졸치료기	소호 +1, Part 2 1.7

연번	현행(HS 2022)	개정(HS 2028)	비고
234	90.20 – 그 밖의 호흡용 기기와 가스마스크(기계적인 부분품과 교환용 필터를 모두 갖추지 않은 보호용 마스크는 제외한다)	90.20 – 그 밖의 호흡용 기기 · 가스마스크 및 교환용 필터와 기계적인 부분품을 갖춘 보호용 마스크[단순한 호기(呼氣)용 밸브만을 갖춘 것은 제외한다] 9020.10 – 가스마스크와 보호용 마스크 9020.90 – 기타	소호 +1, Part 2 1.7
235	9028.20 – 액체용 계기	– 액체용 계기 9028.21　　-- 적하(滴下) 계수기 9028.99　　-- 기타	소호 +1, Part 2 1.7
236	93.04 – 그 밖의 무기(예: 스프링총·공기총·가스총·경찰봉)(제9307호의 것은 제외한다)	93.04 – 그 밖의 무기(예: 스프링식·압축공기식 ·압축가스식의 총·소총·권총, 화약의 폭발력에 의하여 작동하지 않는 그 밖의 총·소총·권총, 자극성·염증성 제제가 들어있는 에어로졸 스프레이 캐니스터, 경찰봉)(제9307호의 것은 제외한다) 9304.10 　– 스프링식·압축공기식·압축가스식의 총·소총·권총, 화약의 폭발력에 의하여 작동하지 않는 그 밖의 총·소총·권총 　　– 고추수지·최루가스 또는 기타 자극제나 염증성 제제가 들어있는 에어로졸 스프레이 9304.21　　-- 투척용으로 만들어진 것을 제외한 수지식의 에어로졸 스프레이 9304.29　　-- 기타 9304.90　– 기타	소호 +3 Part 2 4.13
237	– 크리스마스 장식용 조명 스트링 9405.31　-- 발광다이오드(엘이디) 광원에 전용되도록 설계된 것 〈신설〉 〈신설〉 9405.39　-- 기타	– 조명스트링 〈삭제〉 9405.32　-- 발광다이오드(엘이디) 광원에 전용되도록 설계된 것 9405.38　-- 기타 〈삭제〉	Part 2 4.13
238	95.03 – 세발자전거·스쿠터·페달 자동차와 이와 유사한 바퀴가 달린 완구……(생략)	95.03 – 세발자전거·스쿠터·페달 자동차와 이와 유사한 바퀴가 달린 완구……(생략)	소호 +1 Part 2 3.4

연번	현행(HS 2022)	개정(HS 2028)	비고
	〈신설〉	9503.10　－ 풍선 9503.90　－ 기타	
239	95.05 － 축제용품·카니발용품이나 그 밖의 오락용품[마술용품과 기술(奇術)용품을 포함한다] 9505.10 － 크리스마스 축제용품 9505.90 － 기타	95.05 － 축제용품·카니발용품이나 그 밖의 오락용품[마술용품과 기술(奇術)용품을 포함한다] 〈삭제〉	소호 －1 Part 2 4.13
240	95.07 － 낚싯대·낚싯바늘과 그 밖의 낚시용구, 낚시용 망·포충망(捕蟲網)과 이와 유사한 **망**, 조류 유인용구(제9208호나 제9705호의 것은 제외한다)와 이와 유사한 수렵용구	95.07 － 낚싯대·낚싯바늘과 그 밖의 낚시용구, 낚시용 망·포충망(捕蟲網)과 이와 유사한 **물품**, 조류 유인용구(제9208호나 제9705호의 것은 제외한다)와 이와 유사한 수렵용구	Part 2 3.4
241	〈신설〉	－ 낚시용 망·포충망(捕蟲網)과 이와 유사한 물품, 9507.41　－－ 인조섬유로 만든 것 9507.49　－－ 기타	소호 ＋2 Part 2 3.3

2 참고문헌

- 세계관세기구WCO, International Convention on Harmonized Commodity Description and Coding System, 2022.
- 세계관세기구WCO, HS Explnatory Notes, 2022.
- 세계관세기구WCO, Compendium of Classification Opinion, 2022.
- 세계관세기구WCO, Classification Decisions Taken by HS Committee, 2020~2025.
- 세계관세기구WCO, Amendment to the Compendium of Classification Opinion, 2020~2025.
- 세계관세기구WCO, Guidance on how to submit a Harmonized System Change Proposal, 2023.
- 김성채·손선희, 『2007 관세율표 실무해설 편람』, 관세평가분류원, 2007.

- 김성채, 『2012년 HS의 개정내용 해설』, 관세무역정보 1423~1444, 관세무역개발원, 2010~2011.
- 오수교, 『관세율표』, 세인북스, 2013.
- 육수진, 『품목분류아카데미』, 서울세관, 2013.
- 김성채, 『2022년 HS 개정내용 해설』, 기획재정부, 2020.
- 김성채, 『제2404호 HS 2022의 범위』, 관세무역정보 1963호, 관세무역개발원, 2021.
- 김성채, 『서빙용·배달용 로봇의 품목분류』, 관세무역정보 2055호, 관세무역개발원, 2023.
- 김성채, 『전기스쿠터에 대한 HS 품목분류표 개정 논의』, 관세무역정보 2065호, 관세무역개발원, 2024.
- 김성채, 『미래 모빌리티의 품목분류』, 관세무역정보 2081호, 관세무역개발원, 2024.
- 김세리, 『'식이보조제' 제2107호의 신설에 따른 품목분류 체계에 관한 연구』, 2024.
- 이희영, 『담배제품의 품목분류 검토』, 관세무역정보 2089호, 관세무역개발원, 2024.
- 김성채, 『HS 제8476호의 범위와 Reverse Vending Machine의 품목분류』, 관세무역정보 2117호, 관세무역개발원, 2025.
- 김성채, 『마일드 하이브리드 Mild Hybrid 자동차의 품목분류』, 관세무역정보 2128호, 관세무역개발원, 2025.
- 김성채, 『A.I. 하드웨어의 품목분류 쟁점』, 관세무역정보 2155호, 관세무역개발원, 2025.
- 『세계 재생에너지 전력 보급 현황 및 전망』, 세계에너지시장 인사이트 제25-20호, 에너지경제 연구원, 2025.

저자 프로필

김성채

1989년 관세청 공무원으로 임용된 후 34년간 관세청, 기획재정부(현 재정경제부)에서
정보관리, 국제협력, HS 품목분류, 관세율 등의 업무를 담당했다.
2012년부터 2018년까지 한국 최초로 WCO(세계관세기구) HS 위원회와 그 산하
소위원회 의장직을 수행했다.
현재 PwC 관세법인 내 한국 HS 연구원장으로 일하고 있으며, HS 품목분류와 관련된
쟁점연구, 강의나 기고를 주로 하고 있다.